■2025年度高等学校受験用

流通経済大学付属柏高等学校

収録内容一覧

★この問題集は以下の収録内容となっています。また、紙面の都合上、解説、解答用紙を省略させていただいている場合もございますのでご了承ください。

（○印は収録、一印は未収録）

入試問題と解説・解答の収録内容			解答用紙
2024年度	前期①	英語・数学・国語	○
	前期②	英語・数学・国語	○
2023年度	前期①	英語・数学・国語	○
	前期②	英語・数学・国語	○
2022年度	前期①	英語・数学・国語	○
	前期②	英語・数学・国語	○
2021年度	前期①	英語・数学・国語	○
	前期②	英語・数学・国語	○

★当問題集のバックナンバーは在庫がございません。あらかじめご了承ください。

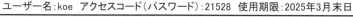

リスニングテストの音声は、下記のIDとアクセスコードにより当社ホームページ
https://www.koenokyoikusha.co.jp/pages/cddata/listening で聴くことができます。
（当社による録音です）
ユーザー名：koe　アクセスコード（パスワード）：21528　使用期限：2025年3月末日

※ユーザー名・アクセスコードの使用期限以降は音声が予告なく削除される場合がございます。あらかじめご了承ください。

●凡例●

【英語】

≪解答≫

〔　〕　①別解

＿＿　②置き換え可能な語句（なお下線は置き換える箇所が2語以上の場合）

(例) I am〔I'm〕glad〔happy〕to～

（　）　省略可能な言葉

≪解説≫

1, 2…　本文の段落（ただし本文が会話文の場合は話者の1つの発言）

〔　〕　置き換え可能な語句（なお〔　〕の前の下線は置き換える箇所が2語以上の場合）

（　）　①省略が可能な言葉

(例)「(数が) いくつかの」

②単語・代名詞の意味

(例)「彼（＝警察官）が叫んだ」

③言い換え可能な言葉

(例)「いやなにおいがするなべにはふたをするべきだ（＝くさいものにはふたをしろ）」

//　訳文と解説の区切り

cf.　比較・参照

≒　ほぼ同じ意味

【数学】

≪解答≫

〔　〕　別解

≪解説≫

（　）　補足的指示

(例)（右図1参照）など

〔　〕　①公式の文字部分

(例)〔長方形の面積〕＝〔縦〕×〔横〕

②面積・体積を表す場合

(例)〔立方体ABCDEFGH〕

∴　ゆえに

≒　約、およそ

【社会】

≪解答≫

〔　〕　別解

（　）　省略可能な語

＿＿　使用を指示された語句

≪解説≫

〔　〕　別称・略称

(例) 政府開発援助〔ODA〕

（　）　①年号

(例) 壬申の乱が起きた（672年）。

②意味・補足的説明

(例) 資本収支（海外への投資など）

【理科】

≪解答≫

〔　〕　別解

（　）　省略可能な語

＿＿　使用を指示された語句

≪解説≫

〔　〕　公式の文字部分

（　）　①単位

②補足的説明

③同義・言い換え可能な言葉

(例) カエルの子（オタマジャクシ）

≒　約、およそ

【国語】

≪解答≫

〔　〕　別解

（　）　省略してもよい言葉

＿＿　使用を指示された語句

≪解説≫

〈　〉　課題文中の空所部分（現代語訳・通釈・書き下し文）

（　）　①引用文の指示語の内容

(例)「それ（＝過去の経験）が ～」

②選択肢の正誤を示す場合

(例)（ア，ウ…×）

③現代語訳で主語などを補った部分

(例)（女は）出てきた。

／　漢詩の書き下し文・現代語訳の改行部分

流通経済大学付属柏高等学校

所在地	〒277-0872 千葉県柏市十余二1-20
電　話	04-7131-5611
ホームページ	https://www.ryukei.ed.jp/
交通案内	東武野田線 江戸川台駅東口よりスクールバス約8分 つくばエクスプレス 柏の葉キャンパス駅西出口よりスクールバス約10分 江戸川台駅・柏の葉キャンパス駅より路線バス「流経大柏高校前」下車

普通科

男女共学

応募状況

年度	募集数		受験数	合格数
2024	特進 70名 総進 211名 スポ 60名	前期(単)	特進 30名 総進 115名 スポ 76名	30名 107名 76名
		前期(併)	特進 419名 総進 517名	409名 439名
		後期	特進・総進 26名 スポ 0名	7名 —
2023	特進 70名 総進 211名 スポ 60名	前期(単)	特進 23名 総進 155名 スポ 74名	22名 149名 74名
		前期(併)	特進 410名 総進 549名	404名 495名
		後期	特進・総進 13名 スポ 0名	5名 —
2022	特進 70名 総進 211名 スポ 60名	前期(単)	特進 10名 総進 156名 スポ 79名	9名 145名 79名
		前期(併)	特進 369名 総進 556名	361名 505名
		後期	特進・総進 18名 スポ 0名	5名 —

編集部注一本書の内容は2024年6月現在のものであり，変更されている場合があります。正確な情報は，学校のホームページ等で必ずご確認ください。

試験科目 （参考用：2024年度入試）

＜特別進学コース・総合進学コース＞
　前期：英語(リスニング含む)・国語・数学
　　　※試験はマークシート方式
　後期：英語(リスニングなし)・国語・数学
　　　※試験は記述式
　※特別進学と総合進学は同一問題で実施
＜スポーツ進学コース＞
　基礎学力テスト(英語・国語・数学)
　※試験は記述式

コース紹介

特別進学コース：国公立大や医・歯・薬学部を含めた最難関私立大への進学を目標とする。早い段階から自学自立の精神を養い，学習意識や学習レベルを高めていく。

総合進学コース：英語を中心に各教科をバランスよく学び，豊富な選択授業で幅広い進路と多様な入試に対応。部活や生徒会，学校行事にも積極的に取り組むことができる。

スポーツ進学コース：中学在学中から各種競技で活躍する生徒が在籍。対象の部活動は，サッカー(男女)・ラグビー(男女)・剣道(男女)・駅伝(男女)・硬式野球(男)・柔道(男女)・バスケットボール(男)・チアリーディング(女)・新体操(女)。

説明会日程

7/28(日)，8/24(土)，9/14(土)，9/28(土)，10/5(土)，10/26(土)，11/9(土)，11/23(土・祝)，各日10：00～11：30(11/23のみ13：30～15：00)
※上記はあくまで予定です。
　詳細は学校ホームページでご確認ください。

出題傾向と今後への対策

出題内容

	2024		2023		2022	
	前①	前②	前①	前②	前①	前②
大問数	6	6	6	6	6	6
小問数	44	45	46	44	44	43
リスニング	○	○	○	○	○	○

◎各年度とも，放送問題・文法・会話文・長文読解がまんべんなく出題されている。問題数は40〜50問前後である。

2024年度の出題状況

《前期①》

1 放送問題
2 長文読解総合―物語
3 長文読解(英問英答形式)―文脈・要旨把握―説明文
4 適語(句)選択・語形変化
5 整序結合
6 長文読解―英問英答―対話文・広告

《前期②》

1 放送問題
2 長文読解総合―伝記
3 長文読解総合―物語
4 適語(句)選択
5 整序結合
6 長文読解―英問英答―対話文・手紙

解答形式

《前期①》	記　述／マーク／併　用（マーク）
《前期②》	記　述／マーク／併　用（マーク）

出題傾向

長文問題は近年難しくなっているが，内容的には読みやすいものが選ばれている。設問は，文法問題もあるが，内容を的確に理解しているか試す問題が多い。放送問題は英問英答形式。文法・会話文の問題は，3年間の学習成果，地道な努力を見ようとする基本的な出題である。整序結合は日本語付きで，8〜9語(句)の並べかえ。

今後への対策

まんべんなく出題されるので，弱点に気づいたら「後でまとめてやろう」ではなく，その都度正確に身につけていく姿勢が重要だ。教科書にある単語・文法事項を理解し，基本文は全文暗記して書けるようにしておき，その後は問題集などで繰り返し練習しよう。放送問題は，ラジオ講座などを利用して耳を慣らしておくこと。

◆◆◆◆◆ 英語出題分野一覧表 ◆◆◆◆◆

分野		年度	2022 前①	2022 前②	2023 前①	2023 前②	2024 前①	2024 前②	2025予想※ 前①	2025予想※ 前②
音声	放送問題		●	●	●	●	●	●	◎	◎
	単語の発音・アクセント									
	文の区切り・強勢・抑揚									
語彙・文法	単語の意味・綴り・関連知識				●				△	
	適語(句)選択・補充		■	■	■	■	●	■	◎	◎
	書き換え・同意文完成									
	語形変化			●	●	●	●	●	◎	◎
	用法選択						●		△	
	正誤問題・誤文訂正									
	その他									
作文	整序結合		■	■	■	■	■	■	◎	◎
	日本語英訳	適語(句)・適文選択								
		部分・完全記述								
	条件作文									
	テーマ作文									
会話文	適文選択									
	適語(句)選択・補充									
	その他									
長文読解	内容把握	主題・表題								
		内容真偽		●			●		△	△
		内容一致・要約文完成	●	●	●	●	●	●	◎	◎
		文脈・要旨把握	●		■	●	●		◎	◎
		英問英(和)答	★	★	★	★	★	★	◎	◎
	適語(句)選択・補充		■	●	■	●	●	●	◎	◎
	適文選択・補充							●		△
	文(章)整序					●				△
	英文・語句解釈(指示語など)		●	●	●	●	●	●	◎	◎
	その他							●		△

●印：1〜5問出題，■印：6〜10問出題，★印：11問以上出題。
※予想欄　◎印：出題されると思われるもの。　△印：出題されるかもしれないもの。

出題傾向と今後への対策 数学

出題内容

2024年度

《前期①》

1～4は小問集合で，各分野から合わせて16問。5は関数で，放物線と直線に関するもの。座標が文字で与えられているので，注意を要する。6は特殊・新傾向問題。自然数を規則的に並べた表を利用した問題。

《前期②》

1～4は小問集合で，各分野から合わせて14問。5は関数で，放物線と直線に関するもの。図形の知識を要する問題もある。6は関数で，原点を中心とする円の周上を点が動く問題。時間とその点のy座標の関係を表したグラフを選ぶ問題もある。

2023年度

《前期①》 

1は数と式，方程式，空間図形などから計８問。2はデータの活用から箱ひげ図を利用した問題２問と数量の計算２問。3は確率題３問。4は平面図形の計量題３問。5は関数で，放物線と直線，正方形に関するもの。6は特殊・新傾向問題。

《前期②》

1は数と式，方程式，図形などから計８問。2はデータの活用から箱ひげ図と標本調査の問題２問。3は確率題３問。4は平面図形の計量題２問。5は関数で，放物線と直線に関するもの。6は平面図形で，円に内接する四角形に関する問題。

作…作図問題　証…証明問題　グ…グラフ作成問題

解答形式

《前期①》	記　述／マーク（○）／併　用
《前期②》	記　述／マーク（○）／併　用

出題傾向

大問６題，総設問数21～30問。小問集合が複数含まれる。また，その他の大問は，関数，図形，場合の数・確率などから出題されている。これらに加えて，推理力や考察力を見るものや，判断力を問うものなどが出題されることがある。標準レベルの問題中心で，ふだんの学習の成果が試されている。

今後への対策

まずは，教科書や参考書を使って，基本的な計算力，知識をしっかり定着させること。そのうえで，標準レベルの問題集で演習をたくさん積み，問題に慣れていくとよい。特に，図形や関数では，いろいろな考え方や解き方を一つ一つ習得していくようにしよう。

◆◆◆◆◆ 数学出題分野一覧表 ◆◆◆◆◆

分野	年度	2022 前①	2022 前②	2023 前①	2023 前②	2024 前①	2024 前②	2025予想※ 前①	2025予想※ 前②
数と式	計算，因数分解	■	★	★	★	★	★	◎	◎
	数の性質，数の表し方	■		●		●		◎	
	文字式の利用，等式変形								
	方程式の解法，解の利用	★	★	■	■	★	■	◎	◎
	方程式の応用	★	●			●		◎	△
関　数	比例・反比例，一次関数								
	関数$y=ax^2$とその他の関数	★	★	★	★	★	★	◎	◎
	関数の利用，図形の移動と関数						★		△
図　形	（平面）計　量	●	★	★	★	★	■	◎	◎
	（平面）証明，作図				●				△
	（平面）その他								
	（空間）計　量	★		●	●		●	◎	◎
	（空間）頂点・辺・面，展開図								
	（空間）その他								
データの活用	場合の数，確率	■	★	★	★	■	■	◎	◎
	データの分析・活用，標本調査	●	★	■	■	●	●	◎	◎
その他	不等式								
	特殊・新傾向問題など	●		★		★		◎	
	融合問題								

●印：１問出題，■印：２問出題，★印：３問以上出題。
※予想欄　◎印：出題されると思われるもの。　△印：出題されるかもしれないもの。

出題傾向と今後への対策

出題内容

2024年度

《前期①》

一 漢字　二 国語の知識　三 論説文　四 小説　五 古文/和歌

課題文
三 森　博嗣『自分探しと楽しさについて』
四 絲山秋子『ベル・エポック』
五『伊勢物語』／『古今和歌集』

《前期②》

一 漢字　二 国語の知識　三 論説文　四 小説　五 古文/和歌

課題文
三 竹田青嗣『愚か者の哲学』
四 庄野潤三『夕べの雲』
五『伊勢物語』／『新古今和歌集』

2023年度

《前期①》

一 漢字　二 国語の知識　三 随筆　四 小説　五 古文

課題文
三 高田　宏「闇夜の冒険」
四 杉山隆男『天使の見習い』
五『撰集抄』

《前期②》

一 漢字　二 国語の知識　三 論説文　四 小説　五 古文

課題文
三 上田紀行『愛する意味』
四 三浦哲郎『たきび』
五 無住法師『沙石集』

解答形式

《前期①》　記　述／マーク／併　用

《前期②》　記　述／マーク／併　用

出題傾向

課題文は，分量も内容も標準的で，受験生に親しみやすいものが選ばれている。設問は，国語の知識の問題に6問程度，現代文の読解問題に各8問程度，古文の読解問題に5問程度付されている。そのうち内容理解に関する設問は，全体の3分の2程度である。国語の知識の問題は，出題範囲が広い。

今後への対策

読解問題については，論説文と小説を中心に勉強していくとよい。基礎学力を養成するための市販の問題集を，毎日少しずつやっていくのがよいだろう。古文についても同様である。国語の知識については，参考書などを使って，分野ごとに自分で知識をノートに整理し，確認の意味で問題集をやるとよいだろう。

◆◆◆◆◆ 国語出題分野一覧表 ◆◆◆◆◆

分野			2022 前①	2022 前②	2023 前①	2023 前②	2024 前①	2024 前②	2025予想※ 前①	2025予想※ 前②
現代文	論説文 説明文	主題・要旨	●	●		●			△	◎
		文脈・接続語・指示語・段落関係		●						△
		文章内容	●	●		●	●	●	◎	◎
		表現				●	●		△	△
	随筆 日記 手紙	主題・要旨								
		文脈・接続語・指示語・段落関係								
		文章内容			●				△	
		表現								
		心情								
	小説	主題・要旨								
		文脈・接続語・指示語・段落関係								
		文章内容	●	●	●	●	●	●	◎	◎
		表現								
		心情	●	●	●	●	●	●	◎	◎
		状況・情景								
韻文	詩	内容理解								
		形式・技法								
	俳句 和歌 短歌	内容理解		●			●	●	△	◎
		技法								
古典	古文	古語・内容理解・現代語訳	●	●	●	●	●		◎	◎
		古典の知識・古典文法	●	●			●	●	◎	◎
	漢文	(漢詩を含む)				●				△
国語の知識	漢字 語句	漢字	●	●	●	●	●	●	◎	◎
		語句・四字熟語	●		●	●	●	●	◎	◎
		慣用句・ことわざ・故事成語	●	●		●		●	△	◎
		熟語の構成・漢字の知識					●	●	△	△
	文法	品詞		●	●		●	●	◎	◎
		ことばの単位・文の組み立て					●	●	△	△
		敬語・表現技法					●	●	△	△
	文学史		●	●	●		●		◎	△
作文・文章の構成・資料										
その他										

※予想欄　◎印：出題されると思われるもの。　△印：出題されるかもしれないもの。

合格を勝ち取るための

本書の使い方

本書に掲載されている過去問をご覧になって，「難しそう」と感じたかもしれません。でも，大丈夫。ほとんどの受験生が同じように感じるのです。高校入試の出題範囲は中学校の定期テストに比べて広いですし，残りの中学校生活で学ぶはずの，まだ習っていない内容からも出題されているかもしれません。

ですから，初めて本書に取り組む際には，点数を気にする必要はありません。点数は本番で取れればいいのです。

過去問で重要なのは「間違えること」です。自分の弱点を知るために，過去問に取り組むのです。当然，間違った問題をそのままにしておいては意味がありません。

本書には，長年にわたって高校受験に関わってきたベテランスタッフによる詳細な解説がついています。間違えた問題は重点的に解説を読み，何度も解きなおしてください。時にはもう一度，教科書で復習するのもよいでしょう。

別冊として，抜き取って使える解答用紙を収録しました。表示してあるように拡大コピーをとれば，実際の入試と同じ条件で，何度でも過去問に取り組むことができます。特に記述問題では解答欄の大きさがヒントになる場合があります。そうした，本番で使える受験テクニックの練習ができるのも，本書の強みです。

前のページにある「出題傾向と今後への対策」もよく読んで，本校の出題傾向に慣れておきましょう。

2024年度 // 流通経済大学付属柏高等学校(前期①)

【英　語】 (50分) 〈満点：100点〉

■リスニングテストの音声は，当社ホームページで聴くことができます。(当社による録音です)
再生に必要なユーザー名とアクセスコードは「収録内容一覧」のページに掲載しています。

1 放送を聞いて答えなさい。

1．1．She practiced hard to throw a ball.
　　2．She couldn't throw a ball.
　　3．She learned how to throw a ball soon.
　　4．She enjoyed throwing a ball.

2．1．She didn't want to throw a ball.
　　2．She threw a ball forward.
　　3．She threw a ball behind herself.
　　4．She threw a ball far away.

3．1．A lot of skill is.　　2．A lot of practice is.
　　3．Having fun is.　　4．Throwing far away is.

****

4．1．A little boy did.　　2．Her mother did.
　　3．Her shadow did.　　4．The shadow of the tree.

5．1．Because it was a hot day.
　　2．Because she was at the lake.
　　3．Because she was running around in the sun.
　　4．Because she found her mother under the tree.

※<**放送問題原稿**>は英語の問題の終わりに付けてあります。

2 次の英文を読んで後の問いに答えなさい。(＊印の語は(注)を参考にすること)

One day a *postman came to my village. The postman brought me a letter from my son, Saul. "Is your name Adam ?" the postman asked. "Yes," I said. "I've got a letter for you." The postman read the *envelope : "Adam of the village of Minta." "A letter for me. Who is it from ?" I asked. The postman looked at the envelope again. "From Saul," he said. He gave me the letter and walked away.

"Martha, Martha," I called to my wife. "Come here. We have a letter from our son, Saul." Martha came out and looked at the letter. ①<u>She</u> was excited but also worried. "A letter from Saul," she said. "Is he *alive and well ? I'm going to (1) the school teacher. He can read the letter."

There was no school fifty years ago. So I cannot read or write. I live in a small village. The only work is farming. My only son, Saul, left the village two years ago and my three daughters are married. Saul is making a lot of money in a foreign country.

Martha and the school teacher came back. A lot of other people came. Everyone wanted to hear my letter. The school teacher opened the envelope and read the letter.

20 Taylor Street, London E.19. England. 16 March
Dear Father,
I am living in London. I have a job in a *factory.
The work is very hard.
I often work at night. But ②<u>the pay</u> is good.
I am well and I live with people from my country.
I am sending you 100 *pounds in this letter.
This is for you and my mother.
Love to you and mother. Saul

"One hundred pounds!" I said to the school teacher. "You're wrong. It's a mistake." "No," the school teacher said. "I'm not wrong. It's not a mistake. Here is the money." And he gave me a piece (2) paper. "What is this?" I asked. "A *money order," the school teacher said. "Go to Darpur. Take this money order to the Post Office in Darpur. The money order is *worth one hundred pounds. The Post Office *official will give you the money."

"One hundred pounds!" I said again. Everyone laughed and said, "Adam, you are a rich man. You can buy many things for your farm and for your house." "And I can buy some good food and drink in Darpur. I am going to give a party for you all," I told my friends. Martha said, "Saul is a good son." That evening, the village people talked about the money order and my money. Martha and I also talked about the money. We needed many things for the farm.

The next morning, I got up very early. ③<u>It</u> was dark and everyone was asleep. But I was going to Darpur. I washed and dressed carefully. I put (3) my best clothes and I carried my best stick. I put the money order carefully in my pocket and I said goodbye to Martha. I walked ten miles to the main road. I sat down at the main road and ate my breakfast. I waited for the bus. I waited for two hours. Then the bus came and I got on.

It is a long way to Darpur. The bus takes three hours. I arrived in Darpur and walked to the Post Office immediately. I do not often go to Darpur. I only know the market, and one shop. This is the shop of Rick. I buy things for my farm from Rick.

There (4) a lot of people in the Post Office. I asked about money orders. A man showed me the *queue. There was a long line of people and I waited at the back.

Finally, it was my turn; I was at the front of the queue. But the official did not serve me. "Excuse me," I said. "It's my turn. I'm next."

"You are next? Old man, I'm very busy," the official said. "Look at my papers. Look at all these people. I am very busy. And you must wait."

So, I waited. Finally, the official looked at me. "What do you want?" he asked. I gave him my money order. "This is my money order for one hundred pounds," I replied. The official held out his hand. "*Identity Card," he said. "Excuse me. I don't understand," I replied. "Your Identity Card," the official said again. "Give me your Identity Card."

"What is an Identity Card?" I asked. "I can't give you any money for this money order. First, I must see your Identity Card. Your Identity Card gives your name and your address. Your Identity Card *describes you. There is a photograph of you in your Identity Card. I don't know you. Who are you?" The official was a little angry.

But I was also angry. "Who am I ?" I said. "Everyone knows me. I am Adam of the village of Minta. I haven't got an Identity Card and I don't need an Identity Card."

"Old man, I'm very busy and you're very stupid," the official said. "Who are you ? Where is Minta ?" "Give me my money. Give me my one hundred pounds," I said. The official looked angry and said, "Show me your Identity Card. I don't know you." ④The official gave back my money order and he turned away.

"Where can I (5) an Identity Card ?" I asked the official. He did not speak to me. He did not answer. "Go to the *Ministry of the Interior," a man said. He was standing in the queue. And he told me the way.

（注） postman：郵便配達員　envelope：封筒　alive：生きている
factory：工場　pound：ポンド　money order：郵便為替
worth：～の価値がある　official：職員　queue：列，待ち行列
Identity Card：身分証明書　describe；～の情報を示す
Ministry of the Interior：内務省

問１　(　)内に入るものをそれぞれ選びなさい。

(1)：	1 find	2 finding	3 finds	4 found
(2)：	1 on	2 of	3 among	4 during
(3)：	1 on	2 of	3 among	4 during
(4)：	1 is	2 was	3 were	4 has
(5)：	1 buy	2 buying	3 buys	4 bought

問２　下線部①を指すものとして最も適切なものを下の選択肢から１つ選びなさい。
1. Martha.　　2. Saul's daughter.
3. An old teacher.　　4. The official.

問３　下線部②の英文中の意味として最も適切なものを下の選択肢から１つ選びなさい。
1. 郵便配達　　2. 深夜労働　　3. 注意　　4. 給料

問４　下線部③と同じ意味の it を下の選択肢から１つ選びなさい。
1. Do you have the concert ticket ? Show it to me.
2. It's getting cloudy.
3. It was too late to change the plan.
4. It is difficult to learn a new language.

問５　Darpur について最も適切なものを選択肢から１つ選びなさい。
1. アダムが頻繁に訪れる場所
2. アダムが昔から行きたかった場所
3. アダムの家からとても離れた場所
4. バスでは辿り着けない場所

問６　下線部④の理由として最も適切なものを下の選択肢から１つ選びなさい。
1. アダムが郵便為替を隠し職員を怒らせたから。
2. アダムが職員の名前を間違えたから。
3. アダムが身分証明書を持っていなかったから。
4. 職員がアダムを知らなかったから。

問７　本文の内容として正しくないものを下の選択肢から１つ選びなさい。
1. アダムの息子から，手紙が村に届いた。

2．アダムは手紙に100ポンドの郵便為替を同封し，息子に郵送した。
3．アダムは郵便為替を現金にするために郵便局へ行った。
4．アダムは郵便為替を現金にすぐ交換することができなかった。

問8　次の英文の下線部に入るものとして最も適切なものを1つ選びなさい。

1．Adam couldn't read the letter from Saul because ________.
  1．he didn't like the language Saul used in the letter
  2．he couldn't find his glasses and couldn't see the words
  3．he didn't learn to read or write at school
  4．he didn't want to read the letter himself and gave it to his wife

2．With the money sent by Saul, Adam wanted ________.
  1．to buy things for his farm and house
  2．to save the money for the future
  3．to send the money back to Saul
  4．to give the money to the village

3．In the letter from Saul, ________.
  1．he studied to be a doctor in London
  2．he played at a school in London
  3．he made a lot of money in a factory in London
  4．he worked very hard at a restaurant in London

3　次の英文を読んで，後の問いに対する答えとして最も適切なものを選びなさい。（*印の語は（注）を参考にすること）

A million years ago, there were a lot more *species of animal than there are now. Of course, some species *disappear naturally, but today they are disappearing faster than before.

Animals *are in danger from natural accidents ; some animals die because of small changes in the weather. But animals are also in danger from our *behavior. We cannot protect animals or people from accidents or changing weather, but we can think about our behavior and change that.

We put new buildings on *empty land and do not think about animals. We make new roads ; we move rivers ; we take away trees.

Sometimes we take animals from their natural home to a different country. In this new home, other animals do not know the newcomer and are not afraid of it. Black rats went by ship from Asia to the Galapagos Islands and killed many different species of bird. Some of those birds lived only in the Galapagos, but they disappeared after the rats came.

Some visitors to new places take pictures of animals, but other visitors *hunt and kill them. They do not kill the animals for food, but because they like hunting.

In many countries people can also make a lot of money from animals. Elephants die because people want *ivory. Rhinoceroses die because people want to buy their horns. Many bigger animals are in danger because their *coats are beautiful and some people would like to have them to put in their houses, or to wear.

*Pollution of our land, seas, rivers and sky is *getting worse and worse. We are making our world a much dirtier place, so many animals cannot live in it. Pollution is bad for all of us. It is killing animals. *Sooner or later it is going to kill people too.

The number of people in the world is getting bigger all the time. More people in bigger cities take more land and make more pollution. So we are taking the natural homes of animals very fast. Where can they go ? In the end, the answer is often *nowhere . . . and the animals die.

Animals disappeared before there were people ; that is true. But after the first people went to America from Asia 11,000 years ago, 73% of the big animals in North America and 80% in South America disappeared. 90% of big Australian animals disappeared after people moved there from Asia. In *Mediterranean countries there were once small elephants, but they disappeared too. Did people kill them all ? Perhaps not — we do not know. But they did not help them to live.

Later about five hundred years ago, Europeans visited places all over the world for the first time. The European visitors changed these places in many ways and they did kill a lot of the animals ; we know that.

Today, people in richer countries want to buy more and more interesting things. Animals in danger are more interesting because there are not many of them. So hunters can get rich. They can kill elephants, rhinoceroses and other animals for money.

Hunting, pollution, and disappearing natural *homelands ; all of these are dangers to animals. More species disappeared in the last ten years than in the last fifty, and more disappeared in the last fifty years than the last three hundred. After one species disappears, other species die too. The *extinct species was important to them — perhaps for food, perhaps because it protected them.

Remember the famous dodo, a large quiet bird. It lived on the island of Mauritius. It did not fly, but it was not in danger from other animals, so it was not afraid.

Nobody wanted to eat dodo meat because it was not very good to eat. But people visiting Mauritius from other countries killed dodos, and by about 1680 the last dodo was dead. This happened a long time ago, but we cannot forget the dodo — and we are never going to see a dodo *alive again.

To most people, bigger land animals are more interesting than very small animals or birds. We see these animals on television and we visit them in zoos. We take pictures of them, often because they are beautiful. But many of them are in danger in their natural homes.

（注） species：種　disappear：消える　be in danger：危険にさらされている
behavior：行動　empty：何もない　hunt：～を狩る
ivory：象牙(ぞうげ)　coat：毛皮　pollution：汚染
get worse and worse：悪化している　sooner or later：遅かれ早かれ
nowhere：どこにもない　Mediterranean：地中海地域の
homeland：故郷，原生地　extinct：絶滅した
alive：生きている

1．What is one of the problems for animals today ?

1．They are influenced by natural accidents and weather changes.
2．They are all moving to different countries.
3．They are all getting sick from a new animal.
4．They are building new homes in different areas.

2．Why are black rats dangerous to different species of bird on the Galapagos Islands ?

1．They ate the birds' eggs.

2. They taught the birds bad habits.
3. They brought diseases from Asia.
4. They killed many different species of bird.

3. Where did small elephants once live before they disappeared ?
1. North America. 2. Africa.
3. Mediterranean countries. 4. Australia.

4. Who killed many animals around five hundred years ago ?
1. European visitors. 2. Asian visitors.
3. Australian natives. 4. North American natives.

5. Why are elephants killed by people ?
1. For getting their meat.
2. For getting their bones.
3. For getting their skin.
4. For getting their ivory.

6. How are animals influenced by pollution ?
1. It makes them stronger.
2. It makes their lives harder.
3. It helps them to find new homes.
4. It increases their population.

7. When did people first move to America from Asia ?
1. 5,000 years ago. 2. 8,000 years ago.
3. 11,000 years ago. 4. 15,000 years ago.

8. Why can't we see a dodo again ?
1. Because it has changed into another bird.
2. Because the last one has moved to another place.
3. Because the last one died around 1680.
4. Because it is running away from humans.

4 次の英文の( )内に入れるのに最も適した語句を，後の語群からそれぞれ選びなさい。

1. The concert was ( ) good that I decided to go see it again.
1 as 2 so 3 at 4 more

2. She ( ) breakfast when the phone rang.
1 was making 2 make 3 made 4 makes

3. This is the smartphone ( ) I lost at the party last night.
1 how 2 which 3 whose 4 who

4. Once ( ) a time, there were so many people living in the village.
1 step 2 for 3 since 4 upon

5. I'm really looking forward to ( ) the movie on TV.
1 watched 2 watches 3 watch 4 watching

6. I usually ( ) to school by bus.
1 go 2 am going 3 have gone 4 goes

5 日本文を参考にして正しい英文になるように(　)内の語を並べかえ，(　)内で3番目と6番目に来るものをそれぞれ選びなさい。(文頭に来る語も小文字で書かれています)

1．子供たちがどんなスポーツをするべきか，教えてください。
Please (1 children　2 kind　3 play　4 me　5 tell　6 of　7 sports　8 should　9 what).

2．寒い季節には，学校の近くの小さな店で熱いコーヒーを飲むのをいつも楽しんでいます。
In the cold season, I always (1 a　2 coffee　3 drinking　4 enjoy　5 hot　6 in　7 near　8 small　9 shop) our school.

3．子供たちはその時私が何を言ったかを，理解しようとしていた。
Children (1 at　2 I　3 said　4 that　5 tried　6 to　7 understand　8 what) time.

4．明日までにこれらの英文をチェックしていただきたいのですが。
I (1 by　2 check　3 English　4 like　5 sentences　6 to　7 these　8 would　9 you) tomorrow.

5．彼が去年書いたその本は，多くの若者にとても人気があります。
The book (1 he　2 is　3 last　4 many　5 popular　6 very　7 with　8 wrote　9 year) young people.

6．私の両親は，私がそのコンテストに参加することを喜んでいます。
My (1 are　2 glad　3 in　4 I'll　5 the　6 take　7 parents　8 part　9 that) contest.

6 次の英文を読んで以下の問いに答えなさい。(*印の語は(注)を参考にすること)

Emily : Daniel, did you finish making the *slides of our presentation ?
Daniel : Making the slides ?
Emily : Yes. We're going to give a presentation about SDGs in this Friday's class, and we decided that your role was making the slides. Did you forget that ?
Daniel : I'm sorry. I forgot that. I didn't begin making them.
Emily : Oh, my goodness. We have to give a presentation the day after tomorrow.
Daniel : Don't worry, Emily. We still have time. How many slides do I have to make ?
Emily : We have to make 10 slides. One of them is the title . . . , I'm sorry, we need one more slide of the *sources.
Daniel : OK, thank you. By the way, what are SDGs ?
Emily : You don't know anything ! I will make the slides !

(注) slide : スライド　source : 情報源，出典

1．When are Emily and Daniel talking ?
1．On Monday.　2．On Tuesday.
3．On Wednesday.　4．On Thursday.

2．How many slides do they have to make ?
1．Nine.　2．Ten.
3．Eleven.　4．Twelve.

*Shipping Information

Two days after we received the order, the thing you bought will be *shipped by *regular post. **Delivery time for addresses in Melbourne is three days after the shipping day. Delivery time for addresses in other areas of Victoria and in New South Wales is four days after the shipping day.** All other *domestic orders may take from five to seven days to arrive after they have been shipped.

For orders costing $100 or less, the regular shipping cost is $10. For orders costing more than $100, the regular shipping cost is 10% of the product cost. You can get most products quickly if you pay $20 *additionally.

(注) shipping：発送　ship：～を発送する　regular post：通常便
domestic：国内の　additionally：追加で

3．If an order is received on Monday, when will it arrive in New South Wales ?
1．On Thursday.　2．On Friday.　3．On Saturday.　4．On Sunday.

4．How much is the regular shipping cost for the $50 goods ?
1．$5.　2．$10.　3．$15.　4．$20.

5．How much is the regular shipping cost for $200 goods ?
1．$5.　2．$10.　3．$15.　4．$20.

＜放送問題原稿＞

1

Grace : Is this your ball, Emily ?
Emily : Yes. It's mine. I threw it from far away. I'm very good at throwing.
Grace : Wow . . . May I throw your ball ?
Emily : Do you want to throw my ball ?
Grace : Yes.
Emily : Do you know the secret of throwing, Grace ?
Grace : Yeah. It is having fun.
Emily : I can't understand. Throwing a ball is not easy. It takes skill. It takes practice. I worked very hard to learn how to throw a ball.
Grace : Look ! Look ! How about that ? I threw the ball so far, and you cannot even see it.
Emily : I can see your ball back here. Do you know what this means ?
Grace : Yes. The ball I threw went around the world !
Emily : No. The ball flew behind you and fell there, and that is not very far at all.
Grace : You are right, Emily. I did not really throw the ball very far. But I had fun !

1．What is true of Emily ?
1．She practiced hard to throw a ball.

2. She couldn't throw a ball.
3. She learned how to throw a ball soon.
4. She enjoyed throwing a ball.

2. What is true of Grace?
1. She didn't want to throw a ball.
2. She threw a ball forward.
3. She threw a ball behind herself.
4. She threw a ball far away.

3. What is the most important thing for Grace?
1. A lot of skill is. 2. A lot of practice is.
3. Having fun is. 4. Throwing far away is.

It was a hot day.
Jane was at the lake with her family.
She was running around in the sun.
"Mommy! A little boy is following me! Help!", Jane shouted.
Her mom was under a tree, so Jane ran to her.
"Oh! Where did the little boy go?" Jane said.
Mom said, "Jane, it's not a boy. It's your shadow!"
Jane lay down in the shadow of a tree.
She couldn't see her shadow by the shadow of the tree.

4. Who or what followed Jane?
1. A little boy did. 2. Her mother did.
3. Her shadow did. 4. The tree's shadow did.

5. Why did Jane run to her mother?
1. Because it was a hot day.
2. Because she was at the lake.
3. Because she was running around in the sun.
4. Because her mother was under a tree.

【数　学】 (50分) 〈満点：100点〉

(注意) (1) 解答が分数の形で求められているときは，約分した形で答えること。

(2) 解答が比の形で求められているときは，最も簡単な整数の比で答えること。

(3) 問題の図は略図である。

全問とも，□の中に当てはまる数字を求めなさい。

1 次の問いに答えなさい。

(1) $\dfrac{1}{2}+\dfrac{3}{2}\times\left(-\dfrac{9}{4}\right)$を計算すると，$-\dfrac{\boxed{アイ}}{\boxed{ウ}}$である。

(2) 1次方程式$3x+5-\dfrac{2x-3}{3}=0$を解くと，$x=-\dfrac{\boxed{エオ}}{\boxed{カ}}$である。

(3) $\left(\dfrac{5}{\sqrt{6}}-\sqrt{24}\right)\times 6$を計算すると，$-\boxed{キ}\sqrt{\boxed{ク}}$である。

(4) $2xy^2-18x$を因数分解すると$\boxed{ケ}x(y+\boxed{コ})(y-\boxed{サ})$である。

(5) $xy-3x-y+3$を因数分解すると$(x-\boxed{シ})(y-\boxed{ス})$である。

(6) 60を素因数分解すると，$\boxed{セ}^{\boxed{ソ}}\times\boxed{タ}\times 5$である。

また，60にできるだけ小さい自然数aをかけて，ある自然数の平方になるようにしたい。このとき，$a=\boxed{チツ}$である。

(7) 連立方程式$\begin{cases}3x-4y=19\\ \dfrac{2}{3}x+y=\dfrac{4}{9}\end{cases}$を解くと，$x=\dfrac{\boxed{テト}}{\boxed{ナ}}$，$y=-\boxed{ニ}$である。

(8) 2次方程式$x^2-8x+13=0$を解くと，$x=\boxed{ヌ}\pm\sqrt{\boxed{ネ}}$である。

(9) 図のように，平面上にマッチ棒を並べて正方形をつくっていく。

正方形を100個つくるのにマッチ棒は少なくとも$\boxed{ノハヒ}$本必要である。

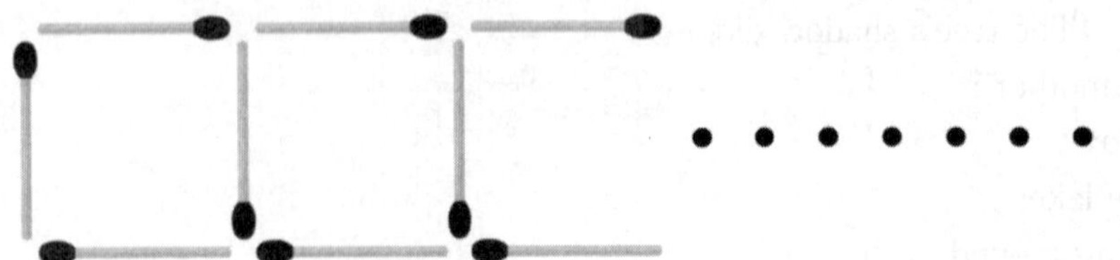

2 次の問いに答えなさい。

(1) 次のデータは10人の生徒に行った10点満点の数学の小テストの結果である。

1，4，7，10，9，3，4，6，4，7　(単位：点)

中央値は$\boxed{ア}$(点)，第1四分位数は$\boxed{イ}$(点)，第3四分位数は$\boxed{ウ}$(点)，

最頻値は$\boxed{エ}$(点)，平均点は$\boxed{オ}.\boxed{カ}$(点)，四分位範囲は$\boxed{キ}$(点)

である。

(2) 5％の食塩水100gからxgの食塩水を取り出し，残った食塩水にxgの水を入れてよくかき混ぜたところ濃度が3％になった。このとき，$x=\boxed{クケ}$である。

3 次の問いに答えなさい。

(1) 4人の生徒A，B，C，Dが一列に並ぶとき，AとBが隣り合わない並び方は全部で$\boxed{アイ}$通りである。

(2) 袋Aには赤球2個と青球3個が，袋Bには赤球1個と青球2個がそれぞれ入っている。袋Aと袋

Bからそれぞれ1個ずつ球を取り出すとき，同じ色の球である確率は $\frac{\boxed{ウ}}{\boxed{エ}\boxed{オ}}$ であり，お互いが異なる色の球である確率は $\frac{\boxed{カ}}{\boxed{キ}\boxed{ク}}$ である。

4 次の問いに答えなさい。

(1) 下の図1のように，円Oに△ABCが内接しており，∠BAC＝40° であるとき，∠xを求めると $\boxed{ア}\boxed{イ}$° である。

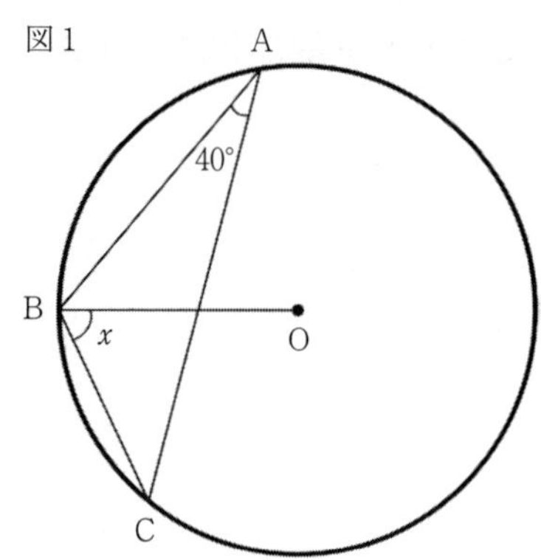

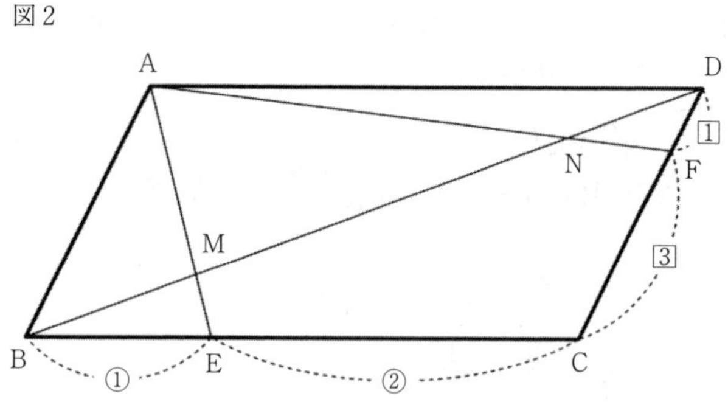

(2) 上の図2のように，平行四辺形ABCDの辺BC，辺CD上にそれぞれ点E，点Fがあり，BE：EC＝1：2，CF：FD＝3：1である。対角線BDと直線AE，直線AFの交点をそれぞれM，Nとするとき，

BM：MD＝$\boxed{ウ}$：$\boxed{エ}$，

BN：ND＝$\boxed{オ}$：$\boxed{カ}$ であるから

BM：MN：ND＝$\boxed{キ}$：$\boxed{ク}\boxed{ケ}$：$\boxed{コ}$

である。

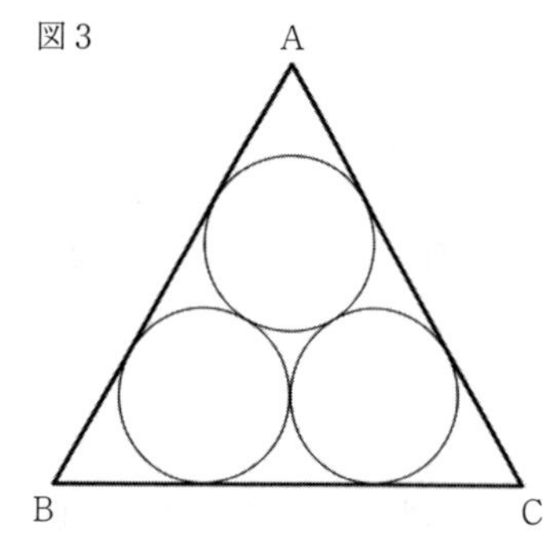

(3) 右の図3のように，正三角形ABCに半径の等しい3つの円がたがいに接している。△ABCの辺AB，辺BC，辺CAにはそれぞれ2つの円が接している。円の半径を r(cm)とするとき，正三角形ABCの1辺の長さは $\boxed{サ}(\sqrt{\boxed{シ}}+\boxed{ス})r$(cm)である。

5 図のように，関数 $y=x^2$ のグラフ上に2点A，Bがあり，それぞれの x 座標は t，$2t$ である。

ただし，$t>0$ である。直線ABと y 軸との交点をPとする。

このとき，次の問いに答えなさい。

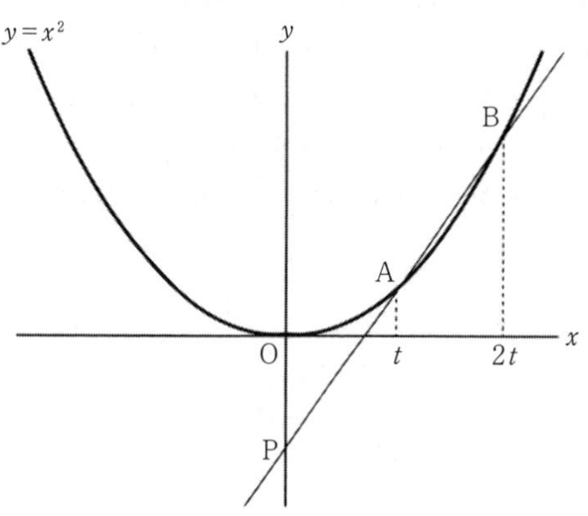

(1) 関数 $y=x^2$ について，x の値が t から $2t$ まで増加するときの変化の割合が6であったとき，t＝$\boxed{ア}$ であり，直線ABの方程式は y＝$\boxed{イ}x$－$\boxed{ウ}$ となる。

(2) △OAPと△OBPの面積比は t の値によらずつねに $\boxed{エ}$：$\boxed{オ}$ である。

したがって，

△OABと△OBPの面積比は t の値によらずつねに[カ]：[キ]である。…(☆)

(3) 点Pの y 座標が -36 となるとき，次の2つの解法により t の値を求めてみよう。

解法1

直線ABの方程式を $y=ax-36$ とおくと，直線ABが点Aを通るから

$t^2=at-36$…①とおける。また，直線ABは点Bも通るので

$4t^2=$[ク]$at-36$…②とおける。①と②から a を消去することによって t の値を求めると，$t=$[ケ]$\sqrt{\text{[コ]}}$となる。

解法2

直線OB上の x 座標が t である点をCとすると，OP＝36であることと下線部(☆)よりAC＝[サシ]であることが分かる。

したがって $t=$[ケ]$\sqrt{\text{[コ]}}$となる。

このとき，△OABの面積は[スセ]$\sqrt{\text{[ソ]}}$である。

6 表のように，自然数が規則的に並んでいる。

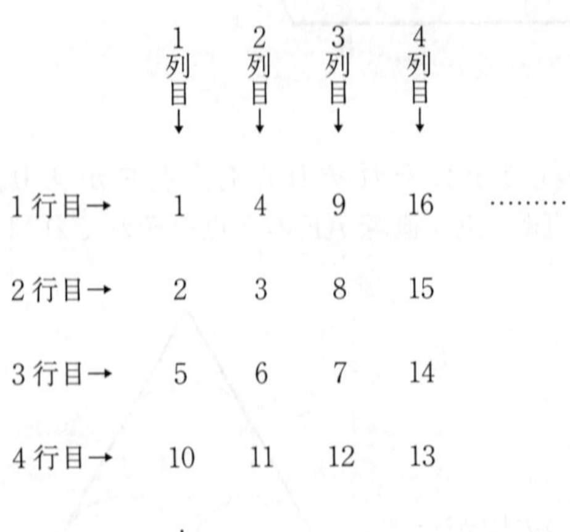

	1列目↓	2列目↓	3列目↓	4列目↓	
1行目→	1	4	9	16	………
2行目→	2	3	8	15	
3行目→	5	6	7	14	
4行目→	10	11	12	13	
	⋮			⋱	

x 列目，y 行目にある自然数を＜x，y＞で表す。

例えば，＜3，2＞＝8である。

(1) ＜5，3＞＝[アイ]である。

(2) ＜n，1＞を，n を用いて表すと，＜n，1＞＝$n^{[ウ]}$ であるから，＜[エオ]，1＞＝6561である。

また，＜[カキ]，[ク]＞＝2024である。

(3) ＜n，n＞を，n を用いて表すと，＜n，n＞＝$n^{[ケ]}-n+$[コ]である。

また，＜[サシ]，[スセ]＞＝271である。

問4　空欄Cに入るものとして最も適切なものを次の中から選び、記号で答えなさい（解答番号は4）。

ア　桜はすぐに散ってしまうものだと言われているが、それは桜をよく観察していない人の言い分だ

イ　桜がはかなく散ってしまっても私は悲しくありません。人の心が移り変わってしまう悲しさに比べれば

ウ　桜は風が吹く間もなく散ってしまいます。それは、人の心が変わってしまうのと同じようなものだ

エ　桜でさえ風が吹かなければ散らないのに、人の心は風が吹く間もなく変わってしまうものだ

オ　桜がなぜすぐに散ってしまうのでしょうか。すぐに移り変わるものは人の心だけで良いのに

問5　二重傍線部「紀貫之」が著したものとして適切なものを次の中から一つ選び、記号で答えなさい（解答番号は5）。

ア　土佐日記　　イ　方丈記　　ウ　伊勢物語　　エ　徒然草　　オ　源氏物語

問6　Ⅰの「桜花今日こそ…」と同じ趣向で桜を詠んだ和歌を次の中から一つ選び、記号で答えなさい（解答番号は6）。

ア　桜花散らば散らなむ散らずとてふるさと人の来てもみなくに

イ　故里（ふるさと）となりにし奈良の都にも色はかはらず花は咲きけり

ウ　うつせみの世にも似たるか花ざくら咲くと見しまにかつ散りにけり

エ　見渡せば柳桜をこきまぜて都ぞ春の錦なりける

オ　桜花咲きにけらしなあしひきの山の峡（かひ）より見ゆる白雲

どのような解釈になるか分かりますか？

生徒　対照的ということは、「　C　」という解釈になると思います。

教師　よく分かりましたね。同じ事物でも人によって捉え方が違うというのも、和歌解釈の面白さかもしれませんね。

問1　空欄1～4に入る組み合わせとして最も適切なものを次の中から選び、記号で答えなさい（解答番号は1）。

ア　1―男　2―女　3―女　4―男
イ　1―男　2―女　3―男　4―女
ウ　1―男　2―女　3―男　4―男
エ　1―女　2―男　3―女　4―女
オ　1―女　2―男　3―男　4―女

問2　空欄Aに入るものとして最も適切なものを次の中から選び、記号で答えなさい（解答番号は2）。

ア　今は、あなたに会えることを嬉しく思っているが、明日になってもその喜びが続くか疑わしい
イ　今は、私のことを好きでいてくれているが、明日になっても好きでいてくれるか疑わしい
ウ　今は、明日逢う気でいてくれているが、明日になってもその気持ちが続いているか疑わしい
エ　今は、あなたに逢いたいと思っているが、明日になっても同じ気持ちでいられるか疑わしい
オ　今は、この先も逢い続けたいと思ってくれているが、明日になってもそう思ってくれるか疑わしい

問3　空欄Bに共通して入るものとして最も適切なものを次の中から選び、記号で答えなさい（解答番号は3）。

ア　なかなか咲いてくれないもの
イ　散るからこそ素晴らしいもの
ウ　多くの人から愛されるもの
エ　女性のように美しいもの
オ　すぐに散るはかないもの

五　次のⅠ・Ⅱと、〔会話文〕を読んで、後の各問いに答えなさい。

Ⅰ　むかし、つれなき人をいかでと思ひわたりければ、あはれとや思ひけむ、「さらば、あす、ものごしにても」といへりけるを、かぎりなくうれしく、またうたがはしかりければ、おもしろかりける桜につけて、
（なんとかして手に入れたいと／ああかわいそうなものだ／それならば／物をへだててお逢いしましょう／と言ったので／この上なく／しかし、疑わしくもあったので）

桜花今日こそかくもにほふともあな頼みがた明日の夜のこと

といふ心ばへもあるべし。

（『伊勢物語』による）

Ⅱ　桜花とく散りぬともおもほえず人の心ぞ風も吹きあへぬ　　紀貫之

（『古今和歌集』による）

〔会話文〕

この会話文は、Ⅰ・Ⅱを読んだ生徒と教師が交わしたものである。

教師　Ⅰの話は『伊勢物語』といって、「在原業平（ありわらのなりひら）」という男が主人公だと言われている作品で、在原業平の恋愛を中心とした歌物語です。Ⅰの話も在原業平と思われる人物と、ある女（＝つれなき人）とのやり取りが描かれていますね。それを踏まえて、主語を追っていきましょう。

生徒　傍線部a「思ひ」の主語は［1］、傍線部b「思ひ」の主語は［2］、傍線部c「いへりける」の主語は［3］、傍線部d「うれしく」の主語は［4］ということですか。

教師　その通りです。また「桜花今日こそ…」の和歌は、「桜の花が今日はこんなに美しく咲いているとしても、明日の夜にはどうなっているかわかりません」という意味です。この和歌を踏まえると、傍線部eで男は何を「疑わしく」思っていたのかが分かりますね。

生徒　［A］のだと思います。

教師　よく読めていますね。和歌において桜は［B］だと詠まれることが多く、女の気持ちと重ねた和歌になっています。その一方で、紀貫之は桜について、Ⅱのように、桜は［B］だとは思わないというような対照的な和歌を詠んでいます。Ⅱの和歌は

問6　傍線部f「最後のひとすくいを残して喋った」のはなぜか。最も適切なものを次の中から選び、記号で答えなさい（解答番号は6）。

ア　業者が荷物の積み出しを終えたので心置きなく話に興じることができたから。
イ　最後のひとすくいは甘いもの好きだった誠さんに捧げたい気持ちだったから。
ウ　これを食べ終えた時がみちかちゃんとのお別れの時であるとわかっていたから。
エ　これを食べ終えることは引っ越し作業の再開を促すように思われたから。
オ　みちかちゃんの入れる紅茶の美味しさをいつまでも味わっていたいと思ったから。

問7　傍線部g「それはいかにも頼りなげな裏切りだった」での「頼りなげな裏切り」とはどのようなことか。最も適切なものを次の中から選び、記号で答えなさい（解答番号は7）。

ア　何でも話せる間柄だと思っていた「私」にも本当のことを話さずに別れ、新しい場所での一歩を踏み出そうとしていること。
イ　みちかちゃんは「私」の知らぬ間に誠さんとは別の男の人とも付き合っていて、彼との新しい生活を心待ちにしていること。
ウ　三重の実家近くの湧き水の話までして遊びに来てと言っておきながら、実際には「私」を呼ぶつもりなどないということ。
エ　三重の実家の親にはふるさとに帰ると嘘を伝えておきながら、別の場所で新しい自分だけの生活を始めようとしていること。
オ　「私」にたくさんの誠さんの思い出話をしておきながら、彼のことを忘れて新しい場所での生活を始めようとしていること。

問8　傍線部h「きっとみちかちゃんは携帯の番号さえも変えてしまうのだろう」とあるが、ここでの「私」についての説明として最も適切なものを次の中から選び、記号で答えなさい（解答番号は8）。

ア　「私」に三重の実家に戻るという嘘を言って、新しい場所に行くのは御両親とも連絡を取らなくなることだろうと感じた。
イ　みちかちゃんはここでの人間関係を断ち切って、「私」が知らない新しい場所での生活を始めようとしていると感じた。
ウ　表面上は親友として接しているが、心の中でみちかちゃんは「私」にもう連絡してほしくないと思っていると気づいた。
エ　みちかちゃんは新しい場所で人との深い関りは持たずに、今までの思い出を胸に自分だけの生活を送ろうとすると思った。
オ　携帯電話も繋がらないような田舎の土地で、みちかちゃんは気持ちを新たに生活をやり直したいと考えていると思った。

エ　誠さんと結婚式をしていなかったので正式な夫婦ではなく遠慮すべき立場だと思ったから。
オ　誠さんの葬儀で泣き顔を見せるといつも泣き虫だった誠さんに笑われるように思ったから。

問3　本文中の［　c　］に入る最も適切なものを次の中から選び、記号で答えなさい（解答番号は3）。
ア　涙雨でも降ったほうがいい
イ　暑くはない曇りのほうがいい
ウ　少しは雨が降ったほうがいい
エ　晴れやかな天気のほうがいい
オ　寂しい気持ちが薄らいでいい

問4　傍線部d「優しく『ばかなやつ』と言った」時の「みちかちゃん」の気持ちの説明として、最も適切なものを次の中から選び、記号で答えなさい（解答番号は4）。
ア　男のくせに死んでもなお泣き虫がなおらない誠さんに呆れながらも愛情を感じている。
イ　死んでも夢に出てくるほど自分を心配しているので誠さんのやさしさを改めて感じている。
ウ　泣き虫のくせに夢で自分を泣かせる誠さんに一言言いながらもいとおしく感じている。
エ　自分を残して死んでしまった誠さんを恨みながらもいとおしい思いを捨て切れずにいる。
オ　自分の言葉を真に受けて子供のように泣きやもうとした誠さんの姿にいとおしさを感じている。

問5　傍線部e「立ち上がって片付いたところだけ掃除機をかけた」のはなぜか。最も適切なものを次の中から選び、記号で答えなさい（解答番号は5）。
ア　誠さんはすでに死んでしまっていておいしい水を持ってきても喜ぶはずもないことに気づいたから。
イ　話題をすぐに亡くなった誠さんのことに結びつけようとする自分のあつかましい態度に気づいたから。
ウ　もうすぐ引っ越し屋が来る時刻なので無駄話はしていられないと気づいて作業に専念しようとしたから。
エ　本当は行く気などないのにみちかちゃんの実家の湧き水の話をしていた自分に気づき我に返ったから。
オ　亡くなった誠さんの墓参りをみちかちゃんに現実のものとして再認識させ悲しませると気づいたから。

ない曲を聴きながら、みちかちゃんは私の知らないどこかへ行こうとしている。みちかちゃんが戻ってきて、「ほんとうにありがと」と言った。「後ろ、閉めちゃうよ」「うん」「これ、なんて車?」「フォードのトーラスワゴン、あいつの趣味だったの。私はもっと小さい車が良かったんだけど」「みちかちゃんって運転、得意なの?」「田舎者だもの、あっちは車社会だよ。私、あいつより上手かったかも」そう言ってみちかちゃんは笑いながら車に乗った。そしてすぐに窓を下げて言った。「典ちゃん、連絡するからね、絶対遊びに来てね」「うん。美味しい水、一緒に飲もうね」手を振って、青いワゴン車が遠ざかるのを見送りながら、[h]きっとみちかちゃんは携帯の番号さえも変えてしまうのだろうと思った。

(絲山秋子『ベル・エポック』による)

※　ベル・エポック――本来は「良き時代」の意味のフランス語。ここでは洋菓子屋の店名。
※　SE――システム・エンジニア。
※　大字――市町村内の区画名称の一種。

問1　傍線部a「言わなければよかったかなと思った」のはなぜか。最も適切なものを次の中から選び、記号で答えなさい（解答番号は1）。

ア　わざわざみちかちゃんが迎えに来てくれたのに気の利かない挨拶をしたことに気づいたから。
イ　葬儀の日のことなので誠さんが死んだことをみちかちゃんに思い出させると気づいたから。
ウ　みちかちゃんと疎遠になっていて会ってないことを再確認する言葉だと気づいたから。
エ　誠さんが死んでまだ日が浅いことをみちかちゃんに感じさせることになると気づいたから。
オ　引っ越しの手伝いに来たのに誠さんとの昔話につながる言葉を切り出したと気づいたから。

問2　傍線部b「一番後ろで、遠い親戚のような顔をして」だったのはなぜか。最も適切なものを次の中から選び、記号で答えなさい（解答番号は2）。

ア　誠さんが死んだことがいまだに信じられず呆然とした思いの中で葬儀に参列していたから。
イ　誠さんのお母さんの悲痛な姿にいたたまれなくなって近くに居ることが出来なかったから。
ウ　誠さんが死んだという事実を受け入れられずに葬儀さえも他人事のように感じていたから。

あるんだろうけど、私はそこしか知らないの」「秘密の場所かあ、いいなあ」そうは言ったけれど、そんな湧き水が飲めるような田舎に暮らすみちかちゃんの姿を思い浮かべることは出来なかった。「東京にはそんな場所ないでしょ」「五日市とか奥多摩ならわかんないけど、行ったことないし」「ポリタン持ってきてる人もいる。あ、そうだ」「ん？」「今度、お墓参りに東京に来るときあそこの水、持ってこよう」それからみちかちゃんは急に目をうるませて、「そんなの、いつだかわかんないけど」と言った。「いつでも大丈夫だよ」誠さんはきっと美味しい水、喜ぶよ、と言ったらみちかちゃんを本格的に泣かせてしまいそうで、[e]<u>立ち上がって片付いたところだけ掃除機をかけた</u>。

二時五十分に引越屋さんは二人で来て、鮮やか！　と手をたたきたくなるほど手際よく荷物を積み出していった。段ボールはたちまち消え失せ、テレビも冷蔵庫もテーブルも椅子も手品のように梱包されて運び出されて行った。みちかちゃんは「あっ」と叫んで下にばたばた降りていって、「ベル・エポック」の包みを運び出された冷蔵庫の中から取り返して来た。ぐずぐず荷造りしていたのが嘘みたいだった。大きなトラックが灰褐色の煙をあげて走り出すのを二人で見守った。（中略）「さあ、食べよう」みちかちゃんは丁寧に紅茶を淹れる。私が淹れるといつも薄いか渋いかになってしまうのだけれど、みちかちゃんの淹れるアールグレイは香りも味もいい。角砂糖を一個ずつ紅茶に入れて、何もない部屋のフローリングに向かい合ってあぐらをかいた。みちかちゃんは、洋菓子の箱を開けた。ドライアイスの小さなかけらとババロアが二つ入っていた。「ここの店のババロアが美味しいの。珍しいでしょ」そう言えば誠さんは甘いものが好きだった。私が遊びに来たときにはみんなでおはぎを食べたのを思いだした。誠さんが言いだして三人でＵＮＯをやった。誠さんは言いだしっぺのくせに弱くて、たくさんカードを引いて本気で口惜しがっていた。いつまでも、[f]<u>最後のひとすくいを残して喋った</u>。物がなくなった部屋ではやけに声が響いた。ババロアが生ぬるくなったら美味しくないと判っていても、私にみちかちゃんを引き止める権利はないんだと知っていても、いつまでもそうしていたかった。「名残惜しいね」「でも、行かなくちゃね」みちかちゃんは、茶色っぽい目で私に笑いかけた。それで、私達は同時にスプーンを舐めて、立ち上がった。

ポットに残ったお茶の葉を捨てた。カップとポットとスプーンとやかんを洗って、みちかちゃんはきちんと拭いてから一つだけ残してあった段ボールに入れた。それから、車とってくるから、と言って部屋を出た。まだガムテープで封をしていない段ボールを何気なく覗くとそれはカーテンの箱だった。さっき仕舞った食器の他に、タオルと、新しい雑巾とトイレットペーパーが一巻入っていた。はっとして箱のフタを閉じた。みちかちゃんは実家には帰らない。車の音がして、みちかちゃんが上がって来たので私は何も言わずに新しい暮らしの最初の段ボール箱を持って部屋を出た。みちかちゃんはゴミ袋を持って玄関から部屋を振り返った。みちかちゃんが管理人にカギを返しに行っている間に、私はマンションの前に停まっているワゴン車の大きな荷室に段ボールを積んだ。[g]<u>それはいかにも頼りなげな裏切りだった</u>。エンジンはかけっぱなしで、カーステレオからは、昔流行ったブランキー・ジェット・シティの『小さな恋のメロディ』が流れていた。こんなやるせまだこんな状態なのよ」「二人でやったらすぐ片付くよ。引越屋さん何時なの?」「三時」「余裕余裕。私、食器やろうか?」やっぱり他人に触られたくないものもあるだろうから、鍋とか食器が一番無難だと思った。「これ使って」台所の調理台の上には不織布で出来た三角コーナー用のごみ取り袋の束が置いてあった。どうするの、と聞くと、食器包むのに一番いいんだよ、とみちかちゃんは言った。さっと入れて重ねていくだけでいいの。かさ張らないし、絶対割れないよ。それに、後でまた使えるでしょ。私の考えた名案。今まで一度も失敗したことないんだよ。空いたとこだけ新聞紙かタオル詰めてね。言われた通りに皿やコップを包んで段ボールに入れながら、みちかちゃんが実家に帰ってこの段ボールを開けるのはいつだろう、と思った。また誰かと出会って、一緒に暮らすときかな。久しぶりにこの箱を開けたら懐かしさと悲しさがむうっとこみあげるんじゃないだろうか。

「泣くんだよ、あいつ」ふいにみちかちゃんが言った。「えっ?」「夜だけどね。夜、寝る前になると、まこっちゃんが泣いてるの」「つらいね」「つらくはないよ。ここに響くだけ」みちかちゃんは鳩尾(みぞおち)のあたりを押さえた。「きっとだんだん、いなくなるんだと思う」何と言ったらいいのか、判らなかった。「誠さんてほんとに、泣いたりした?」「すっごい泣き虫だったよ」「うっそ」誠さんが泣くところなんて、少年野球チームが優勝したときの嬉し泣きくらいしか想像がつかない。「それは外面。映画とかでも泣くし、本読んでも泣くし、喧嘩してもいつもあっちが泣くの。泣く男となんか結婚したくないって言うと、一生懸命泣きやもうとするんだけど、でも泣くの」みちかちゃんは呟くように、[d]優しく「ばかなやつ」と言った。間が悪くなって手が止まって、それからまたお互いの仕事に取りかかる。私は服をハンガーケースに揃えて入れ、みちかちゃんは洋菓子の包みだけが入った冷蔵庫の中を固く絞った台布巾で拭いた。「カーテンはどうする?」「あ。こっちの段ボールに入れて」掃除機でざっと埃を吸って、ベランダでぱたぱたやってからたたんで、みちかちゃんが新しく組み立てた段ボールに入れた。

みちかちゃんの実家は三重県の桑名市とは聞いていたけれど、あまり詳しいことは知らなかった。方言も全然出なかった。「三重ってどんなとこなの」「三重ってとこはないのよ」みちかちゃんは壁からカレンダーを外してゴミ袋に捨てた。(中略)「名古屋までだったらすぐって感じだけど、三重っていうと遠い感じがするなあ」「東京の人からしたらそうだよね。でも、遊びにきてね。あのね」あのね、と言うとき、みちかちゃんは小さな声になった。「なによ」「秘密の場所教えてあげるから」校庭の隅っこにいる小学生みたいに二人でくすくす笑った。「なによ、秘密って」「何があるってわけじゃないのよ。私ね、お水を一杯飲むためだけにそこに行くの」「湧き水とか?」「そう。誰も知らないとこだよ。三重と滋賀の県境を越えたとこなの。すごい峠なんだ」みちかちゃんは少し目をつぶって、その場所を思いだしているようだった。「水って、どんなとこに湧いてるの?」「崖から水が滴ってるの。アルミのカップが鎖で吊るしてあるからそれにお水を溜めて、ゆっくり飲むの」「お腹壊さない?」「すっごい、美味しいんだよ」「そこだけなの?水が湧いてるの」「多分、他にもそういう場所

四 次の文章を読み、後の各問いに答えなさい。

大宮で東武野田線に乗り換えて、七里駅で降りた。改札を出てみちかちゃんを探すと、切符売り場の横にふっくらした身体を所在なげに寄り添わせていたが、やがて私に気がついて照れ臭そうに手をあげた。誠さんから貰った指輪をしていた。「ごめんね、あれ以来になっちゃって」と言ってから、言わなければよかったかなと思ったが、みちかちゃんは気にする風もなく左手に提げた洋菓子屋の袋をちょっと持ち上げるようにして、「これ、あとで一緒に食べようね」と言った。袋にはちょっと崩した字で※ベル・エポックという店名がプリントされていた。「この辺のお店?」私はあたりを見回した。「うん、あっちのスーパーの方なんだ」「がんばんなきゃ」「ありがとね。来てくれて」半年前、みちかちゃんは婚約者の誠さんを亡くした。誠さんは少年野球の監督をするほど元気な人だったのに、会社帰りに代々木駅のベンチに座ったまま心筋梗塞で亡くなった。挙式は六月の予定だった。三十四歳の突然の死は誰もが信じられなくて、お葬式の時、お母さんがいつまでも誠さんの名前を呼び続けるのも無理はなかった。みちかちゃんは一番後ろで、遠い親戚のような顔をして静かにうつむいていた。ゆったりとした喪服姿に、生まれつきの品の良さがあった。私がみちかちゃんの手をぎゅっと握ると、きゅきゅと握り返してきて、「昨日の晩、いっぱい泣いたから大丈夫だよ」と耳打ちした。それから後もみちかちゃんはここで同じ部屋に住んで、保育園で働き続けていたが、三月のきりのいいところで辞めて、田舎に帰ると言うのだった。桜が開ききってしまうような陽気だった。残酷なくらいいい天気だった。引越には不便だけれど　c　と思った。なんでみちかちゃんが追われるように去っていかなければならないのか、東京育ちの私には都落ちのようにしか思えなかった。私とみちかちゃんは池袋の英会話スクールで知り合った。すぐに仲良くなって、一緒にオーストラリアにも行った。私は※SEをしていてみちかちゃんとは異業種だったが、そんなことは全然問題じゃなかった。女友達というのはいつだってオトコの話ばかりだ。そのうち、みちかちゃんが同僚の紹介で誠さんに出会って、誠さんの話をするようになった。私は次々当たって砕ける片思いの話ばかりした。

駅前にはくすんだ時計屋や処方せん薬局があるだけで、バスも通っていない。このあたりは風渡野(ふっとの)という※大字で、本当にちょっと前までは名前の通り何もなかったらしいよ、とみちかちゃんは言った。大きなスーパーと反対の方へ狭い道を進み三叉路を右にまっすぐ行くと小さな電器屋の向かいに「プランタン風渡野」がある。私も何度か遊びに来たことがあった。けれど二階の一番奥のドアを開けると、もうそこはみちかちゃんの部屋とは思えなかった。たくさんの段ボールが雑然と積んであって、箱の側面には、みちかちゃんの字で「本・アルバム」、「マット・スリッパ」などと書かれていた。床に掃除機や雑巾やゴミ袋が出ていて、もはや生活感はどこにもなかった。ところどころにみちかちゃんの好きなセサミストリートのマペットの柄のタオルがはみ出していたり、知っている服が散らばっているだけだった。「ごめんね、問6　傍線部f「『自分を見失う』感覚に囚われる」とあるが、その説明として最も適切なものを次の中から選び、記号で答えなさい。（解答番号は6）。

ア　バーチャルな世界に固執し、現実世界に戻れなくなるのではないかと怖くなる。
イ　現実に戻った時に、バーチャルの自分と現実の自分との大きな違いに戸惑う。
ウ　バーチャルから現実に戻った時に、自分が求めていた理想が分からなくなる。
エ　現実に戻った時に、バーチャルな世界と現実の世界との差を感じ絶望する。
オ　バーチャルな世界での急激な変化に、本来の自分を忘れるのではないかと不安になる。

問7　傍線部g「ぼんやりとした、まだ見ぬ『楽しさ』」とはどのようなことか。その説明として最も適切なものを次の中から選び、記号で答えなさい（解答番号は7）。

ア　試行錯誤しながら正しい方法を見つけ、何かをなしえた後にこれまでの経験を振り返ること。
イ　理想の自分に到達するため迷いながら実践を重ね、自分の成長に対する期待を持つこと。
ウ　自分の成長をすぐに実感できなくても、実践の中で何をすべきかが見えてくること。
エ　希望の自分に近づくため必要なことを実行する中で、本来の自分の姿を取り戻すこと。
オ　他者に認識される自分に近づこうとすることで、自分の目指す姿が明確になること。

問8　傍線部h「かなりの割合の人が、気づかないまま過ごしている」とあるが、なぜだと考えられるか。その説明として最も適切なものを次の中から選び記号で答えなさい（解答番号は8）。

ア　バーチャルな世界の自分と現実の自分との違いを楽しむことが、ゲームの面白みであると言えるから。
イ　生まれた時からバーチャルな世界に囲まれている若者は、本来の自分を考えることを思いつかないから。
ウ　現実とバーチャルな世界との区別があいまいになり、二つの世界での自分の違いを意識しにくいから。
エ　日常生活でバーチャルな世界に入る機会が多くなり、肉体の感覚が以前に比べて希薄になっているから。
オ　用意されたシステムに自分をインプットすることが普通となり、経験による成長を求めない人が多くなったから。

問2　空欄ｂに入る語として最も適切なものを次の中から選び、記号で答えなさい（解答番号は2）。

ア　普遍　　イ　画一　　ウ　無機　　エ　安定　　オ　絶対

問3　傍線部ｃ「面倒な手順」とあるが、その具体例として最も適切なものを次の中から選び、記号で答えなさい（解答番号は3）。

ア　料理教室に月四回通って調理のコツを教わり、おもてなし料理のレパートリーを増やす。
イ　アニメに登場する場所を巡り、キャラクターの看板前で撮った写真をＳＮＳに投稿する。
ウ　釣具店に行って持ちやすさや機能などから竿を決め、海釣りでその使いやすさを試す。
エ　絶景スポット巡りを売りにする撮影ツアーに参加し、ベストショットを狙う。
オ　インターネットのグルメサイトを調べ、カフェ部門で評価の高い順に店を回る。

問4　傍線部ｄ「錯覚」とあるが、その説明として最も適切なものを次の中から選び、記号で答えなさい。（解答番号は4）。

ア　仮想世界での経験を現実の自分を成長させるものだと捉えてしまうこと。
イ　企業が作ったブームを誰もが楽しめるものだと捉えてしまうこと。
ウ　他人に用意された楽しさを趣味本来の楽しさだと捉えてしまうこと。
エ　意図的に流された情報を自らの意志で探した情報と捉えてしまうこと。
オ　他者から認識される自分を本来の自分だと捉えてしまうこと。

問5　傍線部ｅ「実は、実社会における他者が認識する（と想像できる）『自分』も、明らかに幻想」とあるが、この表現で筆者が言いたいのはどのようなことか。その説明として最も適切なものを次の中から選び、記号で答えなさい。（解答番号は5）。

ア　相手がどのような人間か間違いなく捉えることはできないということ。
イ　人間関係は誤解が生じやすく相手を正しく理解することは難しいということ。
ウ　用意されたシステムの中にいることで本来の自分が分からなくなるということ。
エ　人は相手に自分の理想像に近い姿で認識されていると期待しがちだということ。
オ　バーチャルな世界における自分を本来の自分だと錯覚しやすいということ。

くはならない、とも書いた。ところが、バーチャルなシステムに補助された他者向けの自分は、そのシステムの中では本来の「自分」と同一視できるし、しかも、現実の「自分」とのギャップの大きさに物理的な制約を受けにくい。この飛躍がそもそもゲームの面白さでもある。しかし、それだけに、それを「自分」だと感じていたところから、大きくギャップのある現実の「自分」への帰還は、急降下ともいえるものになるだろう。受け止め方が悪ければ、ショックは絶大だ。

現代は、自分を見失いやすい環境というよりも、見失っても生きていける社会といえるかもしれない。早めに気づけない、とことん見失うまで気づかせてくれない、そういう環境にあるのが、今の若者だろう。hかなりの割合の人が、気づかないまま過ごしている。むしろ感覚が鋭敏な人が、気づいてしまい悩むことになる。

「自分」を見失えば、やはり探したくなるだろう。自分はどこにあるのか、という不安が生じるからだ。そういう言葉を現に聞いたことがある。

（森博嗣『自分探しと楽しさについて』による）

※　他者から見た「自分」と…書いた――筆者はこの本文の前に、「他者に見られたい『自分』と本来の『自分』のギャップは、大多数の人が悩むテーマである」と述べている。また、「他者から見た自分像は、自分の能力から大きく離れない位置にしか成り立たない」とも指摘している。

問1　傍線部ａ「サポートしようとしている」とあるが、その「サポート」の内容として最も適切なものを次の中から選び、記号で答えなさい（解答番号は1）。

ア　利用者それぞれの目標に応じた楽しみ方を提供する。
イ　利用者が活動中に自分の変化を感じる瞬間を提供する。
ウ　利用者が自分の求める到達点を決める機会を提供する。
エ　利用者にリアルな体験とバーチャルな体験を提供する。
オ　利用者が手軽に楽しい気持ちを味わう環境を提供する。

を楽しむ。それが趣味の王道だった。

これに対して、ゲームでカーレースをすれば、バーチャルではあるけれど、かなりリアルな体験ができ、しかも一番楽しい（と想像できる）ところがいきなり味わえる。用意されたシステムの中に、自分をインプットするだけで良い。ゲームの中での技術的なことが身につき、ゲームにおける情報を手に入れ、ゲーム上の経験値がアップする。しかし、現実の自分はなにも変化がない。そのゲームに飽きたとき、「この体験は何だったのだろう?」と感じれば、僅かに成長があるかもしれないが。

バーチャルの中にいる「自分」は、そのシステムが見せてくれる「幻想」である。これは、素晴らしいことだと僕は思う。[e]実は、実社会における他者が認識する（と想像できる）「自分」も、明らかに幻想だから、ほとんど同じものだといって良いだろう。

ようするに、舞台で演じるものであり、その舞台さえ誰かに用意してもらえば、自分の希望に近い「自分」にわりと手軽に近づける。その舞台で陶酔しているうちは、とても気持ちが良い。これは「夢」だといっても、夢を見続けることができるならば、それはそれで素晴らしい「体験」といえるだろう。

ただ、である。夢を見続けるには、また特殊な才能が必要である。普通の人には、必ずその夢から覚めるときが来る。バーチャルのシステムから、現実の世界へ戻ってくるときがある。たぶん、それは肉体の存在に起因しているだろう。普通の感覚の人ならば、必ず「現実」を感じるときがある。現在のところ、まだバーチャルの技術は、現実と等しいリアリティを実現していない。また、生まれたときからバーチャルの中でずっと生活している人はまだいない。ゲームの中と外の区別がつかないような事態になれば、こんな覚醒もなくなるだろうが、今は、まだそうはなっていない。

こうして現実に立ち返ったとき、[f]「自分を見失う」感覚に囚われるだろう。それは、その仮想の体験のために消費された自分の時間に対して、自分がどう変化したのか、どれだけ成長したのか、という実感の希薄さがもたらすものだ。

人生というものは、時間が限られている。生きている時間は、そんなに長大ではない。誰でも知っていることである。人生70年ならば、月にすれば840カ月、日にすれば、僅か2万5000日である。寝ていても、気を失っていても時間は過ぎる。既に、もう何分の一かは終わっている。残りはどれだけだろう。そもそも、いつ死ぬかもわからない。そういう「残り時間」を意識したとき、自分はどれだけの人間になれるのか、どこへ到達できるのか、何をなしえるのか、どんな楽しみを味わうことができるだろうか、と考える。そして、その[g]ぼんやりとした、まだ見ぬ「楽しさ」はどれくらいだろうか。その期待値を高めるために、自分は何をすべきか。はたして今、その楽しみに向かって自分は進んでいるのだろうか。

※他者から見た「自分」と本来の「自分」のギャップが、悩みの種だと書いた。また、このギャップは、物理的な制約によってそれほど大き

三　次の文章を読み、後の各問いに答えなさい。

近頃、いろいろな商売が個人の楽しみをサポートしようとしている。衣食住が足りて豊かになった現代では、娯楽や教育のフィールドで商品を開発するしかないからだ。趣味を持ちたいと考えているのは、今は若者だけではない。これまで働くことに自分の時間を搾り取られ、ようやく少しだけゆとりができた世代は、若いときに趣味を育てる余裕がなかった。しかも、この世代が人口に占める割合はかつてよりもずっと高い。仕事をしている間は、ある意味で楽だった。言われたとおりにしていれば間違いはなかったからだ。もちろん、それは自由ではない。しかし、働いていれば生きていけるし、他人から文句も言われない。働いて金を稼ぎ、家族サービスをする。こうしていることが普通だった。普通ならば、誰にも後ろ指をさされない。

あらゆる産業は、そういった［b］的な生活をする大衆を相手にしていて、個人的なものでさえ「お膳立て」をして、型にはまったコースを用意する。個々がばらばらで、そのそれぞれに対処していたら商売の効率が悪い。だから、「流行」を作り、「ブーム」を演出する。このやり方が、最近では趣味の分野にも押し寄せてきた。マニアックだと認識されていたものが、意外に馬鹿にならない数の愛好者がいることもわかってきたし、そういった少数であっても、商売として拾っていかなければならない時代になったともいえる。

こういった世の中では、情報を求め、それを自分の中に取り込むような成長の過程、いわば面倒な手順を飛び越えて、いきなり楽しい部分を疑似体験できるような環境が用意されている。もちろん「お膳立て」である。商売として、誰かが用意したものだ。しかし、そんなものばかりが溢れている社会に育てば、それが「自分が求めているもの」だと錯覚できるだろう。疑似の中にずっといれば、それはもう現実になる。夢の中では夢だと気づかない道理だ。趣味の入門はその種の「コース」で始めるもの、と考えるだろう。なんでも、まず「〇〇教室」なるところへ入門したり、毎週少しずつ送ってくるキットを組み立てることで、その趣味を楽しめる、と思ってしまう。

これは、けっして悪いことではない。基本的に、非常に親切だ。道のりは綺麗に舗装され、転ぶ危険も少ない。失敗しないように、保険がかけられている。ほんのちょっとの苦労で、すぐに一番楽しいところが極められる、という気持ちに誰でもなれる。それが「売り」なのだ。

当然ながら、これは「錯覚」である。そう錯覚させるのが商売なのだから、引っかかっているといえば引っかかっている。でも、楽しめれば良いのでは？　そう、そのとおりだ。しかし、あくまでも、バーチャルなのだという自覚を持つ方が良い。ゲームと同じである。

自動車が大好きでレースをよく観にいくマニアがいたとしよう。かつてならば、車の本を読む、模型を作る、自分の車を走らせる、それを改造してみる、友達と一緒にチームを作ってレースに出る、というようなステップがあった。そういう楽しみ方があった。その道を歩むためには、情報を集め、自分で吟味し、実際に試し、失敗も重ね、あるいは危険な体験もする。そうするうちに、だんだんと自分が変化すること問5　次の各文の傍線部の中で他のものと文法上**異なるもの**を一つ選び、記号で答えなさい（解答番号は6）。

ア　鳥が空を飛んでいった。

イ　沢の水は冷たくておいしかった。

ウ　彼女は優しくて思いやりがある。

エ　アメリカは豊かで自由な国だ。

オ　彼の話を聞いて書き写した。

問6　次のア～オの和歌の傍線部のうち、現代語の仮名遣いとは**異なる書き表し方**をしたものを一つ選び、記号で答えなさい（解答番号は7）。

ア　しのぶれど色に出でにけりわが恋はものや思ふと人の問ふまで

イ　いにしへの奈良の都の八重桜けふ九重ににほひぬるかな

ウ　八重むぐらしげれるやどのさびしきに人こそ見えね秋はきにけり

エ　あらざらむこの世のほかの思ひ出にいまひとたびの逢ふこともがな

オ　夜をこめて鳥のそら音ははかるとも世に逢坂の関はゆるさじ

二 次の各問いに答えなさい。

問1 次の熟語の組み合わせのうち、他の語と組み立てが**異なるもの**をそれぞれ一つずつ選び、記号で答えなさい（解答番号は1・2）。

1 〔ア 損得　イ 明暗　ウ 売買　エ 進退　オ 親友〕

2 〔ア 特急　イ 原爆　ウ 国連　エ 優勝　オ 選管〕

問2 次の各空欄に入る数字の合計として最も適切なものを後のア〜オから選び、記号で答えなさい（解答番号は3）。

・朝三暮□　・七転□起　・二束□文　・□里霧中

ア 17　イ 19　ウ 20　エ 21　オ 23

問3 「僕が作った料理を君に食べさせたい。」という文を正しく単語に区切ったものを次から一つ選び、記号で答えなさい（解答番号は4）。

ア 僕|が|作っ|た|料理|を|君|に|食べ|させ|たい。

イ 僕|が|作っ|た|料理|を|君|に|食べ|させた|い。

ウ 僕|が|作っ|た|料理|を|君|に|食べ|さ|せ|たい。

エ 僕|が|作った|料理|を|君|に|食べ|させ|たい。

オ 僕|が|作った|料理|を|君|に|食べ|させた|い。

問4 次の文の傍線部と同じ種類の敬語を後のア〜オの傍線部から一つ選び、記号で答えなさい（解答番号は5）。

昨日、先生に本をいただきました。

ア 私がそちらにうかがいましょう。

イ どうぞ中をごらんください。

ウ 父は明後日には帰ってきます。

エ お好きな時間においでください。

オ そんなことはなさらないでください。

二〇二四年度　流通経済大学付属柏高等学校（前期①）

【国　語】〈五〇分〉〈満点：一〇〇点〉

一　次の1～5の傍線部と同じ漢字を使うものを、後のア～オの傍線部からそれぞれ一つずつ選び、記号で答えなさい（解答番号は1～5）。

1．彼の死は人々にショウゲキを与えた。
ア　苦しみをショウカして成長に繋げた。
イ　敗北のカンショウに浸っている暇はない。
ウ　五輪のショウチは簡単ではない。
エ　文化祭に向け、先生たちとのセッショウを重ねた。
オ　隣国との和平コウショウは決裂した。

2．重たい荷物をカツぐ。
ア　いざという時に責任をニナえる人。
イ　わが身の不幸をナゲいても前には進めない。
ウ　アワい期待を胸に抱く。
エ　キタえあげられた屈強な肉体。
オ　縫い糸が切れて、裾（すそ）がホコロびている。

3．彼の出すチンプなアイディアにあきれている。
ア　ここで失敗すると大きなフサイを抱えてしまう。
イ　宿題はメールにテンプして送ってください。
ウ　この地域は、気候が温暖で食料がホウフにある。
エ　恩師のフホウに接し、言葉を失う。
オ　フハイした体制を一新した。

4．彼のキソウ天外な発想に驚かされる。
ア　複雑カイキに入り組んだ難事件に立ち向かう。
イ　引退試合でイッキ当千の大活躍を見せた。
ウ　向かってくる車をキキ一髪のところで回避した。
エ　ささいなことでイッキ一憂するべきではない。
オ　彼はなんでもそつなくこなすキヨウ貧乏な人だ。

5．珍しいイベントをキカクする。
ア　転職してスキルアップをハカる。
イ　親の仇への復讐をクワダてる。
ウ　先生の書く板書に目をコらした。
エ　組織の決まりにモトづいて動くべきだ。
オ　誰もが知る一流の会社にツトめる。

2024年度／流通経済大学付属柏高等学校（前期①）

英語解答

1　1…1　2…3　3…3　4…3　5…4

2　問1　(1)…1　(2)…2　(3)…1　(4)…3　(5)…1
問2　1　問3　4　問4　2
問5　3　問6　3　問7　2
問8　1…3　2…1　3…3

3　1…1　2…4　3…3　4…1　5…4　6…2　7…3　8…3

4　1…2　2…1　3…2　4…4　5…4　6…1

5　1　3番目…9　6番目…7
2　3番目…5　6番目…1
3　3番目…7　6番目…3
4　3番目…9　6番目…7
5　3番目…3　6番目…6
6　3番目…2　6番目…6

6　1…3　2…3　3…4　4…2　5…4

1　〔放送問題〕解説省略

2　〔長文読解総合―物語〕

《全訳》❶ある日，私の村に郵便配達員がやってきた。この配達人は私に息子のサウルからの手紙を運んできてくれた。「あなたのお名前はアダムさんですか？」とその配達員は尋ねた。「そうだよ」と私は言った。「あなた宛のお手紙を持ってきました」　配達員は封筒の宛名を読んだ――「ミンタ村のアダムさま」　「私宛の手紙だな。誰からだい？」と私は尋ねた。配達員はもう一度封筒を見た。「サウルさんからです」と彼は言った。彼は私にその手紙を渡すと，去っていった。❷「マーサ，マーサ」と私は妻を大声で呼んだ。「こっちへおいで。息子のサウルから手紙が来たよ」　マーサは出てきてその手紙を見た。彼女は興奮していたが，不安がってもいた。「サウルからの手紙だって」と彼女は言った。「あの子は元気で暮らしているのかね？　学校の先生を探しに行ってこよう。先生ならこの手紙を読めるだろうからね」❸50年前には学校というものがなかった。だから私は読み書きができない。私は小さな村に住んでいる。唯一の仕事といえば農業だ。息子のサウルは２年前にこの村を出て，３人の娘たちは結婚している。サウルは外国でたくさんのお金を稼いでいる。❹マーサと学校教師が戻ってきた。ほかにも大勢の人がやってきた。みんな私の手紙の内容を聞きたがっていた。学校教師は封筒を開けて手紙を読んでくれた。／イングランド，ロンドンE19，テイラーストリート20，３月16日／父さんへ／僕はロンドンで暮らしています。工場に勤めています。仕事はとてもきついです。夜勤もしょっちゅうあります。でも給料はいいんです。同郷の人たちと一緒に，元気に暮らしています。この手紙に同封して100ポンド送ります。これは父さんと母さんのためのお金です。父さん，母さんに愛を込めて。／サウル❺「100ポンドだって！」と私は学校教師に言った。「あんたは間違ってる。何かの手違いだろう」「いいえ」と学校教師は言った。「私は間違っていません。手違いじゃないんです。ここにそのお金が入っています」　そして彼は１枚の紙切れを私によこした。「これは何だね？」と私は尋ねた。「郵便為替です」と教師は言った。「ダープールへ行ってごらんなさい。この郵便為替をダープールにある郵便局に持っていくんです。この郵便為替には100ポンドの価値があります。郵便局員がそのお金をあなたにくれますよ」❻「100ポンドだって！」と私はもう一度言った。みんなは笑ってこう言った。「アダム，あんた金持ちになったな。あんたの農場や家に必要な物をたくさん買えるよ」　「それに，ダープールで豪華な食べ物や飲み物が買えるな。あんたたちみんなのためにパーティーを開こうじゃないか」と私は友人たちに言った。マーサはこう言った。「サウルは立派な息子だよ」　その晩，村人たちはその郵便為替と私のお金の話をした。マーサと私もそのお金について話し合った。農場に必要なものはたくさんあったのだ。❼翌朝，私は早く起きた。まだ暗くてみんな寝静まっていた。だが，私はダープールへ行こうとしていた。顔を洗い，念入りに身支度をした。１番いい服を着て，１番上等なステッキを持った。私は郵便為替をていねいにポケットにしまい，マーサに行ってきますと言った。10マイル歩くと幹線道路に出た。その道路に腰を下ろして朝食を食べた。バスを待った。２時間待った。そしてバスが来て，私は乗り込んだ。❽ダープールまでは長い道のりだ。バスで３時間かかる。私はダープールに着くと，すぐさま郵便局に向かった。私はダープールにしょっちゅう来るわけではない。私が知っているのは，市場と１軒の店だけだ。それはリックの店である。私は農場で使う品物をリックのところで買っている。❾郵便局には大勢の人がいた。私は郵便為替について尋ねた。１人の男性が私に行列を差し示した。人々が長い列をつくり，私はその最後尾で待った。❿とうとう私の番になり，私は列の先頭に来た。ところが，郵便局員は私の用件を聞いてくれない。「すまないが」と私は言った。「私の番だ。次は私だよ」⓫「あなたが次ですって？　おじいさん，私はすごく忙しいんです」と局員は言った。「この書類を見てごらんなさい。この人たちみんなを見てごらんなさいよ。私はすごく忙しいんです。ですから待っててもらわないと」⓬そこで，私は待った。とうとう局員が私の方を見た。「ご用件は何ですか？」と彼は尋ねた。私は自分の郵便為替を彼に渡した。「これは私の100ポンドの郵便為替なんだ」と私は答えた。局員は手を差し出した。「身分証明書を」と彼は言った。「失礼。言ってることがわからんのだが」と私は答えた。「あなたの身分証明書ですよ」と局員はもう一度言った。「身分証明書をご提示ください」⓭「身分証明書って何だい？」と私は尋ねた。「この郵便為替と引き換えにあなたにいかなるお金を渡すこともできません。まずはあなたの身分証明書を確認しなければならないのです。身分証明書には名前と住所が記載されています。身分証明書とはあなたの情報を示すものなんです。身分証明書にはあなたの写真も載っています。私はあなたのことを存じません。あなたは誰なんですか？」　その局員はいささか立腹していた。⓮だが，私も腹が立っていた。「私が誰かって？」と私は言った。「誰だって私のことを知ってるさ。私はミンタ村のアダムだよ。私は身分証明書なんて持ってないが，身分証明書なんて必要ないんだ」⓯「おじいさん，私はとても忙しいし，あなたの言ってることはひどくばかげている」と局員は言った。「あなたは誰ですか？　ミンタってどこですか？」　「私の金をよこせ。私の100ポンドをよこすんだ」と私は言った。局員は怒りの形相になってこう言った。「あなたの身分証明書を見せてください。私はあなたを知りません」　局員は私の郵便為替を突き返して，そっぽを向いてしまった。⓰「身分証明書とやらはどこに行けば買えるんだい？」と私は局員に尋ねた。彼は私と口をきいてくれなかった。彼は返事をしなかった。「内務省に行ってごらん」と１人の男が言った。その男は行列に並んでいた。そして彼が道を教えてくれた。

問１＜適語選択・語形変化＞⑴be going to ～「～するつもりだ」の‘～’には動詞の原形が当てはまる。　⑵a piece of ～ で「１切れの～，１枚の～」。　⑶put on ～ で「～を着る，身につける」。　⑷There is/are ～「～がある〔いる〕」の文で，動詞は‘～’に合わせる。ここでは a lot of people「たくさんの人々」という複数で，過去の文なので，were になる。　⑸助動詞の can の後には動詞の原形がくる。この文は疑問文になっているので，主語の I の前に can が出ている。

問２＜指示語＞アダムが妻のマーサを呼んで，息子からの手紙を見せている場面なので，その手紙を見て興奮したり心配したりしている女性として１．「マーサ」が正しい。

問3＜語句解釈＞pay には「払う」という動詞のほか,「支払い,給料」という名詞としての意味もある。サウルが,仕事はきついが the pay はいいと書いて両親にお金を送っていることから,「給料」という意味だとわかる。

問4＜用法選択＞下線部の It は'天候'や'明暗'を表す文の主語となっている。これと同じ用法を含むのは2.「だんだんくもってきた」。　1.前の文の the concert ticket を指す代名詞の it。「あなたはそのコンサートのチケットを持っていますか？　それを私に見せてください」　3.'時期'や'時刻'を表す it。「計画を変更するには手遅れだった」　4.to learn ～ を受ける形式主語の it。「新しい言語を学ぶのは難しい」

問5＜要旨把握＞第7段落最後の5文および第8段落第1,2文より,ダープールはアダムの家から10マイル歩いて幹線道路に出て,そこからさらにバスで3時間かかる,とても遠い場所だとわかる。

問6＜文脈把握＞第13段落で郵便局員は郵便為替を現金化するには本人確認のために身分証明書が必要だと説明しているが,アダムは身分証明書が何なのかを知らず,その必要性も理解できなかった。そのため,局員は郵便為替をアダムに突き返してそれ以上の対応をやめてしまったのである。

問7＜内容真偽＞1…○　第1段落に一致する。　2…×　第4,5段落参照。息子がアダムに郵便為替を送った。　3…○　第7～15段落に一致する。　4…○　第12～15段落に一致する。

問8＜内容一致＞1.「(　　)ので,アダムはサウルからの手紙が読めなかった」―3.「彼は学校で読み書きを習わなかった」　第3段落第1,2文参照。　2.「サウルが送ってきたお金で,アダムは(　　)たかった」―1.「農場と家で使うものを買い」　第6段落参照。　3.「サウルからの手紙によると,(　　)」―3.「彼はロンドンの工場でたくさんお金を稼いだ」　第4段落の手紙参照。

3〔長文読解(英問英答形式)―文脈・要旨把握―説明文〕

≪全訳≫❶100万年前,動物の種は現在よりはるかに多かった。もちろん,自然に絶滅した種もあるが,今日では,以前より速いスピードで絶滅しつつある。❷動物は自然災害による危険にさらされており,天候の小さな変化のせいで死ぬ動物もいる。だが,動物が危険にさらされているのは,我々の行動のせいでもある。我々は動物や人間を災害や天候の変化から守ることはできないが,自らの行動について考え,それを変えることはできる。❸我々は空き地に新しい建物を建設し,動物のことは考えない。我々は新しい道路をつくり,川を移動させ,木々を伐採している。❹動物を自然の生息地から別の国へ連れていくこともある。この新しいすみかで,ほかの動物はこの新参者のことを知らず,恐れることもない。クマネズミは船でアジアからガラパゴス諸島へ渡り,多種多様な種の鳥を殺した。そうした鳥の中にはガラパゴス諸島にしか生息していないものもいたが,そのネズミが来た後,それらは絶滅してしまった。❺初めての場所を訪れた来訪者の中には動物の写真を撮る人もいるが,動物を狩って殺す来訪者もいる。彼らは動物を,食料を得るために殺すのではなく,狩猟が好きだから殺すのだ。❻多くの国では,動物をもとにしてお金をたくさん稼ぐこともできる。人間が象牙を欲しがるせいでゾウが死ぬ。人間が角を買いたがるせいでサイが死ぬ。毛皮が美しく,一部の人間がそれを家に飾ったり身につけたりしたがるために,多くの大型動物が危機に瀕している。❼我々の土地,海,川,空の汚染はますます悪化している。我々のせいで世界がはるかに汚れた場所となっているため,多くの動物がそこで暮らせなくなっている。汚染は我々皆にとって害悪である。汚染のせいで動物が死んでいる。遅かれ早かれ,そのせいで人間も死ぬことになるだろう。❽世界の人口はずっと増え続けている。肥大化する人口と都市が土地をどんどん奪い,汚染を広げている。つまり,我々は動物の自然の生息地をものすごい速さで奪っているのだ。彼らはどこへ行けばいいのか。結局，どこにもないというのがその答えである場合が多く…そして動物たちは死んでいく。❾人間が出現するより前から動物は絶滅していたし，それはそのとおりだ。だが，1万1000年前に，最初の人類がアジアからアメリカに渡った後，北米にいた大型動物の73％と，南米にいた大型動物の80％が絶滅した。人間がアジアから移動した後，オーストラリアの大型動物の90％が絶滅した。地中海沿岸諸国には，かつて小型のゾウがいたが，それらも絶滅した。人間が彼らを全て殺したのだろうか。おそらくそうではない――我々にはわからない。だが，人間は動物が生きる助けにはならなかった。❿その後，今から500年ほど前になって，ヨーロッパ人が初めて世界中の諸地域を訪れた。ヨーロッパ人の来訪者がこれらの地域をさまざまな方法で改変して多くの動物を殺し，我々はそのことを知っている。⓫今日では，より豊かな国の人々は，ますます多くの興味深いものを買いたがっている。絶滅危惧種の動物は，数があまり多くないという理由でより興味をひいている。だから，猟師は裕福になれる。彼らがお金のためにゾウやサイ，その他の動物を殺す可能性がある。⓬狩猟，汚染，自然の生息地の消滅，これらは全て動物にとっての危険である。過去50年に比べて，過去10年の方がより多くの種が絶滅し，過去300年よりも過去50年の方が，より多くの種が絶滅した。ある種が絶滅すると，別の種も死滅する。絶滅した種はほかの種にとって重要だったということだ――エサのためかもしれないし，その種が彼らを守ってくれていたからかもしれない。⓭かの有名なドードーという大型のおとなしい鳥のことを思い出してみよう。ドードーはモーリシャス島に生息していた。この鳥は飛べなかったが，ほかの動物からの危険にさらされていなかったので，恐れ知らずだった。⓮ドードーの肉は食べてもあまりおいしくなかったので，誰も食べたいとは思っていなかった。ところが，外国からモーリシャスを訪れた人々がドードーを殺し，1680年頃までには最後のドードーが死んだ。これはずっと昔の出来事だが，我々はドードーを忘れるわけにはいかない――そして我々は再びドードーが生きているところを見ることは決してないのだ。⓯ほとんどの人にとって，大型の陸生動物は，とても小型の動物や鳥よりも興味深い。我々はこういった動物をテレビで見たり，動物園に会いに行ったりする。我々は動物の写真を撮るが，それは多くの場合彼らが美しいからだ。だが，彼らの大半は自然の生息地では危険にさらされているのである。

＜解説＞1．「今日，動物にとっての問題の1つとなっているのは何か」―1．「彼らは自然災害や天候の変化に影響を受けている」　第2段落第1文参照。　be influenced「影響を受ける」　2．「なぜクマネズミはガラパゴス諸島にいるさまざまな種の鳥にとって危険なのか」―4．「クマネズミは多くのさまざまな種の鳥を殺したから」　第4段落第3，4文参照。　3．「小型のゾウが絶滅する前にかつて住んでいたのはどこか」―3．「地中海周辺諸国」　第9段落第4文参照。　4．「およそ500年前に多くの動物を殺したのは誰か」―1．「ヨーロッパ人の来訪者」　第10段落参照。　5．「なぜゾウは人間によって殺されているのか」―4．「象牙を入手するため」　第6段落第2文参照。　6．「動物は汚染によってどのような影響を受けているか」―2．「汚染は彼らの生活をより困難にしている」　第7段落第1，2文参照。　7．「人間が最初にアジアからアメリカに移動したのはいつか」―3．「1万1000年前」　第9段落第2文参照。　8．「なぜ我々はドードーを再び見ることができないのか」―3．「1680年頃に最後のドードーが死んだから」　第14段落第2，3文参照。

4〔適語(句)選択・語形変化〕

1．'so ～ that …'「とても～なので…」　「そのコンサートはとてもよかったので，私はもう一度それを見にいくことに決めた」

2.「電話が鳴った」という‘過去の一時点’において「朝食をつくる」という動作が進行していたと考えられるので，‘was/were＋～ing’の過去進行形にする。「電話が鳴ったとき，彼女は朝食をつくっていた」

3. This is the smartphone「これはスマートフォンだ」が文の骨組みで，(　　)以下は smartphone を修飾するまとまりになっている。smartphone という‘物’を先行詞とし，後に‘主語＋動詞…’がくる関係代名詞として，which が適切。「これは私が昨夜のパーティーでなくしたスマートフォンだ」

4. once upon a time は「昔々」と物語を語り始めるときの決まり文句。「昔々，その村にはたくさんの人が暮らしていた」

5. look forward to ～「～を楽しみにする」の to は前置詞なので，後ろには名詞(句)や動名詞(～ing)がくる。「私はテレビでその映画を見るのを本当に楽しみにしている」

6. usually「ふだん，たいてい」を用いて‘現在の習慣’を表した文で，‘現在の習慣’は一般的に現在形の動詞で表す。I が主語なので，go が適切。「私はふだん，バスで通学している」

5〔整序結合〕

1.「(私に)教えてください」は，‘tell＋人＋物事’「〈人〉に〈物事〉を教える」を Please ～の命令文にして Please tell me と表す。〈物事〉に当たる「子供たちがどんなスポーツをするべきか」は，‘疑問詞＋主語＋動詞…’の間接疑問で表す。‘疑問詞’は what kind of sports「何の種類のスポーツ」，‘主語’は children「子供たち」，‘動詞’は should play「するべきか」となる。 Please tell me what kind of sports children should play.

2.「熱いコーヒーを飲むのを楽しんでいます」は，enjoy ～ing の形で enjoy drinking hot coffee と表す。「小さな店で」は in a small shop,「学校の近くの」は near our school とする。 In the cold season, I always enjoy drinking hot coffee in a small shop near our school.

3.「子供たちは～理解しようとしていた」は，try to ～「～しようとする」の形で Children tried to understand と表す。understand の目的語となる「私が何を言ったか」は，‘疑問詞＋主語＋動詞…’の語順の間接疑問で what I said と並べる。「その時」は at that time。 Children tried to understand what I said at that time.

4.「～をチェックしていただきたいのですが」は，‘would like＋人＋to ～’「〈人〉に～してほしいと思う」の形で I would like you to check ～と表し，‘～’に当たる「これらの英文」は these English sentences とまとめる。「～までに」は by を‘期限’を表す前置詞として用いて tomorrow の前に置く。 I would like you to check these English sentences by tomorrow.

5.「彼が去年書いたその本」は，目的格の関係代名詞を省略した‘名詞＋主語＋動詞…’の形を用いて The book he wrote last year と表す。「～にとても人気があります」は，be popular with ～「～に人気がある」を使って is very popular with ～と表す。with の後に many young people「多くの若者」を続ける。 The book he wrote last year is very popular with many young people.

6.「私の両親は～ことを喜んでいます」は，that を「～ということ(を)」の意味を表す接続詞として用いて My parents are glad that ～と表す。この後，take part in ～「～に参加する」を使い，「私がそのコンテストに参加する」を I'll take part in the contest と表す。 My parents are glad that I'll take part in the contest.

6〔長文読解―英問英答―対話文・広告〕

≪全訳≫❶エミリー（E）：ダニエル，私たちの発表で使うスライド，つくり終わった？❷ダニエル（D）：スライドづくり？❸E：そうだよ。今度の金曜日の授業で私たちはSDGsに関する発表をすることになってるでしょ，それであなたの役割はスライドづくりに決めたじゃない。忘れちゃったの？❹D：ごめん。忘れてたよ。つくり始めてないや。❺E：ええっ，どうしよう。明後日発表しないといけないんだよ。❻D：心配ないよ，エミリー。まだ時間はあるさ。何枚のスライドをつくらないといけないんだっけ？❼E：10枚つくらないといけないんだよ。そのうちの1枚は題名で…，ごめん，出典を示すスライドがもう1枚必要だった。❽D：わかった，ありがとう。ところで，SDGsって何？❾E：あなたって何にも知らないんだね！　わたしがスライドをつくるよ！

＜解説＞1．「エミリーとダニエルはいつ話をしているか」―3．「水曜日」　第3段落第2文および第5段落第2文参照。the day after tomorrow「明後日」が金曜日ということは，この会話をしているのはその2日前の水曜日である。　**2**．「彼らは何枚のスライドをつくらなければならないか」―3．「11枚」　第7段落参照。

≪全訳≫発送情報❶注文をお受けした2日後に，お買い上げの品物を通常便にて発送いたします。メルボルン内の住所への配達日数は，発送日より3日となります。ビクトリア内のその他の地域の住所とニューサウスウェールズへの配達日数は発送日より4日となります。その他全ての国内のご注文は，商品発送後，到着まで5～7日かかる場合があります。❷100ドル以下のご注文では，通常配送料は10ドルとなります。100ドルを超えるご注文では，通常配送料は商品価格の10％となります。追加で20ドルお支払いいただいた場合，ほとんどの商品を早急にお届けいたします。

＜解説＞3．「月曜日にある注文が受けつけられた場合，それがニューサウスウェールズに届くのはいつか」―4．「日曜日」　第1段落第1文および第3文参照。受注日の2日後に発送され，ニューサウスウェールズ内への配達には4日かかるので，品物が到着するのは月曜日の6日後の日曜日となる。　**4**．「50ドルの品物の通常配送料はいくらか」―2．「10ドル」　第2段落第1文参照。

5．「200ドルの品物の通常配送料はいくらか」―4．「20ドル」　第2段落第2文参照。200ドルの10％は20ドル。

数学解答

1 (1) ア…2　イ…3　ウ…8
(2) エ…1　オ…8　カ…7
(3) キ…7　ク…6
(4) ケ…2　コ…3　サ…3
(5) シ…1　ス…3
(6) セ…2　ソ…2　タ…3　チ…1
ツ…5
(7) テ…1　ト…1　ナ…3　ニ…2
(8) ヌ…4　ネ…3
(9) ノ…3　ハ…0　ヒ…1

2 (1) ア…5　イ…4　ウ…7　エ…4
オ…5　カ…5　キ…3
(2) ク…4　ケ…0

3 (1) ア…1　イ…2
(2) ウ…8　エ…1　オ…5　カ…7
キ…1　ク…5

4 (1) ア…5　イ…0
(2) ウ…1　エ…3　オ…4　カ…1
キ…5　ク…1　ケ…1　コ…4
(3) サ…2　シ…3　ス…1

5 (1) ア…2　イ…6　ウ…8
(2) エ…1　オ…2　カ…1　キ…2
(3) ク…2　ケ…3　コ…2　サ…1
シ…8　ス…5　セ…4　ソ…2

6 (1) ア…2　イ…3
(2) ウ…2　エ…8　オ…1　カ…4
キ…5　ク…2
(3) ケ…2　コ…1　サ…1　シ…5
ス…1　セ…7

1 〔独立小問集合題〕

(1)＜数の計算＞与式$=\frac{1}{2}+\left(-\frac{27}{8}\right)=\frac{4}{8}-\frac{27}{8}=-\frac{23}{8}$

(2)＜一次方程式＞両辺を3倍して，$9x+15-(2x-3)=0$，$9x+15-2x+3=0$，$9x-2x=-15-3$，$7x=-18$　$\therefore x=-\frac{18}{7}$

(3)＜数の計算＞与式$=\left(\frac{5\times\sqrt{6}}{\sqrt{6}\times\sqrt{6}}-\sqrt{2^2\times6}\right)\times6=\left(\frac{5\sqrt{6}}{6}-2\sqrt{6}\right)\times6=5\sqrt{6}-12\sqrt{6}=-7\sqrt{6}$

(4)＜式の計算―因数分解＞与式$=2x(y^2-9)=2x(y^2-3^2)=2x(y+3)(y-3)$

(5)＜式の計算―因数分解＞与式$=x(y-3)-(y-3)$として，$y-3=A$とおくと，与式$=xA-A=(x-1)A$となる。Aをもとに戻して，与式$=(x-1)(y-3)$である。

(6)＜数の性質＞60を素因数分解すると，$60=2\times30=2\times2\times15=2\times2\times3\times5=2^2\times3\times5$である。これより，60に自然数$a$をかけて，ある自然数の平方(2乗)にするとき，自然数aはnを自然数として，$a=3\times5\times n^2$と表される数となる。よって，aが最も小さい自然数となるのは$n=1$のときだから，$a=3\times5\times1^2=15$である。

(7)＜連立方程式＞$3x-4y=19$……①，$\frac{2}{3}x+y=\frac{4}{9}$……②とする。②×9より，$6x+9y=4$……②′　①×2－②′より，$-8y-9y=38-4$，$-17y=34$　$\therefore y=-2$　これを①に代入して，$3x-4\times(-2)=19$，$3x+8=19$，$3x=11$　$\therefore x=\frac{11}{3}$

(8)＜二次方程式＞解の公式より，$x=\frac{-(-8)\pm\sqrt{(-8)^2-4\times1\times13}}{2\times1}=\frac{8\pm\sqrt{12}}{2}=\frac{8\pm2\sqrt{3}}{2}=4\pm\sqrt{3}$となる。

(9)＜数量の計算＞1個目の正方形をつくるのにマッチ棒は4本必要で，その後は，マッチ棒を3本加えるごとに正方形が1個ずつ増える。よって，正方形を100個つくるとき，$4+3(100-1)=301$より，マッチ棒は301本必要である。

2〔独立小問集合題〕

(1)<**データの活用―四分位数，最頻値，平均値，四分位範囲**>10人の生徒の点数を小さい順に並べると，1，3，4，4，4，6，7，7，9，10となる。中央値は小さい方から5番目の4点と6番目の6点の平均値となるので，$\frac{4+6}{2}=5$(点)となる。第1四分位数は最小値を含む方の5人の結果の中央値だから，小さい方から3番目の4点となり，第3四分位数は最大値を含む方の5人の結果の中央値だから，大きい方から3番目の7点となる。これより，四分位範囲は，$7-4=3$(点)である。また，4点の生徒が3人で最も多いから，最頻値は4点である。平均値は，$(1+3+4+4+4+6+7+7+9+10)\div10=55\div10=5.5$(点)である。

(2)<**一次方程式の応用**>5％の食塩水100gからxgの食塩水を取り出すと，残りは5％の食塩水$100-x$gとなり，含まれる食塩の量は，$(100-x)\times\frac{5}{100}=5-\frac{1}{20}x$(g)となる。残った食塩水に$x$gの水を入れると，食塩水の量は，$100-x+x=100$(g)となり，含まれる食塩の量は$5-\frac{1}{20}x$gのままである。この食塩水の濃度が3％だから，含まれる食塩の量について，$100\times\frac{3}{100}=5-\frac{1}{20}x$が成り立つ。これを解くと，$3=5-\frac{1}{20}x$，$\frac{1}{20}x=2$より，$x=40$(g)となる。

3〔独立小問集合題〕

(1)<**場合の数**>AとBが隣り合わないで4人の生徒A，B，C，Dが1列に並ぶので，1番目がAのとき，Bは3番目か4番目であり，(1番目，2番目，3番目，4番目)＝(A，C，B，D)，(A，C，D，B)，(A，D，B，C)，(A，D，C，B)の4通りある。1番目がBのときも同様に，4通りある。1番目がCのとき，AとBは2番目と4番目だから，(1番目，2番目，3番目，4番目)＝(C，A，D，B)，(C，B，D，A)の2通りある。1番目がDのときも同様に，2通りある。よって，AとBが隣り合わない並び方は，$4+4+2+2=12$(通り)ある。

(2)<**確率―色球**>袋Aの2個の赤球を赤$_1$，赤$_2$，3個の青球を青$_1$，青$_2$，青$_3$とし，袋Bの1個の赤球を赤$_3$，2個の青球を青$_4$，青$_5$とする。袋Aには5個，袋Bには3個の球が入っているので，袋Aと袋Bから1個ずつ球を取り出すとき，袋Aからは5通り，袋Bからは3通りの取り出し方があり，取り出し方は全部で，$5\times3=15$(通り)ある。このうち，取り出した球が同じ色の球であるのは，(袋A，袋B)＝(赤$_1$，赤$_3$)，(赤$_2$，赤$_3$)，(青$_1$，青$_4$)，(青$_1$，青$_5$)，(青$_2$，青$_4$)，(青$_2$，青$_5$)，(青$_3$，青$_4$)，(青$_3$，青$_5$)の8通りあるから，その確率は$\frac{8}{15}$である。また，お互いが異なる色の球であるのは，同じ色の球ではないときだから，$15-8=7$(通り)あり，その確率は$\frac{7}{15}$となる。

4〔独立小問集合題〕

(1)<**平面図形―角度**>右図1で，2点O，Cを結ぶ。$\overset{\frown}{BC}$に対する円周角と中心角の関係より，$\angle BOC=2\angle BAC=2\times40^\circ=80^\circ$となる。△OBCはOB＝OCの二等辺三角形だから，$\angle x=(180^\circ-\angle BOC)\div2=(180^\circ-80^\circ)\div2=50^\circ$である。

図1

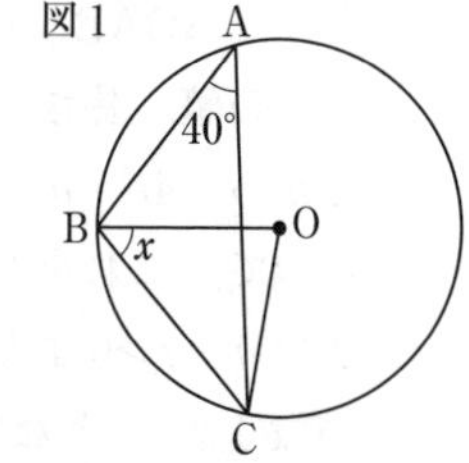

(2)<**平面図形―長さの比**>次ページの図2で，四角形ABCDは平行四辺形だから，AD∥BCより，錯角は等しく，∠MBE＝∠MDA，∠MEB＝∠MADとなり，2組の角がそれぞれ等しいので，△BME∽△DMAとなる。これより，BM：MD＝BE：

DA＝BE：BC＝1：(1＋2)＝1：3である。同様に，AB∥DCより，∠NAB＝∠NFD，∠NBA＝∠NDFだから，△ANB∽△FNDとなり，BN：ND＝AB：FD＝CD：FD＝(3＋1)：1＝4：1である。これより，$BM=\frac{1}{1+3}BD=\frac{1}{4}BD$，$ND=\frac{1}{4+1}BD=\frac{1}{5}BD$となり，$MN=BD-BM-ND=BD-\frac{1}{4}BD-\frac{1}{5}BD=\frac{11}{20}BD$となるから，$BM:MN:ND=\frac{1}{4}BD:\frac{11}{20}BD:\frac{1}{5}BD=5:11:4$である。

図2

(3)＜平面図形―長さ＞右図3のように，半径の等しい3つの円のうち，2つの円の中心をO，O′とし，円Oと円O′の接点をD，円O，円O′と辺BCの接点をそれぞれE，F，円Oと辺ABの接点をGとする。∠OEF＝∠O′FE＝90°，OE＝O′Fより，四角形OEFO′は長方形だから，EF＝OO′＝OD＋O′D＝$r+r=2r$である。また，∠OEB＝∠OGB＝90°，OB＝OB，OE＝OGより，△OBE≡△OBGとなるから，∠OBE＝∠OBG＝$\frac{1}{2}$∠ABC＝$\frac{1}{2}\times60°=30°$である。∠OEB＝90°なので，△OBEは3辺の比が1：2：$\sqrt{3}$の直角三角形であり，BE＝$\sqrt{3}$OE＝$\sqrt{3}r$となる。同様にして，CF＝$\sqrt{3}r$となる。よって，△ABCの1辺の長さは，BC＝BE＋EF＋CF＝$\sqrt{3}r+2r+\sqrt{3}r=2\sqrt{3}r+2r=2(\sqrt{3}+1)r$(cm)である。

図3

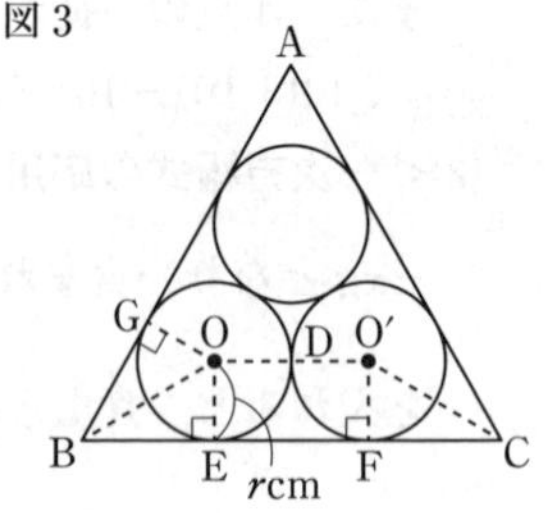

5 〔関数―関数$y=ax^2$と一次関数のグラフ〕

(1)＜tの値，直線の式＞関数$y=x^2$について，$x=t$のとき$y=t^2$，$x=2t$のとき$y=(2t)^2=4t^2$より，xの値がtから$2t$まで増加するとき，xの増加量は$2t-t=t$，yの増加量は$4t^2-t^2=3t^2$となる。よって，このときの変化の割合は，$\frac{3t^2}{t}=3t$と表せる。これが6となるので，$3t=6$が成り立ち，$t=2$となる。右図で，2点A，Bは関数$y=x^2$のグラフ上にあり，x座標はそれぞれt，$2t$だから，直線ABの傾きは，xの値がtから$2t$まで増加するときの変化の割合と等しい。変化の割合は6なので，直線ABの傾きは6となり，その式は$y=6x+b$とおける。また，A$(t,\ t^2)$だから，$t=2$のとき，$t^2=2^2=4$より，A(2, 4)となる。直線$y=6x+b$が点Aを通るので，$4=6\times2+b$，$b=-8$となり，直線ABの式は$y=6x-8$である。

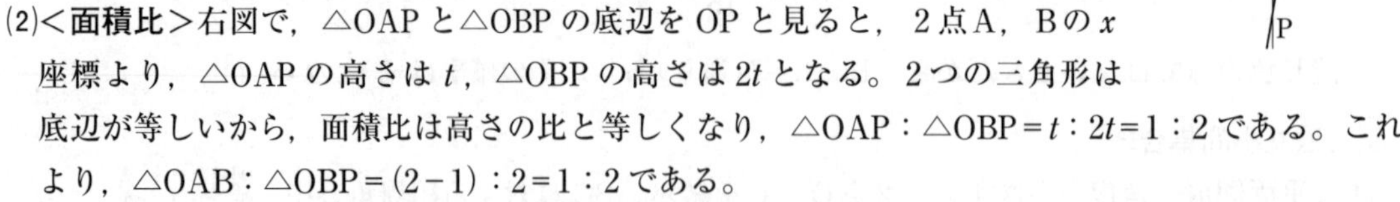

(2)＜面積比＞右図で，△OAPと△OBPの底辺をOPと見ると，2点A，Bのx座標より，△OAPの高さはt，△OBPの高さは$2t$となる。2つの三角形は底辺が等しいから，面積比は高さの比と等しくなり，△OAP：△OBP＝$t:2t=1:2$である。これより，△OAB：△OBP＝(2－1)：2＝1：2である。

(3)＜tの値，長さ，面積＞解法1．右上図で，直線ABの式を$y=ax-36$とおくと，B$(2t,\ 4t^2)$を通るから，$4t^2=a\times2t-36$より，$4t^2=2at-36$……②となる。$t^2=at-36$……①より，$at=t^2+36$となるので，これを②に代入して，$4t^2=2(t^2+36)-36$，$4t^2=2t^2+72-36$，$2t^2=36$，$t^2=18$，$t=\pm3\sqrt{2}$となり，$t>0$より，$t=3\sqrt{2}$となる。　解法2．右上図で，2点A，Cのx座標は等しいので，AC∥〔y軸〕となり，△CBA∽△OBPである。これより，AC：OP＝BA：BPとなる。△OABと△OBPの底辺をそれぞれBA，BPと見ると，高さが等しいので，△OAB：△OBP＝1：2より，

BA：BP＝1：2となる。よって，AC：OP＝1：2となるので，$AC=\frac{1}{2}OP=\frac{1}{2}\times36=18$である。

また，$B(2t,\ 4t^2)$より，直線OBの傾きは$\frac{4t^2}{2t}=2t$だから，直線OBの式は$y=2tx$となる。点Cは直線OB上にあり，x座標がtだから，$y=2t\times t=2t^2$より，$C(t,\ 2t^2)$となる。$A(t,\ t^2)$より，$AC=2t^2-t^2=t^2$となるので，$t^2=18$が成り立つ。これを解くと，$t=\pm3\sqrt{2}$となり，$t>0$より，$t=3\sqrt{2}$となる。このとき，△OBPの底辺をOPと見ると，点Bのx座標が$2t=2\times3\sqrt{2}=6\sqrt{2}$より，高さは$6\sqrt{2}$だから，$\triangle OBP=\frac{1}{2}\times36\times6\sqrt{2}=108\sqrt{2}$となる。したがって，$\triangle OAB=\frac{1}{2}\triangle OBP=\frac{1}{2}\times108\sqrt{2}=54\sqrt{2}$である。

6〔特殊・新傾向問題―規則性〕

(1)＜**自然数**＞各列の1行目の自然数は，1列目が$1=1^2$，2列目が$4=2^2$，3列目が$9=3^2$，4列目が$16=4^2$だから，5列目は，$5^2=25$となる。これより，〈5，1〉＝25である。5列目の自然数は，1行目から5行目までは1ずつ小さくなるので，〈5，2〉＝24となり，〈5，3〉＝23となる。

(2)＜**文字式の利用**＞(1)より，n列目，1行目の自然数はn^2となるので，〈n，1〉＝n^2である。よって，$6561=81^2$より，〈81，1〉＝6561である。また，$45^2=2025$より，〈45，1〉＝2025となる。2024は2025より1小さい自然数だから，2025の1行下にあり，〈45，2〉＝2024である。

(3)＜**文字式の利用**＞n列目の自然数は，1行目からn行目までは1ずつ小さくなるので，〈n，n〉の自然数は〈n，1〉の自然数より$n-1$小さい自然数となる。(2)より，〈n，1〉＝n^2だから，〈n，n〉＝$n^2-(n-1)=n^2-n+1$である。これより，$n=17$のとき，〈17，17〉＝$17^2-17+1=273$となる。17行目の自然数は，1列目から17列目までは1ずつ大きくなる。また，271は273より2小さい自然数だから，〈16，17〉＝272となり，〈15，17〉＝271となる。

＝読者へのメッセージ＝

日本では，1けたどうしのかけ算として九九を覚えますが，国によって，覚える範囲には違いがあります。欧米では10×10や12×12まで，インドでは19×19までを覚えるのが一般的だそうです。

国語解答

一　1　エ　2　ア　3　オ　4　ア
5　イ

二　問1　1…オ　2…エ　問2　ウ
問3　ア　問4　ア　問5　エ
問6　イ

三　問1　オ　問2　イ　問3　ウ
問4　ウ　問5　ア　問6　イ
問7　イ　問8　ウ

四　問1　イ　問2　エ　問3　ア
問4　オ　問5　オ　問6　ウ
問7　ア　問8　イ

五　問1　ア　問2　ウ　問3　オ
問4　エ　問5　ア　問6　ウ

一〔漢字〕

1．「衝撃」と書く。アは「昇華」，イは「感傷」，ウは「招致」，エは「折衝」，オは「交渉」。　2．「担(ぐ)」と書く。イは「嘆(いても)」，ウは「淡(い)」，エは「鍛(え)」，オは「綻(びて)」。　3．「陳腐」と書く。アは「負債」，イは「添付」，ウは「豊富」，エは「訃報」，オは「腐敗」。　4．「奇想天外」と書く。アは「複雑怪奇」，イは「一騎当千」，ウは「危機一髪」，エは「一喜一憂」，オは「器用貧乏」。　5．「企画」と書く。アは「図(る)」，ウは「凝(らした)」，エは「基(づいて)」，オは「勤(める)」。

二〔国語の知識〕

問1＜熟語の構成＞1．「損得」「明暗」「売買」「進退」は，反対の意味の字を組み合わせた熟語。「親友」は，上の字と下の字が修飾－被修飾の関係になっている熟語。　2．「特急」「原爆」「国連」「選管」は，四字で組みたてられた熟語が省略されてできた熟語。「優勝」は，似た意味の字を組み合わせた熟語。

問2＜四字熟語＞「朝三暮四」，「七転八起」，「二束三文」，「五里霧中」である。

問3＜ことばの単位＞「僕(名詞)／が(助詞)／作っ(動詞)／た(助動詞)／料理(名詞)／を(助詞)／君(名詞)／に(助詞)／食べ(動詞)／させ(助動詞)／たい(助動詞)」と分けられる。

問4＜敬語＞「いただく」と「うかがう」は，謙譲語。「ごらんください」と「おいでください」と「なさる」は，尊敬語。「きます」の「ます」は，丁寧語。

問5＜品詞＞「豊かで」の「で」は，形容動詞「豊かだ」の連用形活用語尾。「飛んで」の「で」と，「冷たくて」「優しくて」「聞いて」の「て」は，接続助詞。

問6＜歴史的仮名遣い＞歴史的仮名遣いの語頭以外のハ行は，現代仮名遣いでは原則「わいうえお」になるので，「にほひぬるかな」は「においぬるかな」となる。

三〔論説文の読解―社会学的分野―現代社会〕出典：森博嗣『自分探しと楽しさについて』。

≪本文の概要≫近頃は，あらゆる産業が，趣味のように個人的なものについても「お膳立て」をして，型にはまったコースを用意している。情報を求め，それを自分の中に取り込むような成長の過程を飛び越え，いきなり楽しい部分を疑似体験できるような環境が，用意されているのである。そのような状況にいれば，人は，用意されたものが「自分が求めているもの」だと錯覚して，その趣味を楽しめると思ってしまう。それは決して悪いことではないが，あくまでもバーチャルなものだという自覚を持つ方がよい。バーチャルの中にいる「自分」は，そのシステムが見せてくれる幻想である。だから，現実に立ち返ったとき，人は，自分を見失う感覚にとらわれるだろう。何もかもが「お膳立て」されている現代は，自分を見失っても生きていける社会であり，自分を見失っていることになかなか気づかせてくれない。感覚が鋭い人が自分を見失っていることに気づき，自分はどこにあるのかという不安から，自分を探したくなるのだろう。

問１＜文章内容＞「いろいろな商売が個人の楽しみをサポート」するとは，「あらゆる産業」が，「大衆を相手に」して，趣味など個人的なものについても「お膳立て」をする，つまり，「楽しい部分を疑似体験できるような環境」を「用意」するということである。

問２＜表現＞かつては，「働いて金を稼ぎ，家族サービスをする」のが「普通」だった。皆が，同じようにそうしていたのである。全てが同じようであるさまを，「画一的」という。

問３＜文章内容＞「面倒な手順」とは，「情報を求め，それを自分の中に取り込むような成長の過程」のことである。かつては，何か趣味を始めるとき，「その道を歩むためには，情報を集め，自分で吟味し，実際に試し，失敗も重ね，あるいは危険な体験もする」うちに「だんだんと自分が変化することを楽しむ」というのが，「王道」だったのである。

問４＜文章内容＞近頃は，何か趣味についても，「コース」や「○○教室」のように，「誰かが用意」して整備されたものがある。その道のりを行くと，「ほんのちょっとの苦労」で「すぐに一番楽しいところが極められ」て，人は，それが「『自分が求めているもの』だと錯覚」する。

問５＜文章内容＞現実の世界において，「自分」は「他者が認識する（と想像できる）」ものでしかなく，それは自分の一面にすぎない。そのため，「他者から見た『自分』と本来の『自分』」との間には「ギャップ」があることになる。

問６＜文章内容＞バーチャルの中にいるとき，人は，「幻想」の自分を見ている。しかし，そこから現実の世界へ戻ってくると，「現実の自分はなにも変化がない」ため，バーチャルの中の自分と現実の自分との「ギャップ」に気づき，何が自分なのかわからなくなる。

問７＜文章内容＞「残り時間」を意識したときには，人は，「自分はどれだけの人間になれるのか，どこへ到達できるのか，何をなしえるのか，どんな楽しみを味わうことができるだろうか」と考え，一定の「期待」をする。それが「ぼんやりとした，まだ見ぬ『楽しさ』」である。

問８＜文章内容＞近頃は，「いきなり楽しい部分を疑似体験できるような環境が用意されて」いて，そのバーチャルなシステムの中の自分は，「本来の『自分』と同一視できる」し，「現実の『自分』とのギャップの大きさに物理的な制約を」受けにくい。そのため，現代は，自分を見失っても「生きていける社会」になっているといえ，「とことん見失う」まで，バーチャルと本来の自分の違いに「気づかせてくれない」のである。

四〔小説の読解〕出典：絲山秋子『ベル・エポック』。

問１＜文章内容＞「あれ以来」の「あれ」とは，誠さんのお葬式のときである。「私」は，「あれ以来になっちゃって」と言えば，誠さんの死をみちかちゃんに思い出させることになると気づいたのである。

問２＜文章内容＞みちかちゃんは，誠さんとはまだ「婚約者」の関係で，赤の他人ではないが家族・親族ほど近い位置にいるわけではなかった。そのため，みちかちゃんは遠慮していた。

問３＜文章内容＞みちかちゃんが田舎へ帰るというこの日は，「残酷なくらいいい天気」だった。「私」は，別れの日なのだから，「涙雨」が降っている方がむしろこの場にはふさわしいと思った。

問４＜心情＞誠さんは「すっごい泣き虫」で，すぐ泣いていた。そこでみちかちゃんが「泣く男となんか結婚したくない」と言うと，誠さんは「一生懸命泣きやもうとする」が，「でも泣く」のだった。そういう誠さんを，みちかちゃんはいとおしく感じている。

問５＜文章内容＞みちかちゃんは，「今度，お墓参りに東京に来るときあそこの水，持ってこよう」

と言ってから「急に目をうるませて，『そんなの，いつだかわかんないけど』」と言った。「私」は，「誠さんはきっと美味しい水，喜ぶよ」と言えば，みちかちゃんに誠さんの死という現実を改めてつきつけて「みちかちゃんを本格的に泣かせてしまいそう」だと思い，それは言わなかった。

問６＜文章内容＞二人は，全ての荷物が運び出された後で，一緒にババロアを食べながらしゃべっていた。ババロアを食べ終われば，別れのときが来るため，「私」は，食べ終わらないようにした。

問７＜文章内容＞「私」は，まだ封をしていない段ボールを見たとき，「みちかちゃんは実家には帰らない」と気がついた。しかし，みちかちゃんは，そのことを「私」にも言っていなかった。

問８＜文章内容＞みちかちゃんは，「私」にも言わずに，実家ではない別の場所で「新しい暮らし」を始めようとしていた。それは，ここでの人間関係を全て断ちきって，全く新しい人生を歩み出そうとしているということだと，「私」には感じられた。

五〔古文の読解―物語〕出典：『伊勢物語』九十／〔和歌の鑑賞〕出典：『古今和歌集』。

≪現代語訳≫Ⅰ．昔，(男は，)そっけない女を何とかして手に入れたいとずっと思っていたので，(女は，)あぁかわいそうなものだと思ったのだろうか，「それならば，明日，物を隔ててお会いしましょう」と言ったので，(男は，)このうえなくうれしく(思い)，しかし，疑わしくもあったので，趣ある(様子で咲いている)桜の枝につけて，／桜の花が今日はこのように美しく咲いていても，明日の夜にはどうなるか，頼みにはなりません。／(とよんでやったが，)このような気持ちになるのももっともだろう。

Ⅱ．桜の花がそんなに早く散ってしまうとも思われません。人の心こそ，風も吹ききらないうちに変わってしまいますが。

問１＜古文の内容理解＞何とかして「つれなき人」を手に入れたいと思っていたのは，物語の主人公の男である(…１)。それに対して，女は，男がかわいそうだと思ったのか，「さらば，あす，ものごしにても」と言った(…２・３)。それを聞いて，男は，とてもうれしく思った(…４)。

問２＜和歌の内容理解＞桜の花は，今は美しく咲いていても，明日の夜にはどうなっているかわからない。それと同様に，今は，女は明日会いましょうと言ってくれたけれども，明日になったら気が変わっているかもしれないと，男は，相手の女の心変わりを心配したのである。

問３＜和歌の内容理解＞「桜花今日こそ～」の歌は，桜の花をすぐに散る頼りないものとしている。一方，「桜花とく散りぬ～」の歌は，桜の花がすぐに散るとは思わない，とよんでいる。

問４＜和歌の内容理解＞「桜花今日こそ～」の歌は，桜の花をすぐに散ってしまうものととらえたうえで，相手の女の心もすぐに変わってしまうかもしれないことをよんでいる。これに対し，「桜花とく散りぬ～」の歌は，桜の花がそんなに早く散ってしまうとは思えない，人の心こそ風も吹ききらないうちに変わってしまう，とよんでいる。

問５＜文学史＞『方丈記』は，鴨長明の随筆。『伊勢物語』は，作者不明の物語。『徒然草』は，兼好法師の随筆。『源氏物語』は，紫式部の物語。

問６＜和歌の内容理解＞「桜花今日こそ～」の歌は，桜の花をすぐに散るものととらえている。「うつせみの～」の歌は，はかない世の中に似ているなあ，桜の花が咲いたと思ったらすぐに散ってしまう，という意味。「桜花散らば～」の歌は，桜の花は散るなら散ってしまえ，散らなくてもふるさとの人が来て見るわけではないから，という意味。「故里と～」の歌は，旧都となった奈良の都にも桜の花は変わらず美しく咲いたことだ，という意味。「見渡せば～」の歌は，見渡すと，柳の緑と桜の花の色が混ざっており，都は春の錦のようだ，という意味。「桜花咲きに～」の歌は，桜の花が咲いたらしい，山あいから(桜と思われる)白雲が見えている，という意味。

2024年度 流通経済大学付属柏高等学校(前期②)

【英　語】（50分）〈満点：100点〉

■リスニングテストの音声は，当社ホームページで聴くことができます。（当社による録音です）
再生に必要なユーザー名とアクセスコードは「収録内容一覧」のページに掲載しています。

1　放送を聞いて答えなさい。

1．1．She met a mouse in her house.
　2．She caught a mouse in her house.
　3．Her trap was broken by the mouse.
　4．The mouse ate bread.

2．1．Money.　2．Cheese.　3．Oil.　4．None of the above.

****

3．1．An old word for London.　2．An old word for river.
　3．An old word for road.　4．An old word for city.

4．1．Some shops were in it.　2．Some people lived on it.
　3．It was made of wood.　4．People in London didn't like it.

5．1．In 622.　2．In 1700.　3．In 1209.　4．In 2009.

※<**放送問題原稿**>は英語の問題の終わりに付けてあります。

2　次の英文を読んで，後の問いに対する答えとして最も適切なものを選びなさい。（*印の語は(注)を参考にすること）

①Charles Darwin took a five-year trip around the world on ship (1) the Beagle, but he liked staying home best of all. He lived in a small English village. He raised pigeons, played with his children, and *puttered in his garden.

Although he lived a quiet life, Charles Darwin started a *revolution — a revolution of thought. People have always wondered how life on Earth began. When Charles Darwin lived, most people in Europe and America believed that God created the whole world in six days, just as it says in the Bible. But Charles Darwin was not most people. The Beagle *voyage taught him to be a true scientist — to look closely at nature, question everything, and think in a new way about how life on Earth started. He showed how living things could naturally change, or *evolve, over a long period of time.

Was Charles Darwin a *genius? He didn't think ②so. Charles thought of (2) as simply a scientist. And like all good scientists, Charles was *curious — so curious that he was never afraid to ask hard questions — and he looked for answers (3) on the things he actually saw. Charles Darwin knew his ideas would shock people. ③They did. Yet today scientists accept evolution as a fact. Charles Darwin is as important as ever.

Charles Darwin was born on February 12, 1809, in a small village in England. His family was rich. His father was a *respectable and successful doctor. His mother, Susanna, was a daughter of Josiah Wedgewood: he owned a famous *china factory.

The Darwin family lived in a large house. It was called "The Mount." It was near the River

Severn. Charles loved his home. Even as a boy he was curious about nature. He spent hours in the family garden. Once, his father asked Charles to count the *peony blossoms in the garden. Charles counted 384 flowers! Already Charles was learning to look carefully at nature.

Charles liked climbing trees, watching birds, and (4) walks. He played and fished on the banks of the river. Best of all, Charles loved collecting. He collected stones, *pebbles, and bird eggs. When he wasn't *exploring or collecting, Charles would sleep with a book.

Charles's mother died in 1817, when he was only eight. His three older sisters and older brother *stepped in to help Charles and his little sister, Catherine. During this time in England, many boys were sent to live at school. When Charles was nine, his father sent him to Shrewsbury School.

Charles hated ④<u>it</u>. He didn't like sleeping in the crowded *dormitory. He wasn't good at *memorizing. *Whenever Charles had to learn a poem, he'd forget it two days later.

Charles also missed home. He was very close with his older brother Erasmus. He was glad that his school was only a mile away. Sometimes in the evening Charles would *sneak out. Charles would run home to see his family and Spark, his dog. Then he had to run fast to get back before the school doors closed for the night. Luckily, he was a fast runner!

Charles's father hoped both his sons would find good and respectable *professions. He wanted them to become (5), like him. Erasmus was sent to *medical school in Edinburgh, Scotland. And since Charles hated Shrewsbury School so much, Dr. Darwin said to Charles, "You can go, too." He hoped that Charles would make something of himself in Scotland. In 1825, at age sixteen, Charles began taking classes at Edinburgh University. After watching two *operations, Charles knew *medicine wasn't for him. But partly to please his father, Charles kept going to classes.

When Charles went home for the summer, he didn't tell his father how he felt about medicine. Instead of ⑤<u>it</u>, he spent all his time *hunting and *riding. Finally, after his second year of medical school, Charles told his father that he didn't want to be a doctor. His father was very angry.

（注） putter：ぶらぶらする　revolution：革命　voyage：航海　evolve：進化する
genius：天才　curious：好奇心の強い　respectable：立派な　china：磁器
peony：（植物の）ボタン　pebble：小石　explore：～を探索する　step in：立ち寄る
dormitory：寮　memorizing：暗唱　whenever：～する時はいつでも
sneak out：抜け出す　profession：（専門的な）職業　medical school：医学校
operation：手術　medicine：医学　hunting：狩猟　riding：乗馬

問1　（1）～（5）に入るものを選びなさい。

（1）：1　call　2　calling　3　called　4　have called
（2）：1　he　2　his　3　him　4　himself
（3）：1　base　2　basing　3　based　4　have based
（4）：1　take　2　taking　3　took　4　taken
（5）：1　doctors　2　teachers　3　scientists　4　musicians

問2　下線部①について，Charles Darwin の著書を選びなさい。

1．不思議の国のアリス　2．ガリバー旅行記
3．種の起源　4．星の王子さま

問3　下線部②が指している内容として最も適切なものを1つ選びなさい。

1．地球上の生物には突然進化するものがいること。
2．多くの人が航海に出て，探検をしたいと思っていること。

3．Charles Darwin が医者に向いていること。

4．Charles Darwin が天才であること。

問4　下線部③を書きかえたものとして最も適切なものを１つ選びなさい。

1．All scientists knew the ideas of Charles Darwin at that time.

2．All scientists asked Charles Darwin hard questions.

3．The ideas of Charles Darwin shocked people at that time.

4．The ideas of Charles Darwin interested all scientists at that time.

問5　下線部④が指している語句として最も適切なものを１つ選びなさい。

1．Shrewsbury School　　2．a poem　　3．his home　　4．his dog

問6　下線部⑤が指している内容として最も適切なものを１つ選びなさい。

1．Telling his father why Charles didn't like his father.

2．Telling his father what Charles studied at Edinburgh University.

3．Telling his father why Charles didn't go to Edinburgh University.

4．Telling his father how Charles thought about medicine.

問7　次の英文の下線部に当てはまるものとして最も適切なものをそれぞれ選びなさい。

1　There were ＿＿＿＿＿ in the Darwin family.

1．three daughters and one son

2．four daughters and one son

3．three daughters and two sons

4．four daughters and two sons

2　Charles Darwin ＿＿＿＿＿ when he studied at Shrewsbury School.

1．never came home

2．sometimes met his dog at home

3．could often meet his family during the day

4．often sent his mother some letters

3　Charles Darwin ＿＿＿＿＿ at the age of sixteen.

1．decided to become a doctor

2．studied at Edinburgh University

3．got good at memorizing

4．did two operations

3　次の英文を読んで，後の問いに対する答えとして最も適切なものを選びなさい。（*印の語は(注)を参考にすること）

The little town of Vevey, in Switzerland, was beside Lake Geneva. Many travelers came to visit the beautiful blue lake, and so its *shore was *crowded with hotels. There were many different kinds of hotels around the lake. There were new *grand hotels which were painted white. And there were also small pensions — simple, old hotels with just a few rooms. The grand hotels had lots of rooms with big windows, and flags flew on their roofs. The pensions were smaller, with fewer rooms. However, one of the grand hotels in Vevey was very different from the others because it was old but also very comfortable. This hotel was named the Trois Couronnes.

The Trois Couronnes was very popular with Americans. Many American travelers visited Vevey in summer and a lot of them stayed there. At this time, the town was full of *fashionable young girls in beautiful dresses. At night in the hotel, you could hear the sounds of excited voices and *lively music. The voices had American *accents and an orchestra played dance music. You could almost believe that you were in America! However, the Trois Couronnes was a European hotel; you could see German waiters and, in the garden, you might meet a Russian princess, or the son of a Polish gentleman.

There was a wonderful view from the hotel. From its big windows, you could see the top of the Dent du Midi — a tall snow-covered mountain. And you could also see the towers of the Chateau de Chillon, an old castle which stood beside the lake. All these things *reminded you that you were in Switzerland, not America.

One beautiful morning in June, a young American gentleman sat in the garden of the Trois Couronnes. He was enjoying the view across the lake. His name was Frederick Winterbourne, and the day before, he arrived in Vevey from his home in Geneva. Winterbourne came to visit his aunt. She was staying in Vevey for the summer. Winterbourne was twenty-seven years old, and he lived in Geneva for many years. He had lots of money and did not have to work. Winterbourne's friends said that he spent his time studying. But they did not know what he was studying, or where! Other people said that Winterbourne was in love with an old foreign lady who lived in Geneva. They said that it was the reason he stayed in the city.

A week earlier, Winterbourne's aunt, Mrs. Costello, came to the Trois Couronnes. She asked her *nephew to visit her there. But early this morning, she sent Winterbourne a message; She was not well. She had a headache — she almost always had a headache — and she could not see him. So Winterbourne walked around the town, and then he ate his breakfast at the hotel. He was now sitting in the garden of the hotel and he was drinking coffee.

Winterbourne just finished his cup of coffee when a small boy came walking along the *path. The boy was about nine or ten years old and had a *pale face. He was wearing short *trousers, with long, red, *woolen stockings and he was carrying a long stick. As he walked, the boy pushed the stick at anything he saw — flowers, chairs, or even the *edges of the ladies' long dresses. When he came near to Winterbourne, the boy stopped. He looked at the coffee *tray on the table in front of Winterbourne.

"May I have some sugar?" he asked. He spoke English with an American accent. Winterbourne looked at the tray. There were several *lumps of sugar in a bowl.

"【 A 】," he answered. "【 B 】."

The boy put two sugar lumps in his pocket, and a third lump into his mouth.

"It's very hard," he said.

"【 C 】," said Winterbourne kindly.

(注) shore：(湖の)岸　crowded：密集している　grand：豪華な
fashionable：流行の　lively：にぎやかな　accent：アクセント
remind：～を思い出させる　nephew：甥(おい)　path：小道
pale：青白い　trousers：ズボン　woolen：羊毛の
edge：端　tray：トレー　lump：かたまり

問1　以下の質問の解答として最も適切なものを選びなさい。

1. What was NOT true of the grand hotels in Vevey?
   1. They stood beside Lake Geneva.

2. Their windows were big.
3. They were simple and had few rooms.
4. Some of them were white.

2. What was true of the Trois Couronnes ?
1. Not only Americans but also people in other countries stayed there.
2. The sounds of voices and music could be heard in the morning.
3. Only Americans could stay there.
4. Tourists could stay there only during summer.

3. What could be seen from the Trois Couronnes ?
1. The top of the mountain in America.
2. Many towns in Switzerland.
3. The tower of the Dent du Midi.
4. The old castle near the lake.

4. Where did Frederick Winterbourne come from ?
1. America. 2. Germany. 3. Vevey. 4. Geneva.

5. What was true of Frederick Winterbourne ?
1. He was a rich person.
2. He was working in Switzerland.
3. He studied at university in Vevey.
4. He came to the Trois Couronnes to see the foreign lady.

6. Why didn't Winterbourne meet his aunt ?
1. Because he had to study hard.
2. Because he had to go back to his hometown.
3. Because his aunt had to leave Vevey soon.
4. Because his aunt became sick.

7. How many sugar lumps did the boy take out of the bowl ?
1. Two. 2. Three. 3. Four. 4. Five.

問2 【A】～【C】に入る英文を下から選びなさい。
1. But I don't think that it's very good for little boys
2. Don't hurt your teeth
3. Yes, you may have some sugar

4 次の英文の( )内に入れるのに最も適した語句を，後の語群からそれぞれ選びなさい。

1. Three years have passed since our cat ( ).
1 dead 2 dies 3 was dying 4 died

2. My elder brother ( ) at the station a few minutes ago.
1 arrives 2 arrived 3 has arrived 4 is arriving

3. My mother was glad to hear ( ) my success.
1 to 2 at 3 of 4 in

4. ( ) in the class goes to school by bus.
1 A few students 2 Few students
3 Each of students 4 All students

5. Takashi looked quite (　　).

1　happy　　2　happily　　3　happiness　　4　at happy

6. (　　) have you lived in Kashiwa ?

1　When　　2　How many　　3　How long　　4　What

5　日本文を参考にして正しい英文になるように(　)内の語を並べかえ，(　)内で3番目と6番目に来るものをそれぞれ選びなさい。(文頭に来る語も小文字で書かれています)

1. この問題はクラスの生徒には難しすぎて理解できなかった。

This (1　understand　2　students　3　the class　4　problem　5　was　6　difficult　for　7　to　8　in　9　too).

2. これが，このお店で売られている中で一番良いギターです。

This is (1　guitar　2　the　3　that　4　sold　5　in　6　best　7　this shop　8　is).

3. この町で会った人々はとても親切だった。

(1　met　2　this　3　very　4　we　5　the people　6　kind　7　town were　8　in).

4. 駅で柏市のマップを手に入れることができます。

(1　possible　2　at　3　to　4　a map　5　Kashiwa　6　is　7　it　8　get　9　of) the station.

5. 来週，私の父は東京から大阪に行く予定です。

(1　Tokyo　2　to　3　my father　4　Osaka　5　next　6　for　7　leave　8　going　9　is) week.

6. 私たちの犬はどこに行ってしまったと思いますか。

(1　gone　2　think　3　dog　4　you　5　our　6　do　7　where　8　has) ?

6　次の英文を読んで以下の問いに答えなさい。(*印の語は(注)を参考にすること)

Paul : Hey, John. Have you finished preparing for the training camp of our club activity from tomorrow ?

John : Yes. Let's check the *belongings together.

Paul : All right. I've finished preparing, too. We have to bring training wears, shoes for practice matches, a water bottle, a ball and gloves, and so on.

John : A ball and gloves ? Why ?

Paul : To play catch.

John : You'll get *scolded if you do something *irrelevant. Mr. Harrison is so *motivated. And we need caps to protect from the sunlight, do we ?

Paul : I forgot. Thanks. That's all. I've finished packing my belongings. I'm looking forward to the three-days training camp !

John : Oh, my goodness.... What are you going to do in the training camp, Paul ? You forgot a racket !!

(注)　belongings：持ち物　　scold：～を叱る

irrelevant：関係の無い　　motivated：やる気のある

1. What club do Paul and John belong to ?
  1. Baseball club.
  2. Swimming club.
  3. Track and field club.
  4. Tennis club.
2. If Paul and John are talking on Tuesday, when will the training camp finish ?
  1. On Wednesday.
  2. On Thursday.
  3. On Friday.
  4. On Saturday.

TELEPHONE MEMO

To: Emily Brown
From: John Smith
Taken By: Edward Parker
Time: Monday, 5 February, 9:35 A.M.

Mr. Smith called to say he would be arriving in London this afternoon. He would like to meet you and Mr. Williams while he is in town to talk about the Milan and Rome *construction projects. He leaves for London, arrives at Paris this Wednesday morning, and works there for two days. Mr. Smith is busy because he is doing another task, so please call Maria Evans, his *administrative assistant, to set when to meet Mr. Smith. She can contact him.

（注） construction：建設　administrative assistant：管理アシスタント

3. Where does Mr. Smith want to meet Ms. Brown ?
  1. In London.
  2. In Milan.
  3. In Rome.
  4. In Paris.
4. Where will Mr. Smith be on the afternoon of February 7 ?
  1. In London.
  2. In Milan.
  3. In Rome.
  4. In Paris.
5. What does Mr. Smith want Ms. Brown to do ?
  1. To call Maria Evans.
  2. To stop talking about the construction projects.
  3. To leave for Paris by airplane.
  4. To set the time of talking with Mr. Parker.

<放送問題原稿>

1

A： I'm in big trouble, Emily !

B： Oh Susan, why is that ?

A： There is a mouse in my house !

B： Oh, well, all you have to do is to use a trap.

A： I don't have a trap.

B： Well, buy one.

A： I don't have any money.

B： I can give you my trap if you want.

A： Great.　Thank you.

B： All you have to do is just to put some cheese in the trap, then the mouse will come to the trap.

A： I don't have any cheese.

B： Okay, take a piece of bread and put a bit of oil on it and put it in the trap.

A： I don't have oil.

B： Well, then put only a small piece of bread.

A： I don't have any bread.

B： I don't understand.　What is the mouse doing at your house !?

1. What is Susan worried about ?
2. What does Susan have now ?

The River Thames runs through the center of London from west to east.　Its name comes from an old word for river.　London became a great city because of this river.　In the past, the Thames was a great road of water.　This 'road' brought people to London.　And it brought things from around the world, for example, tea, sugar, wood and a lot of money.

For 1700 years, London only had one bridge, London Bridge.　The first London Bridge was wood. People in London finished a new, stone London Bridge in 1209.　This stood for 622 years.　It was not only a bridge.　It had shops and some people lived on it.

3. What does the name of the Thames come from ?
4. What is true of the first London Bridge ?
5. When was the London Bridge made of stone built ?

【数　学】 (50分) 〈満点：100点〉

(注意) (1) 解答が分数の形で求められているときは，約分した形で答えること。

(2) 解答が比の形で求められているときは，最も簡単な整数の比で答えること。

(3) 問題の図は略図である。

全問とも，□の中に当てはまる数字を求めなさい。

1 次の問いに答えなさい。

(1) $-2\times\{5-(21-3)\div 6\}$ を計算すると，$-$[ア] である。

(2) $1.25\div\frac{5}{12}-0.3$ を計算すると，$\frac{[イウ]}{[エオ]}$ である。

(3) $\sqrt{108}\times\sqrt{54}-\sqrt{18}$ を計算すると，[カキ]$\sqrt{[ク]}$ である。

(4) 連立方程式 $\begin{cases}-2x+3y=39\\7x-2y=-77\end{cases}$ を解くと，$x=-$[ケ]，$y=$[コ] である。

(5) 関数 $y=2x^2$ において，x の変域が $-1\leqq x\leqq 2$ のとき，y の変域は [サ]$\leqq y\leqq$[シ] である。また，x が -1 から 2 まで増加するときの変化の割合は，[ス] である。

(6) $(x-3)^2-7(x-3)-60$ を因数分解すると，$(x+$[セ]$)(x-$[ソタ]$)$ である。

(7) 方程式 $8x^2+2x-15=0$ を解くと，$x=-\frac{[チ]}{[ツ]}$，$\frac{[テ]}{[ト]}$ である。

2 次の問いに答えなさい。

(1) 21人の生徒に1問1点で100問の漢字テストを行ったところ，全員が異なる点数であった。その点数を低い順に並べたとき，第1四分位数は50点，第2四分位数は62点，四分位範囲は28点であった。また15番目の生徒と17番目の生徒の点数の差は3点であった。

このとき，50点以上の生徒は [アイ] 人いて，中央値は [ウエ] 点，第3四分位数は [オカ] 点である。また，16番目の生徒の点数は [キク] 点である。

(2) 8％の食塩水250ｇと12％の食塩水150ｇを混ぜると [ケ].[コ]％の食塩水400ｇができる。

(3) 高さ4cm，底面の半径3cmの円すいがある。この円すいを展開したとき，側面の扇形の中心角は [サシス]°である。

3 次の問いに答えなさい。

(1) 図のように円を大きさの異なる4つの部分に分け，ここに色を塗っていく。ただし，隣り合った部分には同じ色は塗らない。このとき，次の場合の色の塗り方はそれぞれ何通りあるか。

2色を使う場合は [ア] 通り，

3色を使う場合は [イウ] 通り，

4色を使う場合は [エオ] 通り。

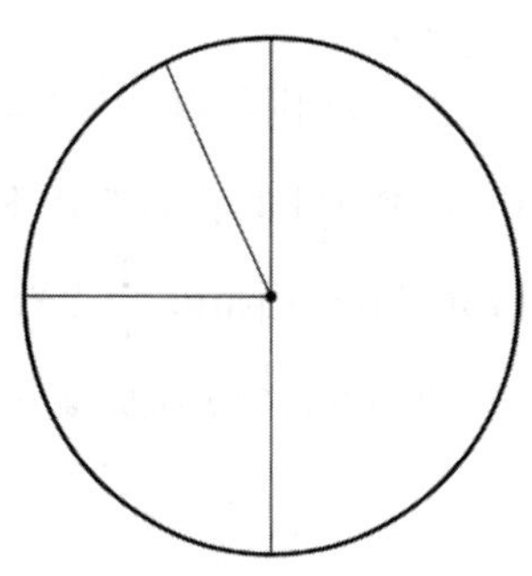

(2) 1，2，3，4，5の数字を1つずつ書いた5枚のカード [1]，[2]，[3]，[4]，[5] がそれぞれ入った2つの袋A，Bがある。

袋A，Bから同時に1枚ずつカードを取り出すとき，取り出した2枚のカードに書いてある数の和が4の倍数になる確率は $\frac{[カ]}{[キク]}$ である。

4　次の問いに答えなさい。

(1)　下の図1において，4点A，B，C，Dは円周上の点であり，直線ADと直線BCの交点をEとする。

このとき，∠CBD＝[ア][イ]°，∠ABD＝[ウ][エ]°である。

図1

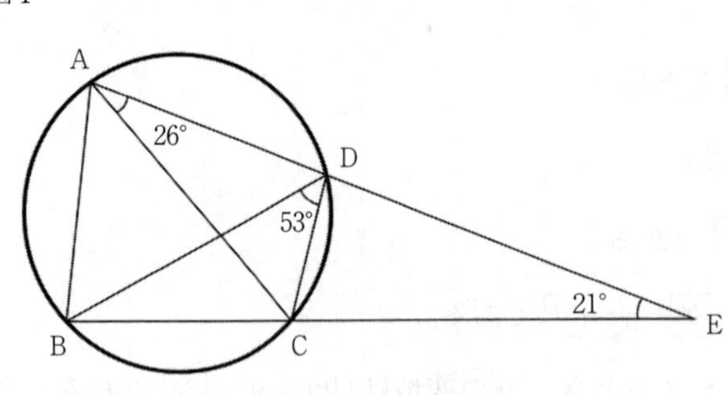

図2

(2)　上の図2のように△ABCがある。点Dは辺AB上で，AD：DB＝2：3となる点である。点Eは線分CDの中点である。BEの延長線と辺ACの交点をFとし，点DからBFと平行な直線を引き，辺ACとの交点をGとする。

このとき，AG：GF：FC＝[オ]：[カ]：[キ]である。

また，△ADGと△CEFの面積の比は，[ク]：[ケ]，△ADGと△BECの面積の比は，[コ]：[サ]となり，BE：EF＝[シ]：[ス]となる。

5　図のように傾き1の直線 l が，関数 $y=ax^2$……①と2点A，Bで交わっている。点A，Bの x 座標はそれぞれ−2，6である。

このとき，次の問いに答えなさい。

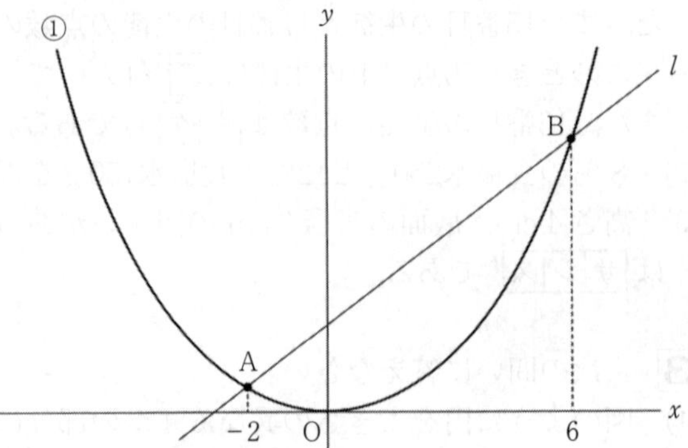

(1)　$a=\dfrac{[ア]}{[イ]}$ である。

(2)　線分AB上にAC：CB＝3：1となる点Cをとる。

点Cの座標は([ウ]，[エ])である。

(3)　関数①上に点Dをとると△OADの面積は△OABの面積の $\dfrac{3}{4}$ となる。

この点Dの x 座標は $-[オ]\pm\sqrt{[カ][キ]}$ である。

6 図のように座標平面上に原点中心で半径１の円がある。この円周上を点Ｐが，矢印の方向に一定の速さで回転していく。点Ｐは最初，点(1, 0)にいて１秒につき30度回転していく。このとき次の問いに答えなさい。

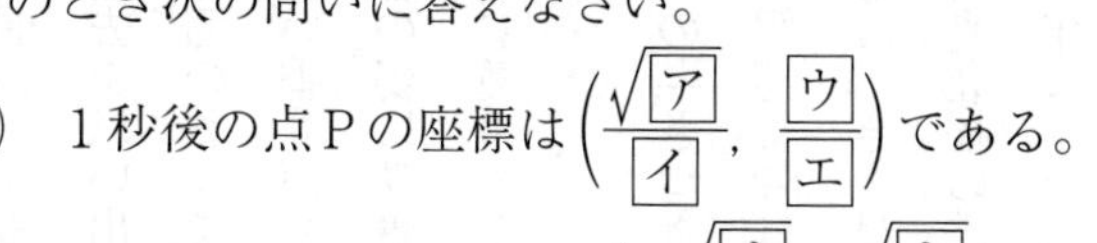

(1) １秒後の点Ｐの座標は$\left(\dfrac{\sqrt{\boxed{ア}}}{\boxed{イ}},\ \dfrac{\boxed{ウ}}{\boxed{エ}}\right)$である。

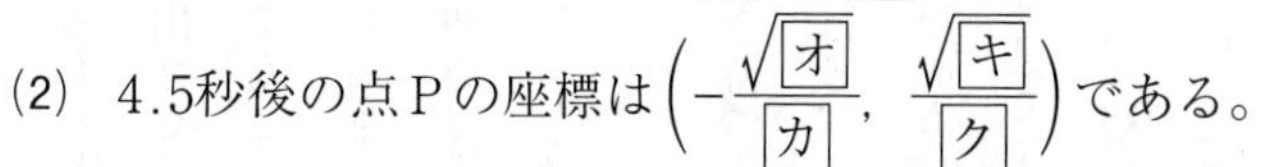

(2) 4.5秒後の点Ｐの座標は$\left(-\dfrac{\sqrt{\boxed{オ}}}{\boxed{カ}},\ \dfrac{\sqrt{\boxed{キ}}}{\boxed{ク}}\right)$である。

(3) 20秒後の点Ｐの座標は$\left(-\dfrac{\boxed{ケ}}{\boxed{コ}},\ -\dfrac{\sqrt{\boxed{サ}}}{\boxed{シ}}\right)$である。

(4) 点Ｐが円周上の点$(a,\ b)$にいたとする。点$(a,\ b)$が円周上のどの点であっても，６秒後の座標は($\boxed{ス}$, $\boxed{セ}$)と表される。

$\boxed{ス}$, $\boxed{セ}$ に当てはまる解答は下の欄から選んで，番号をマークせよ。

１．a ２．$-a$ ３．b ４．$-b$

(5) 点Ｐのy座標の動きを，横軸を時間(秒)，縦軸をy座標としグラフで表すと$\boxed{ソ}$の形になる。下のグラフより選んで，番号をマークせよ。

1
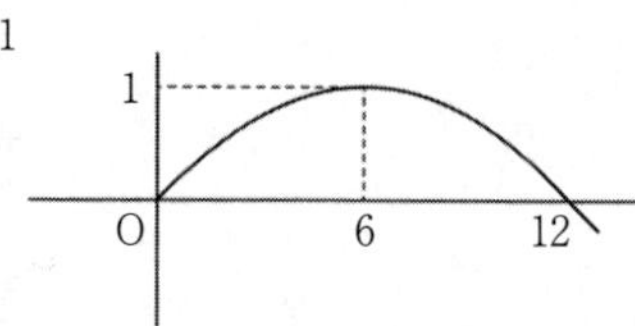

2
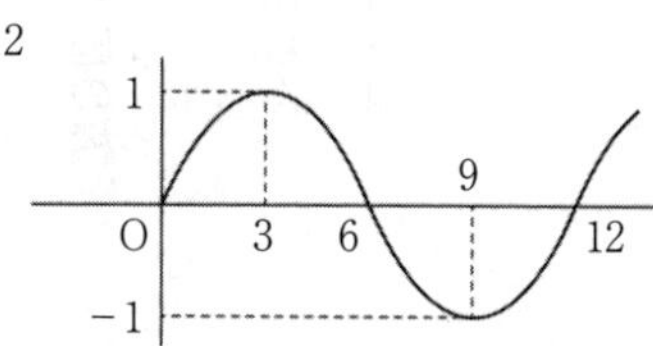

3
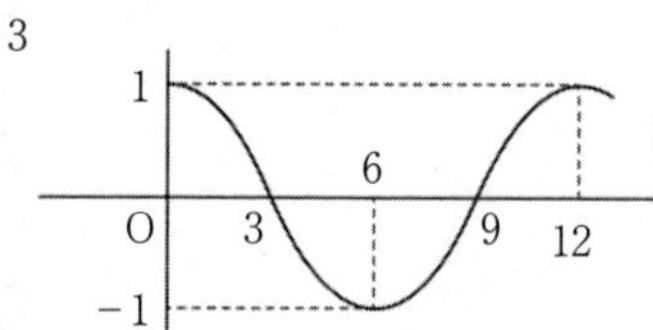

4
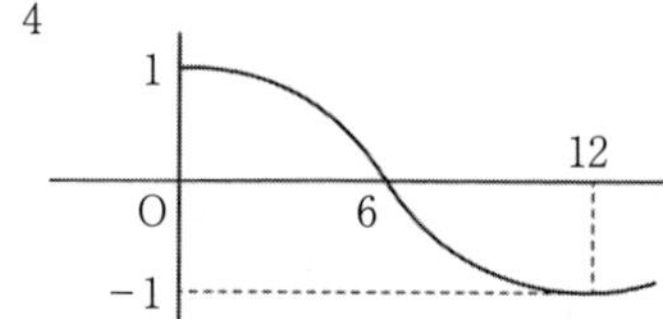

問５　空欄Ｄに入るものとして最も適切なものを次の中から選び、記号で答えなさい（解答番号は５）。

ア　過去を思い出させるもの
イ　お酒のおつまみとして出されるもの
ウ　よい香りがするもの
エ　昔の妻に執着させるもの
オ　袖に香りを焚きしめるもの

問６　Ⅰの「さつき待つ…」や、Ⅱの和歌とは**異なる趣向**で橘が詠み込まれた和歌として最も適切なものを次の中から選び、記号で答えなさい（解答番号は６）。

ア　尋ぬべき人はのきばのふるさとにそれかとかをる庭の橘
イ　時鳥（ほととぎす）花橘の香をとめて鳴くは昔の人や恋しき
ウ　今年より花咲き初（そ）むる橘のいかで昔の香ににほふらん
エ　たれかまた花橘に思ひ出でんわれも昔の人となりなば
オ　雨そそく花橘に風過ぎて山郭公（やまほととぎす）雲に鳴くなり

問1　Ⅰの傍線部「さつき」とは何月のことを指すか。適切なものを次の中から一つ選び、記号で答えなさい（解答番号は1）。

ア　一月　　イ　三月　　ウ　五月　　エ　七月　　オ　九月

問2　空欄Aに入るものとして最も適切なものを次の中から選び、記号で答えなさい（解答番号は2）。

ア　橘の香りをかいだことで元の妻への恋心を思い出してしまい、復縁したくなった
イ　思いがけず元の妻にお酌をされたことによって、元の妻への愛情が蘇ってしまった
ウ　お酌をしてきた女性の袖から橘の香りがしたため、その女性が元の妻だと気づいた
エ　お酒のつまみとして出された橘の香りをかいで、元の妻の袖の香りを思い出した
オ　お酒のつまみとしてふさわしくない橘を出されたため、元の妻への恨みを抱いた

問3　空欄Bに入るものとして最も適切なものを次の中から選び、記号で答えなさい（解答番号は3）。

ア　袖から橘の香りがするのですか
イ　橘の香りで昔を思い出すのですか
ウ　おつまみとして橘が出されるのですか
エ　男は妻と再会できたのですか
オ　男と女は別れてしまったのですか

問4　空欄Cに入るものとして最も適切なものを次の中から選び、記号で答えなさい（解答番号は4）。

ア　橘の花のことを考えながら眠りにつくと、橘の香を焚きしめたあの人が夢に出てきた
イ　橘の花の香りがする場所でうたたねをすると、橘の香りがしていたあの人が夢に出てきた
ウ　橘の花が香る場所でうたたねをすると、愛し合っているあの人が夢に出てきた
エ　橘の花の香りがする場所で眠りにつくと、橘が咲く場所で共寝したあの人が夢に出てきた
オ　橘の花を考えながら眠りにつけば、昔愛していたあの人が夢に出てきてくれるだろうか

〔あらすじ〕

昔、ある男の妻が、男から愛情を注がれなかったことを理由に、他の男（＝祇承の官人）の妻となった。男が大分の宇佐に仕事をしに行くと、元の妻が接待役として現れた。元の妻と再会を果たした男は、元の妻にお酌（＝お酒を注がせること）をさせ、和歌を詠んだ。

※　家刀自（とじ）――家の主婦。ここでは冒頭に出てきた男の妻のこと。

※　祇承（しぞう）の官人――接待を行う役人。

※　橘――果樹の名前。また、その花。果実は食用にもなる。

Ⅱ　橘のにほふあたりのうたた寝は夢も昔の袖の香ぞする　　皇太后大夫俊成女

（『新古今和歌集』による）

〔会話文〕

この会話文は、Ⅰ・Ⅱを読んだ生徒と教師が交わしたものである。

生徒　Ⅰの話は人物関係が複雑で、読み解くのが少し難しかったです。

教師　そうですね。あらすじを見ながら、しっかり話の内容を追っていきましょう。元の妻と再会した男は、元の妻に対して「さつき待つ…」という和歌詠みかけます。この和歌はどういう状況を詠んだ和歌でしょうか。

生徒　［　A　］という状況を詠んだ和歌だと思います。でもなぜ、［　B　］。

教師　よく読み解けていますね。平安時代の貴族は男性も女性も衣に香を焚きしめるという風習があったのです。また、Ⅰの「さつき待つ…」という和歌を元にして、Ⅱのような和歌も詠まれました。Ⅱの和歌はどういう和歌か分かりますか。

生徒　Ⅱの和歌は少し読み解きにくいです。

教師　う～ん。そうですね。テレビを点けながら眠ると、テレビの内容が夢に出てきてしまう経験はないですか？　それがヒントです。

生徒　その経験あります。なるほど、それをヒントとすると、Ⅱの和歌は［　C　］というような和歌ですか。

教師　その通り。和歌の世界では「橘の香り」は、［　D　］として詠まれるものとして定着していきました。

生徒　橘がただの植物という枠を越えて和歌に詠み込まれるようになったというのはとても面白いです。

問7　傍線部h「部屋全体に或る落着きと調和がもたらされていることに初めて気が附いた」とあるがなぜか。最も適切なものを次の中から選び、記号で答えなさい（解答番号は8）。

ア　弟たちとは別の部屋を持ち、自分の好きな装飾を施していて晴子らしさがあるように感じたから。
イ　すでに机は古くなっていても、長年そこに置いてあるだけに味が出てきているように感じたから。
ウ　晴子の落ちついた人柄が、机の古さと相まって部屋の雰囲気を醸し出しているように感じたから。
エ　晴子がこの机に愛着を持っているわけがわかり、今までとは違った雰囲気があるように感じたから。
オ　晴子がこの先机を使うのも長くはないと気づいて、改めて見ると味わいがあるように感じたから。

問8　本文中の内容から読み取れる「安雄」の人物像として**適切ではないもの**を**二つ**選び、記号で答えなさい（解答番号は9）。

ア　自己中心的　　イ　収集癖がある　　ウ　姉思い　　エ　他人をうらやむ
オ　子供っぽい　　カ　計画性に欠ける　　キ　食いしん坊　　ク　だらしがない

五　次のⅠ・Ⅱと、〔会話文〕を読んで、後の各問いに答えなさい。

Ⅰ　むかし、男ありけり。宮仕へ（宮廷勤め）いそがしく、心もまめならざりけるほどの（（男が）愛情をそそがなかったので妻、）家刀自※、まめに思はむといふ人につきて、人の国へいにけり。（誠実に愛そうと言ってきた別の男に従って、その人の国へ行ってしまった。）

この男、宇佐の使にていきけるに、ある国の祇承※の官人の妻にてなむあると聞きて、（（元の妻は）とある国の祇承の官人の妻になっていると聞いて、）「女あるじにかはらけとらせよ。（妻にお酌をさせろ。）さらずは飲まじ」（そうでなければ酒は飲まないぞ。）といひければ、かはらけとりていだしたりけるに、（妻がお酌をしようとしたところ）さかなりける橘※をとりて、（（男は）酒のつまみとして出された橘を手に取って、）

　さつき待つ花たちばなの香をかげばむかしの人の袖の香ぞする

といひけるにぞ思ひいでて、尼になりて山に入りてぞありける。

（『伊勢物語』による）

問4　本文中の［ｅ］に入る最も適切なものを次の中から選び、記号で答えなさい（解答番号は5）。

ア　もう一度私と遊んでほしい
イ　もう私の役目は終わりました
ウ　もう私は疲れ果てました
エ　もう私に興味はないのですか
オ　もう私を一人にしておいて下さい

問5　傍線部ｆ「それでいて、はっきり、いつもと空気が違うことが分かる」とあるが、この時の「大浦」の心情の説明として最も適切なものを次の中から選び、記号で答えなさい（解答番号は6）。

ア　弟たちとの相部屋から解放され一人だけの部屋になって、部屋の雰囲気には晴子らしさを感じた。
イ　晴子が部屋をいつもきちんと片づけているだけに、本人が不在だと全く生活感を感じなかった。
ウ　二人の息子たちと比べ普段から物静かな晴子だからこそ、大浦には本人の不在が強く意識された。
エ　普段は娘のいない部屋に入るのをはばかっていただけに、味わったことのない新鮮さがあった。
オ　本人が旅行で不在だと異質な空間のように思われるほど、娘の晴子の存在の大きさを感じた。

問6　傍線部ｇ「困ったこと」とは具体的にはどのようなことか。最も適切なものを次の中から選び、記号で答えなさい（解答番号は7）。

ア　机が一番古くてみすぼらしくなっても晴子は物を欲しがらないので、買ってあげる機会を失ったこと。
イ　机の大きさは子供のように伸びないので、子供が成長するのに伴って体に合わせた机が必要になること。
ウ　子供の成長に伴って本格的に机が必要になる頃には、机は古ぼけてみすぼらしくなってしまうこと。
エ　弟たちとの相部屋の時代が長かっただけに、弟たちによって姉の晴子の机も傷つけられていたこと。
オ　晴子が机を買った頃は家庭の生活に余裕がなかったので、質の良い机を買ってあげられなかったこと。

問1　傍線部a「相槌を打つ」・b「割に合わない」の辞書的な意味として最も適切なものを次の中からそれぞれ選び、記号で答えなさい（解答番号はaは1・bは2）。

ア　他人に調子を合わせうなずくこと。
イ　目立つ者が他の人から憎まれること。
ウ　感情的に受け入れられないこと。
エ　どうしても合点がいかないこと。
オ　きまりが悪く困り果てること。
カ　引き合わず損なこと。
キ　思うようにならないこと。
ク　独りよがりなこと。

問2　傍線部c「よけいなこと」とはどの言葉を指すか。最も適切なものを次の中から選び、記号で答えなさい（解答番号は3）。

ア　調子いいなあ。晴ちゃんは
イ　調子いいよ
ウ　いちばん沢山宿題が出たのは晴子よ
エ　ぼくらと野球やったよ
オ　なかなかえらい仕事よ

問3　傍線部d「大浦夫婦はそういう固有名詞は一切抜きで」とあるがなぜか。最も適切なものを次の中から選び、記号で答えなさい（解答番号は4）。

ア　具体的に見学場所の話をすれば、旅行したいと息子たちにねだられそうな気がしたから。
イ　息子たちの手前、楽しそうに旅行の中身を話すと不満をまた口にされそうに思ったから。
ウ　夫婦にとっても子供を修学旅行に送り出すのは初めてで、少なからず緊張があったから。
エ　夫婦は旅行の中身に興味はなく、娘が無事に過ごしているかどうかだけが気になるから。
オ　夫婦は旅行の名所旧跡のことよりも、土地の美味しい食べ物のほうに興味があったから。

小学校に入学した時に買ったもので、もうすっかり古くなっていたのである。「これはやっぱり新しいのを買った方がいいな。もうだいぶ窮屈そうだ」大浦がそういうと、晴子は、「いいよ。大丈夫よ、これで」「まあ、高校へ入った時まで辛抱するか」「いいよ、いいよ。この方が貫禄があっていいよ」「貫禄はたしかにある」机の表面のいちばんよく手や腕の当るところは、とっくにニスが剝げて、木目があらわに浮び出ていた。大小無数の傷あとが、あらゆる方向に刻まれていて、ところどころに子供らしい落書きのあとが残っている。一年経って正次郎が小学校に入学した。新しい勉強机が隣の部屋に入った。それは、隣にある安雄の机よりも寸法がほんの少し大きかった。「脚を切って、縮めるか」と大浦はいったが。脚を切るのも惜しい気がする。せっかく坐りがよく出来ている机を、下手に鋸（のこぎり）で短く切って、四本の脚がうまく水平に揃わなくなっては、何もならない。二人の机の高さが同じである方がいいことは確かだが、安雄の机がほんの少し低いからといって、兄貴の面目が立たないこともあるまい。まあ、このままでやってみようということになった。ところが、正次郎の新しい机が入ってみると、晴子の机がいかにも見すぼらしく見えた。背がいちばん高くて、実際にいちばんよく勉強机を使う者が、兄弟の中でいちばん古くて、小さな机にいることになる。どうも矛盾しているように見える。しかし、最初に勉強机というものを必要とする者から順番に買って行くと、自然にこうなる。子供は年とともに背が伸びてゆくが、机は買った時のままで変わらない。[g]困ったことだけれども、何とも致しかたない。

　そのうちにまた一年経って、晴子は高校に入学した。大浦は細君にいった。「今度こそ机を買ってやらないといけないな」「ええ、そうしてやりましょう。あれでは、あんまりだわ」大浦は晴子にいった。「机、買うから。お祝いに」「いいよ、これで」「どうして」「大丈夫よ。何ともないんだもの」「膝がつかえないか」「つかえない。ちゃんと入る」彼が椅子に腰かけてみると、膝は机の下に入った。ぎりぎりいっぱいで入る。「なるほど」「ね、大丈夫でしょう」小学生用の勉強机というのは、どうしてこんなに融通がきくのだろう。小学校を出てから三十年も経ち、体重十八貫ある大浦が坐っても、役に立つのである。だが、いまはそんなことに感心している場合ではない。お祝いは、お祝いだ。中学まではまあ我慢するとして、高校生になってもまだ小学生の時の机に向かっていたのでは、向学心が燃え立たないかも知れない。

「お祝いは遅い方がいいというから、そのうち買うよ」大浦はそういった。ところで、それからまた一年経ち、晴子は二年生になったが、まだ机はもとのままであった。お祝いは遅い方がいいにしても、もはや時期を失した観がある。そうして、いま、修学旅行に出かけている留守の部屋で、つくづくわが子の古机を眺めていると、まわりの壁や柱に不釣り合いなどころか、いつの間にか周囲に融け込んで―というよりは、むしろこの机が目立たない様子でそこにあるために、[h]部屋全体に或る落着きと調和がもたらされていることに初めて気が附いた。「もうこの机を取ってしまうことは出来ない。このままの方がいいような気がする」と大浦は思うのであった。

（庄野潤三『ピアノの音』より）

かっている。それも、ふだん通りであった。この縫いぐるみの虎と兎は、もう随分古くからあって、前の家にいた頃—まだ子供たちが小さかった頃には、夜、寝る時になると、取り合いが起った。兎はいちばん下の正次郎のところへ行く。だが、晴子も安雄も虎がほしくて、いつも順番のことでもめるのであった。喧嘩にならないように、細君がカレンダーに二人の頭文字を記入しておくことになったのだが、自分の番であるのにうっかり虎を持って寝るのを忘れることがあるので、誰の番だか分らなくなる。「どうしてあんなものを取り合いするんだろう」と彼は不思議に思ったものだが、聞えて来る二人の声は真剣であった。最後は細君が判定を下さなくてはならなくなり、安雄なんかは虎を取り上げられると、「ちぇっ」と叫ぶのであった。その縫いぐるみの虎は、いまは子供たちの取り合いから解放されて、本棚の上で休息している。「　e　」というように、大きな頭を横に投げ出して寝ている。

いつも晴子が学校へ行っている時も、部屋の中はこんな風で、少しも違ってはいない。（違うのは通学鞄が床の上に置いてあることだけだ）[f]それでいて、はっきり、いつもと空気が違うことが分かる。（中略）目覚ましが鳴ったのに細君が夢中で止めてしまって、ぎりぎりの時刻に目を覚まして、慌てることがある。そういう日でも、晴子の部屋はきちんと片附いていた。なぜ晴子の部屋がいつも整頓されているかというと、それには理由がある。彼女は前いた家で、安雄と一緒の部屋にいてこりごりしたのであった。いくら彼女がきれいに片附けようとしても、安雄と同じ部屋にいる限り、それは不可能であった。もともとそこは勉強部屋といっても、ほかにいろんな物があった。細君の洋服箪笥もあればミシンもある。大きな籐椅子（それは坐り心地はよかったが）が二つあり、みんなのシャツや靴下なんかが入っている箪笥もあるし、まだ隅っこに何の役にも立たない大型のトランクが二個積み上げてあり、ふとん綿の包みが押し込んであるといった有様で、決して勉強部屋といえるような体裁のいいものではなかった。要するにそこで子供は勉強もするが、ほかの部屋や押入れに入り切らないものが集って来る場所になっていた。それだけでも出入りが窮屈なのに、安雄は家の中で要らなくなったものがあれば、何でも片っぱしから貰って、自分の物にしてしまう困った性質があった。それが珍しい形をした壜（びん）だとか、美しい菓子箱というのなら分るが（そういう物も無論欲しがる）、古くなったペン先やビールの蓋のようなものまで欲しがる。多ければ多いほど、よろこぶ。（中略）

そのような「拾い屋」の安雄とひとつの部屋にいたのでは、いかに晴子が身のまわりをきちんと片附けようとしても、どうにもならなかった。そこで、どんなに狭いところでもいいから、いつか自分ひとりの部屋を貰えたら、どんなに嬉しいだろうと思うようになった。彼女のその望みは、三年前にこの家へ移った時、やっと叶えられた。釣り戸棚が部屋の半分くらいまで突き出ていて、寝台から慌てて起き上るとおでこを角にぶっつけるおそれがある。ゆったりというわけにはゆかないが、それでも入口の戸を締めてしまうと、小さな船室のような感じがしないでもない。もう誰もがらくたを持ち込む者はいないので、彼女は自分の好みのままに部屋を飾ることも片附けることも出来るのであった。

最初、この部屋に晴子の勉強机が運び込まれた時、新しい壁や柱に対して釣り合いが取れないように見えた。なぜならこの勉強机は晴子が

四 次の文章を読み、後の各問いに答えなさい。

（大浦家の五人は郊外の丘の上に新しく一軒家を建てて移り住んだ。以下は夫婦の会話で始まる部分である。）

「いま頃は宿屋だな。夕飯、食べてるかな」大浦は毎晩、同じことをいっている。「食べてるでしょうね」と細君が同じ返事をする。高校二年の晴子は、新学期が始まって三日か四日、学校へ行ったと思ったら、北陸へ修学旅行に出かけた。いつも五人の家族が、四人になった。安雄は数学の問題集七ページのうち、結局三ページやっただけで授業が始まってしまい、まだその上に図工の宿題があったことが分って、慌てて山から雑木を切って来て、土人のトーテムポールを彫っている間に、さっさと晴子は旅行に行ってしまった。「調子いいなあ。晴ちゃんは」と安雄がいうと、「調子いいよ」と正次郎が相槌を打つ。自分たちだけ学校へ行っているというのが、割に合わない気がするのだ。「でもねえ」と細君がいい聞かせる。「この夏休みでも、いちばん沢山宿題が出たのは晴子よ。安雄や正次郎とはくらべものにならないわ。でも、晴子は宿題のことなんか、ひとこともいわないでしょう。宿題やってる、という顔もしていないわ。いちばん家の用事をしてくれるのは晴子よ」「ぼくらと野球やったよ」「それは晴子が入らないと、試合が出来ないからでしょう。うちの忙しい具合を見ていて、お風呂を焚いてくれたり、買物に行ってくれたり、洗濯物にアイロンかけしてくれたりしながら、その間にあんた達の野球の仲間にもなってくれるのよ。それで、学校へは時々、園芸部の水やりと草抜きに行くでしょう。あれだって、なかなかえらい仕事よ」そういわれると、安雄と正次郎は一言もない。なるほど細君のいう通りなのだ。よけいなことをいわなければよかった。

旅行の詳しい日程表は家にも一枚、貰っている。それを見れば、例えばいま頃は東尋坊の水族館を見学中だとか、いま頃は金沢市内にいるという風に、全部分るようになっている。ところが、大浦夫婦はそういう固有名詞は一切抜きで、ただ、「いま頃は宿屋だな。夕飯、食べてるかな」というのであった。日程表を見なくても、それは間違いのないことであった。だから、泊る温泉が何という名前の温泉であっても、こちらにとっては変りはないわけで、無事に一日の予定を終えて、その日の宿泊地に着いてくれればよかった。それで、こちらもほっとする。「蟹、食べてるかな」と細君がいうこともあったが、二人は北陸海岸の蟹がおいしいという話を聞いただけで、まだ食べたことはなかったのだ。

いつも大浦は仕事にかかる前に、鉛筆を何本か持って晴子の部屋へ行くのだが（彼女の机に鉛筆削りが備えつけてあるので）、不思議なもので晴子が旅行に出かけた後は、ふだんの部屋の空気と違っている。部屋に入ると、すぐに分る。ひと月も二月もいないのではない。五日間の旅行であるのに、出かけた日からもういつもの部屋のようでなくなる。「おかしなもんだな」鉛筆を挟み込んでは一本ずつ削りながら、彼は考える。部屋の中はきちんと片附いていて、本棚の上に縫いぐるみの虎と兎が、晴子のこしらえたあどけない顔をした人形を真中にしてのっ問7　傍線部g「失恋を絶望によってではなくルサンチマンによって遇する」とはどのようにすることか。最も適切なものを次から選び、記号で答えなさい（解答番号は7）。

ア　失恋による心の傷を、相手に対して怒りや憎しみをぶつけることで癒そうとする。

イ　失恋による苦痛を、相手に対する怒りや憎しみによってごまかそうとする。

ウ　失恋してしまったとき、怒りや憎しみを抱くことで相手のことをあきらめる。

エ　失恋した原因は、自分が抱く相手に対する怒りや憎しみであると理解する。

オ　失恋した事実を、相手に対して怒りや憎しみを抱くことで忘れようとする。

問8　傍線部h「失恋によってオトコを知るだけの女性と、人生を知ってゆく女性とがいる」とあるが、この表現で筆者はどのようなことが言いたいと考えられるか。その説明として最も適切なものを次から選び、記号で答えなさい（解答番号は8）。

ア　失恋することで男や女がどういう存在なのかを知ることがあるが、失恋を深く経験した人は、さらに自分の生きる意味や意義に思いをめぐらせることになるということ。

イ　失恋すると人は皆苦悩するが、その苦悩の果てに男女のあり方を知る人もいれば、世界というものが希望や可能性によって出来ていることに気づく人もいるということ。

ウ　失恋することで男女の特徴や性質を知り、次の恋愛に踏み出せる人がいる一方で、失恋してとことん絶望することで、人生が無意味なものであると悟る人もいるということ。

エ　失恋すると人は相手の不実や自分の中にあった負の感情を知ることになるが、失恋によってとことん絶望した人は、さらに生きることの意味や理由を考えるようになるということ。

オ　失恋することで、男や女がどういう存在なのかを知るだけに終わる人がいる一方で、相手に対する怒りや憎しみを乗り越え、人間としての価値を取り戻す人がいるということ。

問3　傍線部ｃ「ある意味ではそれが『救い』なのです」とあるが、なぜか。その理由の説明として最も適切なものを次から選び、記号で答えなさい（解答番号は３）。

ア　一切の怒りと苦しみを感じ尽くしたからこそ、最後に希望だけが残り、その希望にすがって生きようと思えるから。
イ　相手に対して自分に生じたあらゆる負の感情をぶつけたからこそ、次の恋に踏み出そうとする勇気を持てるから。
ウ　とことん絶望したからこそ、生きようとする意志が少しずつ沸き上がり、相手のことを許そうと思えるから。
エ　深い失恋をしたからこそ、新しい世界に目を向けることができ、今までにない希望や可能性に気づくことができるから。
オ　この世の全てが無意味であると絶望したからこそ、新たな世界をつくり上げようとする気力が生まれてくるから。

問4　傍線部ｄ「失恋の悲しみは過酷です」とあるが、どのようなことを指して「過酷」というのか。その説明として**誤っているもの**を次から一つ選び、記号で答えなさい（解答番号は４）。

ア　相手から怒りや憎しみを向けられること。
イ　自分が価値のない存在のように思われること。
ウ　生きていることに希望を見いだせなくなること。
エ　好きな人が自分のそばを離れていってしまうこと。
オ　どのように生きていけばいいのか分からなくなること。

問5　傍線部ｅ「秩序」の辞書的な意味の対義語として最も適切なものを次から選び、記号で答えなさい（解答番号は５）。

ア　疑惑　　イ　懸念　　ウ　変転　　エ　混沌　　オ　消沈

問6　空欄ｆにあてはまる本文中の表現として最も適切なものを次から選び、記号で答えなさい（解答番号は６）。

ア　世界の意味を教える　　イ　世界を失う　　ウ　恋の可能性をつかむ
エ　条理がない　　オ　人生を知ってゆく

問１　傍線部ａ「『あい見ての後の心にくらぶれば、昔はものを思わざりけり』（権中納言敦忠）という歌がありますが」とあるが、筆者はこの和歌をひいてどのようなことが言いたいのか。その説明として最も適切なものを次から選び、記号で答えなさい（解答番号は１）。

ア　他人を愛したり、反対に相手から強く求められたりすることで、自分の生きる意味を獲得できるということ。

イ　他人から情愛を向けられることによって、この世界が愛に満ちているのだと知ることができるということ。

ウ　失恋によって、怒りや憎悪といった感情が自分のなかに存在することに初めて気づかされるということ。

エ　恋に落ちると、それまでにない感情を抱いたり、新しいものの見方をしたりするようになるということ。

オ　辛い人生をおくってきた人でも、恋によって、自分の人生を楽しもうと前向きになれるということ。

問２　傍線部ｂ「真意は分かりませんがなるほどと思えます」とあるが、筆者は「神に近くなる」の意をどのように解釈しているのか。本文全体を踏まえたうえで、その説明として最も適切なものを次から選び、記号で答えなさい（解答番号は２）。

ア　失恋によってとことん絶望し、生きる意味を失っても、時間をかけてその苦しみを乗り越えていくなかで、生きる意味をとりもどせるということ。

イ　失恋によって、人は生きる意味を失ってもがき苦しむことになるが、やがて失恋の辛さを嘆くことそのものが無意味なことであると分かるということ。

ウ　苦悩しながら生きることの意味を、人が生涯のうちに理解するのは極めて難しいが、わずかながらもその意味が分かるようになるということ。

エ　人は失恋をすることによって、相手に対して恨みや憎悪を抱くことがいかに無意味であるかを思い知り、とことん絶望することになるということ。

オ　恋をすることによって生きる意味を知り、失恋によってその意味が分からなくなるという過程を経ることで、人生の楽しさも苦しさも味わえるということ。

失恋の悲しみは過酷です。「あの人」を失うということだけではなく、自分の人間としての価値それ自体が否定されるように感じるからです。相手が、ほんとうに自分にとってかけがえのない存在だったとき、世界は意味の中心を失い、そのことで日常の明確な輪郭線をなくします。世界の関節がはずれてバラバラになります。自分の価値も世界の意味も消え失せ、時間が進むことにさえ、それまでの自明の意味がなくなります。働いたり、気遣ったり、配慮したりすることの一切が無意味になる。「何のために」、答えてくれるものがないからです。このとき人は、昨日や今日や明日という当たり前の秩序が、ある何らかの生きる意味や希望によって支えられていたことに、はじめて気づくのです。

――［f］ことで世界の成り立ちを知る

でも、人はとことん絶望することによって、そこから少しずつ、生きようとする自分の浮力を取り戻します。それは意志を超えたもので、はじめに生理的、身体的欲求が、そして少しずつわずかなエロスを求めようとする要求が、身体や情動から滲んでくる。失恋によって、一切の可能性と意味を失って世界はこなごなに壊れます。しかし、そのバラバラになった世界の断片を拾い集め、かろうじて明日のことを思わせ、日々の些細な気遣いへと向けさせるものが、少しずつ身体のうちから浮かんでくる。時間の長い網に小さな結び目ができはじめ、それをつかんでたぐってゆく時間が再び少しずつ流れ出します。

深い失恋は、こうして、世界というものが、そのつどの希望や欲望や可能性によってその網の目の繋がりを保っていたことを人間に教えます。失恋を深く経験した人は、かりにそのことに自覚的でないとしても、生の意味と理由を理解することになるのです。その人は生のある秘密をつかみ、人間の悲しみや苦しみの内実についてある知恵をもちます。だから、失恋をまったく知らない人、それから失恋を絶望によってではなくルサンチマンによって遇する人は、神にほんの少し近くなるチャンスを逃していると言えるかもしれない。

誰かがこんなことも言っていました。失恋によってオトコを知るだけの女性と、人生を知ってゆく女性とがいる。なるほど、名言です。

（竹田青嗣『愚か者の哲学』による）

※　エロス――ここでは「性的な愛や情熱・魅力」をいう。
※　パンドラの箱――ギリシア神話に登場する、この世のあらゆる災厄を収めた箱のこと。
※　ルサンチマン――弱者が敵わない強者に対して抱く、「憤り・怨恨・憎悪・非難・嫉妬」といった感情。

三 次の文章を読み、後の各問いに答えなさい。

――失恋することは神に近くなること

失恋とは、世界を失う経験です。生の可能性と意味が消失することで世界を失う、という独自の経験です。恋はそのはじめと終わりの時間、つまり曙光(しののめ)とたそがれどきに最も深くその本質を人に教えます。恋のこの時間は、人間の生の秘密を一瞬垣間見せる独自の時間なのです。たとえば、ずっと不幸だった人が深い恋の可能性をつかむとき、その人は自分がこの世に生まれてきて生きているその理由を、はじめて理解するということが起こります。およそ美しいものや素敵なもの、善いものの意味がはじめてわかる、ということが生じるからです。a「あい見ての後の心にくらぶれば、昔はものを思わざりけり」(権中納言敦忠(あつただ))という歌がありますが、恋をすると、まさしく世界が情動や※エロスや意味の世界だったことにはじめて気がつくし、その深さと味わいにはじめて驚くのです。

しかし、恋愛はもっと複雑です。失恋することは神に近くなることだ、と言った人がいます。b真意は分かりませんがなるほどと思えます。激しい失恋をすると、恋のあけがたどき以上に、世界がどういうふうに作られているかその秘密が分かります。

失恋をすると、人間は生きるよすがを失い、突然、背びれ尾びれをもがれた魚のように自在に泳ぐ力を失って、もがき苦しみます。なぜこういうことが起こったのか、その人には分からない。だからまた傷ついた小動物のように、まわりのすべてに攻撃性を向けます。男の不実や他人や世の中などへの、理由のない怒りと憎悪、嫉視、そして自己嫌悪、コンプレックス等々です。

すべての怒りと悲しみと苦悩を手当たり次第に投げ散らかした後に、人は、ようやくそれらすべてが無意味であることを知ります。※パンドラの箱は、一切の人間の悪や災厄を放出したあと最後に「希望」を残しますが、ひどい失恋では、一切の世界への怒りと苦しみが現われ出た後、「無意味」だけが残されるのです。でも、cある意味ではそれが「救い」なのです。

――とことん絶望できることが人間の能力

一切は無意味である。失恋の思いは深く沈んで絶望の水底にコツンと突き当たります。ここまできてはじめて人は、もう一度生きることに向けて生の欲望の浮力を取り戻すからです。もし失恋の苦しみのあまり、人が相手や自分自身に対する恨みを持ち続けていたらどうなるか。その人はまさしく※ルサンチマンの魔の手にひっかかり、怒りや憎しみや自己嫌悪といった感情を理由にして生きてゆくことになるでしょう。

失恋には条理がないこと、どれほど恨みや憎悪が強くてもそれが無意味であるということを思い知ること、つまり、とことん絶望することは、人間としての一つの能力です。この人間的能力が、深く失恋した人間に世界の意味を教えるのです。

問4　次の文のうち、敬語が正しく用いられているものを一つ選び、記号で答えなさい（解答番号は6）。

ア　エレベーターは故障しているので、ご使用できません。
イ　先生のお父様は、野球がお好きだそうですね。
ウ　あなたは昨日、私にそう申し上げました。
エ　母が先生にお電話なさるそうです。
オ　教授は今、自室におりますか。

問5　次の文の傍線部「ない」と同じ用法のものを後のア～オから一つ選び、記号で答えなさい。（解答番号は7）。

彼は会議には来ない。

ア　記憶がおぼつかない。　　イ　そのことは記憶にない。
ウ　問題は易しくない。　　エ　彼女のことは知らない。
オ　今日はそれほど寒くない。

問6　次の文の傍線部「の」と同じ用法のものを後のア～オから一つ選び、記号で答えなさい。（解答番号は8）。

あの本は私のだ。

ア　秋の夕暮れは美しい。　　イ　私の好きな色は青だ。
ウ　行くの行かないのと迷う。　　エ　彼の言葉に感心した。
オ　彼のなら置いておこう。

二 次の各問いに答えなさい。

問1 次の各熟語と同じ構成の熟語として適切なものを、後のア～オから一つずつ選び、記号で答えなさい（解答番号は1～3）。

1．捕鯨　2．出納　3．水圧

ア 送迎　イ 湿潤　ウ 日没　エ 海底　オ 握手

問2 次の文の傍線部の意味として最も適切なものを後のア～オから一つ選び、記号で答えなさい（解答番号は4）。

筋立てがきわめて荒唐無稽だ。

ア 腹立たしいこと。
イ 理解に苦しむこと。
ウ 興味をそそること。
エ 真に迫っていること。
オ 現実味に乏しいこと。

問3 次の二文の文節の数を後のア～オから一つ選び、記号で答えなさい（解答番号は5）。

メロスは激怒した。必ず、かの邪智暴虐の王を除かなければならぬと決意した。

ア 7　イ 8　ウ 9　エ 10　オ 11

二〇二四年度　流通経済大学付属柏高等学校（前期②）

【国　語】（五〇分）〈満点：一〇〇点〉

一　次の1～5の傍線部と同じ漢字を使うものを、後のア～オの傍線部からそれぞれ一つずつ選び、記号で答えなさい（解答番号は1～5）。

1．神社のケイダイに立ち入る。
ア　ツぎ目のない布。
イ　直線のカタムき。
ウ　給食を配膳するカカリ。
エ　雲ゆきがアヤしい。
オ　隣の家とのサカイを決める。

2．ランプをサげる。
ア　テイネイに対応する。
イ　矛盾がロテイする。
ウ　宿題をテイシュツする。
エ　水位がテイカする。
オ　テイボウに近づく。

3．ケンサツ官にあこがれる。
ア　ケンキュウに没頭する。
イ　友人をジャケンに扱う。
ウ　社会コウケンにつながる仕事。
エ　異常がないかテンケンする。
オ　ケントウをたたえ合う。

4．経験のチクセキが重要だ。
ア　彼の言葉にはガンチクがある。
イ　初出場ながらハチクの勢いで優勝した。
ウ　古くからのケンチク物。
エ　チクイチ報告する義務がある。
オ　彼の家は代々ボクチクを生業としている。

5．敵をアザムく作戦。
ア　事実とキョコウを区別する。
イ　高齢者を狙うサギ。
ウ　産地ギソウ問題。
エ　ハイシン行為を見逃さない。
オ　ギネンを晴らす。

2024年度／流通経済大学付属柏高等学校（前期②）

英語解答

1 1…1　2…4　3…2　4…3
5…3

2 問1　(1)…3　(2)…4　(3)…3　(4)…2
(5)…1
問2　3　問3　4　問4　3
問5　1　問6　4
問7　1…4　2…2　3…2

3 問1　1…3　2…1　3…4　4…4
5…1　6…4　7…2
問2　A…3　B…1　C…2

4 1…4　2…2　3…3　4…3
5…1　6…3

5 1　3番目…9　6番目…8
2　3番目…1　6番目…4
3　3番目…1　6番目…7
4　3番目…1　6番目…4
5　3番目…8　6番目…1
6　3番目…4　6番目…3

6 1…4　2…3　3…1　4…4
5…1

1〔放送問題〕解説省略

2〔長文読解総合―伝記〕

≪全訳≫❶チャールズ・ダーウィンはビーグル号という船で世界を巡る５年がかりの旅をしたが，彼は家にいることが何よりも好きだった。彼はイングランドの小さな村に住んでいた。彼はハトを育てたり，自分の子どもと遊んだり，庭をぶらぶらしたりしていた。❷静かな生活を送っていたにもかかわらず，チャールズ・ダーウィンは革命を始めた――思考の革命である。人はずっと，地球上の生命はどのように始まったのだろうと思っていた。チャールズ・ダーウィンが生きていた頃，欧米の大半の人々は，聖書に述べられているまま，神が６日で全世界を創造したと信じていた。だが，チャールズ・ダーウィンは大半の人々とは違った。ビーグル号の航海が，真の科学者であること――自然をつぶさに観察し，あらゆることに疑問を持ち，地球上の生命がどのように始まったのかについて新たな方法で考えること――を彼に教えてくれた。彼は生物がいかにして長い時間をかけて自然に変化，すなわち進化しうるかを明らかにした。❸チャールズ・ダーウィンは天才だったのだろうか。彼はそうは思っていなかった。チャールズは自分自身を一科学者にすぎないと考えていた。そして全ての優れた科学者と同様に，チャールズは好奇心が強かった――非常に好奇心が強かったので，彼は難問を発することを決して恐れなかった――また，彼は実際に見たものに基づいて答えを探し求めた。チャールズ・ダーウィンには，自分の考えが人々に衝撃を与えるであろうとわかっていた。実際，そうなった。だが，今日では，科学者は進化を事実として受け入れている。チャールズ・ダーウィンは並外れて重要な人物なのだ。❹チャールズ・ダーウィンは1809年２月12日に，イングランドの小さな村で生まれた。彼の家庭は裕福だった。彼の父は立派で成功した医師だった。彼の母のスザンナはジョサイア・ウェッジウッドの娘で，彼は有名な磁器の会社を所有していた。❺ダーウィンの家族は広い邸宅に住んでいた。それは「マウント邸」と呼ばれていた。その家はセバーン川の近くにあった。チャールズは自分の家が大好きだった。子どもの頃からすでに彼は自然に関心を持っていた。彼は自宅の庭で何時間も過ごした。かつて，彼の父がチャールズに庭にあるボタンの花を数えるように頼んだことがある。チャールズは384本の花を数えた。チャールズは自然をつぶさに観察することをすでに学びつつあった。❻チャールズは木に登ったり，鳥を観察したり，散歩したりするのが好きだった。彼は川の堤で遊んだり釣りをしたりした。何よりも，チャールズは物を収集するのが大好きだった。彼は岩石や小石，鳥の卵を集めた。探索も収集もしていないとき，チャールズはよく本を抱えて眠っていたものだ。7チャールズの母は1817年に亡くなり，そのとき彼はわずか8歳だった。彼の3人の姉と兄は，チャールズと彼の妹のキャサリンを手助けするために家に立ち寄ってくれた。この時期のイングランドでは，寄宿学校に送られる少年が多かった。チャールズが9歳のとき，彼の父は彼をシュルーズベリー校に入れた。8チャールズはその学校が大嫌いだった。彼は人の多い寮で眠るのが嫌だった。彼は暗唱が苦手だった。詩を覚えなければならないときはいつでも，2日後にはそれを忘れてしまっていた。9チャールズはまた，実家を恋しがった。彼は兄のエラズマスと大変親しかった。彼は自分の学校が1マイルしか離れていないことを喜んだ。晩になるとときどき，チャールズは抜け出したものだった。チャールズは家族や飼い犬のスパークに会うために走って家に戻った。そして，学校のドアが夜間に備えて閉められる前に，急いで走って戻らねばならなかった。幸運なことに，彼は足が速かった。10チャールズの父は，2人の息子が優れて立派な職業につくことを願っていた。彼は息子が自分と同じく医師になることを望んだ。エラズマスはスコットランドのエディンバラにある医学校に入れられた。そしてチャールズはシュルーズベリー校をあまりにひどく嫌ったので，ダーウィン医師はチャールズにこう言った。「お前もエディンバラに行くといい」 彼はチャールズがスコットランドでうまくやってくれるよう願っていた。1825年，16歳のとき，チャールズはエディンバラ大学で講義を受講し始めた。手術を2回見学した後，チャールズは自分には医学は向いていないと悟った。だが，父をいくらか喜ばせたことに，チャールズは授業に出席し続けた。11チャールズが夏に帰省したとき，彼は自分が医学についてどう感じているかを父に話さなかった。その代わり，彼は自分の時間を全て狩猟と乗馬に費やした。最終的に，医学校の2年目を終えた後で，チャールズは父に自分は医師にはなりたくないと伝えた。父は激怒した。

問1＜適語(句)選択・語形変化＞(1)「ビーグル号と呼ばれる船」という受け身の意味で ship を修飾するまとまりをつくると推測できる。これは，形容詞用法の過去分詞で表せる。　(2)'think of *A* as *B*'「*A*のことを*B*だと考える」の形。自分自身のことを普通の科学者にすぎないと思っていた，という意味の部分なので，himself「彼自身」が適切。　(3)based on ～ で「～に基づいて」。　(4)liked の目的語となる内容が3つ，and で並列されている。したがって，前の2つ同様，動名詞(～ing)にする。　(5)第4段落第3文に，チャールズ・ダーウィンの父は医師だったとある。空所の後の like him から，その父が，息子たちが自分と同じ職業につくことを望んでいた，という意味になると考えられるので，doctors「医師」が適する。

問2＜文学史＞『種の起源』はチャールズ・ダーウィンの代表的な著書である。なお，『不思議の国のアリス』はルイス・キャロル，『ガリバー旅行記』はジョナサン・スウィフト，『星の王子さま』はアントワーヌ・ド・サン＝テグジュペリの著書である。

問3＜指示語＞ダーウィンは天才だったのかという直前の問いかけについて，本人はそうは思っていなかったと述べた部分。つまり，ダーウィンは自分が天才だとは思っていなかった，という意味になる。

問4＜英文解釈＞下線部の They は直前の文中の his ideas「彼の考え」を指し，did は直前の文中の shock people を過去形で受けているので，shocked people「人々にショックを与えた」を意味している。つまり，His ideas shocked people という内容なので，3．「チャールズ・ダーウィンの考えは当時の人々にショックを与えた」が適切。

問5<**指示語**>前の文に，チャールズの父が彼をシュルーズベリー校という寄宿学校に入れたとあり，下線部の後ではその学校での寮生活を嫌がったことや学業が苦手だったことが述べられている。ここから，この it が指すのは Shrewsbury School「シュルーズベリー校」のことだとわかる。

問6<**指示語**>instead of ～ で「～の代わりに，～ではなく」。チャールズは自分の医学に対する考えを父に伝えず，その代わりに狩猟や乗馬をして過ごしていた，という部分。このように，この it は前の文の tell 以下を指しているので，これをまとめた4．「チャールズが医学についてどう考えているかを父に話すこと」が適切。

問7<**内容一致**>1．「ダーウィンの家庭には(　　)がいた」―4．「4人の娘と2人の息子」　第7段落第2文参照。姉が3人と妹が1人，兄が1人とチャールズである。　**2**．「チャールズ・ダーウィンは，シュルーズベリー校で学んでいたとき，(　　)」―2．「ときどき実家で犬に会っていた」　第9段落第5文参照。　**3**．「チャールズ・ダーウィンは16歳のときに(　　)」―2．「エディンバラ大学で学んだ」　第10段落第6文参照。

3〔**長文読解総合―物語**〕

≪全訳≫❶スイスのヴヴェイという小さな町が，ジュネーブ湖畔にあった。多くの旅行者がこの美しい青い湖を訪れたため，湖岸にはホテルが密集していた。湖の周辺にはさまざまな種類のホテルがたくさんあった。白く塗装された新しく豪華なホテルがあった。そして小さなペンション――ほんの数室しかない素朴で旧式のホテル――もあった。豪華なホテルには大きな窓のついた部屋がたくさんあり，屋根には旗がたなびいていた。ペンションはもっと小規模で，部屋数も少なかった。しかしながら，ヴヴェイにある豪華なホテルの1つは，古いが非常に快適であるために，ほかのホテルとは別格であった。このホテルの名はトロワ・クーロンヌといった。**❷**トロワ・クーロンヌはアメリカ人に大変人気があった。大勢のアメリカ人観光客が夏にヴヴェイを訪れ，彼らの多くがそこに滞在した。この時期になると，この町は美しいドレスを着たおしゃれな若い少女たちでいっぱいになった。夜になるとこのホテルでは，はしゃいだ声やにぎやかな音楽といった音が聞こえてきた。その声はアメリカふうのアクセントで，オーケストラはダンス音楽を奏でた。自分がアメリカにいると信じてしまいそうなほどだった！　しかしながら，トロワ・クーロンヌはヨーロッパのホテルで，ドイツ人の給仕係がいるし，庭に出れば，ロシアの公女やポーランド紳士の息子に遭遇するかもしれなかった。**❸**このホテルからの眺めはすばらしかった。大きな窓から，ダン・デュ・ミディ山の――高くて雪に覆われた山の頂上が見えた。シヨン城という，湖畔にそびえる古い城の塔も見えた。こういった全てのものが，自分がアメリカではなくスイスにいるのだということを思い出させてくれた。**❹**6月のある美しく晴れた朝，1人の若いアメリカ人紳士がトロワ・クーロンヌの庭園に腰を下ろしていた。彼は湖を一望する眺めを楽しんでいた。彼の名前はフレデリック・ウィンターボーンといい，その前日に，彼はジュネーブにある自宅からヴヴェイに到着した。ウィンターボーンは彼のおばに会いに来たのだった。彼女はその夏を過ごすためにヴヴェイに滞在していた。ウィンターボーンは27歳で，彼は何年もジュネーブで暮らしていた。彼にはたくさんの財産があり，働く必要はなかった。ウィンターボーンの友人らは，彼が研究に時間を費やしていると言っていた。だが，彼らは，ウィンターボーンが何をどこで勉強しているか知らなかったのだ！　ウィンターボーンはジュネーブに住む外国の老婦人と恋愛関係にあると言う人もいた。彼らは，それがその町に彼が滞在している理由だと言うのだった。5その1週間前，ウィンターボーンのおばのコステロ夫人が，トロワ・クーロンヌにやってきた。彼女がおいに，そこに自分を訪ねてくるよう頼んだのである。だが，この朝早く，彼女はウィンターボーンにメッセージを送り，彼女は体調がよくないと伝えた。彼女は頭が痛かった――ほぼ常に頭痛がしていたのだが――それで彼女はおいに会えなかった。そこでウィンターボーンは町を散策し，それからホテルで朝食をとった。彼は今，ホテルの庭園に座ってコーヒーを飲んでいるところだった。6ウィンターボーンがちょうどカップのコーヒーを飲み干したとき，小さな男の子が小道を歩いてやってきた。その男の子は9歳か10歳くらいで，青白い顔をしていた。彼は短いズボンをはき，赤い羊毛の長靴下をはいて，長い杖を持ち歩いていた。歩きながら，その男の子は目にするものは何でも――花や，椅子や，女性のロングドレスの裾までも――杖でつついていた。ウィンターボーンの近くまで来ると，男の子は立ち止まった。彼はウィンターボーンの前にあるテーブルの上のコーヒートレーを見た。7「お砂糖をもらってもいい？」と彼は尋ねた。彼はアメリカふうのアクセントで英語を話した。ウィンターボーンはそのトレーに目をやった。ボウルの中には角砂糖がいくつかあった。8「A いいよ，砂糖を食べても」と彼は答えた。「B でも，砂糖は小さい子にはあんまりよくないと思うけどね」9少年は角砂糖を2つポケットに入れ，3つ目は口に入れた。10「すごく固いや」と彼は言った。11「C 歯をケガしないようにね」とウィンターボーンは親切に言った。

問1＜英問英答＞1．「ヴヴェイの豪華なホテルについて正しくないことは何か」―3．「素朴で部屋数が少なかった」　第1段落第5文参照。これは小規模で旧式のペンションの説明である。　2．「トロワ・クーロンヌについて正しいことは何か」―1．「そこにはアメリカ人だけでなくほかの国々の人々も滞在していた」　第2段落最終文参照。　3．「トロワ・クーロンヌからは何が見えたか」―4．「湖の近くにある古城」　第3段落第3文参照。　4．「フレデリック・ウィンターボーンはどこから来たか」―4．「ジュネーブ」　第4段落第3文参照。ジュネーブにある自宅からヴヴェイに来た。　5．「フレデリック・ウィンターボーンについて正しいことは何か」―1．「彼は裕福な人物だった」　第4段落第7文参照。　6．「ウィンターボーンがおばに会わなかったのはなぜか」―4．「おばが病気になったから」　第5段落第4文参照。　7．「男の子はボウルから角砂糖をいくつ取ったか」―2．「3つ」　第9段落参照。

問2＜適文選択＞A．男の子から砂糖をもらっていいかと尋ねられて答えている部分なので，砂糖を取ってもよいと許可する3が適する。　B．少年に砂糖を取ることを許可した後につけ加える文として，砂糖は小さい子にはあまりよくないと警告する1が適する。　C．砂糖をかじってとても固いと言っている少年に親切心でかける言葉として，歯を傷めないようにと注意を促す2が適する。

4〔適語(句)選択〕

1．‘時間＋have/has passed since＋主語＋動詞…’「～してから…(時間)が過ぎた」の形。ネコが死んだのは過去の出来事なので，die「死ぬ」という動詞の過去形の died が適切。　die－died－died　「うちのネコが死んでから3年が過ぎた」

2．a few minutes ago「数分前」という過去の出来事を述べた文なので，過去形の arrived が適切。なお，このように‘過去の一時点’を表す語句があるときは，現在完了は使えない。　arrive－

arrived－arrived　「私の兄は数分前に駅に到着した」

3．hear of ～ で「～のことを聞く」。　「私の母は，私の成功のことを聞いて喜んだ」

4．動詞が goes という3人称単数現在形なので，単数扱いとなる each of ～「～のそれぞれ」が適切。　「そのクラスの生徒それぞれがバスで通学している」

5．'look＋形容詞' で「～に見える」を表す。　「タカシはとても幸せそうだった」

6．「ずっと～している」という '継続' を表す現在完了('have/has＋過去分詞')の文なので，「どのくらいの間」という '期間' を尋ねる際に用いる How long が適切。　「あなたはどのくらいの間，柏に住んでいるのですか」

5〔整序結合〕

1．This problem was「この問題は」で始める。「クラスの生徒には難しすぎて理解できなかった」は 'too ～ for … to ―'「…が〔にとって〕―するには～すぎる，～すぎて…は―できない」の形を使い，too difficult for students in the class to understand とまとめる。　This problem was too difficult for students in the class to understand.

2．This is the best guitar「これが一番良いギターです」が文の骨組み。「このお店で売られている中で」は，that を主格の関係代名詞として，sold を過去分詞として使い，'be＋過去分詞' の受け身形にして that is sold in this shop と並べる。　This is the best guitar that is sold in this shop.

3．The people were very kind「人々はとても親切だった」が文の骨組み。「この町で会った」は，目的格の関係代名詞を省略した '名詞＋主語＋動詞...' の形で we met in this town と表して people の後に置く。　The people we met in this town were very kind.

4．「～することができます」を「～することが可能だ」と読み換えて，'It is ～ to …'「…することは～だ」の形式主語構文で表す。It is で始め，'～' に possible「可能だ」，'…' に get「手に入れる」を当てはめる。その目的語となる「柏市のマップ」は a map of Kashiwa とする。at は「～で」と '場所' を表す前置詞として the station の前に置く。　It is possible to get a map of Kashiwa at the station.

5．主語は My father「私の父」で，「～する予定です」は is going to ～ と表す。「東京から大阪に行く」は，'leave *A* for *B*'「*B*に向かって*A*を発つ」の形を用いて leave Tokyo for Osaka と並べる。next は week の前に置いて「来週」とする。　My father is going to leave Tokyo for Osaka next week.

6．疑問文を目的語にして「～と思いますか」と尋ねるときは，'疑問詞＋do you think＋主語＋動詞...?' の語順となる。「行ってしまった」は 'have/has＋過去分詞' の現在完了('完了' 用法)で has gone と表す。　Where do you think our dog has gone ?

6〔長文読解―英問英答―対話文・手紙〕

≪全訳≫❶ポール(P)：やあ，ジョン。明日からの部活のトレーニング合宿の準備は終わった？**❷ジョン(J)**：うん。一緒に持ち物を確認しよう。**❸P**：いいよ。僕も準備は終わってるんだ。トレーニングウェア，練習試合用のシューズ，水筒と，ボールとグローブなんかを持っていかないといけないね。**❹J**：ボールとグローブ？　どうして？**❺P**：キャッチボールをするためだよ。**❻J**：関係ないことをすると叱られちゃうよ。ハリソン先生はやる気満々なんだから。あと，日光から身を守る帽子が必要なんじゃない？**7**P：忘れてたよ。ありがとう。それで全部だね。これで持ち物の荷づくりが終わったぞ。3日間のトレーニング合宿，楽しみだなあ！**8**J：おいおい，なんてこった…。君はトレーニング合宿に何をしにいくつもりなんだい，ポール？　ラケットを忘れてるよ！

<解説>1．「ポールとジョンは何部に所属しているか」―4．「テニス部」　第8段落参照。ラケットが必要なスポーツであるテニスだとわかる。　2．「ポールとジョンが話しているのが火曜日だとすると，このトレーニング合宿が終わるのはいつか」―3．「金曜日」　第1段落に，合宿は明日からとあり，第7段落にこの合宿は3日間続くとあるので，合宿は水曜日から金曜日まで行われることになる。

≪全訳≫電話メモ／宛先：エミリー・ブラウン／発信者：ジョン・スミス／受信者：エドワード・パーカー／時刻：2月5日(月)，午前9時35分／スミスさんから，今日の午後ロンドンに到着予定とのお電話がありました。当市に滞在中にあなたとウィリアムズ氏にお会いし，ミラノとローマの建設プロジェクトについてお話ししたいとのことです。彼はロンドンに向けて出発し，今週の水曜の朝にはパリに到着，そこで2日間仕事をされるそうです。スミス氏は別の仕事もしているためご多忙なので，彼の管理アシスタントのマリア・エバンズに電話して，いつスミス氏とお会いするか決めてください。彼女から彼に連絡してくれます。

<解説>3．「スミス氏はどこでブラウンさんと会いたがっているか」―1．「ロンドン」　本文第1，2文参照。　4．「2月7日の午後，スミス氏はどこにいるか」―4．「パリ」　この電話の受信日時は2月5日月曜日で，本文第3文には，水曜日，つまり2月7日の午前から2日間，パリにいるとある。　5．「スミス氏はブラウンさんに何をしてほしいか」―1．「マリア・エバンズに電話すること」　本文最後から2文目参照。

2024年度／流通経済大学付属柏高等学校（前期②）

数学解答

1 (1) 4
(2) イ…2　ウ…7　エ…1　オ…0
(3) カ…5　キ…1　ク…2
(4) ケ…9　コ…7
(5) サ…0　シ…8　ス…2
(6) セ…2　ソ…1　タ…5
(7) チ…3　ツ…2　テ…5　ト…4

2 (1) ア…1　イ…6　ウ…6　エ…2
オ…7　カ…8　キ…7　ク…7
(2) ケ…9　コ…5
(3) サ…2　シ…1　ス…6

3 (1) ア…2　イ…1　ウ…2　エ…2
オ…4
(2) カ…6　キ…2　ク…5

4 (1) ア…2　イ…6　ウ…5　エ…4
(2) オ…2　カ…3　キ…3　ク…4
ケ…3　コ…1　サ…3　シ…4
ス…1

5 (1) ア…1　イ…4
(2) ウ…4　エ…7
(3) オ…1　カ…3　キ…7

6 (1) ア…3　イ…2　ウ…1　エ…2
(2) オ…2　カ…2　キ…2　ク…2
(3) ケ…1　コ…2　サ…3　シ…2
(4) ス…2　セ…4　(5) 2

1〔独立小問集合題〕

(1)＜数の計算＞与式 $=-2\times(5-18\div6)=-2\times(5-3)=-2\times2=-4$

(2)＜数の計算＞与式 $=\dfrac{5}{4}\times\dfrac{12}{5}-\dfrac{3}{10}=\dfrac{5\times12}{4\times5}-\dfrac{3}{10}=3-\dfrac{3}{10}=\dfrac{30}{10}-\dfrac{3}{10}=\dfrac{27}{10}$

(3)＜数の計算＞与式 $=\sqrt{108\times54}-\sqrt{3^2\times2}=\sqrt{54^2\times2}-3\sqrt{2}=54\sqrt{2}-3\sqrt{2}=51\sqrt{2}$

(4)＜連立方程式＞$-2x+3y=39$……①，$7x-2y=-77$……②とする。①×2＋②×3より，$-4x+21x=78+(-231)$，$17x=-153$　$\therefore x=-9$　これを①に代入して，$-2\times(-9)+3y=39$，$3y=21$　$\therefore y=7$

(5)＜関数―変域，変化の割合＞関数 $y=2x^2$ は，x の絶対値が大きいほど y の値も大きくなる関数である。x の変域が $-1\leqq x\leqq2$ より，絶対値が最小の $x=0$ のとき，y の値は最小となり，$y=0$ である。絶対値が最大の $x=2$ のとき，y の値は最大となり，$y=2\times2^2=8$ である。よって，y の変域は $0\leqq y\leqq8$ となる。また，$x=-1$ のとき $y=2\times(-1)^2=2$，$x=2$ のとき $y=8$ だから，x の値が -1 から2まで増加するときの変化の割合は，$\dfrac{8-2}{2-(-1)}=\dfrac{6}{3}=2$ である。

(6)＜式の計算―因数分解＞$x-3=X$ とすると，与式 $=X^2-7X-60=(X+5)(X-12)$ となり，X をもとに戻して，与式 $=(x-3+5)(x-3-12)=(x+2)(x-15)$ である。

(7)＜二次方程式＞解の公式を利用して，$x=\dfrac{-2\pm\sqrt{2^2-4\times8\times(-15)}}{2\times8}=\dfrac{-2\pm\sqrt{484}}{16}=\dfrac{-2\pm22}{16}$ となるので，$x=\dfrac{-2-22}{16}=-\dfrac{3}{2}$，$x=\dfrac{-2+22}{16}=\dfrac{5}{4}$ である。

2〔独立小問集合題〕

(1)＜データの活用＞21人の点数だから，$21=10+1+10$ より，第1四分位数は，小さい方10人の中央値であり，5番目と6番目の平均となる。第1四分位数が50点なので，5番目と6番目の平均が50点となる。全員が異なる点数であることから，5番目は50点より小さく，6番目は50点より大きい。よって，50点以上の生徒は，$21-5=16$(人)いる。第2四分位数が62点だから，中央値は62点である。四分位範囲が28点より，第3四分位数から第1四分位数をひいた差が28点である。第1四分位数が50点だから，第３四分位数は，$50+28=78$(点)となる。第３四分位数は，大きい方10人の中央値だから，$11+5=16$(番目)と17番目の平均である。全員が異なる点数であるから，16番目は78点より小さく，17番目は78点より大きい。また，15番目と17番目の点数の差が３点より，16番目と17番目の点数の差は１点か２点である。16番目と17番目の点数の合計は $78\times2=156$(点)だから，16番目，17番目の点数として考えられるのは，$156=77+79$，$79-77=2$ より，16番目が77点，17番目が79点である。よって，16番目の生徒の点数は77点である。

(2)<**数量の計算**>８％の食塩水250g に含まれる食塩の量は $250\times\frac{8}{100}=20$(g)，12％の食塩水150g に含まれる食塩の量は $150\times\frac{12}{100}=18$(g)である。この２つの食塩水を混ぜ合わせたとき，$20+18=38$(g)の食塩を含む400g の食塩水ができるから，濃度は，$\frac{38}{400}\times100=9.5$(％)となる。

(3)<**空間図形―角度**>右図１のように，高さ４cm，底面の半径３cm の円錐の頂点をO，底面の中心をH，底面の周上の点をAとする。$\angle OHA=90°$ だから，△OAH で三平方の定理を利用して，$OA=\sqrt{AH^2+OH^2}=\sqrt{3^2+4^2}=\sqrt{25}=5$ となる。これより，円錐を展開すると，右図２のようになり，側面を展開したおうぎ形 OAA′ の半径は OA＝5 である。おうぎ形 OAA′ の中心角を x とすると，$\overset{\frown}{AA'}$ の長さと円Hの周の長さは等しいので，$2\pi\times5\times\frac{x}{360°}=2\pi\times3$ が成り立つ。よって，$\frac{x}{360°}=\frac{3}{5}$，$x=216°$ となるので，おうぎ形 OAA′ の中心角は216°である。

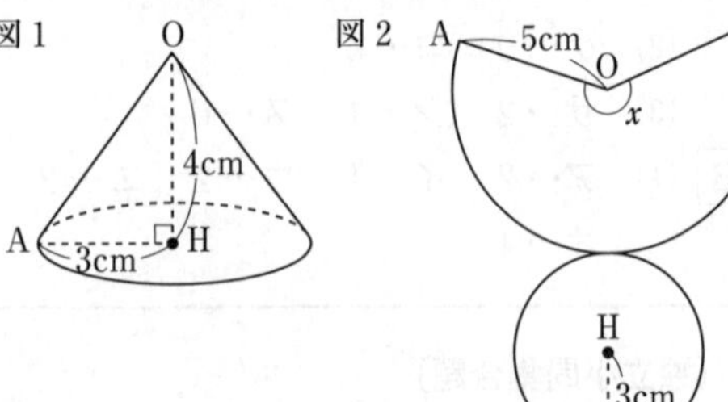

3 〔独立小問集合題〕

(1)<**場合の数**>右図のように４つの部分をア，イ，ウ，エとする。２色を使うとき，アとウ，イとエがそれぞれ同じ色となる。塗り方は，アとウが２色のうちの１色だから２通り，イとエが残り１色だから１通りあり，$2\times1=2$(通り)となる。次に，３色を使うとき，アとウ，もしくは，イとエが同じ色となる。アとウに同じ色を使う場合，塗り方は，アとウが３色のうちの１色だから３通り，イは残りが２色だから２通り，エは残りが１色だから１通りあり，$3\times2\times1=6$(通り)となる。イとエに同じ色を使う場合も同様に６通りあるので，３色使うときの塗り方は，$6+6=12$(通り)である。４色を使うとき，アは４色のうちの１色だから４通り，イは残りが３色だから３通り，ウは残りが２色だから２通り，エは残りが１色だから１通りあり，塗り方は，$4\times3\times2\times1=24$(通り)である。

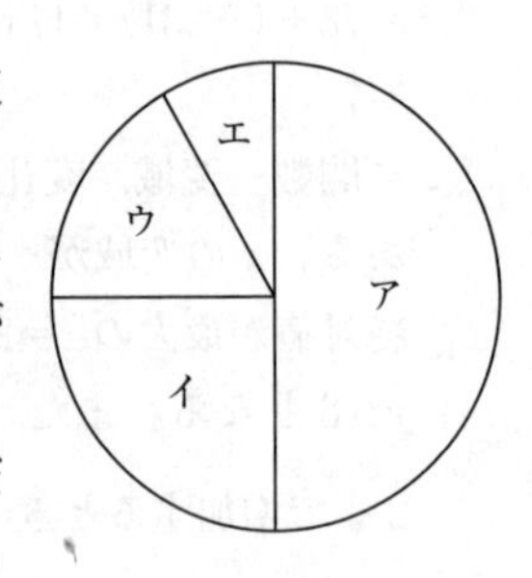

(2)<**確率―カード**>袋A，Bにはそれぞれ５枚のカードが入っているので，袋A，Bから１枚ずつカードを取り出すとき，取り出し方は，それぞれ５通りより，全部で，$5\times5=25$(通り)ある。このうち，取り出したカードの数の和が４の倍数になるのは，和が４，８になるときで，(袋A，袋B)＝(1, 3)，(2, 2)，(3, 1)，(3, 5)，(4, 4)，(5, 3)の６通りある。よって，求める確率は$\frac{6}{25}$である。

4 〔独立小問集合題〕

(1)<**平面図形―角度**>次ページの図１において，$\overset{\frown}{CD}$ に対する円周角より，$\angle CBD=\angle CAD=26°$ である。次に，△BCD において，内角の和より，$\angle BCD=180°-(\angle CBD+\angle BDC)=180°-(26°+53°)$

$=101^\circ$となる。また，△ACEにおいて，内角と外角の関係より，$\angle ACB=\angle CAD+\angle AEC=26^\circ+21^\circ=47^\circ$である。よって，$\angle ACD=\angle BCD-\angle ACB=101^\circ-47^\circ=54^\circ$となり，$\overset{\frown}{AD}$に対する円周角より，$\angle ABD=\angle ACD=54^\circ$である。

図1

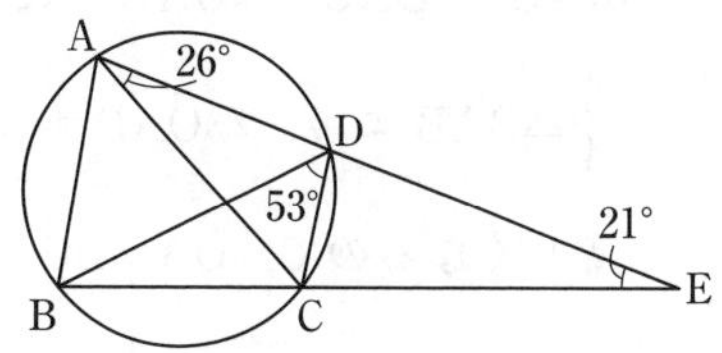

(2)＜**平面図形―長さの比，面積比**＞右下図2で，DG∥BFより，AG：GF＝AD：DB＝2：3である。また，DE＝ECだから，GF＝FCである。よって，AG：GF：FC＝2：3：3となる。次に，△ADG，△CDGの底辺をそれぞれAG，GCと見ると，高さが等しいので，面積比は底辺の比と等しくなり，△ADG：△CDG＝AG：GC＝2：(3＋3)＝1：3となる。これより，△CDG＝3△ADGである。また，DG∥BFより，△CDG∽△CEFであり，相似比はDC：EC＝2：1だから，面積比は△CDG：△CEF＝2^2：1^2＝4：1となる。したがって，△CEF＝$\frac{1}{4}$△CDG＝$\frac{1}{4}$×3△ADG＝$\frac{3}{4}$△ADGとなるので，△ADG：△CEF＝△ADG：$\frac{3}{4}$△ADG＝4：3である。さらに，△ADG∽△ABFであり，相似比はAD：AB＝2：(2＋3)＝2：5だから，△ADG：△ABF＝2^2：5^2＝4：25となり，△ABF＝$\frac{25}{4}$△ADGである。△ABF：△CBF＝AF：FC＝(2＋3)：3＝5：3だから，△CBF＝$\frac{3}{5}$△ABF＝$\frac{3}{5}$×$\frac{25}{4}$△ADG＝$\frac{15}{4}$△ADGとなり，△BEC＝△CBF－△CEF＝$\frac{15}{4}$△ADG－$\frac{3}{4}$△ADG＝3△ADGとなる。以上より，△ADG：△BEC＝△ADG：3△ADG＝1：3となる。△BEC：△CEF＝3△ADG：$\frac{3}{4}$△ADG＝4：1となるから，BE：EF＝4：1となる。

図2

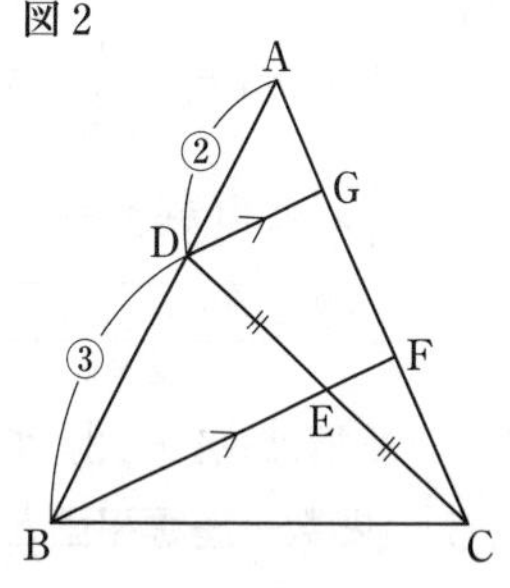

5 〔**関数―関数$y=ax^2$と一次関数のグラフ**〕

≪基本方針の決定≫(3)　△OAD＝△OACである。

(1)＜**比例定数**＞右図で，2点A，Bは放物線$y=ax^2$上の点で，x座標がそれぞれ－2，6だから，$y=a\times(-2)^2=4a$，$y=a\times6^2=36a$となり，A$(-2,\ 4a)$，B$(6,\ 36a)$と表される。直線lは2点A，Bを通るから，傾きは$\frac{36a-4a}{6-(-2)}=4a$となる。直線lの傾きは1なので，$4a=1$が成り立ち，$a=\frac{1}{4}$である。

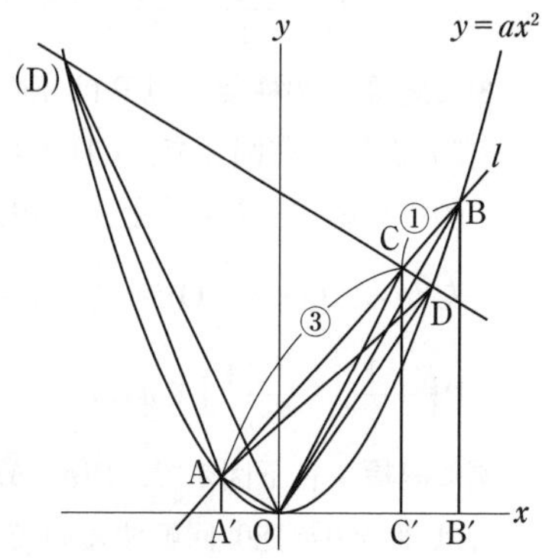

(2)＜**座標**＞右図で，(1)より，$a=\frac{1}{4}$だから，$4a=4\times\frac{1}{4}=1$，$36a=36\times\frac{1}{4}=9$となり，A$(-2,\ 1)$，B$(6,\ 9)$である。直線$l$の式を$y=x+k$とおくと，点Aを通ることより，$1=-2+k$，$k=3$となり，直線$l$の式は$y=x+3$である。3点A，C，Bから$x$軸に垂線を引き，交点をそれぞれA′，C′，B′とすると，AA′∥CC′∥BB′だから，A′C′：C′B′＝AC：CB＝3：1である。A′B′＝6－(－2)＝8だから，C′B′＝$\frac{1}{3+1}$A′B′＝$\frac{1}{4}$×8＝2となり，点Cのx座標は，6－2＝4となる。点Cは直線$y=x+3$上の点だから，$y=4+3=7$より，C$(4,\ 7)$となる。

(3)＜**x座標**＞右上図で，点Oと点Cを結ぶと，AC：CB＝3：1より，AC：AB＝3：(3＋1)＝3：4だ

から，△OAC：△OAB＝AC：AB＝3：4であり，△OAC＝$\frac{3}{4}$△OABである。よって，△OAD＝$\frac{3}{4}$△OABより，△OAD＝△OACとなる。△OADと△OACの底辺をOAと見ると，高さが等しくなるので，OA∥DCとなる。A(－2，1)より，直線OAの傾きは$\frac{0-1}{0-(-2)}=-\frac{1}{2}$だから，直線DCの傾きも$-\frac{1}{2}$となる。直線DCの式を$y=-\frac{1}{2}x+n$とおくと，C(4，7)を通ることより，$7=-\frac{1}{2}\times4+n$，$n=9$となり，直線DCの式は$y=-\frac{1}{2}x+9$となる。点Dは放物線$y=\frac{1}{4}x^2$と直線$y=-\frac{1}{2}x+9$の交点となるから，$\frac{1}{4}x^2=-\frac{1}{2}x+9$より，$x^2+2x-36=0$となり，$x=\frac{-2\pm\sqrt{2^2-4\times1\times(-36)}}{2\times1}=\frac{-2\pm\sqrt{148}}{2}=\frac{-2\pm2\sqrt{37}}{2}=-1\pm\sqrt{37}$となる。したがって，点Dの$x$座標は$-1\pm\sqrt{37}$である。

6 〔関数―座標平面と図形〕

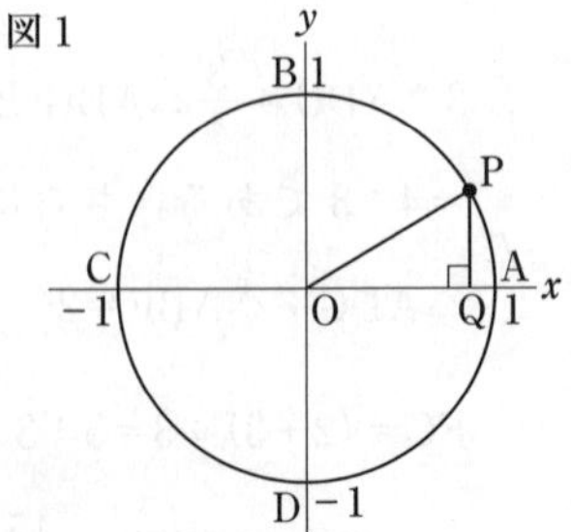

図1

(1)＜座標＞右図1のように，4点A，B，C，Dを定める。点Pは1秒につき30°回転するので，1秒後，点Pは30°回転し，$\overset{\frown}{AB}$上にあり，∠POA＝30°である。点Pからx軸に垂線PQを引くと，△POQは3辺の比が$1:2:\sqrt{3}$の直角三角形となるから，$OQ=\frac{\sqrt{3}}{2}OP=\frac{\sqrt{3}}{2}\times1=\frac{\sqrt{3}}{2}$，$PQ=\frac{1}{2}OP=\frac{1}{2}\times1=\frac{1}{2}$となり，$P\left(\frac{\sqrt{3}}{2},\ \frac{1}{2}\right)$である。

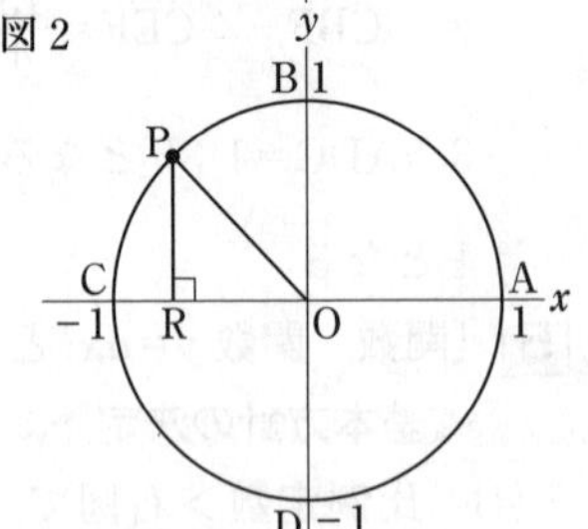

図2

(2)＜座標＞4.5秒後，点Pは30°×4.5＝135°回転するから，右図2で，$\overset{\frown}{BC}$上にあり，∠POA＝135°である。点Pからx軸に垂線PRを引くと，∠POR＝180°－∠POA＝180°－135°＝45°だから，△PORは直角二等辺三角形であり，$OR=PR=\frac{1}{\sqrt{2}}OP=\frac{1}{\sqrt{2}}\times1=\frac{\sqrt{2}}{2}$となる。よって，$P\left(-\frac{\sqrt{2}}{2},\ \frac{\sqrt{2}}{2}\right)$である。

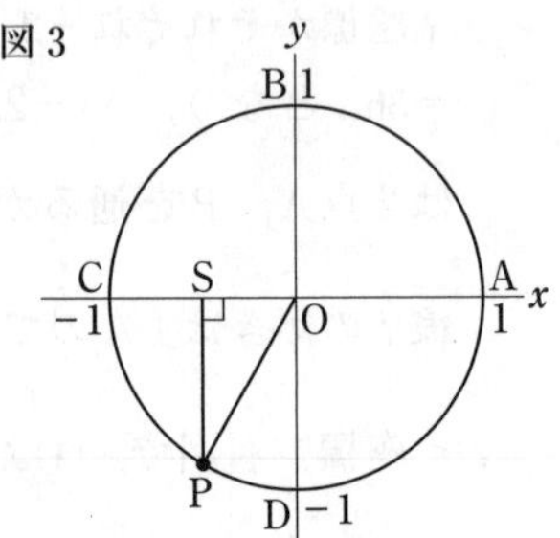

図3

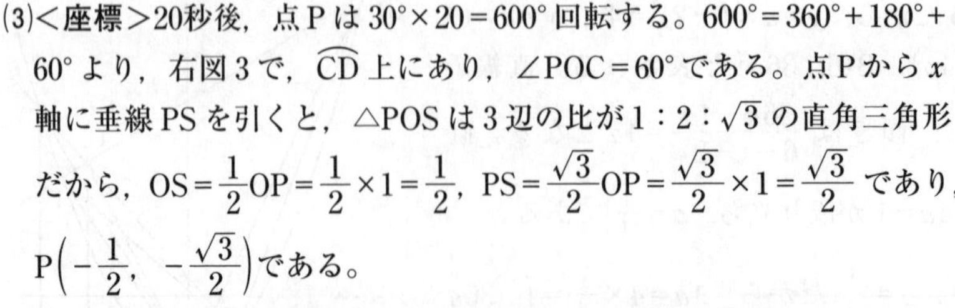

(3)＜座標＞20秒後，点Pは30°×20＝600°回転する。600°＝360°＋180°＋60°より，右図3で，$\overset{\frown}{CD}$上にあり，∠POC＝60°である。点Pからx軸に垂線PSを引くと，△POSは3辺の比が$1:2:\sqrt{3}$の直角三角形だから，$OS=\frac{1}{2}OP=\frac{1}{2}\times1=\frac{1}{2}$，$PS=\frac{\sqrt{3}}{2}OP=\frac{\sqrt{3}}{2}\times1=\frac{\sqrt{3}}{2}$であり，$P\left(-\frac{1}{2},\ -\frac{\sqrt{3}}{2}\right)$である。

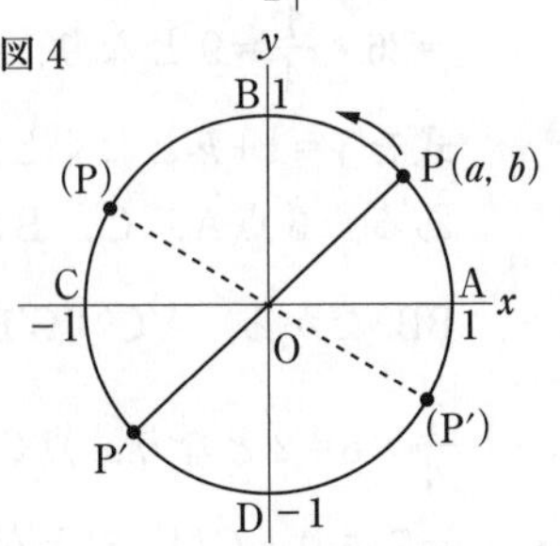

図4

(4)＜座標＞右下図4で，P(a，b)の6秒後の点をP′とする。6秒後，点Pは30°×6＝180°回転するので，点P′は，点Pと原点Oについて対称な点となる。これより，点P′のx座標，y座標は，それぞれ，点Pのx座標，y座標の符号を逆にしたものとなるから，P′($-a$，$-b$)である。

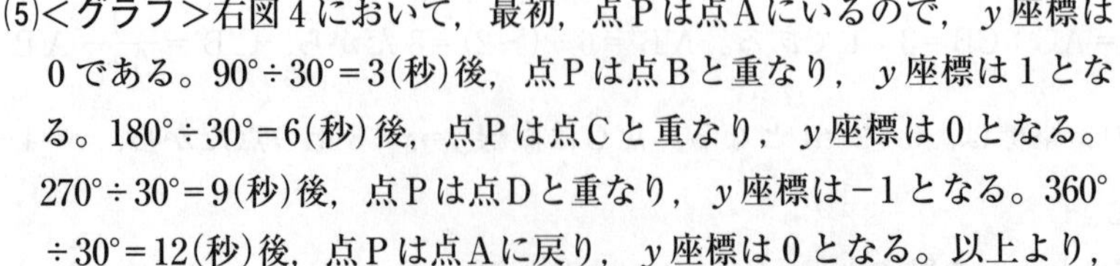

(5)＜グラフ＞右図4において，最初，点Pは点Aにいるので，y座標は0である。90°÷30°＝3(秒)後，点Pは点Bと重なり，y座標は1となる。180°÷30°＝6(秒)後，点Pは点Cと重なり，y座標は0となる。270°÷30°＝9(秒)後，点Pは点Dと重なり，y座標は－1となる。360°÷30°＝12(秒)後，点Pは点Aに戻り，y座標は0となる。以上より，グラフは2となる。

国語解答

一	1 オ	2 ウ	3 エ	4 ア	5 イ	
二	問1 1…オ 2…ア 3…エ	問2 オ	問3 ウ	問4 イ	問5 エ	問6 オ
三	問1 エ	問2 ウ	問3 オ	問4 ア	問5 エ	問6 イ
	問7 イ	問8 ア				
四	問1 a…ア b…カ	問2 エ	問3 エ	問4 イ	問5 オ	問6 ウ
	問7 ウ	問8 ウ，キ				
五	問1 ウ	問2 エ	問3 ア	問4 イ	問5 ア	問6 オ

一〔漢字〕

1.「境内」と書く。アは「継(ぎ)」，イは「傾(き)」，ウは「係」，エは「怪(しい)」。　2.「提(げる)」と書く。アは「丁寧」，イは「露呈」，ウは「提出」，エは「低下」，オは「堤防」。　3.「検察」と書く。アは「研究」，イは「邪険」，ウは「貢献」，エは「点検」，オは「健闘」。　4.「蓄積」と書く。アは「含蓄」，イは「破竹」，ウは「建築」，エは「逐一」，オは「牧畜」。　5.「欺(く)」と書く。アは「虚構」，イは「詐欺」，ウは「偽装」，エは「背信」，オは「疑念」。

二〔国語の知識〕

問1＜熟語の構成＞1.「捕鯨」と「握手」は，下の字が上の字の目的語になっている熟語。　2.「出納」と「送迎」は，反対の意味の字を組み合わせた熟語。　3.「水圧」と「海底」は，上の字と下の字が修飾－被修飾の関係になっている熟語。

問2＜四字熟語＞「荒唐無稽」は，根拠のないでたらめで，現実味がないこと。

問3＜ことばの単位＞「メロスは／激怒した。／必ず，／かの／邪智暴虐の／王を／除かなければ／ならぬと／決意した。」と分けられる。

問4＜敬語＞アは，お客に対してなので，尊敬語「ご使用になれません」などが適切。ウは，相手の動作なので，尊敬語「おっしゃいました」などが適切。エは，身内の動作なので，謙譲語「お電話申し上げる」などが適切。オは，教授の動作なので，尊敬語「いらっしゃいますか」などが適切。

問5＜品詞＞「来ない」と「知らない」の「ない」は，助動詞。「おぼつかない」の「ない」は，形容詞の一部。「記憶にない」と「易しくない」と「寒くない」の「ない」は，形容詞。

問6＜品詞＞「私のだ」と「彼のなら」の「の」は，体言のはたらきをする格助詞。「秋の夕暮れ」と「彼の言葉」の「の」は，連体修飾語をつくる格助詞。「私の好きな色」の「の」は，部分の主語を示す格助詞。「行くの行かないのと迷う」の「の」は，並立の関係を表す格助詞。

三〔論説文の読解─哲学的分野─人生〕出典：竹田青嗣『愚か者の哲学』。

≪本文の概要≫失恋は，生の可能性と意味が消失することで，世界を失う経験である。恋の可能性をつかむとき，人は，自分がこの世に生まれてきて生きている理由を初めて理解する。しかし，恋愛は，もっと複雑である。失恋することは神に近くなることだと，言った人もいた。失恋することで，恋の始まり以上に，世界の秘密がわかる。失恋により，人は，生きるよすがを失ってもがき苦しみ，周りの全てに攻撃性を向けるが，その後にそれら全てが無意味であることを知る。このとことん絶望するという人間的能力が，深く失恋した人間に世界の意味を教える。失恋の悲しみは過酷で，「あの人」を失うだけでなく，自分の価値も世界の意味も消え失せ，いっさいが無意味になる。そのとき，人は，当たり前の秩序が何らかの生きる意味や希望によって支えられていたことに初めて気づき，生の意味と理由を理解することになる。失恋を深く経験した人は，生のある秘密をつかみ，人間の悲しみや苦しみの内実について，ある知恵を持つのである。

問１＜文章内容＞敦忠の歌は，あなたに会ってからの恋しい気持ちに比べれば，昔はものを思ってなどいなかったなあという内容。人は，恋に落ちると，「世界が情動やエロスや意味の世界だった」ことに初めて気づき，その「深さと味わい」に驚くのである。

問２＜文章内容＞「失恋することは神に近くなることだ」という言葉を「なるほど」と思えるのは，「激しい失恋をする」と「世界がどういうふうに作られているかその秘密」がわかるからである。失恋の絶望から生きる「浮力」を取り戻したとき，人は，「生の意味と理由を理解する」のである。

問３＜文章内容＞失恋をすると，「無意味」だけが残される。しかし，「失恋の思い」が深く沈んで「絶望の水底」に突き当たると，人は，「もう一度生きることに向けて生の欲望の浮力を取り戻す」ことになる。

問４＜文章内容＞失恋すると，「『あの人』を失う」うえに(エ…○)，「自分の人間としての価値それ自体が否定されるように感じる」ことになる(イ…○)。世界が意味の中心を失うことで，「日常の明確な輪郭線」をなくし(オ…○)，「自分の価値も世界の意味」も消え失せ，「時間が進むこと」にさえ「それまでの自明の意味」がなくなって，「一切が無意味になる」のである(ウ…○)。

問５＜語句＞「秩序」は，物事の正しい順序や筋道のこと，またそれらが整った状態であること。その対義語は，物事が入り交じって区別も筋道もつかない状態をいう「混沌」。

問６＜文章内容＞失恋をすると，「一切の可能性と意味を失って世界はこなごなに壊れ」てしまう。しかし，「そのバラバラになった世界の断片を拾い集め」ていくうちに，「世界というものが，そのつどの希望や欲望や可能性によってその網の目の繋がりを保っていたこと」がわかってくる。

問７＜文章内容＞失恋して「とことん絶望する」なら，そこから「生きようとする自分の浮力」を取り戻すことができる。しかし，「ルサンチマンの魔の手」に引っかかると，人は，「怒りや憎しみや自己嫌悪といった感情を理由にして生きてゆく」ことになる。

問８＜文章内容＞失恋して，男と女がどういう存在なのかを知るだけの人もいる。しかし，深い失恋によって，「世界というものが，そのつどの希望や欲望や可能性によってその網の目の繋がりを保っていたこと」を知り，「生の意味と理由を理解する」人もいる。その人は，「生のある秘密」をつかみ，「人間の悲しみや苦しみの内実」について「ある知恵」を持つのである。

四〔小説の読解〕出典：庄野潤三『夕べの雲』「ピアノの上」。

問１＜慣用句＞a.「相槌を打つ」は，相手の話に調子を合わせてうなずく，という意味。　b.「割に合わない」は，苦労しただけの利益が得られない，という意味。

問２＜文章内容＞晴子も遊んでいるときはあるというつもりで言った「ぼくらと野球やったよ」という言葉は，「晴子が入らないと，試合が出来ないからでしょう」という言葉を引き出した。さらに，細君は，晴子が他にも，お風呂をたいたり，買い物に行ったり，アイロンかけをしたり，学校の園芸部の水やりに行ったりと，非常に多くの貢献をしていると言った。それは事実なので，安雄と正次郎は，何も言えなくなり，余計なことを言ったと後悔した。

問３＜文章内容＞夫婦にとっては，温泉の名前がどうであっても「変りはない」わけで，二人は，晴子が「無事に一日の予定を終えて，その日の宿泊地に着いてくれれば」それでよいと思っていた。

問４＜文章内容＞「縫いぐるみの虎」は，「まだ子供たちが小さかった頃」には取り合いになっていたが，今では取り合いから「解放されて」いて，子どもたちと一緒に寝る必要はもうない。

問５＜心情＞「いつも晴子が学校へ行っている時」とも，部屋の中は「少しも違ってはいない」のに，大浦は，晴子が旅行で不在の今，「ふだんの部屋の空気と違って」いると感じた。そう感じるほど，大浦にとって晴子の存在は，大きいのである。

問6＜文章内容＞一番下の正次郎の新しい机が入ってみると，「晴子の机がいかにも見すぼらしく」見えた。「背がいちばん高くて，実際にいちばんよく勉強机を使う者が，兄弟の中でいちばん古くて，小さな机にいる」ことになり，「矛盾しているように見える」が，年齢順なのでしかたがない。

問7＜文章内容＞晴子の机が「目立たない様子でそこにある」ことで，部屋全体の雰囲気は落ち着きと調和のあるものになっている。部屋の主である晴子の性格が，そこにとけ込んでいる「古机」とともに部屋の雰囲気をつくっているように，大浦には感じられたのだろう。

問8＜文章内容＞安雄は，晴子が修学旅行に行っていることを「調子いい」と言い，晴子が家事など多くのことをしていたことを考えずに，羨ましがる(ア・エ…○)。また，宿題の数学の問題集を「結局三ページやっただけで授業が始まって」しまっている(カ…○)。さらに，安雄は，家の中の不要な物を「何でも片っぱしから貰(もら)って，自分の物にしてしまう」性質があり(イ…○)，そうして集めた物をきちんと片づけようとしないのであり(ク…○)，全体に幼い感じがする(オ…○)。

五〔古文の読解─物語〕出典：『伊勢物語』六十／〔和歌の鑑賞〕出典：『新古今和歌集』。

≪現代語訳≫Ⅰ．昔，男がいた。宮廷勤めが忙しく，(男が)愛情を注がなかったので妻は，誠実に愛そうと言ってきた別の男に従って，その人の国へ行ってしまった。この男が，宇佐の使いで行ったときに，(元の妻は)とある国の接待を行う役人の妻になっていると聞いて，「妻にお酌させろ。そうでなければ酒は飲まないぞ」と言ったので，妻がお酌をしようとしたところ，(男は)酒のつまみとして出された橘(たちばな)を手に取って，／五月を待って咲く橘の花の香りを嗅ぐと，昔親しんでいた人の袖の香りが香ってくる／とよんだの(を聞いて，女は，以前のこと)を思い出して，(恥じて，)尼になって山にこもったのだった。／Ⅱ．橘の花の香りがする辺りでうたた寝をすると，夢の中であっても昔親しんだ人の袖の香りがすることだ。

問1＜古典の知識＞旧暦の月の異名は，一月から順に，睦月，如月，弥生，卯月，皐月，水無月，文月，葉月，長月，神無月，霜月，師走となる。「さつき」は，五月。

問2＜和歌の内容理解＞男は，酒のつまみとして出された橘を手に取って，橘の香りを嗅ぐと昔親しんだ人の袖の香りがする，とよんだ。

問3＜和歌の内容理解＞橘の花の香りを嗅ぐと昔親しんだ人の「袖の香」がする，という歌から，生徒は，橘の花の香りと「袖の香」の関係に疑問を持った。生徒の質問に，教師は「平安時代の貴族は男性も女性も衣に香を焚(た)きしめるという風習があった」と説明している。

問4＜和歌の内容理解＞「テレビを点けながら眠ると，テレビの内容が夢に出てきてしまう」ことがあるように，橘の香りがする場所でうたた寝をしていると，夢の中でもその香りが出てきた，つまり，橘の花の香りを袖に焚きしめていた人が出てきた，とよまれているのである。

問5＜和歌の内容理解＞「さつき待つ～」の歌でも，「橘の～」の歌でも，橘の香りは「むかし(昔)」のことを思い出させるものになっている。

問6＜和歌の内容理解＞Ⅰ・Ⅱの歌は，橘の香りで過去を思い出すという内容だが，「雨そそく～」の歌は，雨の降りかかる花橘に風が吹くとき，雲の上で山郭公が鳴いている，という内容で，橘が過去を想起させることは特にはよまれていない。「尋ぬべき～」の歌は，訪ねようと思う人はそこにはもうおらず，軒先も古びた古里に，庭の橘がその人の袖の香りかというように匂っている，という意味。「時鳥～」の歌は，ほととぎすが花橘の香りを求めて鳴くのは，昔の人が恋しいからだろうか，という意味。「今年より～」の歌は，今年から咲き始めた橘がどうして昔の人の袖の香りに匂うのだろうか，という意味。「たれかまた～」の歌は，(私が花橘の香りで昔の人のことを思い出すように，)私の死後，誰かが花橘の香りをかいで私のことを思い出すのだろうか，という意味。

Memo

2023年度 流通経済大学付属柏高等学校(前期①)

【英　語】(50分)〈満点：100点〉

■リスニングテストの音声は，当社ホームページで聴くことができます。(当社による録音です)
再生に必要なユーザー名とアクセスコードは「収録内容一覧」のページに掲載しています。

1 放送を聞いて答えなさい。

1．1．At the bus station.
　2．At the train station.
　3．At the restaurant.
　4．On the top of a mountain.

2．1．Because he wants to spend time with Patty's children.
　2．Because he can relax on the train.
　3．Because he is afraid he will fall a sleep in the car.
　4．Because he can have lunch on the train.

****

3．1．Because they wanted Jean to have a beautiful life.
　2．Because they wanted Jean to live in a new apartment.
　3．Because they wanted to build a new tall building.
　4．Because they wanted to clean the apartment.

4．1．1,500 dollars.　　2．50,000 dollars.
　3．500,000 dollars.　4．150,000 dollars.

5．1．A new apartment was built in front of the old apartment.
　2．Nothing was built in front of the old apartment.
　3．A new tall building was built in front of the old apartment.
　4．A building named East 60th was built in front of the old apartment.

※<**放送問題原稿**>は英語の問題の終わりに付けてあります。

2 次の英文を読んで後の問いに答えなさい。(*印の語は(注)を参考にすること)

It is the year 1796, and the people of France (1) hungry. Of course, the rich people are not. They have food, they have warm clothes, and they have beautiful houses.

Jean Valjean is one of the poor people. He is a young man, big, strong, and a good worker — but he has no ①work, he cannot find work, and he is hungry. He lives with his sister in the village of Brie. Her husband is dead, and she has seven children. It is a cold winter, and there is no food in the house. No bread, nothing — and seven children!

Jean Valjean is a good man. He is not a *thief. But how can a man just (2) there, when his sister's children cry all night because they are hungry? What can a man do? He leaves his house at night, and goes down the village street. He puts his hand through the window of the *bakery — crash! — he takes a loaf of bread, and he runs. He runs fast, but other people run faster.

France is not kind to poor people. France sends Jean Valjean to *prison for five years. After four years he *escapes. They find him, and bring him back. They give him six more years.

Once again, he escapes, and two days later, they find him. And they give him (3) eight years. Nineteen years in prison — ②for a loaf of bread!

In 1815, when he leaves prison, Jean Valjean is a different man. Prison changes people. Years of *misery, years of *back-breaking work, and years of *cruel prison *guards change a man. Once there was love in Jean Valjean's heart. But now, there here is only (ア).

One evening in October, in the year 1815, there was a knock on the door of the *Bishop of Digne's house. "Come in," said the bishop. The bishop was a kind man; everyone in the town of Digne knew that. Poor people, hungry people, and *miserable people — they all came to the door of the bishop's house. The bishop's sister looked at ③the man at the door that night, and she was afraid. "Look at him!" she *whispered to the bishop. "He is a big man, and a dangerous one. He carries a yellow card, so he was once a prisoner — a bad man."

But the bishop did not listen. "Come in, my friend," he said to the man at the door. "Come in. You must eat dinner with us, and sleep in a warm bed tonight." The man *stared (4) the bishop. "My name is Jean Valjean," he said. "I was a prisoner in Toulon for nineteen years. Here is my yellow card, see? When people see me, they shut their doors — but not you. ④Why not?"
"Because, my friend, in the eyes of God you are my brother," said the bishop, and he smiled. "So, come in, and sit by our *fire." The bishop turned to his sister. "Now, sister, our friend Jean Valjean needs a good dinner. Bring out the silver dinner *plates. It's a special night tonight."

"Not the silver plates!" whispered the bishop's sister. Her eyes went quickly to Jean Valjean, then back to the bishop's face. "Yes, the silver plates," said the bishop. "And the silver *candlesticks too. The church has these beautiful things, but they are for our visitors. And our visitor tonight must be (5) only the best."

And so Jean Valjean sat down with the bishop and his sister and ate from silver plates. He ate hungrily — ⑤it was his first good meal for weeks. "You're a good man," he said to the bishop. "Perhaps the only good man in France."

But Valjean could not take his eyes away from the silver plates. After the meal, the bishop's sister put the silver plates away, and Valjean's eyes watched. He saw the place, and he remembered it. In the night, in his warm bed in the bishop's house, he thought about the plates. They were big, and heavy — so much silver in them! "I can sell those plates," he thought. "For just one of them, I can eat well for months!" Nineteen years in prison is a long time, and nineteen hard years change a man.

（注） thief：泥棒　bakery：パン屋　prison：刑務所　escape：逃げる
misery：悲惨・苦難　back-breaking work：骨の折れる仕事
cruel：残酷な・冷酷な　guard：守衛・監視人　bishop：司教・聖職者
miserable：不幸な　whisper：ささやく　stare：じっと見る
fire：暖炉　plate：皿　candlestick：ろうそく立て

問1　(　)内に入るものをそれぞれ選びなさい。

（1）：1 is　2 are　3 was　4 being
（2）：1 sit　2 sitting　3 is sitting　4 are sitting
（3）：1 much　2 better　3 many　4 another
（4）：1 at　2 during　3 while　4 when
（5）：1 give　2 giving　3 given　4 gives

問2　下線部①と同じ意味の work を下の選択肢から1つ選びなさい。
1．I borrowed many good works from the library.
2．Their works were famous for teens.
3．He gave this painter's work to his friend.
4．She has a lot of work to do at her office.

問3　下線部②の意味として最も適切なものを下の選択肢から1つ選びなさい。
1．一斤(いっきん)のパンで　　2．食べかけのパンで
3．作りかけのパンで　　4．腐りかけたパンで

問4　空所(ア)に入る語句として最も適切なものを下の選択肢から1つ選びなさい。
1．hate　　2．love　　3．kindness　　4．happiness

問5　下線部③の人物として最も適切なものを選択肢から1つ選びなさい。
1．the Bishop
2．the man living in the town of Digne
3．Jean Valjean
4．a guard

問6　下線部④の意味として最も適切なものを下の選択肢から1つ選びなさい。
1．どうして部屋の中に入ってこないのか。
2．どうして私に食事を与えてくれるのか。
3．どうして私を兄弟として扱うのか。
4．どうして私を見てドアを閉めないのか。

問7　下線部⑤の表現として最も適切なものを下の選択肢から1つ選びなさい。
1．he never had a good meal for weeks.
2．he ate a good meal for the first time.
3．he was not hungry for weeks.
4．he never ate a good meal for a week.

問8　次の英文の下線部に入るものとして最も適切なものを1つ選びなさい。
1．Jean Valjean stole a loaf of bread because he wanted ________.
　1．to give it to his children
　2．to enjoy it himself
　3．to support his sister
　4．to work harder than usual
2．The life in prison ________.
　1．made Jean Valjean different
　2．made Jean Valjean kind
　3．made Jean Valjean afraid
　4．made Jean Valjean better
3．This story is about ________.
　1．the good side of France
　2．a miserable situation of a man
　3．a story of seven children
　4．a wonderful story of a rich man

3 次の英文を読んで，後の問いに対する答えとして最も適切なものを選びなさい。（＊印の語は（注）を参考にすること）

Air contains many gases, but two important ones are O_2 and CO_2. Plants take air into their leaves. They use the *carbon in the CO_2 for food — the O_2 goes back into the air. Animals (and of course people) use the O_2 and *breathe out CO_2. So, plants and animals help each other to live and grow.

Burning uses O_2 and produces CO_2. Long ago, people learned to make fires to cook their food and to keep ①<u>themselves</u> warm. This did not produce enough CO_2 to hurt anybody. Later, people built factories. The factories burned coal or oil. New towns grew up around the factories, with shops, schools and houses for the workers. Everybody burned coal. The fires did not burn cleanly; they produced a lot of smoke and *soot. If you stood on a hill and looked down at a town, you saw hundreds of *chimneys with dirty grey smoke. The soot from the smoke *blackened the buildings in the towns, and many trees died. People *coughed because of the sooty air. Every winter, many old people and children died from breathing problems. Every year there were terrible *fogs. A writer lived in Manchester, and the air was badly polluted. He wrote, "Every morning I wake up and hear the birds — coughing!" Then, in the 1950s, new Clean Air laws in Britain said that people must not burn wood, or *ordinary, 'dirty' coal in their houses, but burn special, 'clean' coal. And factories must have tall chimneys to send the smoke, gases and soot up into the sky and away from the town. Soon the air in the towns was safer to breathe. People cleaned the soot off their buildings — and they stayed clean. But that was only part of the story. Where did the smoke and gases go?

All burning produces smoke and gases; but burning *petrol also produces a heavy grey metal called *lead. To burn petrol well, the oil producers started putting lead in petrol many years ago. Cars burn the petrol, and send out the waste gases. Every year we send out 450,000 tons of lead into the air, all over the world. Half of this lead comes from the waste gases of traffic. Lead is a *poison. You can breathe it in; you can take it in through food or water, and it stays inside, slowly poisoning you. Children living in a high lead area grow slower than other children. And too much lead can kill. *Unleaded petrol — petrol with less lead, or no lead — helps to control air *pollution. In developed countries, there are laws against 'dirty' cars, and hundreds of millions of cars burn unleaded petrol. In many developed countries, *garages sell unleaded petrol more cheaply than ordinary leaded petrol; and most new cars cannot use leaded petrol. Clean Air laws and unleaded petrol have helped to clean up *smog. And in many places, special laws keep traffic out of town centers. That is helpful too. But many developing countries have too much lead in their air because their petrol still contains a lot of lead. No laws stop oil producers from selling people heavily leaded petrol. No laws stop anybody from selling them cars which burn leaded petrol. And no laws tell drivers to clean up the waste gases of their dirty, smelly, *wasteful cars.

（注） carbon：炭素　breathe out：息を吐き出す　soot：すす・煤煙（ばいえん）
chimney：煙突　blacken：（～を）黒くする・汚す　cough：咳をする
fog：（濃い）霧　ordinary：普通の　petrol：ガソリン
lead：鉛・加鉛の　poison：毒　unleaded：無鉛の
pollution：汚染・公害　garage：ガソリンスタンド　smog：スモッグ・煙
wasteful：無駄な

1. Which sentence best expresses the relationship between plants and humans?
  1. Plants have to help more than humans do.
  2. Humans have to help more than plants do.
  3. Plants and humans depend on each other.
  4. Plants and humans hate each other.

2. What does "① themselves" mean?
  1. Fires.　　2. People.
  3. O_2 and CO_2.　　4. Factories.

3. What did factories burn when they polluted the air? Choose TWO answers.
  1. They burned tools.
  2. They burned oil.
  3. They burned machines.
  4. They burned coal.
  5. They burned water.

4. Why does the author show a writer in Manchester?
  1. To explain that the birds were angry.
  2. To explain that the birds were happy with the blackened world.
  3. To explain how badly polluted the air was.
  4. To explain that the birds could speak.

5. What could people burn under new Clean Air laws in Britain in the 1950s?
  1. Special and clean coal.
  2. Wood.
  3. Dirty coal in houses.
  4. Natural gas.

6. Which is NOT true of lead?
  1. Lead in food and water has no influence on people.
  2. Lead helps to burn petrol well.
  3. The use of lead can be dangerous for humans.
  4. Lead can be taken through something to eat.

7. Which is NOT true of how developed countries are trying to control air pollution?
  1. By selling unleaded petrol at a lower cost than leaded petrol.
  2. By selling leaded petrol more cheaply than unleaded petrol.
  3. By keeping traffic out of cities.
  4. By using cars that cannot use leaded petrol.

8. What happened because of the smoke and soot from factories? Choose TWO answers.
  1. People got happier.
  2. The sky became clearer.
  3. Many trees were killed.
  4. Many people began to cough.
  5. The sea became deeper.

4　次の英文の(　)内に入れるのに最も適した語句を，次の選択肢からそれぞれ選びなさい。

1．I have a daughter (　　) Cathy.

1　called　　2　is called　　3　was called　　4　has called

2．I heard your mother went to Europe when she (　　) very young.

1　has　　2　had　　3　is　　4　was

3．Many families go away to the city for two or three weeks (　　) the winter.

1　during　　2　when　　3　at　　4　while

4．He needs someone (　　　　) to move the box from his house.

1　strong to help　　2　strong to helps

3　help to strong　　4　helps to strong

5．We never know (　　) will happen in the future.

1　who　　2　how　　3　whose　　4　what

6．We are interested in (　　) the movie in the theater.

1　seeing　　2　to see　　3　see　　4　to seeing

5　日本文を参考にして正しい英文になるように(　)内の語を並べかえ，(　)内で3番目と6番目に来るものをそれぞれ選びなさい。(文頭に来る語も小文字で書かれています)

1．私が見つけた本の1つには，日本は質の良いアニメで有名だとあった。

One (1　books　　2　found　　3　I　　4　was　　5　Japan　　6　of　　7　showed　　8　the) famous for good animations.

2．強風で私の家の屋根が壊されてしまった。

The (1　broken　　2　by　　3　house　　4　my　　5　of　　6　roof　　7　strong　　8　the　　9　was) wind.

3．子どもは大人よりも早く第二言語を覚えられる。

Children (1　adults　　2　can　　3　learn　　4　languages　　5　more　　6　quickly　　7　second　　8　than).

4．この森に住むその男は，私たちの家族の一員である。

The man (1　a　　2　forest　　3　in　　4　is　　5　living　　6　member　　7　of　　8　our　　9　this) family.

5．サイトを作る前に，どのようなサイトにして欲しいか伝えてもらう必要がある。

You need to (1　how　　2　look　　3　me　　4　tell　　5　the　　6　to　　7　want　　8　website　　9　you) before I make it.

6．この国はもうすぐ高齢社会になるだろう。

(1　be　　2　before　　3　it　　4　long　　5　not　　6　this　　7　will) country becomes a society of the elderly.

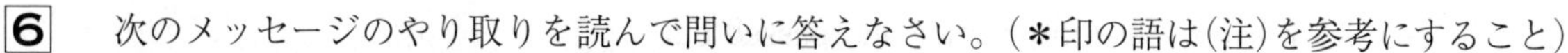

6 次のメッセージのやり取りを読んで問いに答えなさい。（＊印の語は(注)を参考にすること）

15:37

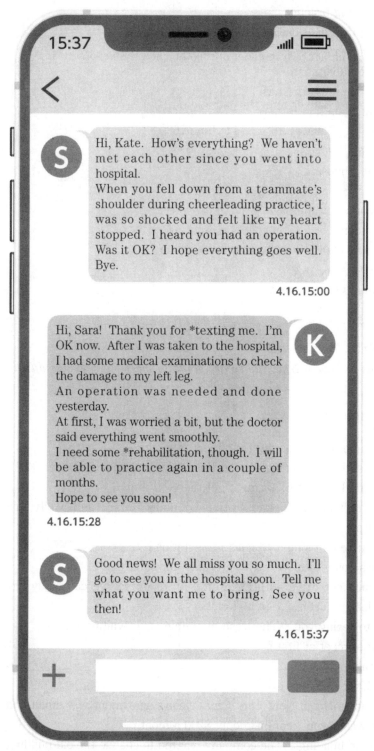

4.16.15:00 (S)
Hi, Kate. How's everything? We haven't met each other since you went into hospital.
When you fell down from a teammate's shoulder during cheerleading practice, I was so shocked and felt like my heart stopped. I heard you had an operation. Was it OK? I hope everything goes well. Bye.

4.16.15:28 (K)
Hi, Sara! Thank you for *texting me. I'm OK now. After I was taken to the hospital, I had some medical examinations to check the damage to my left leg.
An operation was needed and done yesterday.
At first, I was worried a bit, but the doctor said everything went smoothly.
I need some *rehabilitation, though. I will be able to practice again in a couple of months.
Hope to see you soon!

4.16.15:37 (S)
Good news! We all miss you so much. I'll go to see you in the hospital soon. Tell me what you want me to bring. See you then!

（注） text：～にメッセージを送る　　rehabilitation：リハビリテーション

1．Why did Kate go into hospital?

1．She fell down the steps when she was with Sara.

2．She felt sick during the club practice and passed out.
3．She got hurt during the cheerleading practice.
4．She hit her own shoulder during the cheerleading practice.

2．What must Kate do after the operation？
1．Cheerleading. 2．Rehabilitation.
3．Checking the damage. 4．Calling her friends.

3．When can Kate start cheerleading again？
1．February 16. 2．March 16. 3．May 16. 4．June 16.

4．Where will Kate and Sara meet？
1．At the gym. 2．At Kate's house.
3．At the hospital. 4．ROOM 203.

5．How will Kate reply to Sara's second text message？
1．Don't worry. You will be fine soon.
2．Thanks！ Would you record some club practice and show it to me？
3．OK, I will bring your uniform！
4．Good. Let's meet in front of the gym tomorrow.

＜放送問題原稿＞

1 次の対話を聞いて，1・2の質問に答えなさい。

Annie invites Rick and some friends to have a trip. They are going to meet their friends during their trip.

Rick ： Hi, Annie. It's Rick.
Annie： Good to hear from you, Rick.
Rick ： I just needed to know what time we're meeting for tomorrow's trip.
Annie： The train leaves at 7:45a.m., so I want to meet you at the Tokyo station at 7:30a.m.
Rick ： So early！ I'll have to leave my house at 6:30a.m. to get there on time.
Annie： If we miss the train, we won't get to Takao station by noon. Mark and Molly are expecting us to have lunch there.
Rick ： What about Bob？ Won't it take him longer to get to the station？
Annie： He's not taking the train；he's going to drive with Patty and her children.
Rick ： Well, I'd like to take the train, not drive with children. By doing so, we can enjoy the scenery, relax, and get some sleep.
Annie： I see. I'm looking forward to seeing you. The fresh mountain air is waiting for us.

1．Where are Rick and Annie going to meet at first？
2．Why does Rick want to take a train？

次の英文を聞いて，3～5の質問に答えなさい。

In 1986, Jean Herman lived in an apartment in New York City. Jean's apartment was small and old, but she liked it. The apartment was cheap；Jean paid only $200 a month.

One day a big company bought the old building. The company wanted to change the old building into a new tall building.

Some people from the company visited Jean. "We're going to take down this building," the people said to Jean. "So, you have to move. Here is $50,000. You can find a new apartment — a big, beautiful apartment."

"I don't want a new apartment," Jean said. "I like this apartment. I'm not going to move." Jean didn't take the money.

Since then the people came back with more money every day, but Jean didn't take their money. "I'm not going to move," Jean said. "Not for a million dollars. Not for ten million dollars. I like this apartment. It's my home."

All of Jean's neighbors in the old building moved, but not Jean. She didn't move, and at last the company decided not to take down the building. The company built a new tall building behind the old apartment.

Jean died in 1992, but now there is a unique tall building on East 60th Street in New York City. It was a big new building with an empty old one in front of it.

3. Why did some people from the company want Jean to move?

4. How much were people from the company going to pay Jean?

5. What was built after Jean's death?

【数　学】（50分）〈満点：100点〉

（注意）(1) 解答が分数の形で求められているときは，約分した形で答えること。

(2) 解答が比の形で求められているときは，最も簡単な整数の比で答えること。

(3) 問題の図は略図である。

全問とも，□の中に当てはまる数字を求めなさい。

1　次の問いに答えなさい。

(1) $\left(\frac{1}{4}\right)^3 \div \frac{1}{4} - \frac{1}{2}$ を計算すると，$-\frac{\boxed{ア}}{\boxed{イ}\boxed{ウ}}$ である。

(2) $\sqrt{10} \div \frac{3\sqrt{2}}{2} + \frac{\sqrt{5}}{3}$ を計算すると，$\sqrt{\boxed{エ}}$ である。

(3) $2x^2 - 10x - 28$ を因数分解すると $\boxed{オ}(x+\boxed{カ})(x-\boxed{キ})$ である。

(4) $x = \frac{\sqrt{3}+1}{2}$，$y = \frac{\sqrt{3}-1}{2}$ のとき，$x^2 + 2xy + y^2$ の値を求めると $\boxed{ク}$ である。

(5) n を整数とするとき，$-2 < n < \sqrt{50}$ を満たす n は全部で $\boxed{ケ}$ 個ある。

(6) 連立方程式 $\begin{cases} 3x + y = 20 \\ 4x - \frac{1}{2}y = 1 \end{cases}$ を解くと，$x = \boxed{コ}$，$y = \boxed{サ}\boxed{シ}$ である。

(7) 2次方程式 $x^2 - 6x + 7 = 0$ を解くと，$x = \boxed{ス} \pm \sqrt{\boxed{セ}}$ である。

(8) 右の図の円すいは底面の半径が3 cm，母線の長さは12cm である。この円すいの展開図のおうぎ形の中心角は $\boxed{ソ}\boxed{タ}$° である。

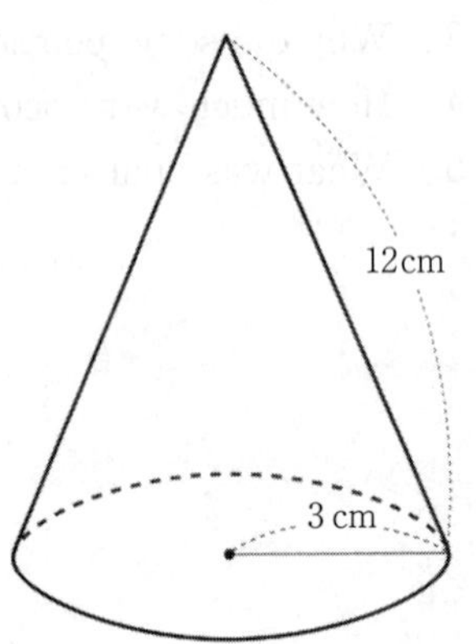

2　次の問いに答えなさい。

(1) 下の図は，あるクラス40人の生徒が受けた英語，国語，数学のテストについて，その得点を箱ひげ図に表したものである。

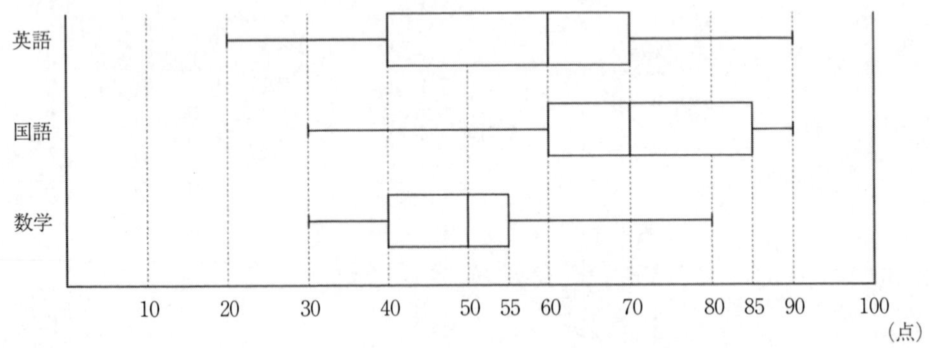

(i) 英語の第1四分位数は $\boxed{ア}\boxed{イ}$（点）で，四分位範囲は $\boxed{ウ}\boxed{エ}$（点）である。

(ii) 以下の3つの文章を読んで，正しいと言えるときは0，正しいと言えないときは1をマークせよ。

・国語は70点の生徒が必ずいる。$\boxed{オ}$

・英語と国語は最高得点が同じなので，得点の平均点も必ず等しくなる。$\boxed{カ}$

・70点以上80点未満の生徒が最も多い教科は，図の資料では読み解くことができない。$\boxed{キ}$

(2) (i) ある宝石Aの価格は重さに比例する。価格が50000円のこの宝石Aを2つに割ったところ，その重さの比は1：3であった。軽い方の価格は クケコサシ 円である。

(ii) ある宝石Bの価格は重さの3乗に比例する。価格が900000円のこの宝石Bを2つに割ってしまい，その重さの比は1：2になった。割れた2つの宝石Bの価格の合計は スセソタチツ 円である。

3 図のように，正六角形ABCDEFがある。点P，Qは正六角形ABCDEFの頂点を順に移動する。

はじめ点Pは頂点A上に，点Qは頂点D上にある。大小2つのさいころを投げ，点Pは大きいさいころの出た目の分だけ，点Qは小さいさいころの出た目の分だけ，それぞれ左回りに頂点上を移動するものとする。

例えば，大きいさいころの目が2，小さいさいころの目が4であったとき，点Pは頂点Cに，点Qは頂点Bに移動することになる。

大小2つのさいころを同時に1回投げたとき，次の問いに答えなさい。

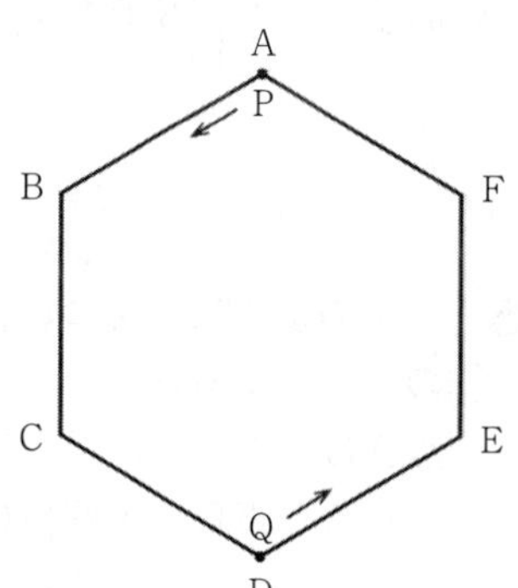

(1) 移動後の点Pと点Qが同じ頂点上にくる確率は $\frac{ア}{イ}$ である。

(2) 頂点Aと，移動後の点Pと点Qの3点を結んだ三角形が正三角形となる確率は $\frac{ウ}{エオ}$ である。

(3) 頂点Aと，移動後の点Pと点Qの3点を結んだ三角形が直角三角形となる確率は $\frac{カ}{キ}$ である。

4 次の問いに答えなさい。

(1) 下の図1のように，半径 r cmの円Oにおいて，弦ABの中点をP，円の中心から弦ABにひいた垂線と $\overset{\frown}{AB}$ の交点をQとすると線分OQは点Pを通る。AB＝30cm，PQ＝5cmであるとき，r＝ アイ cmである。

ただし，$\overset{\frown}{AB}$ は短い方とする。

図1　　図2

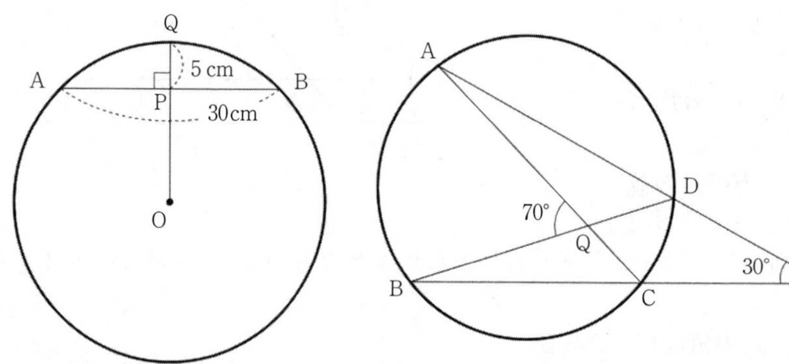

(2) 上の図2において，点A，B，C，Dは同一円上の点である。直線ADと直線BCの交点をP，直線ACと直線BDの交点をQとする。また，∠APB＝30°，∠AQB＝70°である。

このとき，

(i) ∠DAC＝ ウエ °である。

(ii)　$\overset{\frown}{\mathrm{AB}}$ と $\overset{\frown}{\mathrm{CD}}$ の長さの比は オ：カ である。
ただし，$\overset{\frown}{\mathrm{AB}}$ と $\overset{\frown}{\mathrm{CD}}$ はいずれも短い方とする。

(3)　右の図3の△ABCにおいて，BD：DC＝2：3，AE：ED＝2：3である。△AECの面積を S とすると，△ABCの面積は $\frac{\boxed{キク}}{\boxed{ケ}}S$ である。

図3

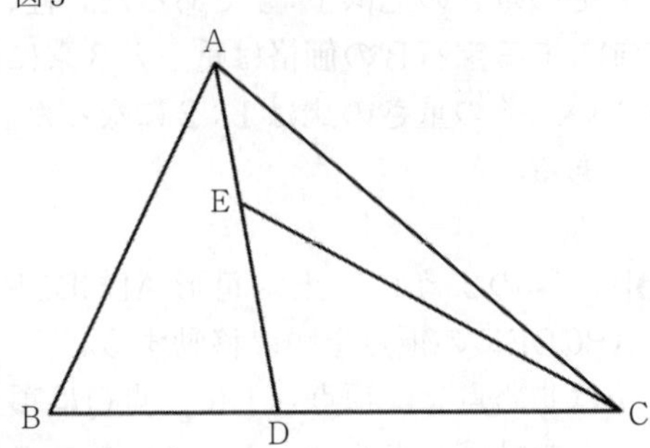

5

図のように，2つの関数 $y=x^2$…①と $y=-2x+9$…②のグラフがある。

点Aは②のグラフ上，点Bと点Cは①のグラフ上にあり，点Aと点Cの x 座標は1である。点Bの x 座標は0より小さいものとする。x 座標が1より大きいところに点Dがあり，点Bと点Dの y 座標は等しい。

また，四角形ABCDは正方形になったという。

このとき，次の問いに答えなさい。

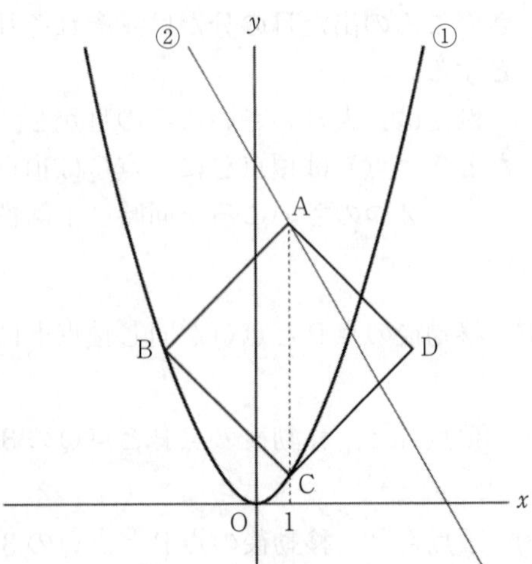

(1)　点Aの座標は(1, ア)，点Cの座標は(1, イ)である。

(2)　点Bの座標は(−ウ, エ)である。四角形ABCDの面積は オカ であり，各辺の長さは キ$\sqrt{\boxed{ク}}$ である。

(3)　②と線分CDの交点をEとするとき，四角形ABCEと△AEDの面積の比は，ケ：コ である。

6

水平な地面の上にさいころが置かれている。さいころは，対面の目の和が7である。

右の図のように，さいころをすべらないように右方向に4回，手前方向に4回，転がす作業を繰り返していく。そのとき，1回ころがるごとに，図の①，②，③，④，……をさいころは通っていくことになる。

①，②，③，④，……の各状態におけるさいころの上面と下面の目の数において，

(大きい方の目の数)−(小さい方の目の数)

の値をそれぞれ x_1，x_2，x_3，x_4，……とする。

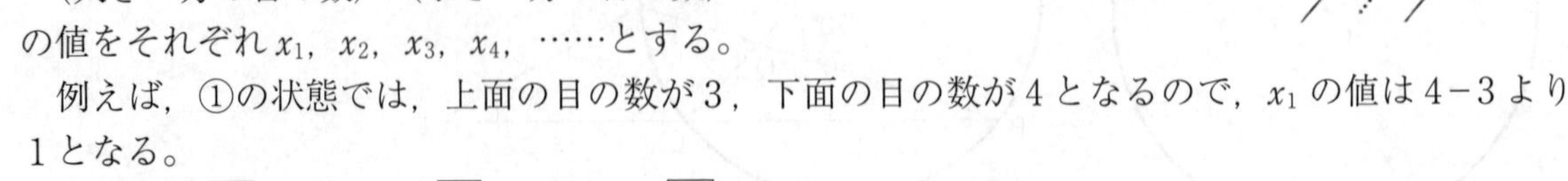

例えば，①の状態では，上面の目の数が3，下面の目の数が4となるので，x_1 の値は4−3より1となる。

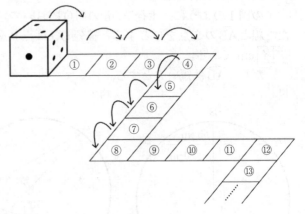

(1)　x_2 の値は ア，x_3 の値は イ，x_6 の値は ウ である。

(2)　$x_1+x_2+x_3+x_4$ の値は エ である。

(3)　$x_1+x_2+x_3+x_4+\cdots\cdots+x_{2022}+x_{2023}$ の値は オカキク である。

問3　二重傍線部ｄ「夢さめはべりぬ」の夢の内容として最も適切なものを次の中から選び、記号で答えなさい（解答番号は5）。

ア　他寺の僧である宗順が参詣したので、観音の怒りに触れ台風に襲われるという夢。

イ　他寺の僧である宗順が参詣したので、観音がその思いをほめたたえたという夢。

ウ　宗順の寺の釣り鐘の綱が切れそうなので、綱を取り換えよというお告げの夢。

エ　台風で宗順がいる寺の鐘が落ちて建物が壊れ、人もたくさん亡くなるという夢。

オ　宗順が観音のお参りをしなかったため、台風が襲来して被害を受けるという夢。

問4　二重傍線部ｆ「いとど不思議にぞはべる」とは何が不思議なのか。次の中から最も適切なものを選び、記号で答えなさい（解答番号は6）。

ア　台風が寺を襲った時に、本尊の観音が動いて宗順を安全な場所に導いたこと。

イ　台風が襲来した時に、本尊の観音が宗順に覆いかぶさって命を助けたこと。

ウ　台風がやって来て、寺の多くの建物は倒れても観音だけは倒れなかったこと。

エ　台風が都を襲ったが、宗順の寺だけは被害を受けずに済んだということ。

オ　台風が夢のお告げ通りに都を襲って、宗順や多くの人達の命を奪ったこと。

五　次の文章を読み、後の各問いに答えなさい。

むかし、比叡の山に宗順（そうじゅん）と云（い）ふ人はべりき。長谷の観音にまうでおはしける夜の夢に、観音の「やや」とおほせのありければ、宗順 a居直りて、かしこまりたるに、「なんぢ本寺にかへりなん時に、釣鐘風のために落ちて、おほくの坊舎をうちやぶり、人の命おほく失ふべし。なんぢも bかれがために、命を滅すべしといへども、c我に心ざし深きによつて、今度の命にはかはるべきなり」とおほせらるると見て、d夢さめはべりぬ。さるほどに、二三日ほどへて、永祚（えいそ）の風とて、末の世まできこゆる風に、かの釣鐘 eにはかに落ちて、人の家十ばかり打ひさがれて、命を失ふ人、数あまたはべり。家のひさげる時、此（こ）の本尊の等身の観音、宗順の上におほひて、ことなるあやまち露（つゆ）ちりなかりけり。fいとど不思議にぞはべる。

（『撰集抄』より）

比叡の山　…　比叡山の延暦寺のこと。本寺も同じ。

「やや」…「もしもし」。人に呼び掛けるときに使う語。

なんぢ　…　そなた。おまえ。

永祚の風　…　平安期に記録の残る台風としては最大規模で、後世に語り継がれた。

あやまち　…　けが。

問1　傍線部a「居直り」・e「にはかに」のここでの語句の意味として最も適切なものを次の中から選び、記号で答えなさい（解答番号はaは1・eは2）。

a「居直り」

ア　同じ位置にとどまり
イ　座り直し姿勢を正し
ウ　ふてぶてしい態度になり
エ　威圧的な態度に変わり
オ　恐ろしさで委縮し

e「にはかに」

ア　突然に
イ　静かに
ウ　異様な
エ　予想外に
オ　重そうに

問2　傍線部b「かれ」・c「我」がそれぞれ指し示すものは何か。次の中から最も適切なものを選び、記号で答えなさい（解答番号はbは3・cは4）。

ア　長谷の観音　　イ　本寺　　ウ　風　　エ　坊舎　　オ　人

問6　傍線部f「二人のやりとりを見守っていた」での「二人のやりとり」について説明したものとして最も適切なものを次の中から選び、記号で答えなさい（解答番号は7）。

ア　姉弟喧嘩して売り言葉に買い言葉で、周りが見ていて気が気でないようなやりとり。
イ　息子のわがままを母親がすべて受け入れてあげているような、慈愛に満ちたやりとり。
ウ　先生と生徒のように互いを尊重した上で、素直に自分の思いを伝えるようなやりとり。
エ　姉弟のように遠慮せずに、素直に自分を出しながらじゃれ合っているようなやりとり。
オ　看護師と患者の関係を越えた信頼で結ばれ、互いをはげまし合っているようなやりとり。

問7　傍線部h「あの、に力をこめて、中沢は微笑んだ」の「あの」にはどのような意味が込められているか。次の中から最も適切なものを選び、記号で答えなさい（解答番号は8）。

ア　翔太の母親にも臆せずに向き合う一方で、子供の扱いに関しては不慣れであるという意味。
イ　経験豊富で何事もそつなくこなし、困って手こずることなどありそうもないという意味。
ウ　常日頃他の看護師を厳しく叱りつけ、病院の中では我が物顔に過ごしているという意味。
エ　中沢のことを日頃からいじめているにもかかわらず、翔太からは悪口を言われているという意味。
オ　翔太の看護をする上では相当のトラブルを起こされ、手こずらされているという意味。

問8　傍線部i「中沢は屈託のない笑顔をみせた」とあるが、この時の芳恵の心情の説明として最も適切なものを次の中から選び、記号で答えなさい（解答番号は9）。

ア　中沢の言葉は翔太の病気は良くならないことを意味するが、言っている本人が言葉の重さに気づいていないことに違和感を感じている。
イ　中沢の行動は結果的に扱いの難しい翔太を自分に押し付けることになるが、中沢が罪悪感を持っていないことに疑問を感じている。
ウ　翔太や芳恵の希望を一切聞かず、病院側の都合で話を進めていることに疑問を抱かない中沢や病院に対して不信感を抱いている。
エ　翔太の母親との関係に悩む自分の気持ちを考えもせずに、来年も翔太の担当を自分に押し付けようとしている中沢に怒りを感じている。
オ　翔太の扱いが大変なことをよく理解しているにも関わらず、来年も自分に翔太を任せられることを喜ぶ中沢に対して呆れている。

問3　傍線部c「翔太が布団をはねのけた」とあるが、この時の翔太の心情として**適切ではないもの**を次の中から選び、記号で答えなさい（解答番号は4）。

ア　自分に対して親身に向き合ってくれる芳恵のことを責めたてる母親に対する怒りの気持ち。
イ　もう十一歳になったにも関わらず、自分のことを過保護に扱いすぎる母親に呆れた気持ち。
ウ　久しぶりに会えたのにも関わらず、自分と向き合ってくれない母親に対する落胆の気持ち。
エ　自分の行動によって母親から叱責されてしまっている芳恵のことを助けたいという気持ち。
オ　芳恵との喧嘩に疲れて、早く眠りたいのに、寝かせてくれない母親に対する軽蔑の気持ち。

問4　傍線部d「同じように痛みの影が走る」の「痛みの影」について説明したものとして最も適切なものを次の中から選び、記号で答えなさい（解答番号は5）。

ア　翔太も母親も自己中心的で人の苦しみや痛みに寄り添えないことに対しての苦悩。
イ　翔太も母親も本心では病気が治らないという気持ちがあることに対しての自責。
ウ　翔太も母親も甘え下手で思いとは逆を口にしてしまうことに対しての自己嫌悪。
エ　翔太も母親も自我が強いために人と程よい関係を築けないことに対しての葛藤。
オ　翔太も母親もわがままで何度も病院を変わらざるを得なかったことに対しての反省。

問5　傍線部e「中で芳恵の出方をじっとうかがっている翔太の息遣いが伝わってくるようだ」とあるが、この時の翔太の心情を表した言葉として最も適切なものを次の中から選び、記号で答えなさい（解答番号は6）。

ア　期待　　イ　焦燥　　ウ　立腹　　エ　後悔　　オ　恐怖

問1　傍線部a「切り口上」・g「堂に入っている」のここでの語句の意味として最も適切なものをそれぞれ次の中から選び、記号で答えなさい（解答番号はaは1・gは2）。

a「切り口上」

ア　型にはまらず、はっきりとした調子の話し方。
イ　一つ一つ区切って言う、改まった調子の話し方。
ウ　細かい点の注意が欠けて、雑な調子の話し方。
エ　言葉使いが丁寧で、礼儀正しい調子の話し方。
オ　体裁をつくろって、自分を誇示した調子の話し方。

g「堂に入っている」

ア　自分の行為に、みずから満足していること。
イ　ある事に対し、どうしても納得できないこと。
ウ　自分だけで行動して、他には頼らないこと。
エ　問題が起きないように、事前に念を押すこと。
オ　その道の深くまで達し、すぐれていること。

問2　傍線部b「小島さん、あなた、もういいわよ」と主任が言ったのはなぜか。次の中から最も適切なものを選び、記号で答えなさい（解答番号は3）。

ア　実習生の芳恵がまたトラブルを起こしたので早めに翔太の母親に応対すべきだと判断したから。
イ　翔太の母親はすぐに感情的になりやすいので芳恵だと言い合いになってしまうと気づいたから。
ウ　翔太の母親は芳恵を見習いだと見下しているので芳恵が説明しても納得しないと思ったから。
エ　翔太の母親が会話に介入してきたことで今以上に翔太の機嫌が悪くなりそうだと感じたから。
オ　実習生の芳恵は看護師の勤務の実情を理解していないので説明するのは無理だと考えたから。

のかもしれない。二十九という年齢なら子供の一人や二人いてもおかしくない。これのこと？　というように、芳恵は首をかしげながら薬指を突きたててみせた。中沢はうなずいて念を押すように聞いた。「結婚はされていないのですか」芳恵は苦笑した。「リングもイミテーションだけど、中身もそう」ふだんはたしかに指輪をしているが、女の子が彼氏からプレゼントされたのをステディになった証のように左手の薬指に塡めているのとは訳が違うし、かと言って魔除け代わりでも伊達でもない。ただいったん外した指輪を、白衣から普段着に着替えるとき、自分の中の何かに引きずられるようにどうしてもまた指に通してしまうのだ。中沢はなぜか残念がった。「そうですか。翔太君の扱いがあまりに堂に入っているので、てっきりお子さんがいらっしゃるとばかり思ってたんですよ」芳恵は、翔太が単に入退院を繰り返しているだけでなく、病院もいくつか転院を重ねていることをはじめて中沢から聞かされた。病状が一向に好転しないことも転院の理由だったが、トラブルがあり過ぎてどうやら病院の方から匙を投げられたらしいというのだ。「母親が話したんですか」「いいえ、翔太君が前に入っていた病院の小児科に私の看護学校の同期がいて、今度あなたのところにプレミアつきの問題児が行くわよって教えてくれたんです」たしかに人一倍プライドの強そうな翔太の母親である。トラブルで病院を転々としているなどという話を自分から口にするとはとても思えない。「前評判通り、彼はうちの病院でも内科小児科の先生はもちろん、病棟の看護婦をさんざん手こずらせて、担当は私で三人目です。あの主任さんだって、クソババア呼ばわりされてたんですから」あの、に力をこめて、中沢は微笑んだ。「だから主任さん、来年が待ち遠しいって」芳恵が問うような眼を向けると、中沢は再びにっこり笑ってみせた。「小島さんが国家試験にパスして晴れて正看になったら、小児科病棟がドラフト一位で指名するって言うんです」「私を？」中沢はうなずいた。「主任さんの話によると、なんでもいまの病院長はまだ内科のインターンで研修に来てたとき、うちの婦長にさんざん面倒をみてもらったとかで、いまでも婦長には頭が上がらないらしいんです」

芳恵が通う看護学校の学生は、看護師の免許を取得しても、他の病院に就職することなく、附属の大学病院で一定期間勤務することになっている。強制されているわけではないが、学校に入学した段階でほぼ全員が受けとる奨学金の返還のプログラムに、附属病院での給与の中から天引きされることが自動的に組みこまれているのだ。地方出身者の中には地元に帰りたいという希望を持つ者もいるが、看護師の世界にも就職難の秋風は吹きはじめていて、結局卒業後の進路は百パーセント、そのまま附属病院に横すべりしていた。埼玉の実家から通っている芳恵も、もとより最初からそのつもりである。つまり順調に行けば来年の今頃は、芳恵はこの病院のどこかの病棟で一本線の入ったナースキャップをかぶって走りまわっている。それが小児科なのか、内科なのか、はたまた救命救急なのかは、本人の希望によるというのが建前だが、最終的には空きの状態を見ながら病院長が決定する。「だから病院長にねじこんで小児科がゲット。もちろん、翔太係です」中沢は屈託のない笑顔をみせた。翔太の入院が来年までつづくことをとうに織りこんだ話しぶりだった。

（杉山隆男「天使の見習い」より）

看護にあたるさい、つねにそばで立ち会い、ミスがないように目を光らせるとともに、コーチとして看護のやり方の問題点を厳しく学生に指摘する。それでも中沢は、芳恵と面と向かって話すときは、他の学生を相手にしているときとは違って、芳恵が年上であることに気を遣っていた。

主任は翔太の母親を前に、大病院のほとんどでとられている看護実習のシステムについて懇切丁寧に説明を加えていた。じっさいに看護に近い仕事をするのは国家試験を控えた最上級の三年生であると断った上で、実習生が担当した患者については、シーツを替えたり配膳をしたり足をお湯で洗ったりといった身の回りの世話をほとんど付きっきりでするので、担当の看護師とは別に手が増える分、よりきめの細かいケアが受けられるはずです、と利点を強調してみせた。だが、母親は主任の話などまるで耳に入っていないかのように、ひとり感情を高ぶらせていた。とりあえず沸騰点まで達しないと収まりきらないような怒りである。「要するに患者を実験台に使っているのと同じじゃないですか。何かあったらどうするんですか。それでなくても、医療ミスがあちこちで問題になっているというのに、こちらの病院は国家資格もない学生に子供を預けるくらい看護婦不足なんですか。どうせ子供相手だから、学生でいいやなんて考えてるんじゃありません？」そのとき、ｃ翔太が布団をはねのけた。「いいんだよ、僕が頼んだんだから」芳恵を怒鳴りつけたときと違って、十一という年齢の割りには、大人びたというか、押し殺したような乾いた声だった。「あんたには関係ないんだ」母親の顔を見ずに低くつぶやく。いわれた母親の顔にも翔太の顔にも、ｄ同じように痛みの影が走るのを芳恵は見たような気がした。

布団のこぶは先ほどから微動だにしない。ｅ中で芳恵の出方をじっとうかがっている翔太の息遣いが伝わってくるようだ。「わかった。じゃあ、覚悟なさい。五秒数えたら行くからね」秒読みをはじめ、最後の一を口にするかしないかのうちに、芳恵は翔太の体温でぬくぬくと温められた布団の中に手を突っこんだ。翔太をつかまえ、くすぐる真似をする。柔らかな手触りの木綿のパジャマの上からでも、病巣からじわじわと放出され、体内にこもっている微熱がわかる。「なんだよ、学生、ずるいじゃないか」こらえきれなくなった翔太が布団から這い出して芳恵を睨（にら）みつける。「一秒早かったぞ」芳恵は翔太を横にさせて腕をまくった。少年になりかけている兆（きざ）しなのか、腕は長く伸びて、その分、か細さと、肌が透き通るほどの血の気の薄さが強調されている。「一秒ズルしたんだからな、嘘つき学生」なおも口先をふくれさせている翔太に笑いかけながら、芳恵は血圧計のバンドを腕に巻きつけた。「看護師は五分前行動。なんでも早目にやらなくちゃいけないの」神妙な顔で言うと、くすっと笑いが洩れた。ベッドの反対側からｆ二人のやりとりを見守っていた指導係の中沢が堪え切れずに吹き出している。「小島さんはお子さん、いらっしゃるんですか」翔太の血圧測定と検温をすませ、カルテに書きこんだのをチェックしてもらっているとき、中沢が思いついたようにボールペンの手を止めてたずねてきた。

あるいは芳恵の左手の薬指にぐるりと輪の跡がついているのを見て、白衣を着ていないときはそこにプラチナの指輪を填（は）めていると思った問9　傍線部ⅰ「自分を余り信じないことと、自分を絶対に信じることが、ピッタリ貼りついている」で富士正晴が伝えたかったのはどのようなことか。最も適切なものを次の中から選び、記号で答えなさい（解答番号は9）。

ア　普段考えていることを忠実に書き上げたものと、その時の心の趣にまかせて書き上げたものと比較することが必要だということ。

イ　普段の自分の考えをそのまま文章化せずに、言霊のような不思議な力を持った言葉を見つけて書こうとすることが必要だということ。

ウ　普段の考えをそのまま読み手に伝えようとせずに、再度熟考し心の底に浮かび上がったものを言葉にすることが必要だということ。

エ　普段の自分の考えだけでなく他人の考えも吸収し、書いていく中で新たな考えを発見し言葉にしようとすることが必要だということ。

オ　普段自分の頭の中で考えていることに縛られずに、実際に文章を書いていて思いついた言葉を大切にすることが必要だということ。

四　次の文章を読み、後の各問いに答えなさい。

芳恵が小児病棟での実習に入った初日も二日目も、母親が翔太の病室を訪れた様子はなかった。翔太にしてみれば、久し振りの母だったはずである。ところが翔太は病室にあらわれた母親を一瞥（いちべつ）するなり、眼を合わせることもせず、放っておかれたことにむくれているのか、あるいは嬉しさをしまいこんだ照れ隠しなのか、再び布団をかぶってしまった。「どういうことなんですか、これは。翔太には興奮がよくないって、おわかりでしょ」床に散らばったタオルや洗面器を腰をかがめて片づけていた芳恵に向かって、母親は[a]切り口上に言った。「それにあなた、ナースの見習いじゃない。どうして翔太の看護をしてるわけ?」長期入院を何度も経験している翔太の母親は、同じようにナースキャップをかぶっていても白衣の上にエプロンをしているのが看護学生であることを知っているのだろう。[b]「小島さん、あなた、もういいわよ」騒ぎを聞きつけて、ナースキャップに横線が二本入った主任が病室に入ってくると、芳恵を目顔で促した。「説明していただけます？　なぜ翔太の看護を学生に受け持たせているのか」母親は主任の前に立ちはだかるようにした。上背がある分、迫力がある。「あくまで実習ですので、患者さんに直接触れるような検温や血圧測定をする場合は、必ず指導係に付き添わせています」

主任の脇から、この病室をもともと担当している看護師の中沢が母親に一礼した。翔太が投げつけたカップのお茶のせいで汚れてしまった床を拭くため、モップを取りに行っていたのだ。歳は芳恵より二つ下だが、看護師としてすでに六年のキャリアを積んでいてナースステーションでは中堅の扱いを受けている。その彼女が、小児科病棟での実習に入った芳恵たちの指導係を仰せつかったのである。翔太を含め病室にいる三人の子供の看護をいままで通りしながらの一人二役だが、中沢は器用にこなしていた。指導係は、実習中の看護学生がじっさいに患者の問7　傍線部g「実用の文章には技術があるが、文芸の文章には技術はない」とあるが、その説明として最も適切なものを次の中から選び、記号で答えなさい（解答番号は7）。

ア　実用の文章はメモを書いたり推敲を重ねたりするため、情報伝達に向いた文章だが、推敲を行わない文芸の文章は情報の伝達には向いていないということ。

イ　実用の文章には下書きや推敲など、読者に適切に伝える技術が存在するが、文芸の文章には正確に伝える技術や工夫は邪魔になるということ。

ウ　実用の文章というのはレシピや教本など、読者に情報を伝えるための文章であるため、正確に情報を伝達するための文章作法が存在するということ。

エ　実用の文章は読み手に正確に情報が伝わるように工夫する必要があるが、文芸の文章は読み手の存在などを意識する必要がないということ。

オ　実用と文芸どちらの文章も、言葉の持つ力にしたがって書きあげるのが良いが、実用の文章には正確に情報を伝達するための技術が存在するということ。

問8　傍線部h「書き手は書く前の書き手ではなくなっている」とはどういうことか。説明したものとして最も適切なものを次の中から選び、記号で答えなさい（解答番号は8）。

ア　書いている中で今まで考えていたことを再認識でき、自分の考えに対して自信を深めていくということ。

イ　書くことで自分の考えが個人的なものではなく、人に伝わり社会的なものとして認知されていくということ。

ウ　書くことで今まで気づかなかった未知の自分を発見し、それにより自分自身も変わっていくということ。

エ　書くことを終えた文章はその時点で書き手の手を離れ、読者に委ねられ様々に解釈されていくということ。

オ　書くことで言葉の中にある言霊の独特な世界を体感し、それにより自分の考えも変わっていくということ。

問3　空欄［ｃ］に入る適切な文学作品を次の中から選び、記号で答えなさい（解答番号は3）。

ア　『老人と海』　イ　『戦争と平和』　ウ　『パルムの僧院』　エ　『罪と罰』　オ　『車輪の下』

問4　傍線部ｄ「いったん書いたものは、あとからは直せない」とあるが、その理由として最も適切なものを次の中から選び、記号で答えなさい（解答番号は4）。

ア　設計図に従った文章に近づけようとすればするほど、自分の意図とずれていくから。
イ　書くことは考えることであり、書き上げた瞬間に文章への思考は断ち切られるから。
ウ　書き直しを何度もすることで、結局自分の意見が明確でない文章になってしまうから。
エ　書かれた文章は命が宿った生きものであり、手を加えると生命力を失ってしまうから。
オ　書き直すことによって、それまでの文章のリズムを乱してしまうかもしれないから。

問5　傍線部ｅ「不思議な力があって」の「不思議な力」とはどのようなものか。最も適切なものを次の中から選び、記号で答えなさい（解答番号は5）。

ア　書き手が意識せずとも、読み手に正確に情報が伝わるように仕上がっていく力。
イ　書き手が注意せずとも内容面や表記面において誤りのない文章になっていく力。
ウ　書き手が前もって考えていた内容が、勝手に文章として書き上げられていく力。
エ　書き手の手からも離れて、自身の想定の範囲を越える文章へと変化していく力。
オ　書き手が下書きを行ったり推敲を重ねたりせずとも、文章として整っていく力。

問6　傍線部ｆ「別の世界のもの」とあるが、「実用の文章」と「文芸の文章」に関連するそれぞれの語句の組み合わせとして最も適切なものを次の中から選び、記号で答えなさい（解答番号は6）。

ア　実用の文章―設計図―明快さ　イ　実用の文章―推敲―新しい自分
ウ　実用の文章―メモ―言霊　エ　文芸の文章―下書き―生きもの
オ　文芸の文章―言葉の力―作業　カ　文芸の文章―技術―書き放し

……頭の中の考えより、文字文章という具体的なものの運動の方を信じるようなところもあり、どこへ行きつこうといいではないかというところもあり、つまり大変ずぼらのようなところもあり、大変現実的実際的なところもあり、あいまいなところもあり、正確で微妙なところもあるといったものだろう。自分を余り信じないことと、自分を絶対に信じることが、ピッタリ貼りついているような気がする。

野暮な解説をするなら、「自分を余り信じないこと」というときの自分は、普段日常の自分、表層の自分であり、「自分を絶対に信じること」というときの自分は、自分の底にある自分、いつもは見えていない自分ということになるだろう。言葉の力にうごかされてゆくとき、思いがけない自分が出てくる。それでいいのだ、という自信である。生まれてきた文章は、自分が書いたのにちがいはないのだが、おや、これが自分かと思うようなものを持っている。言葉の力を信じて書くときに、それまで見えていなかった自分が見えてくるのだと言ってもいい。

（高田宏『ことばの処方箋』より）

問1　傍線部ａ「そのころ書いたものは、いま読む気がしない」のはなぜか。次の中から最も適切なものを選び、記号で答えなさい（解答番号は1）。

ア　そのころの自分よりも人間的に成長していて考え方も当然変わっているから。
イ　推敲などによって整えられたものであり文章が生き生きとしていないから。
ウ　文章は生きものでありそれを書いた時点でないと自分にも推敲はできないから。
エ　推敲により手が加えられたことで自分の考えていた文章ではなくなっているから。
オ　何度も読み返し内容も分かっていて文章として新鮮さを失ってしまっているから。

問2　傍線部ｂ「生まれ育ったのは血のつながる子供のようなもので、私に似ていて、私ではない」とあるが、その説明として最も適切なものを次の中から選び、記号で答えなさい（解答番号は2）。

ア　自分の書いたものには、いつもの自分の姿や生き方が反映されること。
イ　文章を書き進めていくうちに、用意した構成とは違う展開になること。
ウ　考えを分かりやすく書いたつもりでも、読者には意図が伝わりにくいこと。
エ　考えを思い通りに書いているうちに、書き直したい箇所が出てくること。
オ　自分の書いた作品の中に、いつもの自分とは違った一面が見られること。

書いたものは、あとからは直せない、と。

頭で考えることと書くことは別である。書く前に考えていることと書きながら考えていることとは違うのだ、といってもいい。書く前に頭で考えてメモをつくっていても、書きはじめたら、その通りにはならない。一行が次の一行を生んでいく。谷崎潤一郎は、昔の人の言う言霊（ことだま）というものがあるのだと言っている。言葉には何か不思議な力があって、それ自体でうごいてゆくというのである。言葉のなかにあるその力に逆らったら、ぎくしゃくするだけである。あるいは、書けなくなってしまう。そして、その力によって書いたものは、あとから変えることができない。

書く前にあらかじめよく考えるほうがいいのは、実用の文章である。オムレツの作り方を書くときには、実際にオムレツを作る手順を細部にわたってよく考え、メモをつくり、その上で書くほうがいいにきまっている。それにしたがって、いったん下書きをつくり、それを手直ししてゆくのもいいだろう。書き上がったものを、読む人の身になって、これでほんとうにおいしいオムレツができるかどうか、じゅうぶんに検討する親切さも要るだろう。まちがって読まれるようなところがないか、説明の足りないところがないかどうか。曖昧な部分はないか。用語は適切か。

実用の文章は、あらかじめよく考えて書き、書いたものは推敲するのがいいのである。オムレツの作り方にかぎらない。自動車の運転教本でも、会社の上司に提出する営業活動報告でも、市場調査の分析でも、物理実験の報告論文でも、或る社会の構造を論じるというようなものであっても、また、経済学に関する新しい見方を提出するといった論文であっても、それは変わらない。書く前にすでにあるものを、できるだけ忠実に、正確に、明快に、文章に移しかえるという作業である。設計図があって機械を作るのと同じである。製品は使用目的に最もよく合ったものでなければならない。仕上げも入念でなければならない。予定通りのものができなくてはならない。だから、実用の文章には、そのための文章技術が必要となる。機械製作に技術があるように、である。

文芸の文章は、そうではない。それどころか、実用の文章の技術を持ちこんだら、だめになってしまう。実用の文章も文芸の文章も一見同じ「言葉」を使うものだから、私たちはついついどちらも似たようなものだと思いこんでしまうけれども、ほんとうは似ても似つかないものであり、別の世界のものなのである。実用の文章には技術があるが、文芸の文章には技術はない。実用の文章は予定通りに書かれる。書き手が前もって考えたことが文章という形につくり上げられるだけのことである。そのための技術である。書くということは、ちょっと面倒な〝作業〟にすぎない。上手に書き上げられたら、それでいい。文芸の文章では、書くことが考えることであると、富士正晴が書いているように、私も思う。すでにあるものを文章につくる作業ではない。書き手は、書くなかで新しい自分を見つけてゆく。一つの作品を書き終わったとき、書き手は書く前の書き手ではなくなっている。富士正晴の文章は、次のように終わっている。

三　次の文章を読み、後の各問いに答えなさい。

安岡章太郎編『私の文章作法』のなかで、富士正晴が、自分の原稿は、「編集者もよろこび、印刷屋もよろこぶような、削除や書きこみのほとんどない、推敲するところのほぼ皆無に近い、書き放しの原稿」であると書いている。私の原稿も、そうである。編集者と印刷者への敬意もなにがしかはあるのだが、それよりも、書き放しのほうが書きやすい。削除や書きこみで文章をいじくりまわすようなことがあれば、そのときはよほど出来がわるい。はじめから、だめな作品とあきらめて、捨ててしまうほうがいい。

昔は、私も文章を推敲した。文章というものは手を加えるだけ、良くなるものだと思いこんでいた。書く前にメモをつくり、メモにしたがって書いていって、さて書き終わると、何度も読み返しながら手を入れていった。[a]そのころ書いたものは、いま読む気がしない。息苦しい、つくりものの文章である。頭だけで考えた文章だった。

或るとき自然に気がついた。書くことに集中しているときは、メモなんかあっても、どんどんそこからはずれてゆく。後もどりはきかない。無理にメモの筋へもどろうとすれば、文章が生気をなくしてしまう。文章は一つの生きものらしい。書く前に考えていたこととは別に、それ自身で生まれ育ってゆく。設計図にしたがって製造される機械ではないのだ。書いているのは私であっても、[b]生まれ育ったのは血のつながる子供のようなもので、私に似ていて、私ではない。機械なら出来上がったものの不出来なところを削ったり磨いたり、足りないところを加えたりすればいい。だが、生きものは、そうはいかない。生まれた子の胴が長すぎたからといって、切って縮めたりしたら、見た目は良くなるだろうが、子供は死んでしまう。あとから直すことはできないものなのだ。

私はそのときから、メモと推敲をやめた。下書きというものもしない。書きはじめたら、それが本原稿であり、書き終わって読み返しはするが、ほとんど手を加えない。誤字を直すとか、小さな部分でのリズムをととのえるくらいである。富士正晴は同じ文章のなかに、こう書いている。

> 戦前二十代のころ、好んで読んだアランの考え方がわたしを支えているらしい点もある。アランは文章の書き直しをほぼしなかった。彼に言わせると書き直しをする位だったら、新しく別のことを書く方が余程いいらしい。書く事が考えることだ、と彼がいっているかどうか知らないが、アランからそのようなことを、わたしの独り合点で、承知してしまったようなところがあるかも知れない。

私もアランを読んだ。私の場合は戦後だが、学生のころ繰り返しアランを読み、アランを真似てもいたので、知らない間にアランの考え方が私のなかに根づいていたかも知れない。とりわけ彼のスタンダール論である。スタンダールは書き直しをしなかった。『 c 』をバルザックのすすめで一部分書き直そうとしたことがあるが、スタンダールはその苦痛を誌（しる）し、書き直すことをやめている。[d]いったん

二 次のそれぞれの問いに答えなさい。

問1 次の熟語の読み仮名の二字目として正しいものを次の中からそれぞれ選び、記号で答えなさい（解答番号は1～3）。

1．玄人　2．健気　3．流石

ア な　イ さ　ウ び　エ り　オ ろ　カ す
キ か　ク く　ケ し　コ け

問2 次の文章の傍線部の助動詞の種類として最も適切なものを選び、記号で答えなさい（解答番号はａは4・ｂは5）。

夕飯の時Kと私はまた顔を合わせました。なんにも知らないKはただ沈んでいただけで、少しも疑い深い目を私に向けません。なんにも知らない奥さんはいつもよりうれしそう(a)でした。私だけがすべてを知っていたのです。私は鉛のよう(b)な飯を食いました。

ア 受身　イ 推量　ウ 様態　エ 伝聞　オ 断定　カ 比況　キ 過去

問3 次の対義語の関係と同じものを選び、記号で答えなさい（解答番号は6）。

前進－後退

ア 主観－客観　イ 需要－供給　ウ 軽薄－重厚　エ 道理－無理　オ 一般－特殊

問4 次の文学作品のうち平安時代の作品として**適切ではないもの**はどれか。次の中から選び、記号で答えなさい（解答番号は7）。

ア 『源氏物語』　イ 『土佐日記』　ウ 『今昔物語集』　エ 『枕草子』
オ 『平家物語』　カ 『古今和歌集』　キ 『竹取物語』

二〇二三年度 流通経済大学付属柏高等学校（前期①）

【国語】〈五〇分〉〈満点：一〇〇点〉

一 次の1～5の傍線部と同じ漢字を使うものを次の中から選び、それぞれ記号で答えなさい（解答番号は1～5）。

1．注意をカンキする。
ア 円をドルにカンサンする。
イ カンサンとした商店街。
ウ カンヨウな姿勢。
エ カンイ書留で送る。
オ 証人をカンモンする。

2．大会をショウチする。
ア 美のキョクチだ。
イ チジョクを受ける。
ウ トウチ法を用いる。
エ 電車がチエンした。
オ 日本はホウチ国家だ。

3．交渉でジョウホする。
ア 肥沃なドジョウ。
イ お酒をジョウゾウする。
ウ ジョウリュウ水を買う。
エ 社長のレイジョウ。
オ ケンジョウの精神。

4．土地をバイキャクする。
ア 上告をキャッカした。
イ キャッコウを浴びる。
ウ 立派なセッキャク態度。
エ 敵のギャクシュウ。
オ ザンギャクな行い。

5．目をコらして見る。
ア ギワクが浮上した。
イ 素晴らしいチョウボウ。
ウ 液体がギョウコする。
エ 危険にソウグウした。
オ 不正をモクニンするな。

英語解答

1	1…2	2…2	3…3	4…2	4	1…1	2…4	3…1	4…1
	5…3					5…4	6…1		
2	問1 1…2	2…1	3…4	4…1	5	1 3番目…1	6番目…7		
	5…3					2 3番目…4	6番目…1		
	問2 4	問3 1	問4 1			3 3番目…7	6番目…6		
	問5 3	問6 4	問7 1			4 3番目…9	6番目…1		
	問8 1…3	2…1	3…2			5 3番目…1	6番目…5		
3	1…3	2…2	3…2，4			6 3番目…5	6番目…2		
	4…3	5…1	6…1	7…2	6	1…3	2…2	3…4	4…3
	8…3，4					5…2			

1 〔放送問題〕解説省略

2 〔長文読解総合―物語〕

≪全訳≫❶1796年，フランスの人々は飢えている。もちろん，金持ちはそうではない。彼らには食べ物があり，暖かい服があり，美しい家がある。❷ジャン・バルジャンは貧しい人々の１人だ。彼は若い男で，体が大きく，力強く，働き者だ――しかし，仕事がなく，仕事を見つけられず，空腹である。彼は姉とブリーの村に住んでいる。彼女の夫はなくなっていて，彼女には７人の子どもがいる。寒い冬で，家には食べ物がない。パンも何もない――そして７人の子どもがいる！❸ジャン・バルジャンは善良な男だ。彼は泥棒ではない。しかし，姉の子どもが空腹で一晩中泣いているとき，どうやって男がただそこに座っていられるだろうか。男には何ができるだろうか。彼は夜に家を出て，村の通りを行く。彼はパン屋の窓から手を入れる――ガチャン！――彼は１斤のパンを取って走る。彼は速く走るが，他の人はもっと速く走る。❹フランスは貧しい人々に親切ではない。フランスはジャン・バルジャンを刑務所に５年間送る。４年後，彼は逃げる。彼らは彼を見つけ，連れ戻す。彼らは彼にもう６年与える。もう一度，彼は逃げ，２日後，彼らは彼を見つける。そして彼らは彼にもう８年与える。刑務所に19年――１斤のパンのためにだ！❺1815年，彼が刑務所を出ると，ジャン・バルジャンは別人になっている。刑務所は人を変える。何年もの苦難，何年もの骨の折れる仕事，そして何年もの残酷な刑務所の監視は人を変える。かつてジャン・バルジャンの心には愛があった。しかし今となっては，憎しみしかない。❻1815年の10月のある晩，ディーニュの司教の家のドアをノックする音がした。「入りなさい」と司教は言った。司教は親切な人だった。ディーニュの町の誰もがそのことを知っていた。貧しい人々，空腹な人々，そして不幸な人々――彼らは皆，司教の家のドアのところにやってきた。司教の妹はその夜，ドアのところにいる男を見て，怖がった。「彼を見て！」と彼女は司教にささやいた。「彼は大男で，危険な男よ。彼は黄色のカードを持っているから，かつては囚人だったんだわ――悪い人間よ」❼しかし，司教は聞かなかった。「お入りなさい，友よ」と彼はドアのところにいる男に言った。「お入りなさい。今夜は私たちと一緒に夕食を食べて，暖かいベッドで眠りなさい」 男は司教をじっと見た。「私の名前はジャン・バルジャンです」と彼は言った。「私はトゥーロンで19年間囚人でした。ほら，これが私の黄色のカードです。人々は私を見るとドアを閉めます――でもあなたはそうではありません。なぜですか？」「なぜなら，友よ，神の目には，あなたは私の兄弟だからです」と司教は言い，ほほ笑んだ。「だから，お入りなさい，そして暖炉のそばに座りなさい」 司教は妹の方を向いた。「さあ，妹よ，私たちの友人ジャン・バルジャンはおいしい夕食が必要だ。銀の夕食用の皿を出してきなさい。今夜は特別な夜だ」8「銀の皿はだめよ！」と司教の妹はささやいた。彼女の目はすばやくジャン・バルジャンの方を向き，それから司教の顔に戻った。「いいえ，銀の皿だ」と司教は言った。「それに銀のろうそく立ても出しなさい。教会にはこれらの美しいものがあるが，それらは訪問者のためのものだ。そして，私たちの今夜の訪問者は，最高のものだけを与えられなければならない」9そしてジャン・バルジャンは司教とその妹と席について，銀の皿で食事をした。彼はガツガツと食べた――それは数週間ぶりのおいしい食事だった。「あなたは善人です」と彼は司教に言った。「ひょっとしたら，フランスで唯一の善人かもしれません」10しかし，バルジャンは銀の皿から目を離すことができなかった。食事の後，司教の妹は銀の皿を片付け，バルジャンの目はじっと見ていた。彼はその場所を見て，それを覚えた。夜になると，司教の家の暖かいベッドで，彼は皿について考えた。それらは大きく，重かった――たくさんの銀が含まれている！　「私はあの皿を売ることができる」と彼は思った。「あのうちのたった1枚で，数か月十分な食事ができる！」　刑務所での19年間は長い時間であり，厳しい19年間は人を変える。

問1＜適語(句)選択・語形変化＞1．主語の the people of France は複数である。本文は第5段落まで現在形を基調に書かれていることに注意。　2．助動詞 can があるので動詞は原形になる。なお，how can a man just sit there(?)は「どうやって男がただそこに座っていられるだろうか(いやただ座っていることなどできない)」という反語表現である。　3．'another＋数詞'で「さらに～の」という意味を表す。another eight years で「さらに8年」という意味になる。　4．直後が名詞なので前置詞の at か during が入る。「司教をじっと見た」と考え，'方向'を表す at を選ぶ。stare at ～ で「～をじっと見る」。look at ～ の at と同じである。　5．前に be があるので受け身か進行形になるが，文の意味から受け身にする。助動詞を含む受け身の'助動詞＋be＋過去分詞'の形。　give－gave－given

問2＜多義語＞下線部①の work は「仕事」の意味。これと同じ意味を含むのは4．「彼女はオフィスでするべき仕事がたくさんあった」。1～3の work(s)は全て「作品」の意味。なお，「仕事」の意味の work は'数えられない名詞'だが，「作品」の意味の work は'数えられる名詞'である。

問3＜語句解釈＞第3段落第6文からジャン・バルジャンがパン屋からパンを盗んだことがわかる。a loaf of ～「ひとかたまりの～，1斤の～」

問4＜適語選択＞空所を含む文の But に注目する。but は'逆接'の接続詞で，その前後は相反する内容になる。前文は「かつて愛があった」という肯定的な内容なので，空所を含む文は否定的な内容になると考えられる。　hate「憎しみ」

問5＜語句解釈＞下線部を含む文に続く司教の妹の言葉に注目する。a big man「大男」，a prisoner「囚人」などから，ジャン・バルジャンを話題にしていることがわかる。

問6＜英文解釈＞Why not？には「(提案を受けて)ぜひそうしよう」と「なぜ～ないのですか」という意味があるが，ここでは後者。直前でジャン・バルジャンが「人々は私を見るとドアを閉めるが，あなたは違う」と述べていることから判断できる。この Why not？は，Why don't you shut your door？を短くしたもの。

問7＜英文解釈＞直前の He ate hungrily や，下線部にある first，for weeks などから，「数週間ぶりのおいしい食事だった」という意味だと考える。これに最も近いのは，1．「彼は数週間一度もおいしい食事を食べていなかった」。　'first ～ for＋期間'「〈期間〉ぶりの～」

問8＜内容一致＞1．「ジャン・バルジャンは，(　　)たかったので1斤のパンを盗んだ」―3．「彼の姉を支え(る)」　第2，3段落参照。ジャン・バルジャンは姉や彼女の子どもたちのためにパンを盗んだ。　2．「刑務所での生活は(　　)」―1．「ジャン・バルジャンを別人にした」　第5段落第1文参照。ジャン・バルジャンは厳しい刑務所の生活で別人のようになってしまった。

3．「この物語は(　　)に関するものだ」―2．「ある男の不幸な状況」　パンを1斤盗んだことで，19年間も刑務所で過ごすことになったジャン・バルジャンという人物についての物語。

3〔長文読解総合(英問英答形式)―説明文〕

≪全訳≫❶大気には多くの気体が含まれているが，２つの重要な気体は酸素と二酸化炭素だ。植物は葉に空気を取り入れる。それらは二酸化炭素中の炭素を食物として使う――酸素は大気中に戻る。動物(そしてもちろん人間)は，酸素を使い，二酸化炭素を吐き出す。つまり，植物と動物は生存し，成長するためにお互いを助け合っているのだ。❷燃焼には酸素が使われ，二酸化炭素が発生する。はるか昔，人々は食べ物を料理したり体を暖かく保ったりするために火を起こせるようになった。これは，誰かに害を与えるほどの二酸化炭素は出さなかった。その後，人々は工場を建設した。工場は石炭や石油を燃やした。工場の周りに，労働者のための店，学校，家がある新しい町が発展した。誰もが石炭を燃やした。火はきれいに燃えなかった。それらは多くの煙とすすを出した。丘の上に立って町を見下ろすと，汚い灰色の煙を出すたくさんの煙突が見えた。煙のすすが町の建物を黒くし，多くの木が枯れた。人々はすすけた空気のせいでせきをした。毎年冬になると，多くの老人や子どもが呼吸障害でなくなった。毎年ひどい霧が出た。ある作家がマンチェスターに住んでいたが，大気はひどく汚染されていた。彼は「毎朝，私は目を覚まし，鳥たちの声を聞く――せきをする声を！」と書いた。その後，1950年代に，イギリスの新しい大気浄化法は，家で木材や普通の「汚い」石炭を燃やしてはならず，特別な「きれいな」石炭を燃やさなければならないと規定した。また，工場は，煙やガスやすすを上空に送り，町から遠ざける高い煙突が必要になった。まもなく，町の空気はより安全に呼吸できるようになった。人々は建物からすすを取り除いた――そしてそれらはきれいな状態を維持した。しかし，それは話の一部にすぎなかった。煙やガスはどこへ行ったのか。❸全ての燃焼は煙とガスを発生させる。しかし，ガソリンを燃やすと，鉛と呼ばれる重い灰色の金属も出る。ガソリンをうまく燃やすため，石油生産者は何年も前にガソリンに鉛を入れ始めたのだ。車はガソリンを燃やし，排ガスを出す。毎年，私たちは世界中で45万トンの鉛を大気中に出している。この鉛の半分は，車の排ガスによるものだ。鉛は毒だ。それを吸い込んでしまうことがある。食べ物や水から体内に取り込まれ，体内にとどまり，ゆっくりと中毒を起こす。鉛の多い地域に住む子どもは，他の子どもよりも成長が遅い。また，鉛が多すぎると死亡することもある。無鉛ガソリン――鉛が少ない，または鉛のないガソリン――は大気汚染の制御に役立つ。先進国では，「汚い」車を取り締まる法律があり，何億台もの車が無鉛ガソリンを燃焼している。多くの先進国では，ガソリンスタンドは無鉛ガソリンを通常の加鉛ガソリンよりも安く販売しており，ほとんどの新車は加鉛ガソリンを使えない。大気浄化法と無鉛ガソリンは，スモッグをなくすのに役立っている。また，多くの場所では，特別な法律により，車が町の中心部に入れないようにしている。そのことも役に立っている。しかし，多くの発展途上国では，ガソリンにまだ多くの鉛が含まれているため，大気中に過度な鉛がある。石油生産者に鉛を多く含むガソリンを販売させないようにする法律はない。加鉛ガソリンを燃やす車を販売させないようにする法律はない。そして，汚い，臭い，無駄な車の排ガスをなくすよう運転する人に指示する法律もないのだ。

1<要旨把握>「どの文が植物と人間の関係を最も適切に表しているか」―3．「植物と人間は依存し合っている」　第１段落最終文参照。植物と(人間を含む)動物は生存し，成長するために助け合っているとある。

2<語句解釈>「『彼ら〔それら〕自身』は何を意味するか」―2．「人々」　themselvesは前に出た複数の人または物を指す。またto keep themselves warm「彼ら〔それら〕自身を暖かく保つために」から，themselvesは火を使って暖める人または物だと判断できる。下線部を含む文の主語peopleを指すと考えると文意が通る。

3＜要旨把握＞「工場は，大気を汚染したとき何を燃やしていたか。答えを２つ選べ」―２．「それらは石油を燃やした」，４．「それらは石炭を燃やした」　第２段落第５文参照。

4＜要旨把握＞「著者はなぜマンチェスターの作家を示したのか」―３．「大気がどれほどひどく汚染されていたかを説明するため」　第２段落第14，15文参照。作家の発言は大気の汚染状況を示すもの。

5＜要旨把握＞「1950年代のイギリスの新しい大気浄化法の下で人々が燃やすことができたものは何か」―１．「特別きれいな石炭」　第２段落第16文参照。must not burn ～, but burn … で「～を燃やしてはならず，…を燃やさなければならない」の意味。'not *A* but *B*'「*A*でなく*B*」の形。

6＜要旨把握＞「鉛について正しくないのはどれか」―１．「食べ物や水の中の鉛は人々に影響がない」　第３段落第７文から，大気中から吸い込まれた鉛だけでなく，食べ物や水から取り込まれた鉛も害があることがわかる。

7＜要旨把握＞「先進国がどのように大気汚染を制御しようとしているかについて正しくないのはどれか」―２．「加鉛ガソリンを無鉛ガソリンより安く売ることによって」　第３段落第12文参照。多くの先進国で無鉛ガソリンの方が安く売られている。

8＜要旨把握＞「工場からの煙やすすのせいで何が起こったか。答えを２つ選べ」―３．「多くの木が枯れた」，４．「多くの人々がせきをし始めた」　第２段落第10，11文参照。

4〔適語(句)選択〕

1．「キャシーと呼ばれる娘」と考え，過去分詞の called を選ぶ。called Cathy が前の名詞 daughter を後ろから修飾している。過去分詞の形容詞的用法。　「私にはキャシーという娘がいる」

2．when の前までの文の動詞が過去形なので，when 以降の文の動詞も過去形を選ぶ(時制の一致)。空所の後に形容詞の young が続いているので，be動詞が入る。　「あなたのお母さんはとても若いときにヨーロッパに行ったそうですね」

3．後に名詞が続くことから前置詞が入る。during the winter で「冬の間に」という意味になる。during「～の間に」　「多くの家族が，冬の間２，３週間その都市に行く」

4．someone を形容詞と形容詞的用法の to不定詞が修飾するときは，'someone＋形容詞＋to不定詞' の語順になる。someone strong to help ～ で「～を手伝ってくれるたくましい人」の意味。help to ～「～するのを手伝う」　「彼にはその箱を彼の家から動かすのを手伝ってくれるたくましい人が必要だ」

5．know の後は '疑問詞＋主語＋動詞' の間接疑問。空所の後に will happen と動詞が続いているので，主語になれる疑問詞が入ると考える。４の what を入れると「将来何が起こるか」となり，文意も通る。間接疑問の what will happen ～ は疑問詞自体が主語のため，疑問文と順番が変わらない。　「将来何が起こるかは決してわからない」

6．前置詞 in に注目する。前置詞の後に動詞が続く場合は動名詞(～ing)にする。　「私たちは劇場でその映画を見ることに興味がある」

5〔整序結合〕

1．「～の１つ」は 'one of＋複数形' で表せる。「私が見つけた本」は the books I found。books の後に目的格の関係代名詞 which〔that〕が省略されている。ここまでが '主語で，動詞' は showed。動詞 showed の後には接続詞 that が省略されていると考え，Japan was と '主語＋動詞' を続ける。　show (that) ～「～だと示す」　be famous for ～「～で有名だ」　One of the books I found showed Japan was famous for good animations.

2．「〜されてしまった」なので受け身‘be動詞＋過去分詞’の文にする。主語の「私の家の屋根」はThe roof of my house。その後に‘be動詞＋過去分詞’の形を続ける。「強風で」は「強風によって」と考え，by 〜 で表す。　The roof of my house was broken by the strong wind.

3．主語のChildrenの後は‘助動詞＋動詞の原形’の形でcan learnと続ける。learnの目的語の「第二言語」はsecond languages。「大人よりも早く」は‘比較級＋than 〜’の形で表す。quicklyはつづりが長いので，比較級はmore quicklyとなる。　Children can learn second languages more quickly than adults.

4．主語の「この森に住むその男」は現在分詞の形容詞的用法を使い，The man living in this forestとする。living 〜 が前の名詞manを修飾している。動詞はbe動詞is。「〜の一員」はa member of 〜 とする。　The man living in this forest is a member of our family.

5．「どのようなサイトにして欲しいか伝えてもらう」を「あなたはサイトがどのように見えて欲しいかを私に伝える」と読み換える。「〈人〉に〈物〉を伝える」は‘tell＋人＋物’の語順で表せる。ここでは「私に」が‘人’なので，tell meとなる。‘物’に当たる「あなたはサイトがどのように見えて欲しいか」は間接疑問で表す。ここでは基本的な間接疑問の語順‘疑問詞＋主語＋動詞...’になる。「〜に…して欲しい」は‘want 〜 to …’。　You need to tell me how you want the website to look before I make it.

6．語群より「もうすぐ〜」をIt will not be long before 〜 の形で表す。本問のbeforeは接続詞なので，後に‘主語＋動詞...’が続く。before以下の文が表すのは未来のことだが，‘時・条件’を表す接続詞なので，動詞が現在形のbecomesとなっていることにも注意。　It will not be long before this country becomes a society of the elderly.

6〔長文読解―英問英答―メッセージ〕

≪全訳≫サラ(S)：こんにちは，ケイト。調子はどう？　あなたが入院してから，会ってないわね。あなたがチアリーディングの練習中にチームメイトの肩から落ちたとき，私はとてもショックで心臓が止まるかと思ったわ。手術を受けたそうね。大丈夫だった？　全てがうまくいくことを願っているわ。じゃあね。　4月16日15時00分／ケイト(K)：こんにちは，サラ！　メッセージを送ってくれてありがとう。私はもう大丈夫。病院に運ばれた後，左足の損傷を確認するためにいくつかの検査を受けたわ。手術が必要で，昨日行われたの。最初は少し心配だったけど，お医者さんは全て順調に進んだって言ってた。リハビリは必要だけどね。2か月後にまた練習できるようになるわ。また会いましょう！　4月16日15時28分／S：良い知らせね！　私たちは皆，あなたがいなくて寂しいわ。近いうちに病院にお見舞いに行くわね。何を持ってきてほしいか教えて。じゃあ，そのときに！　4月16日15時37分

＜解説＞1．「ケイトはなぜ入院したのか」―3．「チアリーディングの練習中にけがをしたから」　最初のサラのメッセージの第4文参照。　get hurt「けがをする」　2．「ケイトは手術の後に何をしなければならないか」―2．「リハビリテーション」　ケイトのメッセージの第7文参照。

3．「ケイトはいつチアリーディングを再び始められるか」―4．「6月16日」　ケイトのメッセージの第8文参照。練習が再開できるのは2か月後だとある。in 〜 で「〜後に」の意味になることに注意。送信日は4月16日である。　a couple of 〜「2つ〔人〕の，2，3の〜」　4．「ケイトとサラはどこで会うか」―3．「病院で」　2つ目のサラのメッセージの第3文参照。　5．「ケイトはサラの2つ目のテキストメッセージにどのように返事をするか」―2．「ありがとう！　クラブの練習を録画して私に見せてくれない？」　2つ目のサラのメッセージの第4文で，入院中のケイトに「何を持ってきてほしいか教えて」と述べていることに注目する。2はこの発言を踏まえた返答になっている。

数学解答

1 (1) ア…7　イ…1　ウ…6　(2) 5
(3) オ…2　カ…2　キ…7　(4) 3
(5) 9　(6) コ…2　サ…1　シ…4
(7) ス…3　セ…2
(8) ソ…9　タ…0

2 (1) (i) ア…4　イ…0　ウ…3　エ…0
(ii) オ…1　カ…1　キ…0
(2) (i) ク…1　ケ…2　コ…5　サ…0　シ…0
(ii) ス…3　セ…0　ソ…0　タ…0　チ…0　ツ…0

3 (1) ア…1　イ…6
(2) ウ…1　エ…1　オ…8
(3) カ…1　キ…3

4 (1) ア…2　イ…5
(2) (i) ウ…2　エ…0
(ii) オ…5　カ…2
(3) キ…2　ク…5　ケ…6

5 (1) ア…7　イ…1
(2) ウ…2　エ…4　オ…1　カ…8　キ…3　ク…2
(3) ケ…5　コ…1

6 (1) ア…3　イ…1　ウ…3　(2) 8
(3) オ…6　カ…0　キ…6　ク…9

1〔独立小問集合題〕

(1)<数の計算>与式 $=\frac{1}{64}\times\frac{4}{1}-\frac{1}{2}=\frac{1}{16}-\frac{1}{2}=\frac{1}{16}-\frac{8}{16}=-\frac{7}{16}$

(2)<数の計算>与式 $=\sqrt{10}\times\frac{2}{3\sqrt{2}}+\frac{\sqrt{5}}{3}=\frac{\sqrt{10}\times 2}{3\sqrt{2}}+\frac{\sqrt{5}}{3}=\frac{2\sqrt{5}}{3}+\frac{\sqrt{5}}{3}=\frac{3\sqrt{5}}{3}=\sqrt{5}$

(3)<式の計算―因数分解>与式 $=2(x^2-5x-14)=2(x+2)(x-7)$

(4)<数の計算>与式 $=(x+y)^2$ とする。$x=\frac{\sqrt{3}+1}{2}$，$y=\frac{\sqrt{3}-1}{2}$ より，$x+y=\frac{\sqrt{3}+1}{2}+\frac{\sqrt{3}-1}{2}=\frac{\sqrt{3}+1+\sqrt{3}-1}{2}=\frac{2\sqrt{3}}{2}=\sqrt{3}$ だから，与式 $=(\sqrt{3})^2=3$ となる。

(5)<数の性質>$\sqrt{49}<\sqrt{50}<\sqrt{64}$ より，$7<\sqrt{50}<8$ だから，$-2<n<\sqrt{50}$ を満たす整数 n は，$n=-1$，0，1，2，3，4，5，6，7の9個ある。

(6)<連立方程式>$3x+y=20$……①，$4x-\frac{1}{2}y=1$……②とする。②×2 より，$8x-y=2$……②′　①+②′ より，$3x+8x=20+2$，$11x=22$　$\therefore x=2$　これを①に代入して，$3\times2+y=20$，$6+y=20$　$\therefore y=14$

(7)<二次方程式>解の公式より，$x=\frac{-(-6)\pm\sqrt{(-6)^2-4\times1\times7}}{2\times1}=\frac{6\pm\sqrt{8}}{2}=\frac{6\pm2\sqrt{2}}{2}=3\pm\sqrt{2}$ となる。

(8)<空間図形―角度>円錐を展開すると，右図のように，半径が12cmのおうぎ形と半径が3cmの円になる。側面のおうぎ形の弧の長さと底面の円の周の長さは等しいから，おうぎ形の中心角を a とすると，$2\pi\times12\times\frac{a}{360°}=2\pi\times3$ が成り立つ。これを解くと，$\frac{a}{360°}=\frac{1}{4}$ より，$a=90°$ となる。

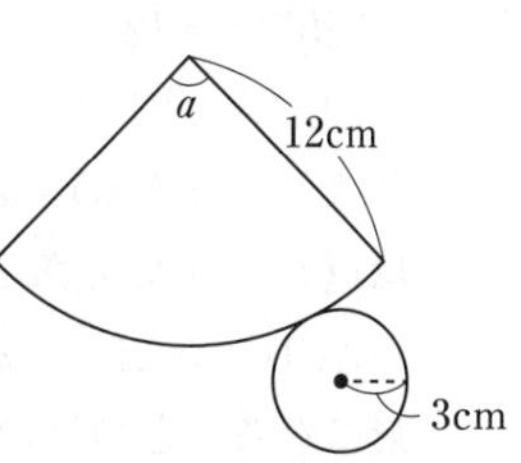

2〔独立小問集合題〕

(1)<データの活用―四分位数，四分位範囲，正誤問題>(i)箱ひげ図より，英語の第1四分位数は40点で，第３四分位数は70点だから，四分位範囲は，$70-40=30$(点)である。　(ii)まず，人数は40人だから，第２四分位数(中央値)は得点が小さい方から20番目と21番目の平均値となる。よって，国語のテストについて，第２四分位数が70点であっても，70点の生徒が必ずいるとはいえない。次に，英語と国語は最高得点が同じだが，全員の得点がわからないので，得点の平均値も必ず等しくなるとはいえない。最後に，$40=20+20$より，第３四分位数は上位20人の中央値だから，大きい方から10番目と11番目の平均値となる。箱ひげ図より，英語の第３四分位数は70点，最大値は90点，国語の第２四分位数は70点，第３四分位数は85点，数学の第３四分位数は55点，最大値は80点だから，どの教科も70点以上80点未満の生徒の人数はわからない。よって，70点以上80点未満の生徒が最も多い教科は，図の資料では読み解くことができない。

(2)<数量の計算>(i)価格が50000円の宝石Ａを２つに割ったところ，重さの比は$1:3$となったので，軽い方の宝石Ａはもとの宝石Ａの重さの$\frac{1}{1+3}=\frac{1}{4}$となる。よって，宝石Ａの価格は重さに比例するので，軽い方の宝石の価格は，$50000\times\frac{1}{4}=12500$(円)である。　(ii)価格が900000円の宝石Ｂを２つに割ってしまい，重さの比が$1:2$になったので，軽い方の宝石Ｂともとの宝石Ｂの重さの比は，$1:(1+2)=1:3$となり，重い方の宝石Ｂともとの宝石Ｂの重さの比は，$2:(1+2)=2:3$となる。宝石Ｂの価格は重さの３乗に比例するので，軽い方の宝石Ｂともとの宝石Ｂの価格の比は，$1^3:3^3=1:27$となり，重い方の宝石Ｂともとの宝石Ｂの価格の比は，$2^3:3^3=8:27$となる。これより，割れた２つの宝石Ｂの価格の合計ともとの宝石Ｂの価格の比は，$(1+8):27=9:27=1:3$となる。よって，割れた２つの宝石Ｂの価格の合計は，$900000\times\frac{1}{3}=300000$(円)である。

3〔データの活用―確率―さいころ〕

(1)<確率>大小２つのさいころを同時に１回投げたとき，目の出方はそれぞれ６通りあるから，出た目の組は全部で$6\times6=36$(通り)ある。このうち，移動後の点Ｐと点Ｑが同じ頂点上にくるのは，(大，小)=(1，4)，(2，5)，(3，6)，(4，1)，(5，2)，(6，3)の６通りある。よって，求める確率は$\frac{6}{36}=\frac{1}{6}$である。

図１

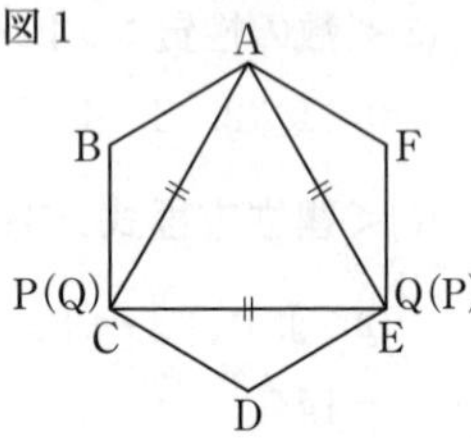

(2)<確率>頂点Ａと，移動後の点Ｐと点Ｑの３点を結んだ三角形が正三角形となるのは，右図１のように，点Ｐが頂点Ｃ，点Ｑが頂点Ｅにあるときと，点Ｐが頂点Ｅ，点Ｑが頂点Ｃにあるときである。このような目の出方は，(大，小)=(2，1)，(4，5)の２通りだから，求める確率は$\frac{2}{36}=\frac{1}{18}$である。

図２

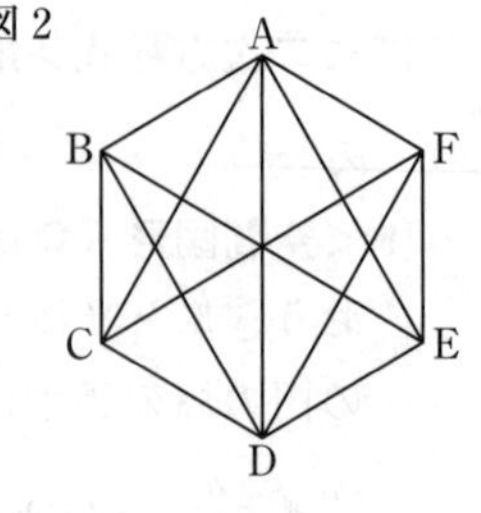

(3)<確率>右図２で，点Ｄと２点Ａ，Ｂをそれぞれ結ぶ。六角形ABCDEFは正六角形だから，内角の和は，$180^\circ\times(6-2)=720^\circ$より，$\angle ABC=\angle BCD=720^\circ\div6=120^\circ$となる。また，△BCDはBC＝CDの二等辺三角形だから，$\angle CBD=\angle CDB=(180^\circ-\angle BCD)\div2=(180^\circ-120^\circ)\div2=30^\circ$となる。これより，$\angle ABD=\angle ABC-\angle CBD=120^\circ-30^\circ=90^\circ$となるので，△ABDは直角三角形である。同様に考えると，点Ａを頂点に持つ直角三角形は△ACD，△ADE，△ADF，△ABE，△ACFとなる。これらの直角三角形になるときの目の出方は，(大，小)=(1，1)，(1，6)，(2，2)，(2，6)，(3，1)，(3，2)，(3，4)，(3，5)，(4，4)，(4，6)，(5，5)，(5，6)の12通りある。よって，求める確率は$\frac{12}{36}=\frac{1}{3}$である。

4〔独立小問集合題〕

(1)＜平面図形―長さ＞右図1で，2点O，Aを結ぶ。円の中心Oは，弦ABの垂直二等分線上にあるから，点Pは弦ABの中点で，$AP=\frac{1}{2}AB=\frac{1}{2}\times30=15$となる。また，円の半径より，$OQ=OA=r$となり，$OP=OQ-PQ=r-5$となる。$\angle OPA=90^\circ$だから，△OPAで三平方の定理を用いると，$AP^2+OP^2=OA^2$より，$15^2+(r-5)^2=r^2$が成り立つ。これを解くと，$225+r^2-10r+25=r^2$，$10r=250$より，$r=25$(cm)である。

図1

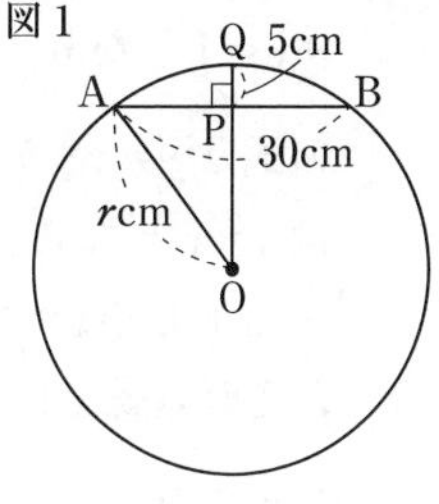

(2)＜平面図形―角度，長さの比＞(i)右図2で，$\angle DAC=a$とすると，$\overset{\frown}{CD}$に対する円周角より，$\angle CBQ=\angle DAC=a$となる。△ACPで内角と外角の関係より，$\angle QCB=\angle APC+\angle DAC=30^\circ+a$と表せる。また，△BCQで内角と外角の関係より，$\angle CBQ+\angle QCB=\angle AQB$だから，$a+(30^\circ+a)=70^\circ$が成り立つ。これを解くと，$2a=40^\circ$より，$a=20^\circ$である。　(ii)図2で，(i)より，$\angle DAC=a=20^\circ$，$\angle QCB=30^\circ+a=30^\circ+20^\circ=50^\circ$となる。よって，$\angle ACB:\angle DAC=50^\circ:20^\circ=5:2$となるので，$\overset{\frown}{AB}:\overset{\frown}{CD}=5:2$である。

図2

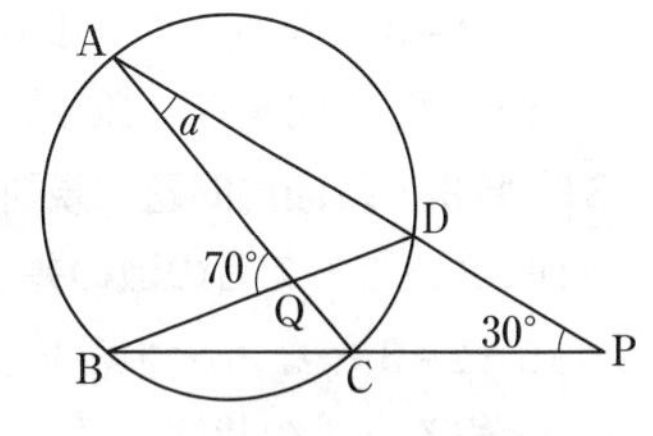

(3)＜平面図形―面積＞右図3で，△AECと△ADCは底辺をそれぞれAE，ADと見ると，高さが等しいから，△AEC：△ADC＝AE：AD＝2：(2＋3)＝2：5となる。これより，$\triangle ADC=\frac{5}{2}\triangle AEC=\frac{5}{2}S$となる。また，△ADCと△ABCの底辺をそれぞれDC，BCと見ると，高さが等しいから，△ADC：△ABC＝DC：BC＝3：(2＋3)＝3：5となる。よって，$\triangle ABC=\frac{5}{3}\triangle ADC=\frac{5}{3}\times\frac{5}{2}S=\frac{25}{6}S$である。

図3

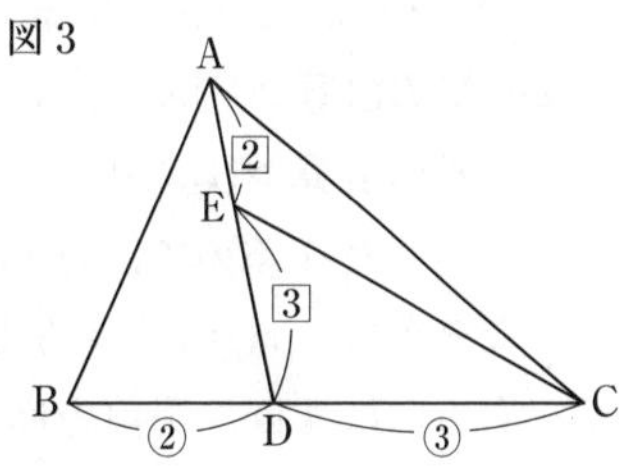

5〔関数―関数$y=x^2$と一次関数のグラフ〕

(1)＜座標＞右図で，点Aは関数$y=-2x+9$のグラフ上にあり，x座標は1だから，$y=-2\times1+9=7$より，A(1，7)である。また，点Cは関数$y=x^2$のグラフ上にあり，x座標は1だから，$y=1^2=1$より，C(1，1)である。

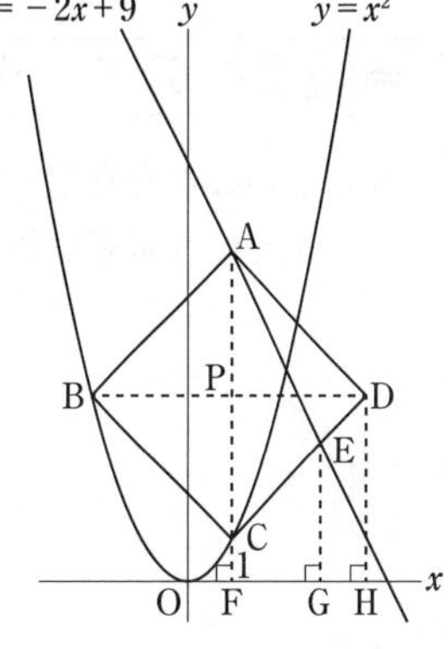

(2)＜座標，面積，長さ＞右図で，線分ACと線分BDの交点をPとすると，四角形ABCDは正方形なので，点Pは線分ACの中点となる。2点A，Cのx座標は等しいので，AC∥〔y軸〕となり，$AC=7-1=6$より，$AP=\frac{1}{2}AC=\frac{1}{2}\times6=3$となる。よって，点Pの$y$座標は，$7-3=4$となり，P(1，4)である。また，2点B，Dの$y$座標は等しいので，BD∥〔$x$軸〕となる。これより，2点B，Dの$y$座標は点Pの$y$座標と等しく4となる。点Bは関数$y=x^2$のグラフ上にあるので，$4=x^2$，$x=\pm2$となり，$x<0$より，$x=-2$となる。したがって，B(－2，4)である。また，AC⊥BD，BD＝AC＝6だから，〔四角形ABCD〕$=\frac{1}{2}\times AC\times BD=\frac{1}{2}\times6\times6=18$である。さらに，△ABPはAP＝BPの直角二等辺三角形となるので，$AB=\sqrt{2}AP=\sqrt{2}\times3=3\sqrt{2}$より，各辺の長さは$3\sqrt{2}$である。

(3)＜面積比＞右上図で，(2)より，BD∥〔x軸〕で，B(－2，4)，BD＝6だから，点Dのx座標は，－2

$+6=4$ となり，D(4, 4)である。また，C(1, 1)だから，直線CDの傾きは，$\dfrac{4-1}{4-1}=1$ となり，その式は $y=x+b$ とおける。これが点Cを通るので，$1=1+b$，$b=0$ となる。よって，直線CDの式は $y=x$ となる。点Eは直線 $y=-2x+9$ と直線 $y=x$ の交点だから，2式から y を消去して，$x=-2x+9$，$3x=9$，$x=3$ より，点Eの x 座標は3となる。ここで，3点C，E，Dから，x 軸にそれぞれ垂線CF，EG，DHを引く。CF∥EG∥DHより，CE：ED＝FG：GH＝(3−1)：(4−3)＝2：1となる。よって，$\mathrm{ED}=\dfrac{1}{2+1}\mathrm{CD}=\dfrac{1}{3}\times3\sqrt{2}=\sqrt{2}$ だから，$\triangle\mathrm{AED}=\dfrac{1}{2}\times\mathrm{ED}\times\mathrm{AD}=\dfrac{1}{2}\times\sqrt{2}\times3\sqrt{2}=3$ となる。これより，〔四角形ABCE〕＝〔四角形ABCD〕－△AED＝18－3＝15となる。したがって，〔四角形ABCE〕：△AED＝15：3＝5：1である。

6〔特殊・新傾向問題―規則性〕

(1)＜さいころの目の数の差＞②の状態では，上面の目の数が5，下面の目の数が2となるので，$x_2=5-2=3$ となる。③の状態では，上面の目の数が4，下面の目の数が3となるので，$x_3=4-3=1$ となる。④の状態では，上面の目の数が2，下面の目の数が5となり，⑤の状態では，上面の目の数が6，下面の目の数が1となる。⑥の状態では，上面の目の数が5，下面の目の数が2となるので，$x_6=5-2=3$ である。

(2)＜数の計算＞(1)より，$x_4=5-2=3$ となるので，$x_1+x_2+x_3+x_4=1+3+1+3=8$ である。

(3)＜数の計算＞(1)より，$x_5=6-1=5$，$x_6=3$ となる。⑦の状態では，上面の目の数が1，下面の目の数が6となるので，$x_7=6-1=5$ となる。⑧の状態では，上面の目の数が2，下面の目の数が5となるので，$x_8=5-2=3$ となる。⑧の状態ははじめのさいころの状態と同じで，⑧の状態から再び，右方向に4回，手前方向に4回転がすので，さいころは①～⑧の状態を繰り返すことになる。よって，2023÷8＝252あまり7より，2023の状態までは，①～⑧の状態を252回繰り返し，その後①～⑦の状態となる。したがって，$(x_1+x_2+x_3+x_4)+x_5+x_6+x_7+x_8=8+5+3+5+3=24$，$(x_1+x_2+x_3+x_4)+x_5+x_6+x_7=8+5+3+5=21$ だから，$x_1+x_2+x_3+x_4+\cdots\cdots+x_{2022}+x_{2023}=24\times252+21=6069$ である。

＝読者へのメッセージ＝

6はさいころを利用した問題でしたが，現在のように，対面の目の和が7となるさいころで最古のものは，紀元前8世紀頃のアッシリアの遺跡から発掘されています。

2023年度／流通経済大学付属柏高等学校（前期①）

国語解答

一	1 オ	2 ア	3 オ	4 ア		問7 イ	問8 ウ	問9 オ
	5 ウ				四	問1 a…イ	g…オ	問2 ウ
二	問1 1…オ	2…ア	3…カ			問3 オ	問4 エ	問5 ア
	問2 a…ウ	b…カ	問3 ウ			問6 エ	問7 イ	問8 ア
	問4 オ				五	問1 a…イ	e…ア	
三	問1 イ	問2 オ	問3 ウ			問2 b…ウ	c…ア	問3 エ
	問4 エ	問5 エ	問6 ア			問4 イ		

一〔漢字〕

1．「喚起」と書く。アは「換算」，イは「閑散」，ウは「寛容」，エは「簡易」，オは「喚問」。

2．「招致」と書く。アは「極致」，イは「恥辱」，ウは「倒置」，エは「遅延」，オは「法治」。

3．「譲歩」と書く。アは「土壌」，イは「醸造」，ウは「蒸留」，エは「令嬢」，オは「謙譲」。

4．「売却」と書く。アは「却下」，イは「脚光」，ウは「接客」，エは「逆襲」，オは「残虐」。

5．「凝(らして)」と書く。アは「疑惑」，イは「眺望」，ウは「凝固」，エは「遭遇」，オは「黙認」。

二〔国語の知識〕

問1＜漢字＞1．「玄人」は，「くろうと」と読む。　2．「健気」は，「けなげ」と読む。　3．「流石」は，「さすが」と読む。

問2＜品詞＞a．「うれしそうでした」の「そうでし」は，様態の助動詞「そうです」の連用形。「そうです」は，助動詞「そうだ」の語幹に助動詞「です」がついたものと見る説もある。　b．「鉛のような飯」の「ような」は，比況の助動詞「ようだ」の連体形。

問3＜語句＞「前進―後退」と「軽薄―重厚」は，前―後，進―退，軽―重，薄―厚と，上の字どうしと下の字どうしが反対の意味になっている対義語。

問4＜文学史＞『平家物語』は，鎌倉時代に成立した軍記物語である。

三〔随筆の読解―芸術・文学・言語学的分野―文章〕出典；高田宏「闇夜の冒険」（『ことばの処方箋』所収）。

≪本文の概要≫私は，自分の原稿はほぼ推敲(すいこう)しない。昔は私も文章を推敲したが，その頃の文章は頭だけで考えた文章で，今，読む気はしない。私はあるとき，文章は一つの生き物で，書く前に考えていたこととは別に，それ自身で生まれ育っていくのであり，書き直しをしたら文章が生気をなくしてしまうことに気がついた。そのときから，メモと推敲をやめ，下書きもしない。頭で考えることと書くことは別であり，書く前に頭で考えてメモをつくっていても，書き始めたらそのとおりにはならない。書く前にあらかじめよく考える方がよいのは，実用の文章である。実用の文章は，書く前にすでにあるものを，できるだけ忠実に，正確に，明快に，文章に移しかえる作業であるから，文章技術が必要になる。しかし，文芸の文章はそうではない。それどころか，実用の文章の技術を持ち込んだらだめになってしまう。文芸の文章では，書き手は書く中で新しい自分を見つけてゆく。言葉の力に動かされてゆくとき，思いがけない自分が出てくる。それでよいのである。

問1＜文章内容＞「私」も昔は，「文章というものは手を加えるだけ，良くなるものだと思いこんでいた」が，「書くことに集中しているときは，メモなんかあっても，どんどんそこからはずれて」いき，無理に戻ろうとすれば「文章が生気をなくしてしまう」ことに，あるとき気がついた。生気のない「頭だけで考えた文章」は「息苦しい，つくりものの文章である」から，「そのころ書いたものは，いま読む気がしない」のである。

問２＜文章内容＞「書くことに集中しているとき」は，「メモなんかあっても，どんどんそこからはずれて」いく。文章は「一つの生きもの」らしく，「書く前に考えていたこととは別に，それ自身で生まれ育ってゆく」のである。そのようにして書くと，「生まれてきた文章は，自分が書いたのにちがいはないのだが，おや，これが自分かと思うようなものを持っている」のであり，書くことによって「それまで見えていなかった自分が見えてくる」ことになるのである。

問３＜文学史＞『老人と海』は，ヘミングウェイの小説。『戦争と平和』は，トルストイの小説。『罪と罰』は，ドストエフスキーの小説。『車輪の下』は，ヘッセの小説。

問４＜文章内容＞「私」が「自然に気がついた」ように，文芸の文章を書いているときは，「メモなんかあっても，どんどんそこからはずれて」いき，「後もどりはきかない」のである。「無理にメモの筋へもどろうとすれば，文章が生気をなくしてしまう」ため，「いったん書いたものは，あとからは直せない」ということになる。

問５＜文章内容＞言葉には「不思議な力」があって，「それ自体でうごいて」いく。「書く前に頭で考えてメモをつくっていても，書きはじめたら，その通りにはならない」のであり，「一行が次の一行を生んでいく」のである。

問６＜文章内容＞「実用の文章」は，書く前に「細部にわたってよく考え，メモをつくり，その上で書く」のがよいし，「書いたものは推敲する」のがよい。このような文章を書くのは，「書く前にすでにあるものを，できるだけ忠実に，正確に，明快に，文章に移しかえるという作業」である。このような文章は「設計図があって機械を作るのと同じ」であり，「予定通りのものができなくてはならない」ので，「文章技術」が必要となる。一方，「文芸の文章」は，「言霊」のような「不思議な力」があって，「その力によって書いたものは，あとから変えることができない」ため，「書き放し」になる。文芸の文章に「実用の文章の技術を持ちこんだら，だめになってしまう」のであり，「すでにあるものを文章につくる作業」ではないため，技術もない。そうして書くとき，「書き手は，書くなかで新しい自分を見つけてゆく」のである。

問７＜文章内容＞「実用の文章」を書く場合は，あらかじめよく考えて「下書き」をつくって書き，「書いたものは推敲する」のがよい。この場合は，「まちがって読まれるようなところがないか」注意して書くので，「文章技術」が必要である。一方，「文芸の文章」の場合は，「実用の文章の技術を持ちこんだら，だめになってしまう」のであり，技術はむしろ邪魔になる。

問８＜文章内容＞文芸の文章を書くのは「すでにあるものを文章につくる作業ではない」のであり，「書き手は，書くなかで新しい自分を見つけてゆく」のである。

問９＜文章内容＞文芸の文章は，言葉が「不思議な力」を持っていて「それ自体でうごいてゆく」のであり，「言葉の力にうごかされてゆくとき，思いがけない自分が出てくる」ことになる。そして，書き手は，そのことについて「それでいいのだ」と思ってよい。

四〔小説の読解〕出典；杉山隆男『天使の見習い』（『汐留川』所収）。

問１＜語句＞ａ．「切り口上」は，一つ一つの語句を区切ってはっきり言う言い方のこと。　ｇ．「堂に入る」は，その道の奥深くまで知っていて優れていること。また，手慣れていること。

問２＜文章内容＞主任は，翔太の母親が「それにあなた，ナースの見習いじゃない。どうして翔太の看護をしてるわけ？」と，見習いの小島芳恵を見下した態度を見せた。主任は，難しい人物である翔太の母親に対して芳恵が説明しても母親は受け入れないだろうと思い，芳恵を外してこの場は主任自身が引き受けようとしたのである。

問３＜心情＞久し振りに来た母親は，自分と向き合うことよりも，いかにも翔太のためを思っているかのような言い方で芳恵や主任に文句を言ってばかりいた。それをずっと聞いていた翔太は，そういう母親の態度にうんざりしてしまった。

問４＜文章内容＞翔太が母親の言動を制し，「あんたには関係ないんだ」と「母親の顔を見ずに低くつぶや」いたということは，この親子がそれぞれ自我が強すぎて良好な関係を築けていないことを表わしている。このような関係に，二人はそれぞれ苦しんでいると考えられる。

問５＜心情＞翔太は，布団をかぶったままじっとしていたが，芳恵がこれから血圧を計ろうとしているのはわかっている。そして，この後実際に芳恵が血圧を計ろうとしているときの翔太と芳恵のやりとりからは，翔太は芳恵にはすっかりなついていることが伝わる。芳恵の出方をうかがっていたときの翔太がじっとしていたのは，芳恵が血圧を計るために翔太をつかまえるのを期待していたからだったのである。

問６＜文章内容＞芳恵は，「じゃあ，覚悟なさい。五秒数えたら行くからね」といって秒読みを始め，「最後の一を口にするかしないかのうちに」翔太の布団の中に手をつっこんだが，それからの二人は，楽しそうにじゃれ合っているようである。

問７＜文章内容＞主任は，翔太の母親が不満をぶつけても，芳恵に代わって冷静に対応し，何でもそつなく確実にこなせそうな頼もしさを感じさせる人物である。「あの主任さんだって」の「あの」を強調するような言い方には，そんな頼もしい主任でさえ，という気持ちが込められている。

問８＜心情＞中沢は「だから病院長にねじこんで小児科がゲット。もちろん，翔太係です」などと「屈託のない笑顔」で言っているが，その言葉は，「翔太の入院が来年までつづくことをとうに織りこんだ話しぶり」だった。それを聞いて，芳恵は，翔太の入院が来年もまだ続いていることを笑って話すことにひっかかるものを感じた。

五〔古文の読解―説話〕出典；『撰集抄』。

≪現代語訳≫昔，比叡山に宗順という人がおりました。長谷寺の観音に参詣なさった夜の夢に，観音が「もしもし」とおっしゃったので，宗順は座り直し姿勢を正して，かしこまっていると，「お前が本寺に帰ったときに，釣鐘が風のために落ちて，たくさんの僧坊を壊し，大勢の人が命を失うだろう。お前もそれのために，命を失うところだけれども，私に対する信心が深いので，この度は命が助かるだろう」とおっしゃったと見て，夢がさめました。そうしているうちに，二三日ほどたって，永祚の風といって，末の世までよく知られた風で，その釣鐘が突然に落ちて，人の家が十軒ほど押しつぶされて，命を失う人が，多くいらっしゃった。家が押しつぶされるとき，この本尊の観音が，宗順の上に覆いかぶさって，(宗順は)特別のけがも全くなかった。たいそう不思議でございます。

問１＜古語＞a.「居直る」は，座り直して正しい姿勢にする，という意味。　e.「にはかに」は，急に，突然，という意味。

問２＜古文の内容理解＞b．観音は，釣鐘が風で落ちて，たくさんの僧坊を壊し，大勢の人が命を失い，お前もその風にために命を失うだろう，と言った。　c．観音は，お前もその風のために命を失うはずのところだが，観音に対する信心が深いので，助かる，と言った。

問３＜古文の内容理解＞宗順が見た夢では，観音が現れて，寺に帰ったとき，釣鐘が風で落ちてたくさんの僧坊を壊し，多くの人が命を失うだろう，と宗順に言った。

問４＜古文の内容理解＞宗順が寺に帰って二三日たったとき，強い風が吹いて釣鐘が落ち，家が十軒ほど押しつぶされて大勢の人が命を落としたが，宗順は上に本尊の観音が覆いかぶさって助かった。

2023年度 流通経済大学付属柏高等学校(前期②)

【英　語】（50分）〈満点：100点〉

■リスニングテストの音声は，当社ホームページで聴くことができます。（当社による録音です）

再生に必要なユーザー名とアクセスコードは「収録内容一覧」のページに掲載しています。

1　放送を聞いて答えなさい。

1．1．3 days.　2．6 days.　3．7 days.　4．8 days.

2．1．28 dollars.　2．280 dollars.
　3．2,800 dollars.　4．28,000 dollars.

****

3．1．Because three children were noisy in the supermarket.
　2．Because she needed to work at the supermarket.
　3．Because she didn't have enough money to buy food.
　4．Because she couldn't make vegetable soup very well.

4．1．He began to buy vegetables at the supermarket.
　2．He started his job again.
　3．He began to give food to his pet.
　4．He didn't work at the supermarket anymore.

5．1．Mrs. Nunn's pet.　2．Mrs. Nunn's family.
　3．Jeff.　4．Mrs. Nunn.

※<**放送問題原稿**>は英語の問題の終わりに付けてあります。

2　次の英文を読んで，後の問いに対する答えとして最も適切なものを選びなさい。（*印の語は(注)を参考にすること）

The young king was alone in his beautiful room in the *palace. He was only sixteen years old and he was *wild-eyed, like an animal of the forest. The old king's *servants found him in the forest. At that time, the boy believed that he was the son of a poor *forester. He was brought (1) the forester. But now he knew that he was the child of the old king's daughter.

The king's daughter married an *ordinary man, a painter. ①He painted pictures on the walls of the great church. Kings were *crowned there. One day he disappeared though he didn't finish (2) the pictures. A baby was taken away from his mother's side while she slept. The forester and his wife had no children, and the baby was given to them. The princess died. When the old king was dying, he said, "My heart is heavy because I have done ②a terrible thing. I don't give my family the crown. Bring my daughter's child from the forest. ③He will be king after me."

When the boy was brought to the palace, he showed a strange love for beautiful things. He gave a happy cry when he saw his fine new clothes and rich *jewels. He quickly took (3) the old coat that he wore in the forest. He walked through the palace (4) room to room and looked at everything. On another day, people searched for the king for hours. They finally found him in a little room at the north end of the palace. He was looking at the shape of the *Greek god, Adonis, cut in a jewel.

In bed that night, the young king thought about the beautiful clothes for his special day — a gold coat and a crown with jewels. People were working day and night to finish the clothes in time. The young king imagined himself dressed as a king in the great church. His eyes closed, and he fell asleep. As he slept, he dreamed.

He dreamed that he was standing in a long, *low room. Around him were cloth-makers at work. Only a little daylight came in through narrow windows. The men's faces were *pale and thin. Little children were working with them. They were weak and hungry and their little hands shook.

The young king went to watch one of the cloth-makers. The man looked at him angrily.

"Why are you watching me ?" he said. "Did ④<u>our *employer</u> ask you to watch us ?

"Who is your employer ?" asked the young king.

"He is a man like me. But *unlike me, he wears fine clothes. And while I am hungry, he has too much food."

"You are not a *slave," said the young king. "Your employer does not *own you."

"The rich make poor people their slaves," answered the cloth-maker. "We must work to live. But they pay us too little and we die. But ⑤<u>these things</u> do not *matter to you. You are not one of us: your face is too happy."

He turned away and continued his work. Then the young king saw that the cloth-maker was making gold cloth. He felt a *sudden fear.

"Who are you making that cloth for ?" he asked.

"I am making it for the crowning of the young king."

The young king woke up with a loud cry. He was in his own room in the palace. The young king fell *asleep again and dreamed.

He was walking through a dark forest full (5) strange fruit and flowers. He kept walking until he came out of the forest. There he saw a great crowd of men who were working in a dry river. They were making large holes in the ground and breaking the rocks with tools. The young king turned and saw an old man standing behind him, with a mirror in his hand.

"Who are these men ?" he asked.

"The people in the *walled cities have no food, and little water," said the old man. "But these men are working in the river to find . . ."

"What are they trying to find ?"

"Jewels — for a king's crown," said the old man.

"For which king ?"

"Look in the mirror and you will see him."

The young king looked in the mirror and he saw his own face. He woke up with a great cry.

（注） palace：宮殿　wild-eyed：凶暴な目つきな　servant：使用人
forester：森林を管理する人　ordinary：一般の　crown：～を王位につかせる，王冠
jewel：宝石　Greek：ギリシャの　low：低層の
pale：青白い　employer：雇い主　unlike：～と違って
slave：奴隷　own：～を所有する　matter：重要である
sudden fear：突然の恐怖　asleep：眠って　walled：壁で囲われた

問１　（１）～（５）に入るものを下の選択肢からそれぞれ１つずつ選びなさい。

(1)：1　by　　2　in by　　3　at by　　4　up by
(2)：1　paint　　2　painted　　3　painting　　4　to paint
(3)：1　at　　2　from　　3　off　　4　between
(4)：1　at　　2　from　　3　off　　4　between
(5)：1　of　　2　off　　3　to　　4　with

問2　下線部①・③が指している人物を下の選択肢からそれぞれ選びなさい。
1．The Princess child　　2．A painter　　3．The forester
4．The princess' father　　5．The cloth-maker

問3　下線部②は具体的にどのようなことか。下の選択肢から1つ選びなさい。
1．画家が絵を描き終えなかったこと。
2．自分の孫を城から追い出したこと。
3．森林を管理する人に王位を継承しようとしたこと。
4．自分の娘を城から追い出したこと。

問4　下線部④は誰のことか。下の選択肢から1つ選びなさい。
1．The old king　　2．The young king
3．The forester　　4．One of the cloth-makers

問5　下線部⑤が指す内容を下の選択肢から全て選びなさい。
1．新しい王様は木こりの息子であること。
2．新しい王様は芸術作品に興味を持っていること。
3．新しい王様の服を作っている者は生きるために働かなければいけないこと。
4．新しい王様の服を作っている者は安い賃金で働かなければいけないこと。
5．貧しい者は金持ちの奴隷ではないこと。

問6　各文の下線部に入るものとして最も適切なものをそれぞれ下の選択肢から1つずつ選びなさい。
1　The young king came back to the palace after ＿＿＿＿＿.
　1．he was sixty years old
　2．his mother died
　3．the painter finished painting the pictures
　4．the cloth-makers finished making his cloth
2．The young king was interested in ＿＿＿＿＿.
　1．beautiful things in the palace　　2．the pictures in the church
　3．people in the forest　　4．life in the forest
3．The young king saw ＿＿＿ in the mirror that the old man had.
　1．the old king　　2．his father　　3．himself　　4．nobody

3　次の英文を読んで，後の問いに対する答えとして最も適切なものを選びなさい。（＊印の語は(注)を参考にすること）

When Heidi woke next morning, the sun was shining brightly. She jumped out of her bed and got dressed. Peter was waiting outside the *hut with the *herd of *goats as Uncle Alp brought his two goats, Daisy and Dusky, from their *stall.

"Do you want to go to the *pasture with Peter today ?" he asked Heidi.

"Yes, please, Grandfather," she said.

"Peter, give me your bag," said Uncle Alp.

The old man put a mug, a large piece of bread, and some cheese into the bag.

"This is Heidi's dinner," he said to the boy. "Fill her mug with milk from my goats. Take care of my granddaughter. The mountain *slopes are *steep and the paths are dangerous. Don't go into the *ravine."

The sun shone in the blue sky and pretty mountain flowers covered the ground. Heidi ran about excitedly. She picked lots of flowers and carried them in her skirt.

"Come on!" called Peter. "You've got enough flowers now. Don't pick any more."

At last, they reached the pasture and the goats began to eat the sweet grass. Only a few bushes and some small trees grew on the highest slopes of the mountain. The top of the mountain was *bare rock.

It was warm and peaceful on the pasture. Peter lay on the grass and very soon he was asleep. Heidi sat down beside Peter and looked around. Beside her, there was an *extremely steep slope. This was the ravine: the ground dropped down many thousands of meters, to the valley, far below. On the other side of the valley, there was a high mountain. Its *peak was covered in snow.

Suddenly, Heidi heard a loud cry. She looked up and saw a big bird flying high above her head.

"Peter! Peter!" she shouted.

Peter woke up and Heidi pointed at the bird. "What is it?" she asked.

The bird flew in large circles and then disappeared near the top of the mountain.

"That's a *hawk," said Peter. "It's gone home to its *nest."

"Let's climb up and see where the hawk lives," said Heidi.

"Oh, no," replied Peter. "Its nest is much too high. Even the goats can't climb up there."

After a few minutes, Peter started *whistling and shouting. When the goats heard his voice, they came to him. He began to lead them down the path. When they reached the lower pasture, Peter opened his bag and took out all the bread and cheese. Heidi's pieces of bread and cheese were much larger than his own dinner. Peter went to Daisy and filled Heidi's mug with white goat's milk.

"It's dinner time," he said. "Sit down and eat."

"Is the milk for me?" Heidi asked.

"Yes," he replied. "And this bread and cheese."

Heidi drank the milk, but she only ate a little of the bread. Then she gave the cheese and the rest of her bread to Peter. He looked surprised and pleased.

"What are the names of the goats?" Heidi asked.

A

"Why are you crying, Snowflake?" Heidi asked.

"She's missing her mother," said Peter. "Her owner sold Snowflake's mother to someone in Mayfield."

"Don't cry, Snowflake," said Heidi. "I'll be up here every day now. You can come to me if you feel lonely."

(注) hut：山小屋　herd：群れ　goat：ヤギ
stall：小部屋　pasture：牧草地　slope：斜面
steep：険しい　ravine：峡谷　bare rock：岩肌
extremely：きわめて　peak：山頂　hawk：タカ
nest：巣　whistle：口笛を吹く

問1　次の質問の答えとして最も適切なものをそれぞれ選びなさい。

1．What did Uncle Alp give Peter ?

1．He gave him Peter's dinner.

2．He gave him Heidi's dinner.

3．He gave him the sweet grass.

4．He gave him dishes for their dinner.

2．What did Heidi get in the mountain ?

1．She got some goats.

2．She got the sweet grass for the goats.

3．She got some flowers.

4．She got nothing in the mountain.

3．How was the pasture in the mountain ?

1．Another group of goats were already there.

2．There were some trees and a few bushes.

3．It was sunny but very cold there.

4．It was covered with snow.

4．Whose cry did Heidi hear at the higher pasture ?

1．Peter's.　　2．Goats'.

3．A Hawk's.　　4．Uncle Alp's.

5．Where was the Hawk's nest ?

1．It was in the pasture.

2．It was near the top of the mountain.

3．It was near Uncle Alp's house.

4．It was high enough for their goats to climb.

6．Where did Peter and Heidi eat their dinner ?

1．At the top of the mountain.

2．At the higher pasture.

3．At the lower pasture.

4．At Uncle Alp's house.

7．Why was Snowflake crying ?

1．Because it didn't like going to the pasture.

2．Because it was afraid of the Hawk.

3．Because it couldn't meet its mother.

4．Because it would be sold the next day.

問2　空所 A の前後の内容を踏まえて，1～3の英文を順番（ 8 ～ 10 ）に並べかえなさい。

1．Snowflake, a beautiful little white goat, was making sad little noises.

2．Heidi ran up to the small goat and put her arms round its neck.

3．Peter said to her, "Big Turk and Finch, Dusky and Daisy, Spot and Snowflake."

8 → 9 → 10

4 次の英文の(　)内に入れるのに最も適した語句を，次の選択肢からそれぞれ選びなさい。

1．I can't finish my homework because my computer has (　　　　).

　1　wrong something　　2　something wrong

　3　long something　　4　something long

2．I'm really happy (　　) this news.

　1　hear　　2　to hear　　3　heard　　4　to be heard

3．She enjoys walking around the town and (　　　　) there.

　1　to take pictures　　2　taking pictures

　3　took pictures　　4　take pictures

4．"Have you ever (　　) to Kyoto ?"　"Yes, twice."

　1　go　　2　went　　3　gone　　4　been

5．He helped (　　　　) yesterday.

　1　my homework　　2　me with my homework

　3　me my homework　　4　my homework with me

6．"Takashi, dinner's ready !"　"OK.　I'm (　　)."

　1　eating　　2　coming　　3　going　　4　taking

5 日本文を参考にして正しい英文になるように(　)内の語を並べかえ，(　)内で３番目と６番目に来るものをそれぞれ選びなさい。(文頭に来る語も小文字で書かれています)

1．この仕事を終えるのに10時間かかった。

　(1　took　　2　ten hours　　3　the work　　4　it　　5　to　　6　me　　7　finish).

2．テーブルの上には昨日私が買った数個のリンゴがあります。

　There (1　on　　2　which　　3　are　　4　bought yesterday　　5　a　　6　I　　7　apples　　8　few) the table.

3．ジョンはクラスの男子の中で一番背が高いです。

　(1　in　　2　any　　3　John　　4　is　　5　than　　6　other　　7　taller　　8　boy　　9　the) class.

4．私は兄と同じ数の赤鉛筆を持っています。

　(1　pencils　　2　I　　3　my brother　　4　as many　　5　have　　6　red　　7　as).

5．タカシが入ったレストランはどこですか。

　(1　went　　2　where　　3　in　　4　is　　5　Takashi　　6　restaurant　　7　the) ?

6．私たちが暮らすのに良い家を見つけた。

　(1　house　　2　live　　3　I　　4　a nice　　5　to　　6　found　　7　us　　8　for) in.

6 次の手紙を読んで問いに答えなさい。(＊印の語は(注)を参考にすること)

Hi Adam,

You asked our English club to take care of the guests from Australia next month. We are working to make a perfect plan. You told us that for most of the students this would be their first visit to Japan and a Japanese high school. We are so excited!

I understand that we are taking care of the 20 students in the afternoon because they will spend the morning hours with the members of the *student council. Students will give presentations in our student hall at 10:30. Then, we use the Friends System, each of our club members will be one of their friends, and we build friendship and play together. Here, we have a couple of questions. Shall we have lunch with them at noon? When we finish all the activities, where should we all meet again? The student hall, the school gate, or the entrance hall?

In our plan for the afternoon, the guests will experience some club activities unique to Japan. We have already asked the following four clubs: *Japanese archery club, Calligraphy club, Karate club, and Tea ceremony club. They said yes, and each of them needs 30 minutes. We think that we should *avoid physical activity clubs right after having lunch and should do them later. How does that sound? Do you have any ideas?

Yours,
Haruka

(注) student council：生徒会　Japanese archery club：弓道部　avoid：～を避ける

Hi Haruka,

Thank you for your email. You've been working hard on the plan. For your first question, I'd like you to have lunch with them because getting to know each other before going to the club activities is nicer. Of course, the council members are welcome to join them, too. As for the meeting spot before leaving school, I think the entrance hall is convenient.

I agree with your opinion of non-physical club first because it will start right after lunch. To me, tea ceremony sounds good after lunch. Between the two sports clubs, either can come first but you have to change from *slippers to your shoes to go to the dojo of Japanese archery. If we make it last, they don't have to change shoes too often.

Thank you so much for your efforts. Could you make a note for the schedule?

Best,
Adam

(注) slipper：室内履き

1．In what order would students try club activities ?

A．Japanese archery club

B．Calligraphy club

C．Karate club

D．Tea ceremony club

1．D→A→B→C　　2．D→B→A→C

3．D→C→A→B　　4．D→B→C→A

2．What will the guest put on to go to the Karate dojo ?

1．Their own shoes.　　2．Their school uniform.

3．Karate uniform.　　4．Slippers.

3．For the Australian students, which would be the unique part ?

1．Giving presentation.

2．Having lunch together.

3．Experiencing Japanese club activities.

4．Speaking English.

4．What did Adam ask Haruka to do ?

1．To eat lunch with him.　　2．To talk for 30 minutes.

3．To write down the schedule.　　4．To check the slippers.

5．Where will they meet before leaving school ?

1．At the Karate dojo.　　2．At the school gate.

3．At the student hall.　　4．At the entrance hall.

＜放送問題原稿＞

1　Ms. Brown と Taku の対話を聞いて，1・2の質問に答えなさい。

Ms. Brown : May I help you ?

Taku : Yes, please. I'd like to study English this summer. What language program do you have ?

Ms. Brown : We have basic and high-level courses. The basic courses are for people who want to study 6 days a week. The high-level courses are only 3 days a week. Which courses are you interested in ?

Taku : The basic courses.

Ms. Brown : Would you like to study all day or just in the morning or afternoon ?

Taku : I'd like to study only in the morning.

Ms. Brown : Then you should take the basic B class.

Taku : When does it start ?

Ms. Brown : On July 12.

Taku : How long is it for ?

Ms. Brown : 6 weeks.

Taku : And how much does it cost ?

Ms. Brown : 280 dollars.

Taku : Can I join now ?

Ms. Brown : Certainly. Would you write your name, address and phone number here ?

1．How many days do students have to study a week in high-level courses ?

2．How much does Taku have to pay ?

次の英文を聞いて，3～5の質問に答えなさい。

One day Mrs. Nunn was at the supermarket with her three children. She looked worried because her husband had no work, and she had only a little money for food.

At the supermarket, a young man was working. His name was Jeff. Everyday Jeff was throwing old vegetables into a box. "Can I have those vegetables ?" Mrs. Nunn asked. "We have a pet rabbit. I have to give the vegetables to the rabbit." she said.

"Sure, you can have the vegetables," Jeff said. To tell the truth, Mrs. Nunn wanted the old vegetables to make soup for her family.

Every week Jeff gave Mrs. Nunn a box of vegetables for the "rabbit." Sometimes Mrs. Nunn found cans of soup under the vegetables. Sometimes she found soup, juice, or baby food.

When Mrs. Nunn went to the supermarket one day, Jeff was not there. He didn't work at the supermarket anymore. But it didn't cause any problems. Soon after that, Mrs. Nunn's husband began to work again. She didn't need the old vegetables.

After ten years, Mrs. Nunn saw Jeff when she was shopping at the supermarket. He was standing in the store's office. He became the store manager.

"Mrs. Nunn !" Jeff said. "I think of you and your family often." Then he spoke quietly. "How is the rabbit ?" "Thank you for asking," Mrs. Nunn said and smiled. "The rabbit doesn't need old vegetables now. We are all doing fine."

3．Why did Mrs. Nunn look worried ?

4．What happened to her husband after Jeff left the supermarket ?

5．What is the rabbit in the end ?

【数　学】（50分）〈満点：100点〉

（注意）(1)　解答が分数の形で求められているときは，約分した形で答えること。

(2)　解答が比の形で求められているときは，最も簡単な整数の比で答えること。

(3)　問題の図は略図である。

全問とも，□の中に当てはまる数字を求めなさい。

1　次の問いに答えなさい。

(1)　$(-0.25)^2 \div \frac{3}{8} - \frac{7}{8}$ を計算すると，$-\frac{\boxed{ア}\boxed{イ}}{\boxed{ウ}\boxed{エ}}$ である。

(2)　$\sqrt{54} - \sqrt{\frac{2}{3}}$ を計算すると，$\frac{\boxed{オ}\sqrt{\boxed{カ}}}{\boxed{キ}}$ である。

(3)　連立方程式 $\begin{cases} -3x+y=-34 \\ 5x-2y=59 \end{cases}$ を解くと，$x=\boxed{ク}$，$y=-\boxed{ケ}$ である。

(4)　3000円の商品の値段から34%割り引くと，$\boxed{コ}\boxed{サ}\boxed{シ}\boxed{ス}$ 円となる。

(5)　底面の半径が3 cm，母線が9 cmの円すいの側面積は，$\boxed{セ}\boxed{ソ}\pi\,\text{cm}^2$ である。

(6)　$(x-1)^2-5(x-1)-14$ を因数分解すると，$(x+\boxed{タ})(x-\boxed{チ})$ である。

(7)　方程式 $3x^2-4x-7=0$ を解くと，$x=-\boxed{ツ}$，$\frac{\boxed{テ}}{\boxed{ト}}$ である。

(8)　時速30kmで42分走ると，$\boxed{ナ}\boxed{ニ}$ km進む。

2　次の問いに答えなさい。

(1)　図の箱ひげ図は，生徒22人に10点満点の小テストを行った結果を表している。この図から読み取れることについて次の問いに答えよ。

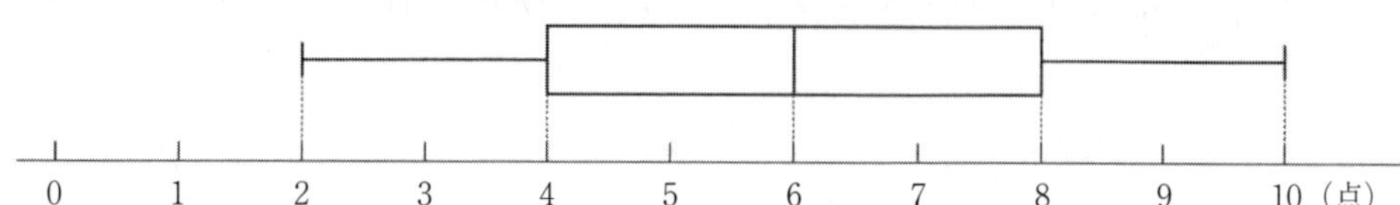

範囲は $\boxed{ア}$ 点，四分位範囲は $\boxed{イ}$ 点，第2四分位数は $\boxed{ウ}$ 点である。

次に以下の3つの文章を読んで，正しいと言えるときは0，正しいとは言えないときは1をマークせよ。

・4点を取った生徒は必ずいる。$\boxed{エ}$

・この図から平均点は6点であることがわかる。$\boxed{オ}$

・8点以上の生徒は少なくとも6人はいる。$\boxed{カ}$

(2)　箱の中に，赤いビーズだけがたくさん入っている。この中に赤いビーズと同じ大きさの白いビーズを200個入れてよくかき混ぜた。この後もう一度，ビーズを取り出すと54個あり，この中に白いビーズが12個入っていた。このことから箱の中に赤いビーズはおよそ $\boxed{キ}\boxed{ク}\boxed{ケ}$ 個あると推定できる。

3　次の問いに答えなさい。

1から5までの数を1つずつ書いた5枚のカードをよくきって，その中から同時に2枚のカードを引くとき，次の確率を求めなさい。

(1)　2枚のカードの数の和が素数になる確率は $\frac{\boxed{ア}}{\boxed{イ}}$ である。

(2)　2枚のカードの数の積が$\sqrt{65}$より小さくなる確率は$\dfrac{\boxed{ウ}}{\boxed{エ}}$である。

(3)　2枚のカードの数のうち少なくとも1枚は奇数である確率は$\dfrac{\boxed{オ}}{\boxed{カ}\boxed{キ}}$である。

4　次の問いに答えなさい。

(1)　下の図1のように半径6 cmの円があり，$\overset{\frown}{\mathrm{AB}}$に対する円周角は12.5°である。この$\overset{\frown}{\mathrm{AB}}$の長さは$\dfrac{\boxed{ア}}{\boxed{イ}}\pi$ cmである。ただし円周率をπとする。

図1

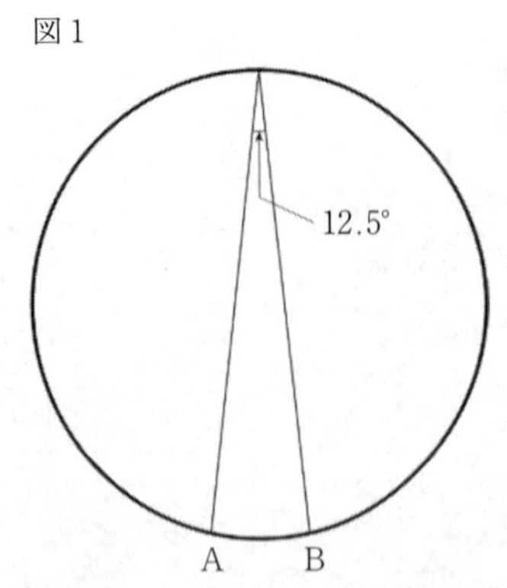

図2

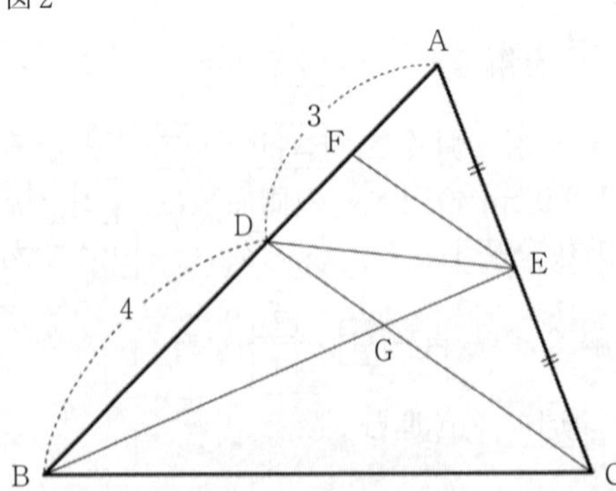

(2)　上の図2のように△ABCがあり，辺AB上に，AD：DB＝3：4となる点Dをとり，辺ACの中点をEとする。また辺AB上の点FはCD//EFとなる点である。点GはBEとCDの交点である。このとき，AF：FD＝$\boxed{ウ}$：$\boxed{エ}$，FD：DB＝$\boxed{オ}$：$\boxed{カ}$であり，△DGEの面積は△ABCの面積の$\dfrac{\boxed{キ}}{\boxed{ク}\boxed{ケ}}$倍である。

5　図のように，関数$y=ax^2$のグラフと傾きが$\dfrac{1}{2}$である直線lが，2点A，Bで交わっており，そのx座標はそれぞれ-2，4である。また，直線lとx軸の交点をCとする。このとき，次の問いに答えなさい。

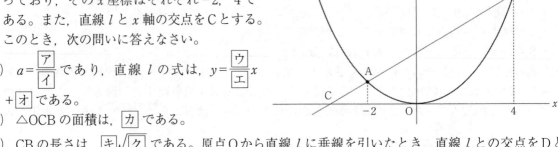

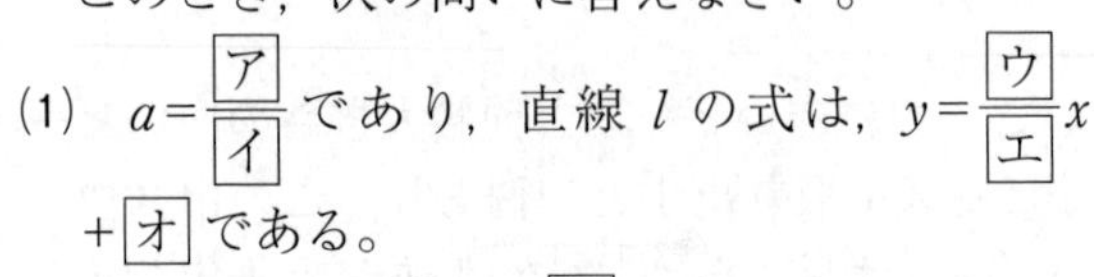

(1)　$a=\dfrac{\boxed{ア}}{\boxed{イ}}$であり，直線$l$の式は，$y=\dfrac{\boxed{ウ}}{\boxed{エ}}x+\boxed{オ}$である。

(2)　△OCBの面積は，$\boxed{カ}$である。

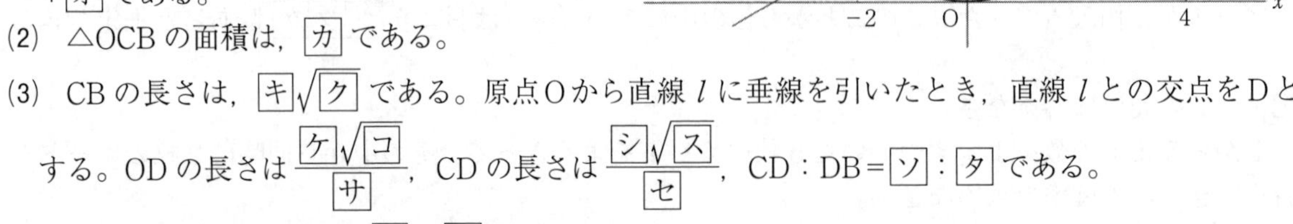

(3)　CBの長さは，$\boxed{キ}\sqrt{\boxed{ク}}$である。原点Oから直線$l$に垂線を引いたとき，直線$l$との交点をDとする。ODの長さは$\dfrac{\boxed{ケ}\sqrt{\boxed{コ}}}{\boxed{サ}}$，CDの長さは$\dfrac{\boxed{シ}\sqrt{\boxed{ス}}}{\boxed{セ}}$，CD：DB＝$\boxed{ソ}$：$\boxed{タ}$である。

また，点Dの座標は$\left(-\dfrac{\boxed{チ}}{\boxed{ツ}},\ \dfrac{\boxed{テ}}{\boxed{ト}}\right)$である。

(4)　△OCB を直線 l を軸として１回転させたときにできる立体の体積は $\dfrac{\boxed{ナ}\boxed{ニ}\sqrt{\boxed{ヌ}}}{\boxed{ネ}\boxed{ノ}}\pi$ である。

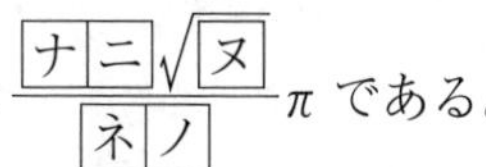

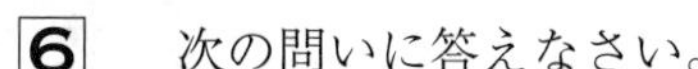

6　次の問いに答えなさい。

(1)　図１のように円に内接する四角形 ABCD について，以下のように考えて式③を作った。

□に適するものを，ア～オまでは選択群１の中から，カは選択群２の中から選び，番号で答えよ。

ただし同じ番号を何度使ってもよい。

まず線分 BD 上に，∠DAM＝∠BAC となる点Mをとる（図２）。

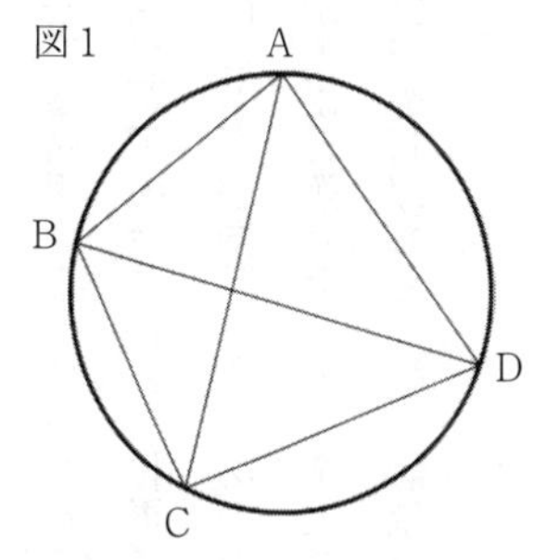

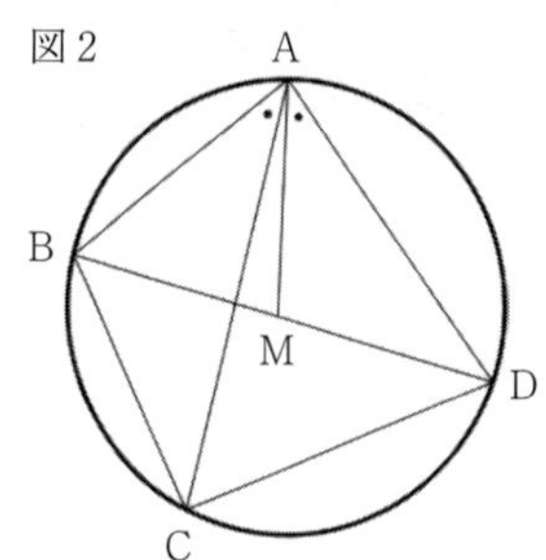

△AMD と△ABC について

∠ADM＝∠$\boxed{ア}$ より２つの角が等しいから△AMD と△ABC は相似である。

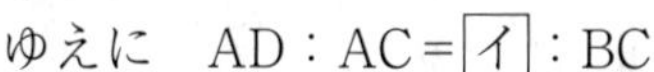

ゆえに　AD：AC＝$\boxed{イ}$：BC

この式により，AD×BC＝AC×$\boxed{イ}$　……①　が成り立つ。

次に，△ADC と△AMB について

∠DAC＝∠$\boxed{ウ}$，∠DCA＝∠$\boxed{エ}$ より２つの角が等しいから　△ADC と△AMB は相似である。

ゆえに　CD：$\boxed{オ}$＝AC：AB

この式により，AB×CD＝AC×$\boxed{オ}$　……②　が成り立つ。

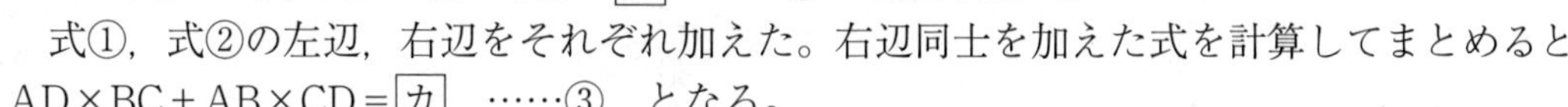

式①，式②の左辺，右辺をそれぞれ加えた。右辺同士を加えた式を計算してまとめると

AD×BC＋AB×CD＝$\boxed{カ}$　……③　となる。

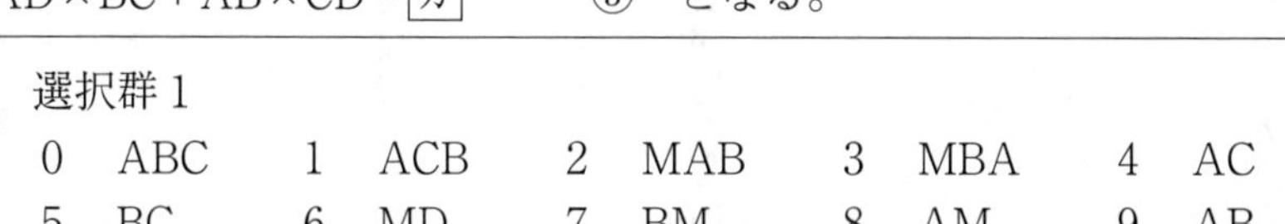

選択群１

0	ABC	1	ACB	2	MAB	3	MBA	4	AC
5	BC	6	MD	7	BM	8	AM	9	AB

選択群２

0　AC×BD　　1　AB×AD　　2　AM×AC　　3　AM×BD

(2)　図のように円に内接する１辺の長さが１cm である正五角形があり，対角線の長さを x cm とおく。x は式③を利用して求めることができる。

対角線の長さは $\dfrac{\boxed{キ}+\sqrt{\boxed{ク}}}{\boxed{ケ}}$ cm である。

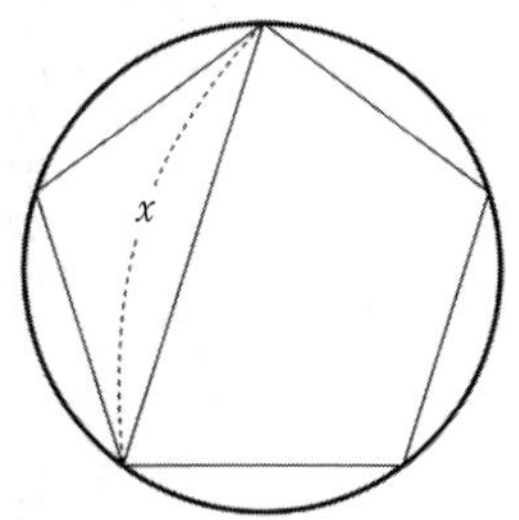

問2　傍線部b「いみじき機量」・c「拙き振舞」とはそれぞれ何のことを言っているのか。最も適切なものを次の中から選び、記号で答えなさい（解答番号はbは2・cは3）。

b「いみじき機量」
ア　優れた統率力
イ　驚くべき洞察力
ウ　立派な忍耐力
エ　素晴らしい決断力
オ　見事な集中力

c「拙き振舞」
ア　人をだますこと
イ　大臣になること
ウ　悪党を見逃すこと
エ　盗みをすること
オ　お金をためること

問3　二重傍線部d「将軍にぞ成りける」とあるが、その理由として最も適切なものを次の中から選び、記号で答えなさい（解答番号は4）。
ア　船乗りとして優れていたから。
イ　大臣に能力を認められたから。
ウ　盗賊をやって財産を築いたから。
エ　政治的な手腕が評価されたから。
オ　帝王にうまく取り入ったから。

問4　二重傍線部e「有り難くこそ」は（尊いことである）という意味であるが、どのようなことに対して言っているのか。次の中から最も適切なものを選び、記号で答えなさい（解答番号は5）。
ア　賊が怒る帝王を上手に諭したこと。
イ　大臣が帝王の命に背いて将軍にしたこと。
ウ　大臣と帝王が同じ考えであったこと。
エ　賊が大臣と巡り会って心を入れ替えたこと。
オ　大臣が惜しげもなく賊に財産を与えたこと。

問7　空欄 g と h に入るものの組み合わせとして最も適切なものを次の中から選び、記号で答えなさい（解答番号は7）。

ア（後悔・感謝）　イ（葛藤・共感）　ウ（情熱・不安）
エ（動揺・偽善）　オ（責任・同情）　カ（愛情・謝罪）

問8　傍線部ⅰ「耳許で妻の囁き声がする」とあるが、この時の「彼」の心情として最も適切なものを次の中から選び、記号で答えなさい（解答番号は8）。

ア　火は妻にとっては辛い思い出に結び付くものであり、家で火を楽しむことに批判的な妻の目を感じている。
イ　たき火を見ると幼少時の過ちと里子のことを思い出し、長年抱き続けてきた罪悪感にさいなまれている。
ウ　火は自分と妻とを結びつけた特別なものであり、妻も同じ思いで一緒に火を楽しんでいると信じている。
エ　妻も火を眺めることが好きであったから、その燃やし方にはこだわりがあるだろうと思いをめぐらしている。
オ　妻と自分は長い年月を共に過ごし、何からも邪魔されることのない深い信頼で結ばれていると思っている。

五

次の文章を読み、後の各問いに答えなさい。

昔、漢朝に戴淵（たいえん）と云（い）ひける賊も、ある時、大臣の、船に乗りて過ぎけるを、悪党あまた率ゐて、ₐかの財産を掠（かす）め取る。岸に居てぞ下知（げち）しける。謀と云ひ、機量（きりょう）と云ひ、人に勝れて見えければ、この大臣、「あはれ、ᵦいみじき機量にて、꜀掴き振舞をするものかな」と云ひけるに、心を改めて、この大臣に付きて、帝王の見参（けんざん）に入りて、ₔ将軍にぞ成りける。縁に逢ひて心を改めける事を思ふにも、ₑ有り難くこそ。

（『沙石集』より）

下知　…　指図すること。　　見参　…　お目にかかること。

問1　傍線部a「かの」が指し示すものは何か。次の中から最も適切なものを選び、記号で答えなさい（解答番号は1）。

ア　漢朝　イ　賊　ウ　戴淵　エ　大臣　オ　悪党

問4　傍線部d「まことに薄気味の悪いことだった」のはなぜか。次の中から最も適切なものを選び、記号で答えなさい（解答番号は4）。
ア　爆ぜた生栗が当たっただけなのにも関わらず、失明の恐れがあると聞いたから。
イ　自分が犯人だということは知られているはずなのに、咎められなかったから。
ウ　失明したにも関わらず、里子は以前と何も変わらない明るさをもっていたから。
エ　当然犯人さがしをされ、追及されると思ったのに、そうはならなかったから。
オ　自分が犯人だと里子は気づいていたはずなのに、全く責められなかったから。

問5　傍線部e「彼には眩しくてたまらない笑顔」とあるが、「彼」がそう感じたのはなぜか。次の中から最も適切なものを選び、記号で答えなさい（解答番号は5）。
ア　片目が義眼のハンディをものともせずに学業にはげむ姿に感動を覚えたから。
イ　片目が失明しているのを感じさせないくらい以前の明るさを保っていたから。
ウ　彼が生栗をたきびに入れた犯人だと知りながらも明るく応対してくれたから。
エ　地元の高校で生き生きと楽しく生活している様子が表情から伝わって来たから。
オ　里子を義眼にしてしまった罪の意識があって直視できないほどだったから。

問6　傍線部f「彼は、思わず里子の手を取った」とあるが、この時の「彼」の心情として**適切でないもの**を次の中から選び、記号で答えなさい（解答番号は6）。
ア　自分と同じように里子がずっと自分に好意を持っていたことに対する感激。
イ　栗を入れた人間を恨まずに自らの運の悪さを責める里子の態度に対する感嘆。
ウ　犯人が自分だと分かっていたのに、かばってくれていたことに対する感謝。
エ　失明の原因である自分のことを里子が恨んでいなかったことに対する安堵。
オ　生栗を入れたのは自分だと打ち明けたいという願いが叶ったことへの安心。

「わかってるさ。」彼は、独り言を呟いて、暖炉の脇に積み上げてある薪の小山から、一本取りに立ち上がる。

（三浦哲郎『たきび』より）

問1　傍線部ａ「苦笑が、ひとりでに火の好きな少年だった彼の頬を歪めた」とあるが、この時の「彼」の心情として最も適切なものを次の中から選び、記号で答えなさい（解答番号は１）。

ア　幼少期から火が好きだという、秘すべきことを幼馴染から指摘され、気恥ずかしさを感じている。
イ　自分でもすっかり忘れていた幼少期の話を幼馴染からされて、懐かしくも決まり悪さを感じている。
ウ　暖炉の火を眺めながら子供の頃の話をしていると、自分が年を取ったことを感じ寂しく感じている。
エ　火が好きということは誰も知らないと思っていたが、幼馴染が知っていたことに驚きを感じている。
オ　暖炉の火を見ると亡き妻とのことを思い出して、懐かしさとともに彼女への愛しさを感じている。

問2　空欄［　ｂ　］に入るものとして最も適切なものを次の中から選び、記号で答えなさい（解答番号は２）。

ア　自分を心配させ気を引こうとして痛がってみせたのだ
イ　みんなを笑わせようとして派手に倒れてみせたのだ
ウ　たきびに入れた生栗が爆ぜて当たり痛がっているのだ
エ　たきびの中の生栗が爆ぜる音に驚いているのだ
オ　たきびの燃え上がる勢いに恐れおののいているのだ

問3　傍線部ｃ「彼は、誰へともなくお辞儀して店を出た」とあるが、この時の「彼」についての説明として最も適切なものを次の中から選び、記号で答えなさい（解答番号は３）。

ア　自分の不注意に対する謝罪に訪れたが混乱する周囲の様子に圧倒され、早くこの場から逃げようとする様子。
イ　その場にいる人は誰も自分のことを気に止めていないことに気づき、この場にいても仕方がないと諦めた様子。
ウ　予想外の出来事だったと弁解に来たものの、うろたえる周囲の様子から別の機会にしようと判断した様子。
エ　起こしてしまったことの大変さに改めて気づき、その場の誰かに対して頭を下げないではいられない様子。
オ　自分のことは誰も気にしていないようだが、何も言わずに外に出るわけにもいかずに一心に礼を尽くす様子。

けたのだ。目玉ではないように。咄嗟に彼は祈るように思った。「ど、どれ、見てあげる。手を退けて。」彼は、目を覆っている里子の手を引き剝がそうとしたが、力が及ばなかった。里子は、痛みがますますひどくなるのか、泣きながらわなわなと顫えたり、身悶えたりする。仕方なく、彼は染直の店まで里子を両腕で横たえるように抱いていった。染直では、店にいた家族や使用人たちが総立ちになった。土間の奥から走り出てきた母親が、彼の腕から里子を引ったくるように抱き取った。染直の人々は、みな、うろたえていて、彼がそこに立っていることなど忘れていた。c彼は、誰へともなくお辞儀して店を出た。里子の右目は思いのほかの重症で、失明のおそれがあるという噂であった。たきびに生栗を入れたのは誰かが問題になっていると聞いたが、彼はおそろしくて名乗り出ることができなかった。dまことに薄気味の悪いことだったが、なんのお咎めもないままに彼は知らぬふうを装っていた。噂通りに、里子の右目が治療の甲斐もなく失明したのは、中学二年の夏であった。義眼になったが、彼女の表情の豊かさがまるで違和感を感じさせなかった。以前の明るさも活撥さも、すこしも失われた気配がなかった。中学校は難なく卒業し、土地の女子高校にもよい成績で入学した。彼が東京の大学に進学し、夏の休暇で帰省したとき、道で出会った里子は、e彼には眩しくてたまらない笑顔で、お帰りなさい、と挨拶してくれた。

その休暇の間に、彼がかつての罪を里子に告白する気になったのは、もはや自責の念が自分の力では支え切れぬほど心に重くなっていたせいでもあるが、里子の何事もなかったような健気さに、強く心を打たれたからでもあった。休暇も残りすくなくなったある日の夕方、彼は、心苦しい思い出のある小公園まで里子にきて貰って、ここの落葉を焚いたとき生栗を入れた犯人は自分だと告白し、里子の望むどんな償いでもするつもりだといった。すると、里子は思いがけなく、「ありがとう。嬉しいわ。あたしね、あなたがいつかはきっとこうして打ち明けてくれると思って、心待ちにしていたの。」と笑っていった。「……というと？」「あたし、あのたきびに生栗を入れたのがあなただってことを知ってたの。あなたがそっと投げ込むのを見ちゃったから。」彼はひどく驚いた。「でも、あたしはそれを誰にもいわなかったわ。」と、里子はつづけた。「家では、誰の仕業なのかって随分騒いだけど、あたしが頼んで栗を入れた人を探すのをやめて貰ったの。あたしは運が悪かっただけなのに、誰もが栗を入れた人の罪にする。それが厭だったから。あなたを罪人にしたくなかったから。」f彼は、思わず里子の手を取った。

結婚は、大学を出て東京の商事会社に就職してから二年目に、彼の方から申し込んだ。「あたしを片目にした［g］とか、［h］とかと無関係だったら、喜んでお受けするわ。」と里子はいった。結婚生活は平凡そのもので、里子は連れ合いとして可もなく不可もなく、子を三人産んで無事育て上げると、もはやこの世には未練がないとばかりに、ある冬の夜明けに急性心不全であっさりとあの世へ旅立ってしまった。

彼は、毎晩、家のなかが寝静まると、居間の暖炉の前で好きなだけ夜ふかしをする。あぐらの膝に頰杖を突いて、うっかり居眠りしたり、物思いに耽っていて暖炉が下火になったのに気づかずにいると、i耳許で妻の囁き声がする。「風邪をひきますよ。新しい薪をもう一本足したら？」

のことでは、おまえたちに迷惑はかけないよ。」とだけいって、庭へ出てみた。煙突からは順調に白い煙が流れていた。夜気(やき)に、燃える木の香ばしさがほんのりと匂ってきた。それらをしばらくしんみり味わってから、居間に戻ると、長男夫婦はすでに二階へ引き揚げていて、暖炉のそばには誰もいなかった。

独りで新しい薪をくべ足し、それがぱちぱちと爆(は)ぜるのを聞いていると、死んだ妻の里子の顔が目に浮かんできた。仕様のない人、とでもいいたげに、目をしょぼしょぼさせながら笑っている。ちょっと見ただけでは、右目が義眼だとはわからない。「よかったですね、あなた、御自分だけの楽しみが出来て。でも、わたしだって、火は好きよ。だから、これからは、わたしもあなたと一緒に暖炉の火を眺めるのを楽しみにするわ。だって、わたしたち、たきびが縁で結ばれた仲でしたものね。」妻が耳許(みみもと)でそう囁(ささや)くのがきこえた。ちがいない。もし、あの日が雨降りで、たきびができなかったとしたら、自分と妻はお互いに別の道を生きることになったかもしれない——彼は暖炉の炎に見入ったまま、そう思った。

あの日、というのは、ずっと以前、十年がひと昔なら、それを四つ半も重ねた昔のことだ。そのころ、彼は中学三年生、里子はまだ小学校六年生で、町の暖簾(のれん)の古い染直という屋号の染物屋の次女であった。彼の生家の文房具屋もおなじ町内にあって、二人は幼いころから顔見知りであり、町内の子供会の会員同士にすぎなかったのだが、その年の晩秋のある日曜日の朝、子供会の恒例で町内の小公園を清掃したのち、掃き集めた落葉でたきびをした際、彼が、いつもの銀杏(ぎんなん)の実のほかに、ポケットに忍ばせていった幾粒かの生栗(なまぐり)をそっと火のなかへ投げ入れたことが、二人を思わぬ仲に引きずり込むきっかけになったのであった。あの朝に限って、どうしてそんなことをする気になったのか。全く魔がさしたとしか思えないが、ただ年下の子らを驚かしてやろうという悪戯(いたずら)心だけで、他に、たくらみなどあろうはずがなかった。ところが、銀杏の実が音を立てて爆ぜはじめ、たきびを囲んでいる子らが笑いさざめいているうちに、ぽんと、ひときわ高い破裂音がして、それと同時に、彼の隣にしゃがんでいた里子が、きゃっと悲鳴を上げて仰向けに倒れたのである。

彼は、笑った。ぽんという破裂音は、生栗が焼け爆ぜた音にちがいなかったが、それしきの音で、六年生の女の子が、まるで胸を強く突かれたようにひっくり返るはずがない。彼は、里子が［ b ］と思ったのである。けれども、彼の見当は外れていた。里子は、倒れたまま右目を手のひらで覆って、痛いよう、痛いよう、と泣き出した。彼は驚いて抱き起こした。すると、右目を覆っている手のひらの、指の股から、ひとすじの鮮血が手の甲を走るように流れた。

彼は、最初、里子になにが起こったのかわからなかったが、そばにいた男の子のひとりが、あ、栗だ、と叫ぶのを聞いて、一瞬のうちにすべてを理解した。彼がそっとたきびへ投げ入れた生栗の一つが到底信じ難い勢いで爆ぜ飛んで、しゃがんでいた里子の右目を激しく直撃したのである。まさかと思ったが、起こりえないことではなかった。出血しているから、ただ激しく当たっただけではなくて、目のどこかを傷つ問8　筆者が本文中で述べている内容として**適切ではないもの**を次の中から選び、記号で答えなさい（解答番号は8）。

ア　人に「愛されたい」という思いは自然ではあるが、思いが強いと自分自身の生き方をゆがめてしまう面がある。

イ　他人を愛する人は生きていることに意義を見いだし、周りの評価を気にせずに自分に素直な生き方ができる。

ウ　他人から常に評価され愛されることは難しいので、愛されることより人を愛することの方を優先して考えたい。

エ　人を愛さずに周りの評価ばかり気にして自分で幸せを感じていない人は、社会にとって無意味な存在である。

オ　昔の偉人の中には世の中で認められずに苦しんでいた人もいるが、それを支えたのは自分から発する愛だった。

四　次の文章を読み、後の各問いに答えなさい。

その晩、二人の初老の男たちは、山荘の細君の手料理を肴(さかな)に、郷里の地酒を酌み交わして旧交を温めた。食卓を離れてからは、暖炉に向かって揺り椅子を並べて、コニャックをちびりちびりやりながら昔の思い出話をしたが、都会からきた彼は暖炉の炎に見惚(みと)れて、黙りがちであった。下火になると、彼は控え目にいった。「薪をもう一本だけ足してもいいかい？」「無論、いいさ。」と、幼馴染みはマドロスパイプを口から抜いていった。「何本でも好きなだけ足していいよ。……そういえば、おまえさんは子供のころからたきびが好きだったな。」苦笑が、ひとりでに火の好きな少年だった彼の頬を歪めた。(a)「たきびばかりじゃなくて、なんの火でも好きだったな、おれは。」と、彼は自分で暖炉に新しい薪をくべ足しながらいった。「竈(かまど)の火。囲炉裏(いろり)の火。仏壇の火。盆の迎え火。野焼きの火。それから、不謹慎な話だけど、正直いえば火の粉を空へ吹き上げて盛大に燃える火事まで好きだったよ、おれは。」飲み馴れない洋酒のおかげで、すっかり口が軽くなっていた。「僕だって、火は好きだったよ。」と、幼馴染みの洋画家もいった。「いや、過去の話じゃなくて、いまでも好きだよ。僕らばかりじゃなくて、人間は誰でも火が好きなんじゃないのかなあ。僕はね、火を見てると、まず、どんなときでも気持が落ち着く。次に、自分が謙虚に、素直になるのを感じる。なんだか自分を呼ぶ太古の人の声がきこえるような気がすることもある……。」

彼が、東京の自宅に暖炉を作ろうと決意したのは、その晩のことだ。居間の工事が完了した晩、彼は、同居している長男夫婦を呼んで新しい暖炉に火入れをした。「だけど、人ってわからないもんだなあ。」と、長男は彼の顔と出来立ての暖炉とを交互に見ながら呆れたようにいった。「定年になった途端に、暖炉に凝るとはねえ。僕は、お父さんの老後の楽しみにけちつけるつもりはありませんが、都会では薪代もばかにはならないんですよ。お母さんは倹(つま)しかったから、あの世でぶつくさいってるでしょう、きっと。」大きなお世話だ、と彼は思い、「こいつ問５　傍線部ｅ「あなたの人生はもっと輝かしく、喜びに満ちたものになり得るのですから」とあるが、この説明として**適切でないもの**を次の中から選び、記号で答えなさい（解答番号は５）。

ア　他人を愛するより、愛される喜びが大きくなる。
イ　人生において他人の評価から解放される。
ウ　他人の喜びを自分のものとして感じられる。
エ　どんな時も自分の中に愛を感じられる。
オ　自分の人生を自ら歩んでいると実感する。

問６　傍線部ｇ「自分自身の人生の主人公となります。」とあるが、「主人公になる」のはなぜか。その理由として最も適切なものを次の中から選び、記号で答えなさい（解答番号は６）。

ア　人からも愛される存在になり、自分の人生に生きる喜びをもたらすから。
イ　生きる姿勢に積極性が出てきて、自分の生き方に自信を持つようになるから。
ウ　周りの人の評価を気にせずに、自分本来の素直な思いに従って生きるから。
エ　愛される条件を満たすことで、自分が人生の舞台の中心にいると自覚するから。
オ　愛することにより自分の中に強さを見つけ、前向きに生きようとするから。

問７　筆者が本文中でｈ「そういう人たち」の生き方を比喩的に述べた表現として最も適切なものを次の中から選び、記号で答えなさい（解答番号は７）。

ア「苛酷な逆境」を生きる。　イ「愛の至福」を感じる。　ウ「愛の奴隷」となる。
エ「人生の大舞台」に立つ。　オ「無意識の暴力」をふるう。

問1　傍線部a「幸せになれない大きな原因がある」で、「幸せになれない」とあるがその理由として最も適切なものを次の中から選び、記号で答えなさい（解答番号は1）。

ア　他者から愛されることばかりに固執していて、世の中を見る視野が狭くなっているから。
イ　他者から常に愛され評価されるのは難しいのに、それを求めることに躍起になっているから。
ウ　他者から愛され認められたいと思うあまりに、本来の自分を歪めて卑屈になっているから。
エ　他者から愛されている方が、周りから見て幸せだと思われる傾向が社会の中にあるから。
オ　他者から愛される方が、愛するよりも努力の必要がないという誤った認識があるから。

問2　空欄［　b　］に入るものとして最も適切なものを次の中から選び、記号で答えなさい（解答番号は2）。

ア　自分の中に野心があるから　　イ　人への思いやりがあるから
ウ　自分の才能を信じているから　　エ　人から愛されているから
オ　自分の中に愛があるから　　カ　人に支えて貰っているから

問3　空欄［　c　］と［　f　］にそれぞれ入る語句の組み合わせとして最も適切なものを次の中から選び、記号で答えなさい（解答番号は3）。

ア〔c一意専心・f自暴自棄〕　イ〔c一意専心・f無味乾燥〕　ウ〔c一意専心・f一喜一憂〕
エ〔c疑心暗鬼・f自暴自棄〕　オ〔c疑心暗鬼・f無味乾燥〕　カ〔c疑心暗鬼・f一喜一憂〕
キ〔c意気消沈・f自暴自棄〕　ク〔c意気消沈・f無味乾燥〕　ケ〔c意気消沈・f一喜一憂〕

問4　傍線部d「もったいなさすぎます」とあるが、理由として最も適切なものを次の中から選び、記号で答えなさい（解答番号は4）。

ア　他者の評価ばかりを気にしすぎていると、愛される方法というありもしないものに囚われてしまうから。
イ　誰かに愛されることや誰かを愛することに執着していては、人生の大きな意味を知ることはできないから。
ウ　愛されることにのみ執着した人生を送っていたならば、他者からの目線を気にし続けることになるから。
エ　愛されたいということに固執してしまうと、誰かから愛されることでしか喜びを感じられなくなるから。
オ　他者からの一時の評価ばかり気にして生きていたら、人生の本当の喜びに気づくことはできないから。

ばいけないのか、何をしてはいけないのか。そしていつのまにかあなたはそんな「愛されるための条件」にがんじがらめになってしまうのです。

そしてそれはあなたに不安と恐れをもたらします。私は今愛されるために「正しいこと」をしているだろうか。愛するに足る条件を満たしているだろうか。こんなことをしたら愛が失われてしまうのではないか。評価を失ってしまうのではないか……。そうやって私たちは「愛されること」を気にするが故に、不安と恐れにかられ、自分自身をみずから愛の奴隷にしてしまいます。そして愛が得られた、評価が得られたといって喜び、それが失われたといって悲しみ、［ c ］するという、［ f ］の人生を生きることになるのです。愛されるだけ、他から評価されることを待っているあなたは、この世界では仮住まいです。世界に間借りしていて、ちょっとでも変なことをすれば追い出されてしまう。

愛すること、そのことによってあなたは自分自身の人生の主人公となります。愛することはあなたの世界を創り出し、あなたは世界に意味を与える存在となるのです。誰かに配役を振り分けられ、脚本家と演出家の意のままに操られる存在から、あなた自身の創造した人生の大舞台の主人公となるのです。そしてそのとき世界は一気に輝き出します。愛し愛されたとき、今まで暮らしてきた世界がこんなに一変するとは。誰もが驚き、魅惑され、喜びが湧き上がってきます。その輝きと美しさを知らずに生きるのはあまりにもったいない。愛の至福は私たちの人生を、存在そのものを変えていきます。（中略）

たくさん残念な人たちを見てきました。評価ばかり気にしていて、自分のいいところが発揮できない学生たち。愛されることばかり考えていて、自分の中の大きな愛に気づいていない人たち。日々の利益をあげることに汲々としてしまっていて、人生の大きな意味に気づかず、苦しそうにしている人たち。そういう人たちに出会うと、何で自分からそんな方向に歩んでいこうとするのか、「もっと大きな可能性に気づこうよ！」と言いたくなってしまうのです。そして一番残念に思うのは、そうやって自分自身が幸せでない人たちが、えてして他の人たちののびのびとした幸せを妨害してしまうことです。それは楽しそうに生きていることへの嫉妬だったり、無意識の暴力だったり、とにかく幸せの抜け駆けは許さないぞというオーラを全開にして、他の人ののびのびとした幸せに暗い影を投げかけてしまう。それは見ていてもとても耐えられない。みんなもっと幸せに生きようよ。自分も幸せになり、他の人の幸せも心の底から喜びながら生きようよ、と言いたいのです。そうやって互いに互いの幸せを喜び合う社会の根底にあるのは愛です。「愛が欲しい、だけど愛がない」ではなくて、ひとりひとりがのびのびと愛をはぐくみ、愛を発信していくこと、そのことから誰もが大らかに皆の幸せを喜び合える社会へと進んでいけるのです。

（上田紀行『愛する意味』より）

三　次の文章を読み、後の各問いに答えなさい。

日本人が幸せになれない一番大きな原因は「愛していない」ことにあります。そう言われると誰でも「自分だって愛するものはある」と言いたくなるでしょう。でも「愛すること」と「愛されること」のバランスはどうでしょうか。多くの人たちが「愛すること」よりも「愛されること」を優先してしまっている。そこに私たちが幸せになれない大きな原因があるのです。恋愛でも、誰かを愛することよりも先に誰かから愛されることを考えてしまう。そして自分の周りにいる人たち、社会に対してもそうです。常に周囲からの評価が気になってしまう。学校での成績や、会社での評価が気になってしまう。愛されれば幸せになれる。評価されれば幸せになれる。そうやって「愛されること」「評価されること」が自分の幸せの前提になってしまっている。しかしはたしてそうでしょうか？　そうではないとぼくは断言したいと思います。

愛されることも大切ですが、それよりも愛することのほうが、断然大きな幸せをあなたに、そして世界にもたらすのだと。

もちろん誰かに愛されれば幸せでしょう。高い評価を得られれば幸せでしょう。しかし、実際にはなかなかそうならないのが人生です。あなたを熱烈に愛してくれる人とはそうそうは出会えないかもしれません。そしてあなたが常に学校でも仕事でも高い評価を得られ続けるとは限らないでしょう。そこですぐに「不幸せ」になってしまうのでは悲しすぎると思いませんか。そのときに「愛する」人はめげません。自分にはこんな素晴らしい愛するものがある。たとえ周囲からの愛が一時期途絶えても、自分の中に愛があれば耐えられる。それどころか、幸せに生きられるのです。

世界の偉人と言われる人の多くは、人生の中で苛酷な逆境に遭遇しています。世間から認められない。間違っていると攻撃される。おかしな人だと軽蔑される。しかしそんなことではめげません。それは［　b　］です。私が美しいと思うもの、素敵だと思うものを皆に届けたい。差別されている人、困窮している人を助けたい……。自分の中から湧き上がってくる愛、それが人生を支えていくのです。

もし自分が他者からの評価、誰かから愛されるかどうかだけで決まってしまうのならば、誰もあなたを振り向かず、無視されるだけで、あなたは［　c　］し、生きる気力を失ってしまうでしょう。しかし、まったく違う人生のあり方があります。それは愛されることから愛することへの、愛される人から愛する人への大転換です。そのことに気づかず、単に落ち込んで過ごすのでは、あなたの人生はもったいなさすぎます。あなたの人生はもっと輝かしく、喜びに満ちたものになり得るのですから。

「愛されたい」「評価されたい」ということへの執着は、あなたをとても不自由にします。人であれ社会であれ、ほとんどの場合、「愛されるためにはこんな人でありなさい」「評価されるためにはこれを達成しなさい」という条件をつけてきます。それを満たさなければあなたは愛されない、評価されないと。「愛されたい人」とはその評価がとっても気になる人でもあります。自分が愛されるためには今何をしなければ

二 次のそれぞれの問いに答えなさい。

問1 次のそれぞれの慣用句の［　］に入るものを次の中から選び、記号で答えなさい（解答番号は1～3）。

1．寝耳に［　］　2．濡れ手で［　］　3．［　］を正す

ア 塩　イ 鯖　ウ 仏　エ 襟　オ 餅　カ 剣　キ 水
ク 粟　ケ 裸　コ 蜂

問2 次のそれぞれの文の表現として正しいものを一つ選び、記号で答えなさい（解答番号は4）。

ア 私の父は五〇歳になられました。
イ 今朝、すぐには起きれなかった。
ウ たとえ遅刻したら、会議に出なさい。
エ 汚名を挽回するために頑張ります。
オ ただいま社長は席をはずしております。

問3 次の漢文の傍線部の字は何番目に読むか。次の中から正しいものを選び、記号で答えなさい（解答番号は5）。

有ルレ言 者ハ 不ニ 必ズシモ 有ラ一 徳。

ア 一番目　イ 二番目　ウ 三番目　エ 四番目　オ 五番目　カ 六番目　キ 七番目

問4 次の文学作品と作者の組み合わせとして**正しくないもの**を選び、記号で答えなさい（解答番号は6）。

ア『風立ちぬ』― 堀辰雄　イ『草枕』― 夏目漱石　ウ『小僧の神様』― 志賀直哉
エ『羅生門』― 太宰治　オ『生まれ出づる悩み』― 有島武郎　カ『潮騒』― 三島由紀夫

二〇二三年度　流通経済大学付属柏高等学校（前期②）

【国語】〈五〇分〉〈満点：一〇〇点〉

一　次の1～5の傍線部と同じ漢字を使うものを次の中から選び、それぞれ記号で答えなさい〈解答番号は1～5〉。

1．鉄道をフセツする。
ア　お堂をサイケンする。
イ　小説のコウソウを練る。
ウ　大きなヤシキだ。
エ　大会をジッシする。
オ　家をゾウチクする。

2．実力がハクチュウしている。
ア　喧嘩をチュウサイする。
イ　チュウジツな家来。
ウ　チュウショウ的な話。
エ　シチュウを立てる。
オ　軍隊がチュウリュウする。

3．ケンジツな政策。
ア　彼はキゲンが悪い。
イ　社会にコウケンする。
ウ　ケンゴな城。
エ　両親はケンザイだ。
オ　強いケンゲンがある。

4．リジュンの追求。
ア　血液のジュンカン。
イ　ジュンスイな気持ち。
ウ　町をジュンカイする。
エ　ジュウジュンな態度。
オ　シツジュンな気候。

5．彼の死をイタむ。
ア　セキベツの言葉。
イ　死者のツイトウ式。
ウ　コウカイ先に立たず。
エ　ヒサンな戦争。
オ　人生のヒアイを感じる。

英語解答

1	1…1	2…2	3…3	4…2			
	5…2						
2	問1	1…4	2…3	3…3	4…2		
		5…1					
	問2	①…2	③…1				
	問3	2	問4	2	問5	3，4	
	問6	1…2	2…1	3…3			
3	問1	1…2	2…3	3…2	4…3		
		5…2	6…3	7…3			
	問2	1…3	2…1	3…2			
4	1…2	2…2	3…2	4…4			
	5…2	6…2					
5	1	3番目…6	6番目…7				
	2	3番目…8	6番目…6				
	3	3番目…7	6番目…6				
	4	3番目…4	6番目…7				
	5	3番目…7	6番目…1				
	6	3番目…4	6番目…7				
6	1…4	2…4	3…3	4…3			
	5…4						

1〔放送問題〕解説省略

2〔長文読解総合―物語〕

≪全訳≫❶若い王は宮殿の美しい部屋に１人でいた。彼はまだ16歳で，森の動物のように凶暴な目つきをしていた。年老いた王の使用人たちが森で彼を見つけたのだ。そのとき，少年は自分が貧しい森林管理人の息子だと信じていた。彼は森林管理人に育てられた。しかし今では，彼は自分が年老いた王の娘の子だと知っていた。❷王の娘は画家である一般の男性と結婚した。彼は大きな教会の壁に絵を描いた。王たちはそこで王位についた。ある日，彼は絵を描き終えていないのに姿を消した。赤ん坊は母親が眠っている間に彼女のそばから連れ去られた。森林管理人と彼の妻には子どもがいなかったので，赤ん坊は彼らに与えられた。王女がなくなった。年老いた王は死の間際に，「私はひどいことをしてしまったので心が重い。私は家族に王冠を与えない。森から私の娘の子どもを連れてきなさい。彼を私の後の王にする」と言った。❸少年が宮殿に連れてこられたとき，彼は美しい物に対する奇妙な愛情を示した。立派な新しい服と豪華な宝石を見たとき，彼は歓声をあげた。彼は森で着ていた古いコートをすばやく脱いだ。彼は部屋から部屋へと宮殿を歩き回り，全てを見た。別の日には，人々は王を何時間も探した。彼らはついに宮殿の北の端にある小さな部屋で彼を見つけた。彼は，宝石に刻まれたギリシャの神，アドニスの形を見ていた。❹その夜ベッドで，若い王は，彼の特別な日のための美しい服について考えた――金のコートと宝石のついた王冠だ。人々は時間内に服を完成させるために昼夜を問わず働いていた。若い王は，大きな教会で王の格好をしている自分を想像した。彼は目を閉じ，眠りに落ちた。眠っている間，彼は夢を見た。❺彼は，自分が長い低層の部屋の中に立っている夢を見た。彼の周りでは布職人が働いていた。狭い窓からはわずかな日光しか差し込まなかった。男たちの顔は青白くやせていた。小さな子どもたちが彼らとともに働いていた。彼らは弱く空腹で，彼らの小さな手は震えていた。❻若い王は布職人の１人を見に行った。男は怒って彼を見た。❼「なぜ私を見ているのですか？」と彼は言った。「私たちの雇い主があなたに私たちを見張るように頼んだのですか？」❽「あなたの雇い主は誰なのですか？」と若い王は尋ねた。❾「彼は私のような男です。でも私と違って，彼は立派な服を着ています。そして私が空腹である一方で，彼はあまりに多くの食べ物を食べるのです」❿「あなたは奴隷ではありません」と若い王は言った。「あなたの雇い主はあなたを所有しているわけではありません」⓫「お金持ちは貧しい人々を奴隷にします」と布職人は答えた。「私たちは生きるために働かなければなりません。でも，彼らは私たちにほとんどお金を払わず，私たちは死んでいきます。でも，これらのことはあなたにとって重要ではありません。あなたは私たちの１人ではありません。あなたの顔は幸せすぎます」⓬彼は背を向け，仕事を続けた。すると，若い王はその布職人が金の布をつくっていることがわかった。彼は突然恐怖を感じた。⓭「あなたはその布を誰のためにつくっているのですか？」と彼は尋ねた。⓮「若い王の戴冠式のためにつくっています」⓯若い王は大きな叫び声をあげて目を覚ました。彼は宮殿の自分の部屋にいた。若い王はまた眠りに落ち，夢を見た。⓰彼は奇妙な果物や花でいっぱいの暗い森を歩いていた。彼は森から出るまで歩き続けた。そこで彼は，水の干上がった川で働いている大勢の人を見た。彼らは地面に大きな穴を開け，道具を使って岩を砕いていた。若い王が振り返ると，手に鏡を持った老人が後ろに立っているのが見えた。⓱「この人たちは誰ですか？」と彼は尋ねた。⓲「壁で囲われた都市の人々には食べ物がなく，水もほとんどありません」と老人は言った。「しかし，この男たちは川で働いて，見つけようとしています…」⓳「彼らは何を見つけようとしているのですか？」⓴「宝石です――王の冠のための」と老人は言った。㉑「どの王のためにですか？」㉒「鏡を見れば，彼が見えるでしょう」㉓若い王が鏡を見ると，自分自身の顔が見えた。彼は大きな叫び声をあげて目を覚ました。

問１＜適語(句)選択・語形変化＞1．bring up ～ で「～を育てる」の意味。これが受け身になり，行為者を表す by ～「～によって」が続いた形。 bring－brought－brought　2．finish ～ing で「～し終える」の意味。finish は stop や enjoy と同様，動名詞(～ing)を目的語にとる動詞。　3．take off ～ で「～を脱ぐ」の意味。　4．後に to (room)があることに注目する。'from ～ to …' で「～から…へ」の意味。　5．(be) full of ～ で「～でいっぱいの」の意味。ここでは full of ～ が前の名詞 dark forest を後ろから修飾している。'形容詞＋語句' が名詞を修飾するときは，名詞の後に置く。

問２＜指示語＞①下線部 He の後に painted pictures と続くので，前に出ている絵を描く男性を探す。　painter「画家」　③下線部を含む文の直前の文で王は「森から私の娘の子どもを連れてきなさい」と述べている。王の娘＝王女なので１の「王女の子ども」が適切。

問３＜要旨把握＞I have done a terrible thing.「私はひどいことをした」とあるので，前後から王が行った「ひどいこと」を探す。同段落第４，５文から，王女の夫の画家が姿を消し，赤ん坊が連れ去られたことがわかる。２は，これを言い換えた内容である。

問４＜語句解釈＞第13，14段落から，布職人が若い王のために布をつくっていたことがわかる。言い換えれば，若い王自身が布職人の雇い主だということ。

問５＜指示語＞this の複数形である these は前に出てきた複数の物事を指すので，下線部を含む文の前にある２文に注目する。これらの内容を表す３，４が適切。

問６＜内容一致＞1．「若い王は(　　)後に宮殿に戻ってきた」―２．「彼の母がなくなった」　第２段落後半および第３段落第１文参照。若い王は，母である王女が亡くなった後に宮殿に連れてこられた。　2．「若い王は(　　)に興味があった」―１．「宮殿にある美しい物」　第３段落参照。若い王は美しいものに愛情を示し，宮殿内を歩き回った。　3．「若い王は老人が持っていた鏡に映った(　　)を見た」―３．「彼自身」　第22，23段落参照。若い王が鏡の中に見たものは「自分自身の顔」。'～'s own …'「～自身の…」

3〔長文読解総合―物語〕

≪全訳≫❶翌朝，ハイジが目を覚ますと，太陽が明るく輝いていた。彼女はベッドから飛び出し，服を着た。ペーターは山小屋の外でヤギの群れと一緒に待っていて，アルプおじさんが２頭のヤギ，デイジーとダスキーを彼らの小部屋から連れてきた。❷「今日はペーターと牧草地に行きたいかい？」と彼はハイジに尋ねた。❸「はい，お願いします，おじいさん」と彼女は言った。❹「ペーター，君のかばんを渡してくれ」とアルプおじさんは言った。❺老人は，かばんにマグカップ，大きなパン，いくらかのチーズを入れた。❻「これはハイジの昼食だよ」と彼は少年に言った。「私のヤギのミルクで彼女のマグカップをいっぱいにするんだ。私の孫娘の世話を頼む。山の斜面は険しく，道は危険だ。峡谷には入ってはだめだよ」❼太陽が青い空に輝き，かわいらしい山の花が地面を覆っていた。ハイジは興奮して走り回った。彼女はたくさんの花を摘み，スカートに入れて持ち歩いた。❽「おいで！」とペーターが叫んだ。「もう花は十分にあるだろう。これ以上摘まないで」❾ようやく彼らは牧草地に到着し，ヤギたちは甘い草を食べ始めた。山の最も高い斜面には，わずかな茂みと数本の小さな木しか生えていなかった。山の頂上は岩肌だった。❿牧草地は暖かく平和だった。ペーターは草の上に横たわり，まもなく眠ってしまった。ハイジはペーターのそばに座り，辺りを見回した。彼女のそばには，きわめて険しい斜面があった。これが峡谷だった。地面ははるか下にある谷まで何千メートルも下っていた。谷の反対側には高い山があった。その山頂は雪で覆われていた。⓫突然，ハイジは大きな鳴き声を聞いた。彼女が見上げると，大きな鳥が彼女の頭上を高く飛んでいるのが見えた。⓬「ペーター！　ペーター！」と彼女は叫んだ。⓭ペーターが目を覚まし，ハイジはその鳥を指さした。「あれは何？」と彼女は尋ねた。⓮その鳥は大きな円を描きながら飛び，その後山の頂上近くで姿を消した。⓯「あれはタカだよ」とペーターは言った。「巣に帰ったんだ」⓰「登って，タカがすんでいる場所を見にいこう」とハイジは言った。⓱「ああ，だめだよ」とペーターは答えた。「巣があるところは高すぎる。ヤギでもそこまで登れないよ」⓲数分後，ペーターは口笛を吹き，叫び始めた。ヤギたちは彼の声を聞くと，彼のところにやってきた。彼はヤギたちを率いて道を下り始めた。より低いところにある牧草地に到着すると，ペーターはかばんを開けて，パンとチーズを全て取り出した。ハイジのパンとチーズは，彼自身の昼食よりもはるかに多かった。ペーターはデイジーのところに行き，ハイジのマグカップを白いヤギのミルクで満たした。⓳「昼食の時間だよ」と彼は言った。「座って食べなよ」⓴「ミルクは私の？」とハイジは尋ねた。㉑「うん」と彼は答えた。「それに，このパンとチーズも」㉒ハイジはミルクを飲んだが，パンは少ししか食べなかった。そして彼女はチーズとパンの残りをペーターにあげた。彼は驚きながらも喜んでいるようだった。㉓「そのヤギたちの名前は何て言うの？」とハイジは尋ねた。㉔→３．ペーターは彼女に「ビッグタークとフィンチ，ダスキーとデイジー，スポットとスノーフレークだよ」と言った。／→１．スノーフレークという美しい小さな白いヤギは，悲しげな小さな音を立てていた。／→２．ハイジはその小さなヤギに駆け寄り，首に腕を回した。㉕「あなたはどうして泣いてるの，スノーフレーク？」とハイジは尋ねた。㉖「彼女はお母さんがいなくて寂しいんだよ」とペーターは言った。「彼女の飼い主がスノーフレークの母親をメイフィールドの誰かに売ったんだ」㉗「泣かないで，スノーフレーク」とハイジは言った。「私はこれから毎日ここにいるわ。寂しくなったら私のところに来てね」

問１＜英問英答＞１．「アルプおじさんはペーターに何を渡したか」―２．「彼（アルプおじさん）は彼（ペーター）にハイジの昼食を渡した」　第４～６段落参照。アルプおじさんはハイジの昼食用にミルクを入れるマグカップ，パン，チーズを渡した。　**２**．「ハイジは山で何を手に入れたか」―３．「彼女は花を手に入れた」　第７段落参照。ハイジは山で花を摘み，スカートに入れて運んだ。　**３**．「山の牧草地はどうだったか」―２．「数本の木とわずかな茂みがあった」　第９段落第１，２文参照。　**４**．「ハイジは高いところにある牧草地で何の鳴き声を聞いたか」―３．「タカの（鳴き声）」　第11～15段落参照。　**５**．「タカの巣はどこにあったか」―２．「それは山の頂上の近くにあった」　第14～第17段落第３文参照。　**６**．「ペーターとハイジはどこで昼食を食べたか」―３．「より低いところにある牧草地で」　第18段落後半～第22段落参照。彼らは低いところにある牧草地に到着してから昼食をとった。　**７**．「スノーフレークはなぜ泣いていたのか」―３．「母親に会うことができなかったから」　第25，26段落参照。　miss「～がいなくて寂しく思う」

問２＜文整序＞ハイジが直前でヤギの名前を尋ねているので，最初にくるのはその答えとなる３。また，２の the small goat は１の Snowflake, a beautiful little white goat を言い換えた表現なので１→２の順となる。

４〔適語(句)選択〕

１．形容詞が something を修飾するときは，‘something＋形容詞’の語順になる。文脈からコンピューターの調子が悪いと考え，２の something wrong を選ぶ。　「コンピューターの調子が悪いので宿題を終えることができない」

２．be happy to ～で「～してうれしい」の意味。ここでの‘to ～’は‘感情の原因’を表す副詞的用法の to不定詞。　「私はこの知らせを聞いて本当にうれしい」

３．動詞が enjoys であることに注目する。enjoy は動名詞(～ing)を目的語にとる動詞で，enjoy ～ing で「～して楽しむ」の意味になる。and が enjoys の目的語である２つの動名詞句(walking ～ と taking ～)をつないでいる。　「彼女は町を歩いて回り，写真を撮って楽しむ」

４．現在完了‘have/has＋過去分詞’の疑問文なので，１，２は不適切。「はい，２回あります」という応答から，京都に行った‘経験’について尋ねる文だと考え，４の been を選ぶ。have/has been to ～で「～に行ったことがある」の意味。have/has gone to ～「～に行ってしまった」と混同しないよう注意。　「あなたはこれまでに京都に行ったことがありますか？」―「はい，２回あります」

５．‘help＋人＋with＋物事’で「〈人〉の〈物事〉を手伝う」の意味。　「彼は昨日，私の宿題を手伝ってくれた」

６．I'm coming. で「今行きます」という意味。相手に近づく動作は go ではなく come で表すことに注意。　「タカシ，夕食ができたよ！」―「わかった。今行くよ」

５〔整序結合〕

１．‘It takes＋人＋時間＋to ～’「〈人〉が～するのに〈時間〉がかかる」の文。　It took me ten hours to finish the work.

２．‘There is/are ～.’「～がある〔いる〕」の文。「～が…する〔した〕―」は‘名詞(＋目的格の関係代名詞)＋主語＋動詞’で表せる(目的格の関係代名詞は省略可能)。よって，「昨日私が買った数個のリンゴ」は a few apples which I bought yesterday となる。「テーブルの上に(は)」は on the table。　There are a few apples which I bought yesterday on the table.

３．「クラスの男子の中で一番背が高い」を「クラスの他のどの男子よりも背が高い」と読み換え，‘比較級＋than any other＋単数名詞’「他のどの～より…」の形で表す。　John is taller than any other boy in the class.

４．「私は持っています」という文なので I have で文を始める。「～と同じ数の…」は‘as many＋複数名詞＋as ～’で表せる。ここでは many の直後に red pencils を置く。　I have as many red pencils as my brother.

５．「～はどこですか」という文なので Where is で文を始める。「～が…する〔した〕―」は‘名詞(＋目的格の関係代名詞)＋主語＋動詞’で表せる(目的格の関係代名詞は省略可能)。「タカシが入ったレストラン」をこの形で表すが，語群に関係代名詞がないので省略されていると考え，‘名詞＋主語＋動詞’の語順にする。　Where is the restaurant Takashi went in ?

６．「(私は)～を見つけた」と主語を補い，I found で文を始める。「私たちが暮らすのに良い家」は a nice house for us to live in と表せる。for us は to不定詞の意味上の主語で，to live in は前の名詞 house を修飾する形容詞的用法の to不定詞。「暮らす〔住む〕家」は a house to live in と前置詞 in が必要になることも押さえておきたい。「家に住む」が live in a house なので前置詞 in が必要になると考えるとわかりやすいだろう。 I found a nice house for us to live in.

6〔長文読解─英問英答─Eメール〕

（1つ目のメール）≪全訳≫こんにちはアダム，❶私たち英語部に，来月オーストラリアから来るゲストの世話をするよう頼んでいましたね。私たちは完璧な計画を立てるためにがんばっています。ほとんどの生徒にとって，日本と日本の高校を訪れるのはこれが初めてだと言っていましたね。私たちはとてもわくわくしています！❷20人の生徒は午前中，生徒会のメンバーと過ごすので，私たちは午後に彼らの世話をすることになると理解しています。生徒たちは，10時30分に学生会館でプレゼンテーションを行います。その後，私たちはフレンドシステムを利用します。私たちの部員がそれぞれ彼らの友人の1人になって，友情を築き，一緒に遊びます。ここで，いくつか質問があります。正午に彼らと昼食を取りませんか？ 全ての活動が終わったら，どこで再び落ち合ったらいいでしょうか？ 学生会館，校門，それとも玄関ホールでしょうか？❸私たちの午後のプランでは，ゲストたちは日本独特の部活動をいくつか体験します。私たちはすでに次の4つの部に依頼しています。弓道部，書道部，空手部，そして茶道部です。彼らは了承してくれ，それぞれが30分必要としています。私たちは，昼食を食べたすぐ後は運動部を避け，それらを後で行うべきだと考えています。どう思いますか？ 何か考えはありますか？／敬具，ハルカ

（2つ目のメール）≪全訳≫やあ，ハルカ❶メールをありがとう。プランに一生懸命取り組んでくれていますね。あなたの最初の質問ですが，部活動に行く前にお互い知っていた方がいいので，彼らと昼食をとってほしいです。もちろん，生徒会のメンバーの参加も大歓迎です。学校を出る前の待ち合わせ場所は，玄関ホールが便利だと思います。❷昼食のすぐ後に始まるので，最初に体を使わない部に行くというあなたの意見に賛成です。僕は，昼食後は茶道がいいと思います。2つの運動部のうち，どちらが先でもかまいませんが，弓道の道場に行くには室内履きから靴に履きかえなければなりません。それを最後にすれば，あまり靴を履きかえなくていいですよね。❸一生懸命やってくれて，本当にありがとう。スケジュールをメモしてもらえますか？／よろしく，アダム

<解説>1．「生徒たちはどんな順番で部活動を試すか」─4．「D→B→C→A」 2つ目のメールの第2段落第1文で，アダムは最初に体を使わない部に行くというハルカの意見に賛成し，第2文では，昼食後は茶道がよいと自分の考えを述べている。また，運動部については，続く第3，4文で，靴に履きかえる必要がある弓道部を最後にすることを提案している。 2．「ゲストは空手の道場に行くのに何を身につけるか」─4．「室内履き」 2つ目のメールの第2段落第3，4文参照。弓道の道場に行くのに室内履きから靴に履きかえなければならないので，アダムは弓道部を最後にすることを提案している。言い換えれば空手の道場には室内履きで行けるということ。 3．「オーストラリアの生徒たちにとってどれが独特な部分か」─ 3．「日本の部活動を経験すること」 1つ目のメールの第3段落第1文参照。 4．「アダムはハルカに何をするよう頼んだか」─3．「スケジュールを書きとめること」 2つ目のメールの第3段落第2文に Could you make a note for the schedule？とある。 make a note「メモをとる，書きとめる」 5．「彼らは学校を出る前にどこで会うか」─4．「玄関ホールで」 1つ目のメールの第2段落最終文で，ハルカは待ち合わせの場所として「学生会館」，「校門」，「玄関ホール」という3つの場所を提案している。これに対し，アダムは2つ目のメールの第1段落最終文で「玄関ホールが便利だと思う」と述べている。

数学解答

1 (1) ア…1　イ…7　ウ…2　エ…4
(2) オ…8　カ…6　キ…3
(3) ク…9　ケ…7
(4) コ…1　サ…9　シ…8　ス…0
(5) セ…2　ソ…7
(6) タ…1　チ…8
(7) ツ…1　テ…7　ト…3
(8) ナ…2　ニ…1

2 (1) ア…8　イ…4　ウ…6　エ…0
オ…1　カ…0
(2) キ…7　ク…0　ケ…0

3 (1) ア…1　イ…2
(2) ウ…3　エ…5
(3) オ…9　カ…1　キ…0

4 (1) ア…5　イ…6
(2) ウ…1　エ…1　オ…3　カ…8
キ…6　ク…7　ケ…7

5 (1) ア…1　イ…4　ウ…1　エ…2
オ…2
(2) 8
(3) キ…4　ク…5　ケ…4　コ…5
サ…5　シ…8　ス…5　セ…5
ソ…2　タ…3　チ…4　ツ…5
テ…8　ト…5
(4) ナ…6　ニ…4　ヌ…5　ネ…1
ノ…5

6 (1) ア…1　イ…6　ウ…2　エ…3
オ…7　カ…0
(2) キ…1　ク…5　ケ…2

1〔独立小問集合題〕

(1)＜数の計算＞$0.25=\frac{25}{100}=\frac{1}{4}$より，与式$=\left(-\frac{1}{4}\right)^2\div\frac{3}{8}-\frac{7}{8}=\frac{1}{16}\times\frac{8}{3}-\frac{7}{8}=\frac{1}{6}-\frac{7}{8}=\frac{4}{24}-\frac{21}{24}=-\frac{17}{24}$

(2)＜数の計算＞与式$=\sqrt{3^2\times6}-\frac{\sqrt{2}\times\sqrt{3}}{\sqrt{3}\times\sqrt{3}}=3\sqrt{6}-\frac{\sqrt{6}}{3}=\frac{9\sqrt{6}}{3}-\frac{\sqrt{6}}{3}=\frac{8\sqrt{6}}{3}$

(3)＜連立方程式＞$-3x+y=-34$……①，$5x-2y=59$……②として，①×2＋②より，$-6x+5x=-68+59$，$-x=-9$　$\therefore x=9$　これを①に代入して，$-3\times9+y=-34$　$\therefore y=-7$

(4)＜数量の計算＞3000円の商品の値段から34％割り引くと，$3000\times\left(1-\frac{34}{100}\right)=3000\times\frac{66}{100}=1980$(円)となる。

(5)＜空間図形―面積＞右図1のような底面の半径が3cm，母線が9cmの円錐の頂点をO，底面の中心をP，底面の円周上の点をA（A′は点Aと重なる）として，この円錐を右図2のように展開する。図2の$\overset{\frown}{AA'}$の長さは円Pの周の長さに等しく，$\overset{\frown}{AA'}=2\pi\times3=6\pi$である。また，半径が9cmの円の周の長さは，$2\pi\times9=18\pi$(cm)であり，おうぎ形OAA′の面積と半径が9cmの円の面積の比は，$\overset{\frown}{AA'}$と円周の長さの比に等しいから，おうぎ形OAA′の面積は，$\pi\times9^2\times\frac{6\pi}{18\pi}=27\pi$(cm²)となる。よって，求める円錐の側面積は$27\pi$ cm²である。

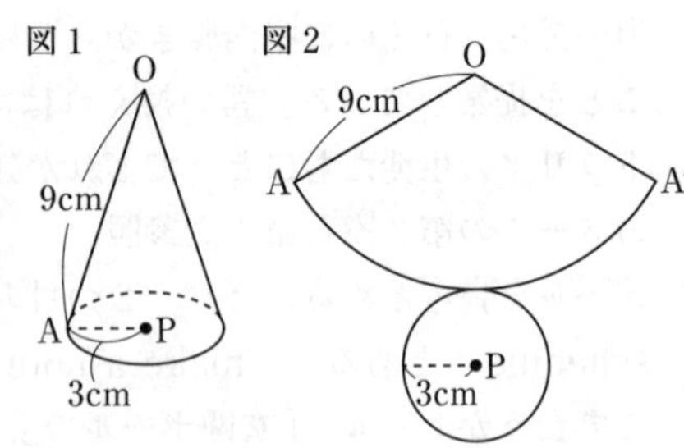

(6)＜式の計算―因数分解＞与式を展開して整理すると，与式$=x^2-2x+1-5x+5-14=x^2-7x-8=(x+1)(x-8)$である。

≪別解≫$x-1=X$ とおくと，与式 $=X^2-5X-14=(X+2)(X-7)$ となり，X をもとに戻して，与式 $=(x-1+2)(x-1-7)=(x+1)(x-8)$ である。

(7)＜**二次方程式**＞解の公式より，$x=\dfrac{-(-4)\pm\sqrt{(-4)^2-4\times3\times(-7)}}{2\times3}=\dfrac{4\pm\sqrt{100}}{6}=\dfrac{4\pm10}{6}=\dfrac{2\pm5}{3}$ となり，$x=\dfrac{2+5}{3}=\dfrac{7}{3}$，$x=\dfrac{2-5}{3}=-1$ となる。よって，$x=-1$，$\dfrac{7}{3}$ である。

(8)＜**数量の計算**＞42分は，$\dfrac{42}{60}=\dfrac{7}{10}$(時間)より，時速30km で42分走ると，$30\times\dfrac{7}{10}=21$(km)進む。

2 〔独立小問集合題〕

(1)＜**データの活用—範囲，四分位範囲，中央値，正誤問題**＞右図より，最大値は10点，最小値は2点だから，範囲は，$10-2=8$(点)である。また，第1四分位数は4点，第3四分位数は8点だから，四分位範囲は，$8-4=4$(点)である。さらに，第2四分位数(中央値)は6点である。次に，3つの文章の正誤を考える。「4点を取った生徒は必ずいる。」…正。生徒の数が22人だから，$22\div2=11$(人)より，11人の中央の6番目の生徒の点数が第1四分位数であり，図より4点である。「この図から平均点は6点であることがわかる。」…誤。この図からは生徒全員の点数がわからないので，平均点はわからない。「8点以上の生徒は少なくとも6人はいる。」…正。図の第3四分位数は17番目の生徒の点数で8点だから，少なくとも17番目から22番目の6人は8点以上である。

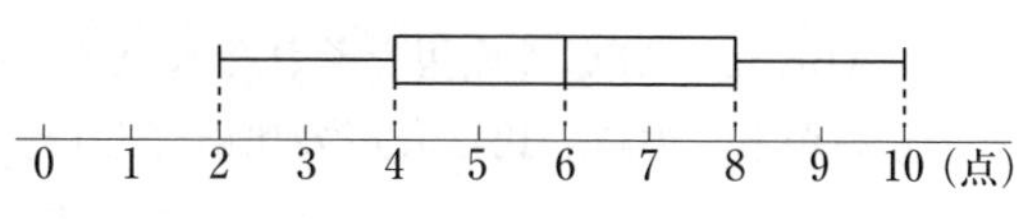

(2)＜**標本調査—母集団の数**＞はじめに箱の中に入っていた赤いビーズの数を x 個とすると，白いビーズを200個入れた後の箱の中のビーズの個数は $x+200$ 個となる。その箱から無作為に取り出した54個のビーズの中に白いビーズが12個あったので，赤いビーズは，$54-12=42$(個)より，箱の中にあるビーズ全体に対する赤いビーズの割合は，$\dfrac{42}{54}=\dfrac{7}{9}$ であると考えられる。よって，箱の中に入っている赤いビーズについて，$(x+200)\times\dfrac{7}{9}=x$ が成り立つ。これを解くと，$(x+200)\times7=9x$，$7x+1400=9x$，$x=700$ より，箱の中に赤いビーズはおよそ700個あると推定される。

3 〔データの活用—確率—カード〕

(1)＜**確率**＞1から5までの数を1つずつ書いた5枚のカードから，同時に2枚のカードを引くとき，引き方は右図のように全部で10通りある。このうち，2枚のカードの数の和が素数になるのは，$1+2=3$，$1+4=5$，$2+3=5$，$2+5=7$，$3+4=7$ の5通りあるから，求める確率は $\dfrac{5}{10}=\dfrac{1}{2}$ である。

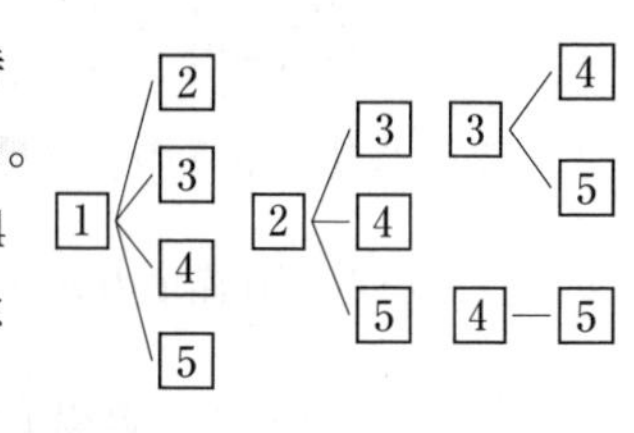

(2)＜**確率**＞$\sqrt{64}<\sqrt{65}<\sqrt{81}$ より，$8<\sqrt{65}<9$ だから，$\sqrt{65}$ は整数部分が8の小数である。2枚のカードの数の積が $\sqrt{65}$ より小さくなるのは，$1\times2=2$，$1\times3=3$，$1\times4=4$，$1\times5=5$，$2\times3=6$，$2\times4=8$ の6通りだから，求める確率は $\dfrac{6}{10}=\dfrac{3}{5}$ である。

(3)＜**確率**＞2枚のカードが2枚とも偶数であるのは，2と4を選ぶ1通りだけである。よって，これ以外の，$10-1=9$(通り)は少なくとも1枚は奇数だから，求める確率は $\dfrac{9}{10}$ である。

4 〔独立小問集合題〕

(1)＜**平面図形—長さ**＞次ページの図1で，円周角と中心角の関係より，$\overset{\frown}{\mathrm{AB}}$ に対する中心角は，12.5°

$\times 2=25°$ である。よって，半径が6 cmだから，$\overset{\frown}{AB}$ の長さは，$2\pi\times6\times\frac{25°}{360°}=\frac{5}{6}\pi$ (cm)となる。

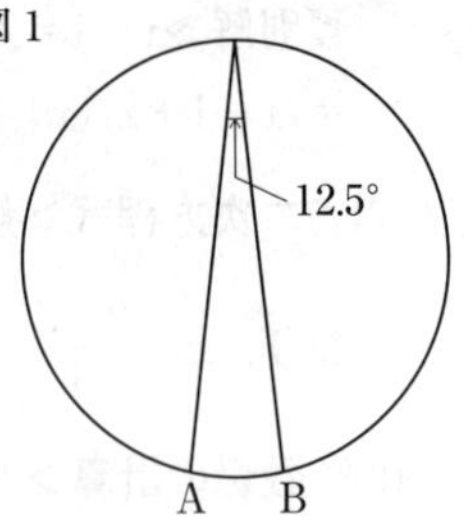

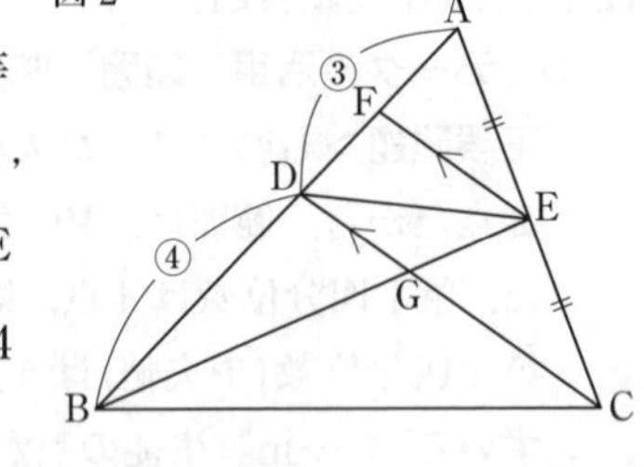

(2)<**平面図形—長さの比，面積比**>右下図2で，AE：EC＝1：1，CD∥EFより，AF：FD＝AE：EC＝1：1である。これより，$FD=\frac{1}{2}AD$ であり，AD：DB＝3：4だから，FD：DB＝$\frac{1}{2}$AD：DB＝$\left(\frac{1}{2}\times3\right)$：4＝3：8となる。次に，△ABC＝$S$ として，△DGEの面積を S で表す。まず，△ABEと△ABCの底辺をそれぞれAE，ACと見ると，高さが等しいから，面積の比は底辺の比に等しい。よって，AE＝ECより，$AE=\frac{1}{2}AC$ だから，$\triangle ABE=\frac{1}{2}\triangle ABC=\frac{1}{2}S$ である。同様に，△DBEと△ABEの底辺をそれぞれDB，ABと見ると，AD：DB＝3：4より，DB：AB＝4：(3+4)＝4：7だから，面積の比は，△DBE：△ABE＝4：7であり，$\triangle DBE=\frac{4}{7}\triangle ABE=\frac{4}{7}\times\frac{1}{2}S=\frac{2}{7}S$ となる。ここで，FD：DB＝3：8，CD∥EFより，EG：GB＝FD：DB＝3：8である。したがって，△DGEと△DBEの底辺をそれぞれEG，EBと見ると，△DGE：△DBE＝EG：EB＝EG：(EG+GB)＝3：(3+8)＝3：11となり，$\triangle DGE=\frac{3}{11}\triangle DBE=\frac{3}{11}\times\frac{2}{7}S=\frac{6}{77}S$ である。以上より，△DGEの面積は△ABCの面積の $\frac{6}{77}$ 倍である。

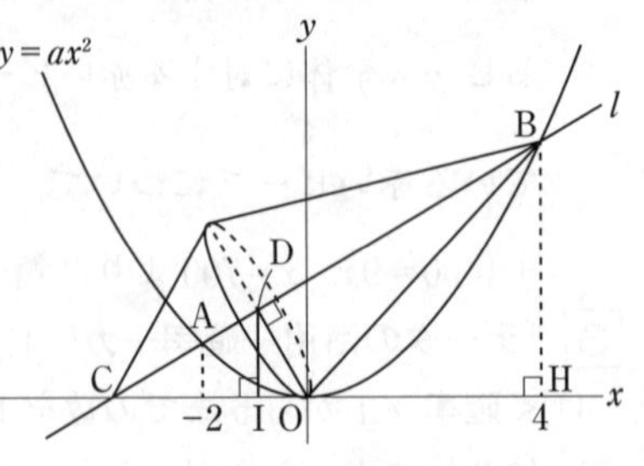

5 〔**関数—関数 $y=ax^2$ と一次関数のグラフ**〕

≪**基本方針の決定**≫(3)　三角形の相似を利用する。　(4)　2つの円錐を合わせた立体ができる。

(1)<**比例定数，直線の式**>点A，Bは放物線 $y=ax^2$ 上の点で x 座標がそれぞれ−2，4だから，点Aの y 座標は，$y=a\times(-2)^2=4a$，点Bの y 座標は，$y=a\times4^2=16a$ となり，A$(-2,\ 4a)$，B$(4,\ 16a)$ と表される。直線 l の傾きが $\frac{1}{2}$ であることから，$\frac{16a-4a}{4-(-2)}=\frac{1}{2}$ が成り立ち，$2a=\frac{1}{2}$，$a=\frac{1}{4}$ である。これより，点Aの y 座標は，$4a=4\times\frac{1}{4}=1$ となり，A$(-2,\ 1)$ だから，直線 l の式を $y=\frac{1}{2}x+k$ とおき，$x=-2$，$y=1$ を代入すると，$1=\frac{1}{2}\times(-2)+k$，$k=2$ となる。よって，直線 l の式は $y=\frac{1}{2}x+2$ である。

(2)<**面積**>右上図で，点Cは直線 l と x 軸の交点だから，$y=\frac{1}{2}x+2$ に $y=0$ を代入すると，$0=\frac{1}{2}x+2$，$x=-4$ となり，C$(-4,\ 0)$ である。△OCBの底辺をOCとすると，OC＝4であり，高さは点Bの y 座標で表され，(1)より，$16a=16\times\frac{1}{4}=4$ である。よって，$\triangle OCB=\frac{1}{2}\times4\times4=8$ となる。

(3)<**長さ，長さの比，座標**>右上図のように，点Bから x 軸に垂線を引き，交点をHとすると，△BCHで，CH＝4−(−4)＝8，BH＝4となるから，三平方の定理より，$CB=\sqrt{CH^2+BH^2}=\sqrt{8^2+4^2}=\sqrt{80}=4\sqrt{5}$ である。次に，図のように原点Oから直線 l に垂線を引き，その交点をDとすると，△OCDと△BCHにおいて，∠OCD＝∠BCH(共通)，∠ODC＝∠BHC＝90°より，2組の角がそれぞれ等しいから，△OCD∽△BCH である。よって，OD：BH＝CO：CB より，OD：4＝4：$4\sqrt{5}$ が成り立ち，OD×$4\sqrt{5}$＝16，OD＝$\dfrac{4}{\sqrt{5}}$＝$\dfrac{4\sqrt{5}}{5}$ となる。また，CD：CH＝CO：CB より，CD：8＝4：$4\sqrt{5}$ が成り立ち，CD×$4\sqrt{5}$＝8×4，CD＝$\dfrac{8}{\sqrt{5}}$＝$\dfrac{8\sqrt{5}}{5}$ となる。これより，CD：CB＝$\dfrac{8\sqrt{5}}{5}$：$4\sqrt{5}$＝2：5 となり，CD：DB＝CD：(CB－CD)＝2：(5－2)＝2：3 である。ここで，図のように点Dから x 軸に垂線を引き，その交点を I とすると，DI∥BH より，CI：CH＝CD：CB＝2：5 だから，CI＝$\dfrac{2}{5}$CH＝$\dfrac{2}{5}$×8＝$\dfrac{16}{5}$ となり，OI＝CO－CI＝4－$\dfrac{16}{5}$＝$\dfrac{4}{5}$ である。したがって，点Dの x 座標は $-\dfrac{4}{5}$ となり，点Dは直線 l 上の点だから，$x=-\dfrac{4}{5}$ を $y=\dfrac{1}{2}x+2$ に代入して，$y=\dfrac{1}{2}\times\left(-\dfrac{4}{5}\right)+2=\dfrac{8}{5}$ より，D$\left(-\dfrac{4}{5},\ \dfrac{8}{5}\right)$である。

(4)＜体積＞前ページの図で，△OCB を直線 l を軸として1回転させると，点Dを中心とする円Dを底面とし，頂点をBとする円錐と，同じ円Dを底面とし，頂点をCとする円錐を合わせた立体ができる。この立体の体積は，$\dfrac{1}{3}\pi\times\text{OD}^2\times\text{BD}+\dfrac{1}{3}\pi\times\text{OD}^2\times\text{CD}=\dfrac{1}{3}\pi\times\text{OD}^2\times(\text{BD}+\text{CD})=\dfrac{1}{3}\pi\times\text{OD}^2\times\text{CB}$ として求められ，OD＝$\dfrac{4\sqrt{5}}{5}$，CB＝$4\sqrt{5}$ より，$\dfrac{1}{3}\pi\times\left(\dfrac{4\sqrt{5}}{5}\right)^2\times4\sqrt{5}=\dfrac{1}{3}\pi\times\dfrac{16}{5}\times4\sqrt{5}=\dfrac{64\sqrt{5}}{15}\pi$ となる。

6 〔平面図形―円〕

≪基本方針の決定≫(2)　(1)で得られた式を利用する。

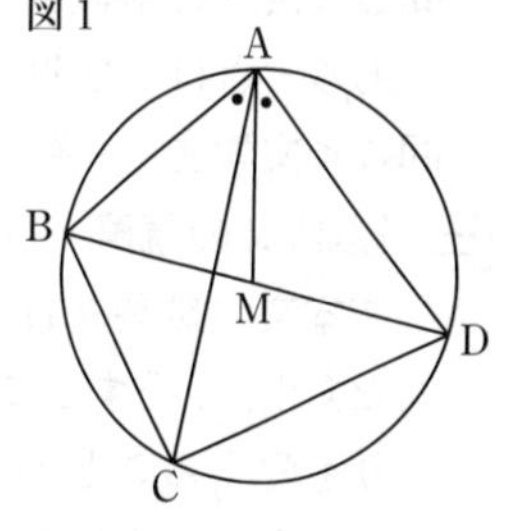

(1)＜**証明**＞右図1で，線分 BD 上に，∠DAM＝∠BAC となる点Mをとるとき，△AMD と△ABC において，$\overset{\frown}{\text{AB}}$ に対する円周角より，∠ADM＝∠$\underline{\text{ACB}}_{ア}$ より，2組の角がそれぞれ等しいから，△AMD∽△ABC である。よって，AD：AC＝$\underline{\text{MD}}_{イ}$：BC となり，AD×BC＝AC×$\underline{\text{MD}}_{イ}$……①が成り立つ。次に，△ADC と△AMB において，∠DAC＝∠MAD＋∠CAM，∠MAB＝∠BAC＋∠CAM であり，∠MAD＝∠BAC だから，∠DAC＝∠$\underline{\text{MAB}}_{ウ}$ となる。また，$\overset{\frown}{\text{AD}}$ に対する円周角より，∠DCA＝∠$\underline{\text{MBA}}_{エ}$ となり，2組の角がそれぞれ等しいから，△ADC∽△AMB である。よって，CD：$\underline{\text{BM}}_{オ}$＝AC：AB となり，AB×CD＝AC×$\underline{\text{BM}}_{オ}$……②が成り立つ。ここで，①＋②より，AD×BC＋AB×CD＝AC×MD＋AC×BM より，AD×BC＋AB×CD＝AC×(MD＋BM)＝$\underline{\text{AC×BD}}_{カ}$ となる。

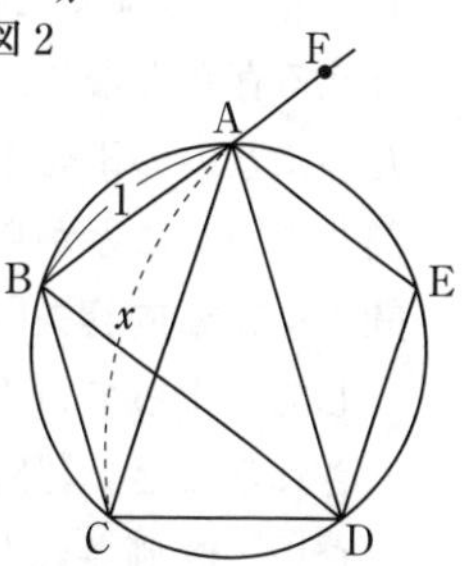

(2)＜**長さ**＞右図2で，円周上の点をA～Eとすると，四角形 ABCD は円に内接するので，(1)より，AD×BC＋AB×CD＝AC×BD が成り立つ。図2で，AD＝AC＝BD＝x，BC＝AB＝CD＝1 だから，$x\times1+1\times1=x\times x$ が成り立つ。これを解くと，$x^2-x-1=0$，解の公式より，$x=\dfrac{-(-1)\pm\sqrt{(-1)^2-4\times1\times(-1)}}{2\times1}=\dfrac{1\pm\sqrt{5}}{2}$ となり，$x>0$ より，$x=\dfrac{1+\sqrt{5}}{2}$ である。

国語解答

一 1 ウ　2 ア　3 ウ　4 オ　5 イ

二 問1 1…キ　2…ク　3…エ　問2 オ　問3 カ　問4 エ

三 問1 イ　問2 オ　問3 ケ　問4 オ　問5 ア　問6 ウ　問7 ウ　問8 エ

四 問1 ア　問2 イ　問3 エ　問4 エ　問5 イ　問6 ア　問7 オ　問8 ウ

五 問1 エ　問2 b…ア　c…エ　問3 イ　問4 エ

一〔漢字〕

1．「敷設」と書く。アは「再建」，イは「構想」，ウは「屋敷」，エは「実施」，オは「増築」。

2．「伯仲」と書く。アは「仲裁」，イは「忠実」，ウは「抽象」，エは「支柱」，オは「駐留」。

3．「堅実」と書く。アは「機嫌」，イは「貢献」，ウは「堅固」，エは「健在」，オは「権限」。

4．「利潤」と書く。アは「循環」，イは「純粋」，ウは「巡回」，エは「従順」，オは「湿潤」。

5．「悼(む)」と書く。アは「惜別」，イは「追悼」，ウは「後悔」，エは「悲惨」，オは「悲哀」。

二〔国語の知識〕

問1＜慣用句＞1．不意の出来事や知らせに驚くことを，「寝耳に水」という。　2．苦労なく利益を得ることを，「濡れ手で粟」という。　3．気を引き締めることを，「襟を正す」という。

問2＜語句＞アは，「なりました」が正しい。イは，「起きられなかった」が正しい。ウは，「たとえ遅刻しても」が正しい。エは，「汚名を返上する」または「名誉を挽回する」が正しい。

問3＜漢文の訓読＞「言」→「有」→「者」→「必」→「徳」→「有」→「不」の順に読む。レ点があるときは一字返り，一二点があるときは一，二の順に読む。

問4＜文学史＞『羅生門』は，大正4(1915)年に発表された芥川龍之介の小説。

三〔論説文の読解―哲学的分野―人生〕出典；上田紀行『愛する意味』。

≪本文の概要≫日本人が幸せになれない一番大きな原因は，「愛していないこと」にある。多くの人たちが，「愛すること」よりも「愛されること」を優先しているのである。しかし，愛されることよりも愛することの方が，断然大きな幸せをあなたと世界にもたらす。「愛する」人は，逆境にあっても，自分の中に愛があるのでめげない。「愛されたい」「評価されたい」ということへの執着は，あなたをとても不自由にする。「愛されたい人」は，「愛されるための条件」にがんじがらめになり，「愛されること」を気にするがゆえに，不安と恐れにかられ，自分自身を自ら愛の奴隷にしてしまう。しかし，「愛すること」によって，あなたは自分自身の人生の主人公になり，あなたは世界に意味を与える存在となり，世界は一気に輝き出す。その輝きと美しさを知らずに生きるのはもったいない。互いに互いの幸せを喜び合う社会の根底にあるのは愛であり，一人ひとりがのびのびと愛を育んで発信していくことから，誰もが皆の幸せを喜び合える社会へと進んでいける。

問1＜文章内容＞「幸せになれない大きな原因」は，「『愛すること』よりも『愛されること』を優先してしまっている」ところにある。「『愛すること』よりも『愛されること』を優先」すれば，「『愛されること』『評価されること』」が「自分の幸せの前提になって」しまう。しかし，誰かに愛されたい，評価されたい，とどんなに思っても，「実際にはなかなかそうならないのが人生」である。「あなたを熱烈に愛してくれる人とはそうそうは出会えない」かもしれないし，「あなたが常に学校でも仕事でも高い評価を得られ続けるとは限らない」のである。

問2＜文章内容＞「あなたを熱烈に愛してくれる人とはそうそうは出会えない」かもしれないし，「あなたが常に学校でも仕事でも高い評価を得られ続けるとは限らない」が，そのときに「『愛する』人」はめげない。「自分の中に愛があれば耐えられる」のである。「人生の中で苛酷な逆境に遭遇」しても，「自分の中から湧き上がってくる愛」があれば，それが「人生を支えていく」ので，逆境にもめげない，ということになる。

問３＜四字熟語＞ｃ．「誰もあなたを振り向かず，無視される」と，それだけでもう，「生きる気力」を失う。愛が「失われた」となると，悲しみ，元気をなくしてしまうのである。元気がなくなって気持ちが沈み込むことを，「意気消沈」という。　ｆ．「愛されること」を気にする人は，「愛が得られた，評価が得られたといって喜び，それが失われたといって悲しみ」というように，状況が変わるたびに喜んだり悲しんだりする。状況が変わるたびに喜んだり心配したりすることを，「一喜一憂」という。「一意専心」は，一つの事だけに心を向けること。「自暴自棄」は，やけになること。「無味乾燥」は，おもしろみや味わいのないこと。「疑心暗鬼」は，疑う気持ちが起こるとささいなことまで疑わしく思えて恐ろしく感じること。

問４＜文章内容＞「自分が他者からの評価，誰かから愛されるかどうかだけで決まってしまう」と考えれば，「誰もあなたを振り向かず，無視される」だけで「生きる気力を失って」しまう。「愛すること」によって「誰もが驚き，魅惑され，喜びが湧き上がって」くることに気づかず，「その輝きと美しさを知らずに生きる」ことは，「あまりにもったいない」ことである。

問５＜文章内容＞「『愛されたい』『評価されたい』ということへの執着」があると「不自由」になり，「この世界では仮住まい」になってしまう。しかし，「愛すること」によって，「自分自身の人生の主人公」となり（イ・オ…○），「自分の中の大きな愛」に気づき（エ…○），「自分も幸せになり，他の人の幸せも心の底から喜びながら」生きることができる（ウ…○）。

問６＜文章内容＞「愛されること」を待っているだけでは，「『愛されるための条件』にがんじがらめ」になり，「不安と恐れ」にかられて「自分自身をみずから愛の奴隷にして」しまう。しかし，「愛すること」ができれば，そうはならず，自分の気持ちに素直な言動をとることができる。

問７＜表現＞「そういう人たち」とは，「評価ばかり気にして」いる学生たちや，「愛されることばかり考えて」いる人たちや，「日々の利益をあげることに汲々として」いる人たちである。このような人たちは皆，「『愛されること』を気にするが故」に「愛の奴隷」になっている。

問８＜要旨＞愛されたり高い評価を得られたりすれば「幸せ」ではあろうが，「愛されること」「評価されること」ばかり求めるのでは，自分が自分の人生の主人公になることはできず，「自分のいいところが発揮」できないのでもったいない（ア…○，エ…×）。誰かに熱烈に愛されたり高い評価を得られたりすることが常にあるわけではないので，「愛すること」を優先したい（ウ…○）。そうすることによって「『愛されるための条件』にがんじがらめ」の状態から自分を解放して（イ…○），「自分自身の人生の主人公」になり，「世界に意味を与える存在」になる。「人生の中で苛酷な逆境に遭遇して」いた「世界の偉人と言われる人の多く」には，「自分の中から湧き上がってくる愛」があり，それが人生を支えていった（オ…○）。

四〔小説の読解〕出典；三浦哲郎『たきび』（『ふなうた』所収）。

問１＜心情＞「初老」の今になっては，「子供のころ」のことなど知っている人もそうはいないし，日頃の話題にもならないと思われる。しかし，このときは幼馴染み（おさななじ）みが「おまえさんは子供のころからたきびが好きだったな」と言い出したので，「彼」は気恥ずかしさを感じた。

問２＜文章内容＞たき火をしていたとき，「ぽんと，ひときわ高い破裂音」がしたのと同時に里子が「きゃっと悲鳴を上げて仰向けに」倒れた。しかし，「彼」は，「それしきの音で，六年生の女の子が，まるで胸を強く突かれたようにひっくり返るはずがない」ので，里子がひっくり返ったのは，ふざけて大げさに驚いてみせたということだろう，と思った。

問３＜文章内容＞里子を抱いて店に行くと，「染直の人々は，みな，うろたえていて，彼がそこに立っていることなど忘れて」いるほどの混乱状況になった。その様子を見て，「彼」は事の重大さを認識したが，どうしたらよいかわからず，とにかく頭を下げずにいられなかった。

問４＜文章内容＞「彼」は，いずれ犯人探しが始まって自分がとがめられるに違いないと思っていた。しかし，「なんのお咎めもない」ので，「彼」は非常に不思議に思った。

問５＜文章内容＞里子は「義眼になった」が，「彼女の表情の豊かさ」は「まるで違和感を感じさせなかった」し，「以前の明るさも活撥さも，すこしも失われた気配がなかった」ので，「彼」はその姿を「眩しく」感じた。

問６＜心情＞「彼」は，「もはや自責の念が自分の力では支え切れぬほど心に重くなっていた」ことに加え，「里子の何事もなかったような健気さに，強く心を打たれた」ということもあって，里子に罪を告白した。それに対して，里子は，生栗を入れたのが「彼」であることは知っていたが，自分は「運が悪かっただけ」で，「彼」を「罪人にしたくなかった」ので，「栗を入れた人を探すのをやめて」もらうよう頼んだ，と言った。その話に「彼」は驚き(イ…○)，里子の判断や態度に感謝するとともに(ウ…○)，里子が自分を恨んでいなかったことでほっとした(エ…○)。そして，生栗を入れたのは自分だと告白したので，心の重荷も下ろすことができた(オ…○)。

問７＜文章内容＞里子は，最初から「彼」を「罪人」にしたくないと思っており，自分が失明したことを「彼」のせいにする気は今もない。「彼」にも，そのようには考えてほしくないと思っている。したがって，里子と結婚するのも，里子を「片目にした」のは自分だから，とか，片目になった里子がかわいそうだから，という思いからのことではないことを望んだ。

問８＜心情＞暖炉に火入れした日，「彼」は，一人になると，新しい薪をくべ足して，それがぱちぱちとはぜる音を聞きながら，里子のことを思い出していた。そうすると，「これからは，わたしもあなたと一緒に暖炉の火を眺めるのを楽しみにするわ。だって，わたしたち，たきびが縁で結ばれた仲でしたものね」と里子が耳元でささやくのが聞こえた。「彼」は，火が自分と里子を結びつけたことを思い起こし，里子がこの暖炉の火を一緒に楽しんでくれると信じているのである。

五〔古文の読解―説話〕出典；無住法師『沙石集』。

≪現代語訳≫昔，中国に戴淵といった賊(がいたのだけれど)も，あるとき，大臣が，船に乗って通り過ぎたのを，悪党を大勢率いて，その財産を略奪した。岸にいて指図する。計略といい，器量といい，人よりも勝って見えたので，この大臣が，「ああ，優れた才能で，つまらない振る舞いをするものだなあ」と言うと，(戴淵はこれを聞いて)心を改めて，この大臣について，帝王のお目にかかって，将軍になった。縁に恵まれて心を改めたことを思うにつけても，尊いことである。

問１＜古文の内容理解＞戴淵は，大臣が乗った船が通ったとき，大勢の悪党を率いて，その大臣の財産を略奪した。

問２＜古文の内容理解＞b．「いみじき」は，立派な，優れた，という意味。「機量」は「器量」で，才能や力量のこと。岸から略奪を指図する戴淵を，大臣は優れた統率力があると評した。　c．「拙き」は，品格が劣っている，という意味。大臣は，戴淵の略奪をつまらない振る舞いと評した。

問３＜古文の内容理解＞戴淵は，「賊」ではあったが，「謀と云ひ，機量と云ひ，人に勝れて」いた。大臣はその能力を認めたのである。

問４＜古文の内容理解＞戴淵は，「賊」ではあったが，大臣と出会ったのを機に，心を改め，大臣につき従うようになり，ついには将軍にまでなった。戴淵が，大臣と出会ったことがきっかけで心を入れ替えたというのは，めったにないような尊いことである。

2022 年度 // 流通経済大学付属柏高等学校（前期①）

【英　語】（50分）〈満点：100点〉

■リスニングテストの音声は，当社ホームページで聴くことができます。（当社による録音です）

再生に必要なユーザー名とアクセスコードは「収録内容一覧」のページに掲載しています。

1　放送を聞いて答えなさい。

1．1．It was last Saturday.　2．It was next Monday.
　3．It was not held.　4．It was last Sunday.

2．1．Because she was sick.
　2．Because she had to finish her homework.
　3．Because she was at Sergio's party.
　4．Because she had a fever.

****

3．1．She is reading a book written by Takashi Saito.
　2．She is reading a book sold by Takashi Saito.
　3．She is reading a book given by Takashi Saito.
　4．She is reading a book sent by Takashi Saito.

4．1．He enjoyed reading books.
　2．He taught English to many students.
　3．He studied Japanese.
　4．He visited many restaurants.

5．1．Mr. Saito told him where to go when he read books.
　2．Mr. Saito told him how to read books.
　3．Mr. Saito told him which university he should go to.
　4．Mr. Saito told him what to read in the plane.

※＜**放送問題原稿**＞は英語の問題の終わりに付けてあります。

2　次の英文を読んで後の問いに答えなさい。（＊印の語は(注)を参考にすること）

In the old days, when wishes often came true, there lived a king. All his daughters were beautiful. The youngest princess was so beautiful that even the sun was surprised ＊every time ①<u>it</u> kissed her face.

A dark forest was close to the king's home. A ＊well was in the forest under an old tree. The princess often went to the well on hot days. She sat on the ＊bank by the cool water. She loved playing with a special golden ball. She would throw the ball high in the air and then catch it.

One day, ＊instead of falling into her little hands, the princess's golden ball rolled along the ground into the well. The princess went to the well to look for her ball. The well was so deep, however, that she could not see the ＊bottom. ②<u>She began to cry.</u> She cried ＊louder and louder. Then a voice called out. "Why, princess, (　1　) You cry so loudly that even a stone would feel sorry for you." She looked round to see (　2　) was talking and saw a frog.

The frog was not very pretty, but the princess told him about her problem.

"Well, stop your crying right now," said the frog, "I can help you. What will you give me if I get your ball for you ?"

"Anything you like, my dear frog," she said: "I would give you my clothes, or even my crown."

The frog thought about this for a moment and then said, "Thank you princess, but I don't want any of these things. All that I want is your love. I (3) your friend. I want you to play with me. And I want to share food and your little bed with you. If you do, I will get your golden ball from the bottom of the well."

"Okay," she said. "I'll promise anything you like if you get my ball back for me." The frog disappeared into the well and the princess thought, "What a *fool the frog is ! He can only sit in the water and talk to other frogs. He can't be friends with humans."

In a little while the frog came back with the ball in his mouth. He threw it to the princess. She was so happy to get it back. She picked it up and ran away.

"Stop ! Stop ! Take me with you. I can't run so fast," *shouted the little frog. *It was no use. *Even though he shouted as loudly as he could, the princess *ignored him. Soon she got home and she quickly forgot all about the little frog who helped her. The frog sadly went back into his ③<u>well</u>.

The next day the princess sat down to eat with the king and the rest of her family. She was *eating off her little gold dish when she heard a strange noise. Something jumped up the stairs, knocked on the door and said, "Young princess, *let me in !" She ran to the door and saw the frog. She shut the door quickly and went back to her seat. She was very afraid.

The king saw this and said, "Child, why are you afraid ? What is at the door ?"

"A frog," she answered. "What does the frog want with you ?" asked the king.

"Well, dear father, yesterday, when I (4) in the forest, my golden ball fell into the well. I started crying and the frog heard me. He got the ball back for me. I promised him he (5) be my friend, but I never thought he would come so far out of his water. Now he is outside and wants to come in." There was another knock at the door and the frog called: "Open the door, my princess, dear. Open the door to your true love here ! Remember the promise you made yesterday, by the cool well, in the old tree's shade." Then the king said, "You must not break your promise. Go and let him in." She went and opened the door, and the frog jumped in. He followed her to her chair and said, "*Lift me up."

She did not want to lift him up, but the king ordered her ④<u>to do so.</u> The frog got on the table and said, "Push your little gold dish near me to eat together." The princess pushed her plate near the frog but the princess ate nothing. At last the frog said, "I am full. Now I am tired. Take me to your little room, put me in your bed and we will lie down and go to sleep."

The princess began to cry. She could not bring herself even to touch the cold frog. She did not want to sleep with him in her pretty clean bed. The king became (ア) with her and said, "We must not forget the people who have helped us."

So, the princess lifted up the frog, carried him *upstairs and put him in a corner of her room. When she was in bed, the frog came over to her and said, "I am tired. I would like to go to bed too. Lift me up, please, or I'll tell your father." Then the princess got really (ア). She picked the frog up and threw him against the wall. "You bad frog," she shouted.

When he fell to the ground, however, he was *no longer a frog. He was a prince, with beautiful, smiling eyes. He said to the princess, "An old *witch changed ⑤me into a frog." Nobody *except the young princess had the power to change him back.

（注） every time：～する度に　well：井戸　bank：土手　instead of：～の代わりに
bottom：底　louder and louder：ますます大きな声で　fool：馬鹿者　shout：叫ぶ
it was no use：無駄だった　even though：たとえ～しても　ignore：～を無視する
eat off：～で食べる　let me in：私を中に入れて　lift up：～を持ち上げる
upstairs：上の階へ　no longer：もはや～ない　witch：魔女　except：～を除いて

問１　(　)内に入るものをそれぞれ選びなさい。

（１）：1　here you are.　2　you're welcome.
　　　3　of course.　4　what is the matter？

（２）：1　which　2　whose　3　where　4　who

（３）：1　wanting　2　want to　3　want to be　4　want to being

（４）：1　play　2　playing　3　was played　4　was playing

（５）：1　can　2　can't　3　could　4　couldn't

問２　下線部①が指すものとして，最も適切なものを下の選択肢から１つ選びなさい。

1．a king　2．a frog　3．the youngest princess　4．the sun

問３　下線部②の理由として，最も適切なものを下の選択肢から１つ選びなさい。

1．カエルが彼女のボールを井戸の中に落としてしまったから。
2．カエルが井戸の中に姿を消してしまったから。
3．彼女がカエルとの約束を守ることが出来なかったから。
4．彼女が自分のボールを井戸の中に落としてしまったから。

問４　下線部③と異なる意味の well を下の選択肢から１つ選びなさい。

1．The ball which a boy played with dropped into a well.
2．We can draw water from the well.
3．Well, I guess 15 dollars is a good price for a pair of shoes.
4．The students raised money to build a well.

問５　下線部④の内容を表すものを下の選択肢から１つ選びなさい。

1．to play with a special golden ball　2．to buy a special golden ball
3．to lift up the frog　4．to push her little gold dish

問６　空所(ア)に入る最も適切な語を下の選択肢から１つ選びなさい。

1．angry　2．hungry　3．sick　4．fine

問７　下線部⑤が表す人物を下の選択肢から１つ選びなさい。

1．a princess　2．an old witch　3．a prince　4．a king

問８　次の英文の下線部に入るものとして最も適切なものを１つ選びなさい。

1．After the frog came back from the well, the princess felt very happy because ＿＿＿＿.
　1．she got back a special golden ball
　2．she made friends with the frog
　3．a prince was changed into a frog
　4．her golden ball rolled along the ground into the water

2．The promise the princess made to the frog was that ＿＿＿＿.
　1．she would give a king a lot of money
　2．she would be the frog's friend

3. she would give the frog a special golden ball
4. she would get her ball back for the frog

3. The truth in this story was that ＿＿＿＿＿.
1. the frog which the princess didn't like was a prince
2. the young princess had the power to turn a prince into a frog
3. many people were changed into frogs by an old witch
4. many people believed the magic power which the princess had

3 次の英文を読んで，後の問いに対する答えとして最も適切なものを選びなさい。（*印の語は（注）を参考にすること）

Oxford is ninety *kilometres from London — about an hour by car, bus or train — and only sixty-four kilometres from Heathrow Airport. The River Thames *runs through Oxford, and the River Cherwell *joins it there. The Thames then runs south-east *towards London. The land is low, but there are hills to the west. Much of the city is old and very beautiful.

More than 110,000 people have their homes in Oxford. But in some months of the year there are a lot more people in the city; thousands of students come from other towns for parts of the year.

The city is an important *centre for work, shopping and nightlife. But people from all over the world, and from different parts of Britain, come to Oxford to see the fine buildings, the museums, and the parks and gardens. Oxford is a very interesting city, and many visitors fall in love with it.

Oxford is not as old as some other English cities. London, York and Cambridge were already towns in *Roman times. But by the tenth century Oxford was an important town. At that time, Oxford was *a market town, on the river and with main roads running through it. There were walls around the town, and about five thousand people lived inside them.

The town got bigger in the twelfth century, when a lot of new houses were built. It was a rich business centre by selling cloth and wool. By the year 1200, there were new walls, three stone bridges across the river, a castle, sixteen churches and a *palace. There were also the beginnings of a university.

Before that time, *religious people went to the University of Paris to study; now they started to come to Oxford. Three colleges were built in the thirteenth century: University College, Balliol College and Merton College. They looked like religious buildings, and you can still see parts of these old buildings today. By the end of the thirteenth century there were 1500 students, and the university was already famous all over Europe.

New business for *shopkeepers and other townspeople *came from the larger number of university students, but there were also problems between the people of the town and those at the university. In 1209 some students killed a woman; angry townspeople then killed two students, and many others moved away from Oxford. Some went to Cambridge and started the university there. In 1355 there was fighting in the streets for days, and sixty-two students died.

So there were problems, but Oxford was still getting bigger, and by the early fourteenth century it was a rich country town. Then a terrible illness called the Black Death killed nearly a third of the people there. Many who died were important businessmen, and *the cloth industry did not bring as much money into the town as before.

The townspeople needed to find new work, and many more people began to work for students and the university. Students started to live in their houses and to eat the food they cooked. So the townspeople now needed the university more than in earlier times.

In his famous book ***The Canterbury Tales***, the fourteenth-century writer, Geoffrey Chaucer *describes a poor student, The Clerk of Oxford. The Clerk is one of the first of many examples of Oxford students in English writing.

Under the Protestant queen Elizabeth I (1558-1603), life in Oxford was easier than under her older, Catholic sister, "Bloody Mary"; in Mary's time, three men were burned to death outside Balliol College for their *religion. They are called the Oxford Martyrs.

In Elizabethan England there were still problems between Protestants and Catholics in Oxford, but the queen liked the city and visited it a number of times. It was *fashionable for rich and important men to send their sons to the university; they used the town's *facilities for eating, drinking and sports, and new colleges and university buildings were built.

The Bodleian Library, for example, opened in 1602. The library now has over 120 kilometres of books. Readers cannot take books out of the building, but they can find any British book there.

The Sheldonian Theatre was also built at this time. It was the *work of Christopher Wren. He built St Paul's Cathedral in London. The university uses the Sheldonian on special days, but it is also open to visitors and for talks and concerts.

Oxford already had a *cathedral (in Christ Church College) and was, by now, called a city. In the 1630s ten thousand people lived there; two thousand of these worked or studied at the university.

Between 1642 and 1646 there was *a civil war in England; King Charles I's soldiers were fighting Oliver Cromwell's. Charles and his soldiers moved to Oxford. The king lived in one of the colleges, because most people at the university were on his side. Colleges also gave him their gold and silver. Important people from the city who were against the king went away until the war ended. There was fighting all around Oxford, and in the end Cromwell's soldiers controlled the city. The king got away, but in 1649 they cut off his head.

（注） kilometre：キロメートル　run through：～を流れる　join：～と合流する　toward：～に向かって
centre：中心地　Roman times：古代ローマ時代　a market town：市場を中心に発達した町
palace：宮殿　religious people：信仰心のある人　shopkeeper：商人　come from：～から来る
the cloth industry：繊維産業　describe：～を述べる　religion：信仰　fashionable：流行の
facility：施設　work：作品　cathedral：大聖堂　a civil war：内戦

1．Why do people from all over the world, and from different parts of Britain, come to Oxford?

1．Because they want to see the fine buildings, the museums, the parks, and gardens.
2．Because they want to see many performers.
3．Because they were only interested in work, shopping, and nightlife.
4．Because they were going to study English at the University of Paris.

2．What were people in Oxford selling in the twelfth century?

1．They were selling cloth and wool.　2．They were selling new cars.
3．They were selling three stones.　4．They were selling new houses.

3．Where did religious people go for studying before 1200?

1．Merton College.　2．University College.
3．Balliol College.　4．The University of Paris.

4．What is the Black Death?

1．It's a bad sickness.

2．It's fighting between businessmen.

3．It's fighting in the University in Cambridge.

4．It's an event in a rich country.

5．Who is the sister of Elizabeth Ⅰ ?

1．"Bloody Mary."　　2．The Oxford Martyrs.

3．Christopher Wren.　　4．King Charles Ⅰ.

6．When did the Bodleian Library open ?

1．In 1602.　2．In 1642.　3．In 1646.　4．In 1649.

7．Who built the Sheldonian Theatre ?

1．"Bloody Mary."　　2．The Oxford Martyrs.

3．Christopher Wren.　　4．King Charles I.

8．What is true of Oxford ?

1．It was not peaceful around 1649.　　2．It is nineteen kilometers from London.

3．It has less than ten thousand people.　　4．It has just ten people.

4　次の英文の(　)内に入れるのに最も適した語句を，後の語群からそれぞれ選びなさい。

1．(　　) make your health better, you should get more sleep.

1　To　2　For　3　In　4　As

2．It was very difficult (　　) to play the violin.

1　that she　2　for her　3　her　4　she

3．The man (　　) is playing the piano is my friend.

1　what　2　whose　3　which　4　who

4．This old temple (　　) about 500 years ago.

1　built　2　was build　3　was building　4　was built

5．We will stay here (　　) three months.

1　for　2　at　3　between　4　on

6．How many (　　) of paper do you need ?

1　sheets　2　sheet　3　seats　4　seat

5　日本文を参考にして正しい英文になるように(　)内の語を並べかえ，(　)内で３番目と６番目に来るものをそれぞれ選びなさい。(文頭に来る語も小文字で書かれています)

1．今朝，母親が電話した時には，ボブは朝食を作っていた。

Bob was (1　breakfast　2　called　3　his　4　him　5　making　6　mother　7　when) this morning.

2．今夜外出してもいいが，10時までには帰らなければいけない。

You may go out tonight, (1　but　2　by　3　come　4　home　5　must　6　ten　7　you) o'clock.

3．２日前に鍵を拾ってあげた女の子を覚えていますか？

Do you remember the (1　girl　2　key　3　picked　4　two　5　up　6　whose　7　you) days ago ?

4．ゲームは見ているより遊んでいる方がワクワクする。

Playing a (1 exciting 2 game 3 is 4 more 5 one 6 watching 7 than).

5．次の電車が何時に来るのか私に教えていただけますか。

Could you (1 me 2 next 3 tell 4 the 5 time 6 train 7 what) comes ?

6．私達はできる限り早く宿題を終わらせなければならない。

We (1 as 2 finish 3 have 4 our 5 soon 6 to 7 homework) as possible.

6 次のメッセージのやり取りに関して，質問に対する答えとして，最も適切なものを一つ選びなさい。

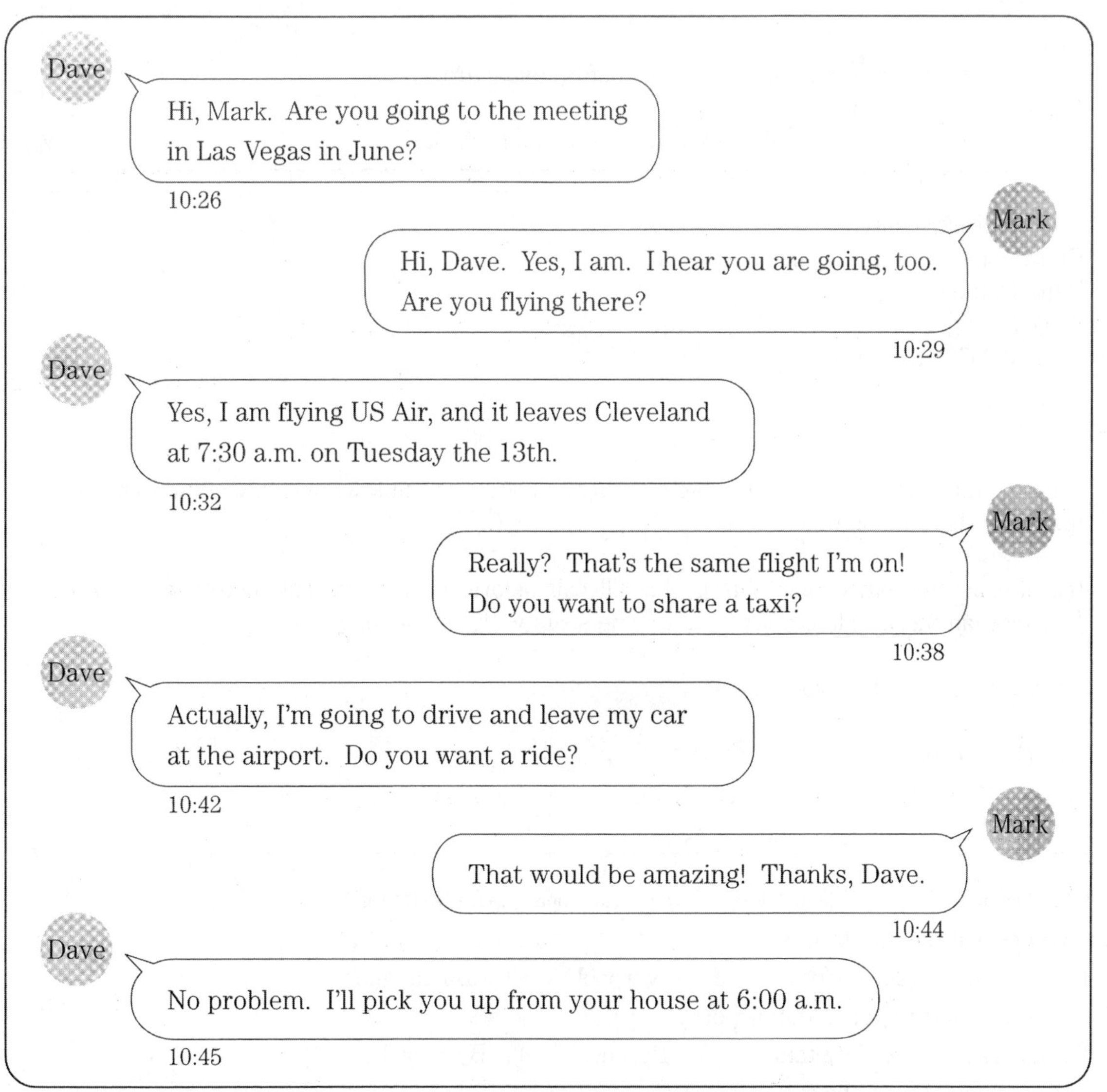

Dave
Hi, Mark. Are you going to the meeting in Las Vegas in June?
10:26
Mark
Hi, Dave. Yes, I am. I hear you are going, too. Are you flying there?
10:29
Dave
Yes, I am flying US Air, and it leaves Cleveland at 7:30 a.m. on Tuesday the 13th.
10:32
Mark
Really? That's the same flight I'm on! Do you want to share a taxi?
10:38
Dave
Actually, I'm going to drive and leave my car at the airport. Do you want a ride?
10:42
Mark
That would be amazing! Thanks, Dave.
10:44
Dave
No problem. I'll pick you up from your house at 6:00 a.m.
10:45

1．Where are Dave and Mark going ?

1．To a meeting. 2．To a party. 3．To a park. 4．To a museum.

2. How do they go to the airport ?

1. By Dave's car.　2. By taxi.　3. By train.　4. By bus.

次の航空券とメールに関して，質問の解答として最も適切なものを選びなさい。（＊印の語は(注)を参考にすること）

MR. TONNY HARRISON
MISS LISA PARK

LONDON Heathrow → TOKYO Narita
12/5/2021
13:10
Please be at the gate at least 30 minutes before departure.
＊Luggage ＊limit 27kg.
If you need a special meal, please tell us as soon as possible.

Flight No: UK905

To: parklisa@smail.com
From: tonyharr@smail.com
Date: October 11
Subject: Flight
: UK905TICKET.pdf

Hi Lisa,

I just got our flight tickets for the big meeting in Tokyo. I think we will have time to make the jet lag better this time!

It's also not too early, and it is good. I'll call before we fly and tell them you need a ＊vegetarian meal. I'll also try to get some seats with lots of space.

I'll get the bus to the airport now.

All the best for now,

Tonny

(注) luggage：手荷物　limit：制限　vegetarian meal：菜食主義者の食事

3. Where will they fly from ?

1. London.　2. Oxford.　3. Liverpool.　4. Birmingham.

4. How will Tonny get to the airport ?

1. By train.　2. By taxi.　3. By bus.　4. By bicycle.

5. What do we know about Lisa ?

1. She is short.　2. She is a manager.
3. She needs a special meal.　4. She is a flight attendant.

<放送問題原稿>

Steve : Hi, Emma. How are you?

Emma : Fine. Were you at Carole's party last Sunday?

Steve : Yes, I was.

Emma : Was it good?

Steve : Well, it was OK. The food was good.

Emma : Were there many people at the party?

Steve : Yes, there were. There were about 30 people.

Emma : Was Paul there?

Steve : No, he wasn't. And where were you?

Emma : Oh . . . I couldn't go because I was at Sergio's party! It was great.

Steve : Oh!

1. When was Carole's party?
2. Emma was not at Carole's party. Why?

Pete : What are you reading, Jenny?

Jenny : Hi, Pete. It's a book by Takashi Saito.

Pete : Oh, Saito. I met him once a long time ago. Interesting man.

Jenny : You actually met Professor Saito?

Pete : Yes, this was when I was in university. I was living in Yokohama at that time. I went to Tokyo to study Japanese, and he was giving a talk. He told me how we should read books.

Jenny : That's surprising! Was the talk really exciting?

Pete : Yes, I'll never forget it. He certainly was a great man.

3. What is Jenny reading?
4. What did Pete do when he was in Tokyo?
5. What did Professor Saito tell Pete?

【数　学】（50分）〈満点：100点〉

（注意）(1) 解答が分数の形で求められているときは，約分した形で答えること。

(2) 解答が比の形で求められているときは，最も簡単な整数の比で答えること。

(3) 問題の図は略図である。

全問とも，□の中に当てはまる数字を求めなさい。

1 次の問いに答えなさい。

(1) $\left(-\dfrac{3}{2}\right)^3+\dfrac{9}{8}\div 0.75$ を計算すると，$-\dfrac{\boxed{ア}\boxed{イ}}{\boxed{ウ}}$ である。

(2) $\sqrt{108}\left(\sqrt{2}+\dfrac{1}{\sqrt{3}}\right)-(\sqrt{7}-1)(\sqrt{7}+1)$ を計算すると，$\boxed{エ}\sqrt{\boxed{オ}}$ である。

(3) 連立方程式 $\begin{cases}\dfrac{2}{5}x-0.2y=1\\ 3x+2y=39\end{cases}$ を解くと，$x=\boxed{カ}$，$y=\boxed{キ}$ である。

(4) 2次方程式 $3x^2+2x-8=0$ の解は，$x=-\boxed{ク}$，$\dfrac{\boxed{ケ}}{\boxed{コ}}$ である。

(5) ある縄の長さを測ったとき，小数第2位を四捨五入すると8.4mという近似値が得られた。真の値を a mとして，a の範囲を不等号を使って表すと，$\boxed{サ}.\boxed{シ}\boxed{ス}\leqq a<\boxed{セ}.\boxed{ソ}\boxed{タ}$ となる。

また，誤差の絶対値は $\boxed{チ}.\boxed{ツ}\boxed{テ}$ m以下となる。

(6) 体積が $36\pi\text{cm}^3$ である球の半径は $\boxed{ト}$ cm である。また表面積は，$\boxed{ナ}\boxed{ニ}\pi\text{cm}^2$ である。ただし，π は円周率とする。

(7) $5\leqq\sqrt{a}<2\sqrt{10}$ を満たす自然数 a は全部で $\boxed{ヌ}\boxed{ネ}$ 個ある。

(8) 3つの数 a，b，c があり，$a:b=3:5$，$b:c=7:3$ である。$c=4$ ならば $a=\dfrac{\boxed{ノ}\boxed{ハ}}{\boxed{ヒ}}$ である。

2 次の問いに答えなさい。

(1) 1個110円のおにぎりと，1個140円のサンドイッチをあわせて20個買ったところ代金は2530円であった。買ったおにぎりは $\boxed{ア}$ 個，サンドイッチは $\boxed{イ}\boxed{ウ}$ 個である。

ただし，消費税は考えないものとする。

(2) 5％の食塩水150gを入れた容器がある。この状態での食塩の量は $\boxed{エ}.\boxed{オ}$ gである。

この容器に x gの水を加えたところ，濃度は3％となった。このとき，$x=\boxed{カ}\boxed{キ}\boxed{ク}$ である。

(3) 図のように AB＝10cm，BC＝18cm，∠Bが直角の直角三角形ABCがある。点P，Qはそれぞれ頂点A，Bを同時に出発し，点Pは毎秒1cmで点Bへ，点Qは毎秒2cmで点Cへ向かって移動する。

点P，Qがそれぞれ頂点A，Bを同時に出発した x 秒後に△PBQの面積が21cm²となったとすると，$x=\boxed{ケ}$，$\boxed{コ}$ である。

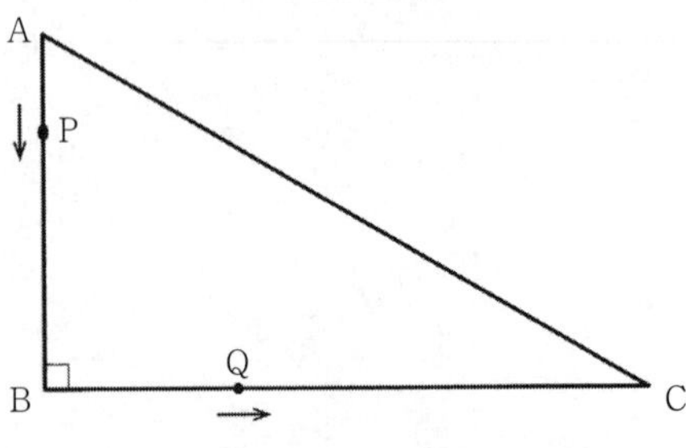

ただし，$0<x<9$，$\boxed{ケ}<\boxed{コ}$ であるとする。

(4) 下の表はあるクラス40人が受けた5点満点の数学の小テストの結果である。

空欄a，b，cにあてはまる値を求めると，aは $\boxed{サ}$，bは $\boxed{シ}$，cは $\boxed{ス}.\boxed{セ}\boxed{ソ}\boxed{タ}$ である。

得点の平均値は チ.ツ (点)である。また，最頻値(モード)は テ (点)で，中央値(メジアン)は ト.ナ (点)となる。

得点が2点以下の生徒は全体の ニヌ %である。

得点(点)	度数(人)	相対度数
0	3	0.075
1	7	0.175
2	6	0.150
3	a	0.100
4	15	c
5	b	0.125
計	40	1.000

3 次の問いに答えなさい。

(1) 7人の生徒A，B，C，D，E，F，Gの中から3人の代表を選ぶとき，Aは選ばれてBは選ばれない場合の数は全部で アイ 通りである。

(2) 大小2つのさいころを同時に投げ，大きいさいころの出た目を a，小さいさいころの出た目を b とする。このとき，a と b の積が偶数になる確率は，$\frac{ウ}{エ}$ である。

また，$a \leqq -2b+11 < 7$ となる確率は，$\frac{オ}{カ}$ である。

4 次の問いに答えなさい。

(1) 下の図1において，$\angle x$ を求めると，アイ°である。

図1

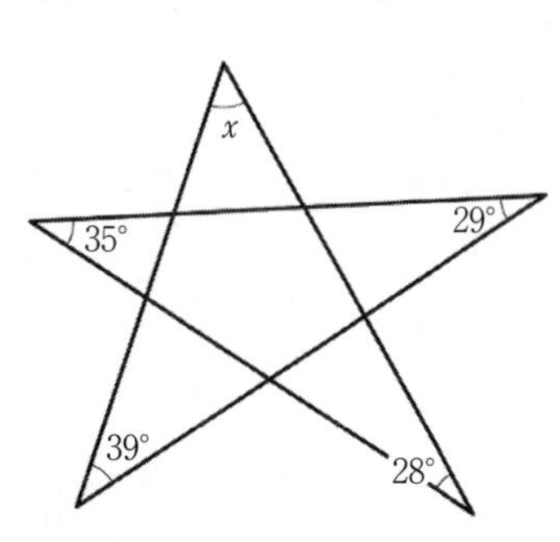

図2

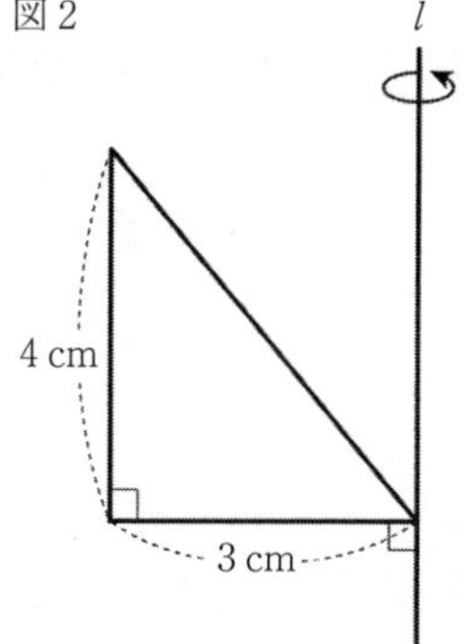

(2) 上の図2のような直角三角形を，直線 l を軸として1回転したときにできる立体の体積は ウエ πcm^3 である。

ただし，π は円周率とする。

(3) 右の図3のような直方体がある。

頂点Aから辺BC，CG上の点を通り，頂点Hまで通る線を引くとき，最短となる線の長さは $\sqrt{オカ}$ cm である。

図3

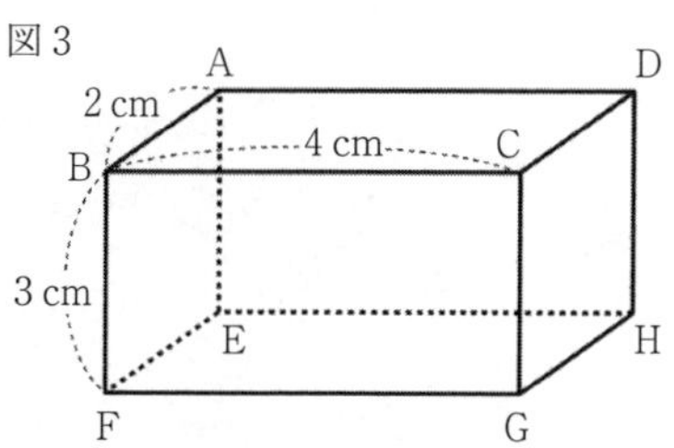

5　図のように，関数 $y=ax^2$ のグラフ上に2点A $(p,\ ap^2)$，B $(4,\ 8)$ がある。このとき，次の問いに答えなさい。

ただし，$-4<p<4$ とする。

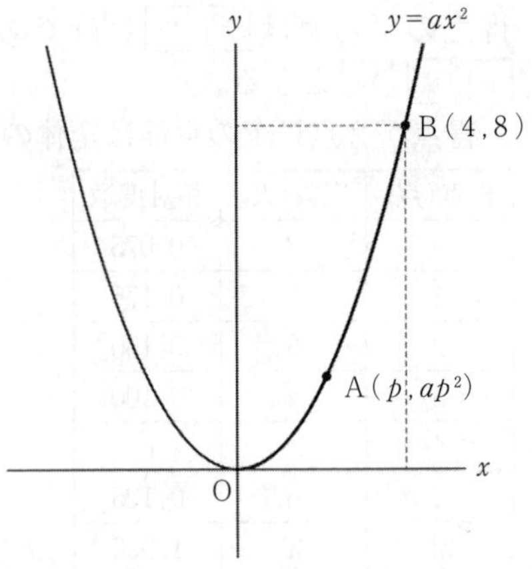

(1)　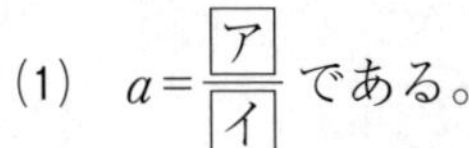

$a=\dfrac{\boxed{ア}}{\boxed{イ}}$ である。

(2)　$p=2$ のとき，直線ABの式は，$y=\boxed{ウ}x-\boxed{エ}$ であり，△OABの面積は $\boxed{オ}$ である。

(3)　点Bから x 軸に下ろした垂線と x 軸との交点をC，点Bから y 軸に下ろした垂線と y 軸との交点をDとする。△ABCと△ABDの面積の比が4：3になるとき，$p=-\boxed{カ}$ である。

6　次の問いに答えなさい。

ある水泳教室に通うA，B，C，D，Eの5人について，クロール，背泳ぎ，平泳ぎ，バタフライの4種目の泳法のうち，泳ぐことができる泳法を調べたところ次のことが分かった。

- ・Cは平泳ぎを泳げない。
- ・Bはクロールを泳げない。
- ・5人のうちのどの2人も可能な泳法と不可能な泳法が完全に一致することはなかった。
- ・平泳ぎを泳ぐことができるのは3人で，バタフライを泳ぐことができるのはBだけである。
- ・BとEの可能な泳法に共通のものは1種目もなかった。
- ・A，B，Cが泳ぐことができる泳法の中に3人共通なものが1種目だけある。
- ・Dのみ3種目の泳法で泳ぐことができ，他の4人は2種目の泳法で泳ぐことができる。

以上より，下の表を完成させるとき，ア～オに当てはまるのはどれか。

1．泳ぐことができる　2．泳ぐことができない　3．上記の条件では判断できない

のうち，適切なものを番号で答えると，アは $\boxed{ア}$，イは $\boxed{イ}$，ウは $\boxed{ウ}$，エは $\boxed{エ}$，オは $\boxed{オ}$ となる。

	クロール	背泳ぎ	平泳ぎ	バタフライ
A				イ
B				
C			ア	
D		ウ		
E	エ		オ	

問2　傍線部ｂ「杖目ことにいたくわびしく」とはどのようなことを言っているのか。適切なものを次の中から選び、記号で答えなさい（解答番号は２）。

ア　むちで打たれた傷が痛むこと。　　イ　つえで体を支えないと歩けないこと。

ウ　年老いて目がうまく開かないこと。　　エ　騒がしくて夜もよく眠れないこと。

オ　寂しい思いが募っていること。

問3　傍線部ｃ「これ」が指し示す内容として適切なものを次の中から選び、記号で答えなさい（解答番号は３）。

ア　明日はどこかに連れていかれること。　　イ　明日もまた寝不足になること。

ウ　明日もひどい扱いをされること。　　エ　明日も食べ物を探し求めること。

オ　明日も歩き続けなくてはならないこと。

問4　傍線部ｄ「我かかる身を受けたる」とは具体的にどのようなことを言っているのか。適切なものを次の中から選び、記号で答えなさい（解答番号は４）。

ア　ひどい扱いを受けながら働かされること。　　イ　馬から愚痴を聞かされて眠れないこと。

ウ　妻や子と引き離されてしまったこと。　　エ　前世の報いで牛に生まれかわったこと。

オ　働いても食べ物を与えてもらえないこと。

問5　傍線部ｅ「この家を出でんと思ふ」とあるが、それはなぜか。適切なものを次の中から選び、記号で答えなさい（解答番号は５）。

ア　妻と娘が自分を深く恨んでいたと知ってひどく傷ついたから。

イ　馬と牛が働かないので家業はもう続けられないと思ったから。

ウ　妻と娘が家畜を売るのに反対で手の打ちようがなかったから。

エ　家は豊かで自分がいなくても困ることはないと知ったから。

オ　今まで家畜を酷使していたという罪の意識に苦しんだから。

問8　傍線部h「少し淋しい笑顔をして立っていた信太郎」とあるが、「淋しい笑顔」だったのはなぜか。適切なものを次の中から選び、記号で答えなさい（解答番号は8）。

ア　無邪気な弟と妹を見つめているうちに、家族を守らねばならない兄としての責任を感じたから。

イ　子供らしくはしゃぐ弟と妹を見ながら、もう自分には彼等のような無邪気さはないことに気づいたから。

ウ　弟や妹の子供らしくはしゃぐ様子を見ていて、彼らのような無邪気な姿にもどりたいと思ったから。

エ　弟や妹が無邪気にはしゃぐ姿を見ていて、自分にも子供の頃があったと懐かしく思い出したから。

オ　無邪気にはしゃぐ弟と妹を見ていて、兄なのに祖母に対し意固地だったと恥じる気持ちがあったから。

五

次の文章を読み、後の各問いに答えなさい。

唐土にはべりし時（いました時に）、人の語りはべりしは（人が語りましたことは）、昔、[a]この国にいやしからぬ人ありけり。その家きはめてゆたかなり。秋夜、高楼に登りて、月を眺めてありけるに、夜静まり、人寝さだまりて、音する物なし。かかりけるに（このような時に）、そこなりける（そこにいた）馬と牛と、物語をなんしける。馬のいふやう、「あな、悲し。わびし。いかなる罪の報にて（どのような前世の報いで）、この人に使はれて、昼は日暮しといふばかりに、かく使はれ居るらん。夜も、心よくうち休むべきに、[b]杖目ことにいたくわびしく、あまり苦しくて、心のままにもえ休まず（休むことができない）。明日また、いかさまに使はれんとすらん。[c]これを思ふにとにかくに寝ねも安からず」といふ。また、牛のいふやう、「さればこそ（そうそのことですよ）。あはれ、悲しきものかな。[d]我かかる身を受けたるとは思へども、さしあたりては、ただこの人の恨めしさ、するかたなく覚ゆる（どうしようもなく思われる）」といひけり。これを聞くに、心もあられず（心も平静に保てず）悲しくて、妻と娘とにいふやう、「我は、今夜忍びて[e]この家を出でんと思ふ事あり。」

（『閑居友』より）

問1　傍線部a「この国」とは今でいうどこの国のことか。適切なものを次の中から選び、記号で答えなさい（解答番号は1）。

ア　日本　　イ　韓国　　ウ　中国　　エ　モンゴル　　オ　インド

問５　傍線部ｅ「信太郎の方はわざとまだ少しむっとしている」とあるが、この時の信太郎の心情として適切なものを次の中から選び、記号で答えなさい（解答番号は５）。

ア　和解を図ろうと歩み寄ってきた祖母を、素直に受け入れるのはいやだという気持ち。
イ　今後は理不尽な言動を改めてもらうため、祖母には更なる反省を促したいという気持ち。
ウ　自分から目を逸らしながら話しかけて来る祖母の態度を、いぶかしく感じる気持ち。
エ　前夜からの祖母の言動が自分への不信感を表しているように思え、反発したいという気持ち。
オ　子供扱いする祖母と対等に渡り合い、自分は大人であることを気づかせたいという気持ち。

問６　傍線部ｆ「信太郎は急に可笑しくなった」とあるが、それはなぜか。適切なものを次の中から選び、記号で答えなさい（解答番号は６）。

ア　自分が気をつかってやると祖母も素直になって少し気持ちが和んだから。
イ　自分は意地を張っていたのに祖母が素直になって拍子抜けしたから。
ウ　祖母が坊さんに渡す筆を真剣に探している姿にいとおしさを感じたから。
エ　年老いた祖母に故意に冷たくしている自分は愚かだったと気づいたから。
オ　筆を探す祖母の口ぶりや態度が子供のようでほほえましく思ったから。

問７　傍線部ｇ「彼は胸のすがすがしさを感じた」とあるが、それはなぜか。適切なものを次の中から選び、記号で答えなさい（解答番号は７）。

ア　祖母への反抗を続け相手が折れて素直になったことで、自分の思いを貫いたという達成感を持ったから。
イ　素直になった祖母の様子を見るうちに自分の幼い言動を自覚し、涙を流す中で素直な自分に戻れたから。
ウ　お塔婆を書いてもらう筆のことで祖母に頼りにされたことで、少なからず優越感を感じ素直になれたから。
エ　涙を流したことで祖母への反抗心がうすらぎ、自分がどれだけ子供じみた言動をしていたのかを悟ったから。
オ　子供のような意地を張った自分を恥じ、祖母へのお詫びとして蒲団をたたむことで晴れ晴れした気持ちになったから。

問2　傍線部b「大きな眼を開いてまだ横になっていた」とあるが、この時の信太郎の心情として適切なものを次の中から選び、答えなさい（解答番号は2）。

ア　もう目は覚めているが、祖母の言うとおりにして素直に起きることは出来ず、起きるきっかけを探している。
イ　何度もしつこく起こしに来た祖母に対して腹が立ち、なんとかして仕返しをしてやろうと方法を考えている。
ウ　祖母に対してくだらない意地を張り続けているうちに、本当にいつ起きたら良いのか分からなくなっている。
エ　もう眠たくはないのだが、祖母に言われるがまま起きるのは癪なので、もう一度寝てしまおうと思っている。
オ　祖母の言う通りにするのは気に食わないが、何度も起こしに来る祖母に、さすがに申し訳ないと感じている。

問3　本文中の空欄［c］に入るものとして適切なものを次の中から選び、記号で答えなさい（解答番号は3）。

ア　重くてとても持ち上がらないだろう　　イ　信太郎はまた寝始めるのだろう
ウ　お坊さんがもう来てしまうだろう　　エ　信太郎が起きて手伝うだろう
オ　信太郎はなぜ怒っているのだろう

問4　傍線部d「あしたから一つ旅行をしてやろうかしら」と信太郎が考えたのはなぜか。適切なものを次の中から選び、記号で答えなさい（解答番号は4）。

ア　祖母との喧嘩で気持ちが晴れず、気分を変えたかったから。
イ　祖母と離れもう一度自分を見つめ直したいと思ったから。
ウ　祖母に対して腹を立て、家出をしてやろうと思ったから。
エ　祖母に不孝者と言われたので、不孝者としてふるまおうとしたから。
オ　祖母と喧嘩してお互いに冷却期間が必要だと思ったから。

ながらこんな事を考えていると、また祖母が入って来た。祖母はなるべくこっちを見ないようにして乱雑にしてある夜具のまわりを廻って押入れを開けに来た。彼は少しどいてやった。そして夜具の山に腰を下して足袋を穿いていた。祖母は押入れの中の用箪笥（ようだんす）から小さい筆を二本出した。五六年前信太郎が伊香保から買って来た自然木のやくざな筆である。「これでどうだろう」祖母は今までの事を忘れたような顔をわざとして云った。「何にするんです」[e]信太郎の方はわざとまだ少しむっとしている。「坊さんにお塔婆を書いて頂くのっさ」「駄目さ。そんな細いんで書けるもんですか。お父さんの方に立派なのがありますよ」「お祖父さんのも洗ってあったっけが、どこへ入ってしまったか……」そう云いながら祖母はその細い筆を持って部屋を出て行こうとした。「そんなのを持っていったって駄目ですよ」と彼は云った。「そうか」祖母は素直にもどって来た。そして叮嚀にそれをまた元の所に仕舞って出て行った。[f]信太郎は急に可笑（おか）しくなった。旅行もやめだと思った。彼は笑いながら、そこに苦茶苦茶にしてあった小夜着を取り上げてたたんだ。敷蒲団も。それから祖母のもたたんでいると彼には可笑しい中に何だか泣きたいような気持が起って来た。涙が自然に出て来た。物が見えなくなった。それがポロポロ頬へ落ちて来た。彼は見えないままに押入れを開けて祖母のも自分のも無闇に押し込んだ。間もなく涙は止まった。[g]彼は胸のすがすがしさを感じた。

彼は部屋を出た。上の妹と二番目の妹の芳子とが隣の部屋の炬燵（こたつ）にあたっていた。信三だけ炬燵櫓（やぐら）の上に突っ立って威張っていた。信三は彼を見ると急に首根を堅くして天井の一方を見上げて、「銅像だ」と力んで見せた。上の妹が、「そう云えば信三は頭が大きいから本当に西郷さんのようだわ」と云った。信三は得意になって、「偉いな」と臂（ひじ）を張って髭（ひげ）をひねる真似をした。和らいだ、しかし[h]少し淋しい笑顔をして立っていた信太郎が、「西郷隆盛に髭はないよ」と云った。妹二人が、「わーい」とはやした。信三は、「しまった！」といやにませた口をきいて、櫓を飛び下りると、いきなり一つでんぐり返しをして、おどけた顔をわざと皆の方へ向けて見せた。

（志賀直哉『或る朝』より）

問１　傍線部ａ「あまのじゃく！」とあるが、本文中で信太郎が「あまのじゃく」であることがうかがわれる表現として適切なものを次の中から選び、記号で答えなさい（解答番号は１）。

ア　彼はもっと毒々しい事が云いたかったが、失策った
イ　もう起しに来まいと思うと楽々と起きる気になれた
ウ　今祖母がそこにほうったように自分もその小夜着をほうった
エ　自分が行っている間少なくとも心配するだろう
オ　彼は少しどいてやった。そして夜具の山に腰を下して足袋を穿いていた

云うのはその部屋の床の間に掛けてある擦筆画の肖像で、信太郎が中学の頃習った画学の教師に祖父の亡くなった時、描いてもらったものである。黙っている彼を「さあ、すぐ」と祖母は促した。「大丈夫、すぐ起きます。――むこうへ行ってて下さい。すぐ起きるから」そう云って彼は今にも起きそうな様子をして見せた。祖母は再び出て行った。彼はまた眠りに沈んでいった。「さあさあ。どうしたんだっさ」今度は角のある声だ。信太郎はせっかく沈んでいく、まだその底に達しない所を急に呼び返される不愉快から腹を立てた。「起きると云えば起きますよ」今度は彼も度胸を据えて起きると云う様子もしなかった。「本当に早くしておくれ。もうお膳も皆出てますぞ」「わきへ来てそうぐずぐず云うから、なお起きられなくなるんだ」[a]「あまのじゃく！」祖母は怒って出て行った。信太郎ももう眠くはなくなった。起きてもいいのだが余り起きろ起きろと云われたので実際起きにくくなっていた。彼はボンヤリと床の間の肖像を見ながら、それでももう起しに来るかもう起しに来るかという不安を感じていた。起きてやろうかなと思う。しかしもう少しと思う。もう少しこうしていて起しに来なかったら、それに免じて起きてやろう、そう思っている。彼は[b]大きな眼を開いてまだ横になっていた。

いつも彼に負けない寝坊の信三が、今日は早起きをして、隣の部屋で妹の芳子と騒いでいる。「お手玉、南京玉、大玉、小玉」とそんな事を一緒に叫んでいる。そして一段声を張り上げて、「その内大きいのは芳子ちゃんの眼玉」と一人が云うと、一人が「信三さんのあたま」と怒鳴った。二人は何遍も同じ事を繰り返していた。また、祖母が入って来た。信太郎はまた起きられなくなった。「もう七時になりましたよ」祖母はこわい顔をしてかえって叮嚀(ていねい)に云った。信太郎は七時のはずはないと思った。彼は枕の下に滑り込んでいる懐中時計を出した。そして、「まだ二十分ある」と云った。「どうしてこうやくざだか……」祖母は溜息をついた。「一時にねて、六時半に起きれば五時間半だ。やくざでなくても五時間半じゃあ眠いでしょう」「宵に何度ねろと云っても諾(き)きもしないで……」信太郎は黙っていた。「すぐお起き。おっつけ福吉町からも誰か来るだろうし、坊さんももうお出でなさる頃だ」祖母はこんな事を言いながら、自身の寝床もたたみ始めた。祖母は七十三だ。よせばいいのにと信太郎は思っている。祖母は腰の所に敷く羊の皮をたたんでから、大きい敷蒲団をたたもうとして息をはずませている。祖母は［　c　］と思っている。ところが信太郎はその手を食わずに故意に冷かな顔をして横になったまま見ていた。とうとう祖母は怒り出した。「不孝者」と云った。「年寄の云いなり放題になるのが孝行なら、そんな孝行は真っ平だ」彼も負けずと云った。彼はもっと毒々しい事が云いたかったが、失策(しくじ)った。文句も長過ぎた。しかし祖母をかっとさすにはそれで十二分だった。祖母はたたみかけをそこへほうり出すと、涙を拭きながら、烈(はげ)しく唐紙(からかみ)をあけたてして出て行った。

彼もむっとした。しかしもう起しに来まいと思うと楽々と起きる気になれた。彼は毎朝のように自身の寝床をたたみ出した。大夜着から中の夜着、それから小夜着をたたもうとする時、彼は不意に「ええ」と思って、今祖母がそこにほうったように自分もその小夜着をほうった。

彼は枕元に揃えてあった着物に着かえた。[d]あしたから一つ旅行をしてやろうかしら。諏訪へ氷滑りに行ってやろうかしら。諏訪なら、この間三人学生が落ちて死んだ。祖母は新聞で聴いているはずだから、自分が行っている間少なくとも心配するだろう。押入れの前で帯を締め問7　傍線部g「いじめのターゲット」とあるが、筆者はその「ターゲット」はどのような存在から選ばれると考えているか。適切なものを次の中から選び、記号で答えなさい（解答番号は7）。

ア　対立の表面化を避けることや、他人と適切な距離感を保つことを心がけない存在。

イ　直感による関係を築き、「むかつく」という言葉で怒りの矛先を明確にしない存在。

ウ　相手との空気感を大事にし、問題に早めに対処することを優先しようとしない存在。

エ　自分の思想や信条を持っていたとしても他人とそれを共有することを願わない存在。

オ　葛藤の中で生まれる感情を抑えて対立を避け、責任を引き受けようとしない存在。

問8　本文の内容と**合致しないもの**を次の中から選び、記号で答えなさい（解答番号は8）。

ア　今日の生徒どうしの関係は直感的な感覚によって成り立っているので、不安定なものだと言える。

イ　「優しい関係」を守ることで対立は回避されるが、「むかついて」しまうようになっている。

ウ　「なれ合い型」の学級が増えていき、教師の権威が失われたことでいじめが生まれた。

エ　怒ることは他人との「優しい関係」を崩すことになるので、自分の中に抑え込まねばならなくなる。

オ　若者が不快感を持った時には、「むかつく」という生理的な感覚を表す言葉を使うようになった。

四　次の文章を読み、後の各問いに答えなさい。

祖父の三回忌の法事のある前の晩、信太郎は寝床で小説を読んでいると、並んで寝ている祖母が、「明日坊さんのおいでなさるのは八時半ですぞ」と云った。しばらくした。すると眠っていると思った祖母がまた同じ事を云った。彼は今度は返事をしなかった。「それまでにすっかり支度をしておくのだから、今晩はもうねたらいいでしょう」「わかってます」間もなく祖母は眠ってしまった。どれだけか経った。信太郎も眠くなった。時計を見た。一時過ぎていた。彼はランプを消して、寝返りをして、そして夜着（よぎ）の襟に顔を埋めた。

翌朝〔中略〕信太郎は祖母の声で眼を覚した。「六時過ぎましたぞ」驚かすまいと耳のわきで静かに云っている。「今起きます」と彼は答えた。「すぐですぞ」そう云って祖母は部屋を出て行った。彼は帰るようにまた眠ってしまった。また、祖母の声で眼が覚めた。「すぐ起きます」彼は気安めに、唸（うな）りながら夜着から二の腕まで出して、のびをして見せた。「このお写真にもお供えするのだからすぐ起きておくれ」お写真と問2　傍線部b「生徒どうしの関係」とあるが、ここでの「関係」とはどのようなものか。その説明として**適切でないもの**を次の中から選び、記号で答えなさい（解答番号は2）。

ア　対等に付き合い、今後予想される問題に早めに対処することを優先する関係。

イ　「自分さがし」をする者どうしの、互いの考えをぶつけ合わない関係。

ウ　対立を嫌い、お互いの感情を表すことをなるべく避けようとする関係。

エ　衝動や直感といったものの共有に支えられた、その時々で変化する関係。

オ　相手との違いを感じることにより、不快感を感じることが多くなる関係。

問3　傍線部c「『管理型』学級」の特徴には**当たらないもの**を次の中から選び、記号で答えなさい（解答番号は3）。

ア　生徒の中で非行サブカルチャーが形成される　　イ　教師が教師らしく演じる

ウ　教師が煙たい存在としてふるまう　　エ　教師が「大きな生徒」として溶け込む

オ　教師と生徒間にタテの関係が働く

問4　空欄［d］に入る語句として適切なものを次の中から選び、記号で答えなさい（解答番号は4）。

ア　支配関係　　イ　役割関係　　ウ　親交関係　　エ　従属関係　　オ　共犯関係

問5　傍線部e「潜在的な対立の火種を多く孕んでしまう」とあるが、その理由として適切なものを次の中から選び、記号で答えなさい（解答番号は5）。

ア　言葉によって練られた思想や信条などとは違って相手との感覚の共有に基づく移ろいやすい関係であるため。

イ　互いの葛藤から生じる怒りは生理的な不快感なので、言葉によって適切に表現できず誤解を残した関係になるため。

ウ　優しい関係は一度崩れてしまうと修復するのは難しく、お互いの心にしこりを残したままの関係になるため。

エ　相手に優しくしようとすることを優先してしまい、本質的な理解ができずにお互いに冷めた関係になるため。

オ　衝動的で安定感がなく、軋轢を生みやすいにも関わらず、それを発散することの許されない関係であるため。

問6　空欄［f］に入るものとして適切なものを次の中から選び、記号で答えなさい（解答番号は6）。

ア　自己暗示　　イ　自己満足　　ウ　自己完結　　エ　自己啓発　　オ　自己嫌悪

生理的に「むかついて」しまうという相手に対して、「むかついてはいけない」と教育的な指導を行なうことは難しい。トイレへ行きたいと訴える生徒に対して、我慢しろと言っているのに等しいからである。当人たちも、自分の感情を言葉にして整理し、相対化することができないから、もやもやとした感情のエネルギーはどんどん溜まっていく。怒りの表明によってそれが小出しにされることもない。こうして、各自の内部に溜め込まれた感情のエネルギーは、その放出先を求めて、いじめのターゲットを探し回ることになる。

相手の事情を詮索して踏み込んだりしない、あるいは自分の断定を一方的に相手に押しつけたりしない、そういった距離感を保つ「相手に優しい関係」とは、ひるがえってみれば、自分の立場を傷つけかねない危険性を少しでも回避し、自分の責任をできるだけ問われないようにする「自分に優しい関係」でもある。だから、意図せずしてこの「優しい関係」の規範に抵触してしまった者には激しい反発が加えられる。いじめの対象もそのなかから選ばれるのである。

（土井隆義『友だち地獄』より）

※ 先ほど述べたように…筆者はこの設問文の前に一九八〇年代の「個性化教育」により、自分で自分の価値観を作り上げる「自分さがし」をしなければならなくなったと述べている。

問1 傍線部ａ「相対的に風通しがよく」とあるが、その説明として適切なものを次の中から選び、記号で答えなさい（解答番号は1）。

ア 教師が生徒の仲を良くしようと尽力していたことで、生徒達の和が保たれていたということ。
イ 生徒同士が一方的な断定を押し付け合わない、よい距離感を保てるようになったということ。
ウ 教師が生徒共通の敵となることによって、生徒同士の結びつきは強くなっていたということ。
エ 教師が生徒に敵対心を持っていたため、生徒同士が団結して教師に対峙していたということ。
オ 教師同士が対立構造を持っていたため、生徒同士の関係は良いように見えていたということ。

関係のなかでストレートに表出することはままならない。むしろそれらを抑圧することこそが、「優しい関係」に課せられた最大の鉄則である。したがって、その違和感や怒りの感情エネルギーは、小刻みに放出されることによる解消の機会を失い、各自の内部に溜め込まれていくことになる。

最近の若者たちは、「むかつく」という表現を頻繁に用いる。本来、「むかつく」とは、吐き気のような生理的な不快感を示す言葉である。しかし昨今は、かつて「腹がたつ」とか「頭にくる」などと表現していた精神状態に対して、すなわち対人関係にともなう社会的な嫌悪感を指して、この言葉を用いるようになっている。このような用法での「むかつく」が広まったのは、じつは一九八〇年代に入ってからである。『現代用語の基礎知識』にその意味が掲載されたのも、八五年版が最初だった。先に述べたように、いじめが社会問題となったのも八〇年代の半ば頃だったから、このことは、いじめ問題の高まりと「むかつく」人びとの増加とが、「優しい関係」という同じ根から生まれた現象であることを示唆している。

一般に「腹がたつ」にしても、「頭にくる」にしても、自分の怒りを向けるべき相手を必要とする。しかし、相手に対して怒りを示せば、当然リアクションが返ってくるだろうから、それにも対処しなければならなくなる。つまり、怒りを表明することは人間関係を複雑にしてしまう。これは、互いの対立点の表面化を避けることで滑らかさを維持している「優しい関係」にとって大きな脅威だろう。

それに対して「むかつく」とは、たとえば「胃がむかつく」と表現するように、そもそも自分自身の生理的な反応をさす言葉であり、必ずしも他人の存在を前提としない。その意味で「むかつく」は、「腹がたつ」とか「頭にくる」などとは違って、「〜に対して」という対象を必ずしも前提としない［ f ］した言葉である。昨今の若者たちは、他人とのあいだに軋轢や葛藤が孕まれやすい状況を生きているにもかかわらず、その他人と感情をぶつけあって対話を進めることができないまま、むしろそうした反感を抑え込まなければならなくなっている。そのため、現実に「むかつく」ようになっているのではないだろうか。

相手と対立する覚悟がなければ、人はとても本気で怒れるものではない。そして、本気であればあるほど、怒ることには多くのエネルギーを要する。したがって、怒れば不満のエネルギーはかなり発散されることになる。しかし、現在の「優しい関係」の下ではなかなか怒りを示すことができないため、じっさいに胸がつかえてスッキリとせず、「むかついて」しまうようになっているのだろう。このような用法について、教育学者の齋藤孝は、聞き取り調査を行なった学生の言葉を引用しながら、「怒りを爆発させにくい相手や状況において、こみあげたものが吐き出せないときに、『ムカつく』という感情はわきあがる〔中略〕『ムカつく』は、基本的にその当人や事物に怒りを向けられなかった時、その後に使う言葉』」だと述べている（『「ムカツク」構造』一九九八年）。

いじめに限らず、他人に対する否定的な態度が差別や偏見にもとづくものなら、たんなる生理的な不快感とは違い、言葉によって作り上げられた思想や信条の歪みにその根拠があるわけだから、その理不尽さについて言葉をつくして生徒たちに訴えることもできるだろう。しかし、

三　次の文章を読み、後の各問いに答えなさい。

かつての教師と生徒のあいだにはタテの関係が強く働いており、社会秩序を体現する教師は、反発を含んだ生徒たちの視線を一身に集める存在でもあった。だから、学校内における対立軸も、まずは教師と生徒のあいだに設定されやすく、非行サブカルチャーが形成される土壌もそこにあった。したがって、かつての校内暴力は、まずは対教師暴力として表われることが多かった。見方を変えれば、生徒たちの攻撃的なまなざしが教師へと集中して向かっていた分だけ、生徒どうしの人間関係は[a]相対的に風通しがよく、軽かったともいえる。

しかし、今日の教師には、教師らしく演じることよりも、裸の人間として生徒と対等の目線で付き合うことが求められている。また、いじめ問題がそうであるように、さまざまな問題の芽を早い段階に発見して、予防的に対処することも期待されている。そのため、場合によっては生徒の前に立ちはだかる壁の役割を引き受け、煙たい存在としてふるまうのではなく、生徒たちの人間関係の空気を敏感に読みとり、あらかじめトラブルを回避するためなら生徒の機嫌すらもとり、むしろ「大きな生徒」として彼らの人間関係に積極的に溶け込んでいこうとする教師が増えている。

このような傾向のなかで、教師と生徒のあいだのタテの関係は崩れ、焦点を失った対立軸も[b]生徒どうしの関係のなかへと拡散し、それが今日のいじめ問題の土壌を形成するに至っている。教育心理学者の河村茂雄が行った調査でも、教師が生徒に友だち感覚で接する「なれ合い型」の学級のほうが、教師が厳しく指導する「管理型」よりも、いじめが発生しやすいという知見が得られている。しかも、一九九八年から二〇〇六年のあいだに、小学校では「なれ合い型」学級が倍増して半数近くを占めているのに対し、「管理型」学級は半減している。中学校では[c]「管理型」学級が依然として主流ではあるが、「なれ合い型」学級も倍近くに増えている。

今日、学校を舞台に繰り広げられる生徒どうしの関係は、先ほど述べたように※「自分さがし」をする人間どうしの赤裸々な関係であって、思想や信条のような社会基盤を共有したものでもなければ、従来のような［ d ］に支えられたものでもない。いわば直感的な感覚の共有のみに支えられた関係である。そして、内発的な衝動や直感といったものには、言葉によって作り上げられる思想や信条とは異なって、持続性も安定性もない。その感覚の共有を根拠とする関係は、その時々の状況や気分に応じて移ろいやすく、一貫性に乏しい不安定なものとなりがちである。

このような不安定な関係の下では、相手とのあいだに対立や軋轢（あつれき）が日常的に生まれる危険もまた高まってくる。かつてなら、互いの対立や軋轢が際立つことが少なかった浅い関係においてすら、昨今では、新たな葛藤が生じやすくなっている。「優しい関係」とは、主観的には対立の回避を最優先にする関係でありながら、皮肉にも現実には、[e]潜在的な対立の火種を多く孕（はら）んでしまう関係なのである。

しかし「優しい関係」とは、対立の回避を最優先にする関係だから、互いの葛藤から生まれる違和感や、思惑のずれから生まれる怒りの感情を、

二　次のそれぞれの問いに答えなさい。

問1　次のそれぞれの傍線部の漢字を読み、読み仮名の一字目として適切なものを次の中から選び、記号で答えなさい（解答番号は1と2）。

1．為替相場　　2．時雨が降る

ア　じ　イ　か　ウ　と　エ　た　オ　な　カ　し　キ　す

問2　次のそれぞれの故事成語の意味として適切なものを次の中から選び、記号で答えなさい（解答番号は3と4）。

3．蛇足　　4．杞憂

ア　似たりよったりであること　イ　よけいな心配をすること
ウ　人生のはかないことのたとえ　エ　人にこびへつらうこと
オ　むだな行為であること　カ　文章をよく練って直すこと

問3　次の傍線部のそれぞれの接続語の働きとして適切なものをそれぞれ次の中から選び、記号で答えなさい（解答番号は5～7）。

5．曲がり角を曲がった。すると、そこには老人がうずくまっていた。
6．以上で会議は終わりにします。さて、次回はいつにしましょう。
7．その商品がこんなに売れるのも、つまり、品質がよいからだ。

ア　逆接　イ　選択　ウ　順接　エ　転換　オ　要約　カ　添加

問4　次のそれぞれの文学作品の作者として適切なものを次の中から選び、記号で答えなさい（解答番号は8と9）。

8．黒い雨　　9．斜陽

ア　志賀直哉　イ　夏目漱石　ウ　井伏鱒二　エ　島崎藤村
オ　太宰　治　カ　芥川龍之介　キ　川端康成

問5　次の和歌の作者として適切なものを次の中から選び、記号で答えなさい（解答番号は10）。

不来方のお城の草に寝ころびて空に吸われし十五の心

ア　正岡子規　イ　与謝野晶子　ウ　若山牧水　エ　石川啄木　オ　島木赤彦　カ　斎藤茂吉

二〇二二年度 流通経済大学付属柏高等学校（前期①）

【国語】〈五〇分〉〈満点：一〇〇点〉

一 次の1～5の傍線部と同じ漢字を使うものを次の中から選び、それぞれ記号で答えなさい（解答番号は1～5）。

1．詩をロウドクする。
ア シンロウが挨拶した。
イ ロウホウが届いた。
ウ ロウカですれ違った。
エ ロウデンによる火事。
オ ホウロウの旅に出る。

2．歯磨きのレイコウ。
ア コウレイ者の介護。
イ 町のレイサイ企業。
ウ レイセイな対応。
エ テイレイの会議。
オ 彼をゲキレイした。

3．タクエツした考え。
ア 二者タクイツ。
イ コウタクのある壁。
ウ ショクタクを囲む。
エ シンタク銀行の預金。
オ カンタク事業。

4．彼にサイソクされた。
ア スイサイ画を描く。
イ 借金をヘンサイする。
ウ 大会をカイサイする。
エ コクサイを購入する。
オ それはテイサイが悪い。

5．彼は意見をヒルガエした。
ア 英語のホンヤク本。
イ 民衆をダンアツした。
ウ ヤクドウ感がある。
エ 話にミャクラクがない。
オ ロココ調のモホウ。

英語解答

1 1…4　2…3　3…1　4…3　5…2

2 問1　1…4　2…4　3…3　4…4　5…3

問2　4　問3　4　問4　3

問5　3　問6　1　問7　3

問8　1…1　2…2　3…1

3 1…1　2…1　3…4　4…1　5…1　6…1　7…3　8…1

4 1…1　2…2　3…4　4…4　5…1　6…1

5 1　3番目…7　6番目…2

2　3番目…5　6番目…2

3　3番目…2　6番目…5

4　3番目…4　6番目…6

5　3番目…7　6番目…2

6　3番目…2　6番目…1

6 1…1　2…1　3…1　4…3　5…3

1〔放送問題〕解説省略

2〔長文読解総合―物語〕

≪全訳≫❶願いごとがよくかなった昔のこと，ある王様が住んでいた。彼の娘たちはみんな美しかった。一番若い王女はとても美しかったので，太陽でさえ彼女の顔に口づけをするたびに驚いた。❷暗い森が王の家の近くにあった。その森の中の古い木の下に井戸があった。王女は暑い日によくその井戸に行った。彼女は冷たい水のそばの土手に座った。彼女は特別な金のまりで遊ぶのが大好きだった。彼女はよくそのまりを空高く投げ，そしてそれを捕ったものだった。❸ある日，王女の金のまりは，彼女の小さな手の中に落ちる代わりに，地面を転がって井戸に入ってしまった。王女は自分のまりを探すために井戸に行った。しかし，井戸は底が見えないほど深かった。彼女は泣き始めた。彼女はますます大きな声で泣いた。すると，ある声が呼びかけた。「まあ，王女様，どうしたんですか？　あなたがあまりに大きな声で泣くので，石でさえあなたをかわいそうに思うでしょう」　誰が話しているのかと辺りを見回すと，１匹のカエルがいた。❹カエルは，あまり見た目はよくなかったが，王女は彼に彼女の問題について話した。❺「なるほど，今すぐ泣くのをやめてください」とカエルは言った。「私がお手伝いできます。もし私があなたのためにまりを取ってきたら，あなたは私に何をくれますか？」❻「あなたが好きなものを何でもあげましょう，かわいいカエルさん」と彼女は言った。「あなたに私の服をあげましょう，私の王冠でさえも」❼カエルは少しの間これについて考え，そして言った。「王女様，ありがとうございます，でもそういったものは一切いりません。私が欲しいのはあなたの愛だけです。あなたの友達になりたいのです。私と遊んでほしいのです。そして，食べ物やあなたの小さなベッドをあなたと共有したいのです。もしそうしてくれるなら，あなたの金のまりを井戸の底から取ってきます」❽「わかりました」と彼女は言った。「あなたが私のまりを取り戻してくれるなら，あなたが好きなものを何でも約束します」　カエルは井戸の中に消えていき，王女は思った。「あのカエルはなんて馬鹿者なの！　彼は水の中にいて他のカエルと話すことしかできないのに。彼は人間とは友達になれないわ」❾しばらくすると，カエルはまりを口にくわえて戻ってきた。彼はそれを王女に投げた。彼女はそれを取り戻せてとても喜んだ。彼女はそれを拾って走り去った。❿「止まって！　止まって！　私を連れていってください。私はそんなに速く走ることができません」と小さなカエルは叫んだ。無駄だった。彼はできるだけ大きな声で叫んだが，王女は彼を無視した。彼女はすぐに家に戻り，すぐに自分を助けてくれた小さなカエルのことをすっかり忘れてしまった。カエルは悲しげに彼の井戸に戻った。⓫翌日，王女は王と彼女の家族とともに食事をするため席についた。彼女が自分の小さな金の皿で食べていると，彼女は奇妙な音を聞いた。何かが階段を飛び上がってドアをノックし，「王女様，私を中に入れてください！」と言った。彼女がドアまで走っていくと，カエルがいた。彼女はすばやくドアを閉め，席に戻った。彼女はとても恐れていた。⓬王はそれを見て「わが子よ，お前はなぜ恐れている？　ドアのところに何がいるんだね？」と言った。⓭「カエルです」と彼女は答えた。「カエルは君に何を望んでいるんだね？」と王は尋ねた。⓮「ええと，お父様，昨日，私が森で遊んでいたとき，私の金のまりが井戸に落ちてしまいました。私は泣き始め，カエルが私の声を聞きました。彼は私のためにまりを取り戻してくれたのです。私は彼が私の友達になれると約束しましたが，彼が自分のいる水場から出てこんなに遠くまで来るとは思っていませんでした。今，彼は外にいて，入ってきたいと思っています」　またドアがノックされ，カエルは「王女様，どうかドアを開けてください。ここにいるあなたの愛する者にドアを開けてください！　昨日，古い木の陰の涼しい井戸のそばであなたがした約束を思い出してください」と呼んだ。すると王様は，「約束を破ってはいけない。彼を中に入れてあげなさい」と言った。彼女がドアを開けに行くと，カエルが飛び込んできた。彼は彼女の椅子までついていき，「私を持ち上げてください」と言った。⓯彼女は彼を持ち上げたくなかったが，王は彼女にそうするよう命じた。カエルはテーブルに乗り，「一緒に食べるためにあなたの小さな金の皿を私の近くに押してください」と言った。王女は自分の皿をカエルの近くに押したが，王女は何も食べなかった。とうとうカエルは言った。「私はおなかいっぱいです。今，疲れています。私をあなたの小さな部屋に連れていって，あなたのベッドに入れてください，そして横になって眠りましょう」⓰王女は泣き始めた。彼女は冷たいカエルに触れる気にさえなれなかった。彼女はかわいらしく清潔なベッドで彼と寝たくなかった。王様は彼女に腹を立て，「私たちを助けてくれた人を忘れてはならない」と言った。⓱それで，王女はカエルを持ち上げ，彼を上の階へ運び，彼女の部屋の隅に置いた。彼女がベッドにいると，カエルが彼女のところにやってきて，「私は疲れています。私も寝たいです。私を持ち上げてください，さもないとあなたのお父さんに言いますよ」と言った。すると，王女は本当に怒った。彼女はカエルを拾い上げ，壁に投げつけた。「悪いカエルね」と彼女は叫んだ。⓲しかし，彼が地面に倒れたとき，彼はもはやカエルではなかった。彼は美しいにこやかな目をした王子だった。彼は王女に，「年老いた魔女が私をカエルに変えたんです」と言った。若い王女を除いて，誰も彼をもとに戻す力を持っていなかったのだ。

問１＜適語(句)選択＞１．泣いている王女にかける言葉であることと，文がWhyで始まる疑問の形になっていることから，「どうしたのですか」と尋ねる４が適する。　２．彼女が辺りを見回したのは，誰が話しかけてきたのかを確かめるためだと考えられる。　３．主語のＩに対応する動詞で，‘want to＋動詞の原形’「～したい」の形になっている３が適する。　４．前のwhenは「～するとき」という意味の接続詞で，後には‘主語＋動詞...’が続く。主語はＩ「私」なので，「遊んでいた」となる過去進行形(‘was/were＋～ing’)の４が適する。　５．前にpromisedとあるので，過去の文だとわかる。第７，８段落の内容から，王女は「友達になれる」と約束したことがわかるので，can「～できる」の過去形である３のcouldが適する。

問２＜指示語＞itで受けられる単数の‘もの’で，これより前にある語として，the sunが適切。

問３＜文脈把握＞第３段落第１～３文参照。王女は自分のまりが底が見えないほど深い井戸に落ちたので，泣き始めたのである。

問４＜単語の意味＞下線部③と１，２，４の well は「井戸」という意味で用いられているが，３の Well は「ええと，まあ」といった意味で用いられている。

問５＜指示語＞下線部を含む文は，「彼女は彼を持ち上げたくなかったが，王は彼女にそうするよう命じた」という意味で，「そうする」はカエルを持ち上げることを指している。

問６＜適語選択＞１つ目の空所の直後で王は，自分を助けたカエルとの約束を守ろうとしない娘に「私たちを助けてくれた人を忘れてはならない」と述べている。また，２つ目の空所の直後で，王女はカエルを壁に投げつけている。ここから，王は娘である王女に対して，王女はカエルに対して「怒り」の感情を持っていたと判断できる。

問７＜指示語＞me「私」に当たるこの言葉の話し手は He「彼」であり，この He「彼」は前の文に出てきた a prince のことである。

問８＜内容一致＞１．「カエルが井戸から戻ってくると，(　　)ので王女はとてもうれしく思った」―１．「彼女は特別な金のまりを取り戻した」　第９段落第１～３文参照。　２．「王女がカエルにした約束は(　　)ということだった」―２．「彼女がカエルの友達になる」　第７，８段落参照。　３．「この物語で正しいのは(　　)ということだった」―１．「王女が好きではなかったカエルは王子だった」　第18段落参照。カエルの正体は，魔女に魔法をかけられた王子だった。

３〔長文読解―英問英答―説明文〕

≪全訳≫❶オックスフォードは，ロンドンから90キロメートル――車，バス，電車で約１時間――で，ヒースロー空港からはわずか64キロメートルの場所にある。テムズ川はオックスフォードを流れており，チャーウェル川がそこで合流する。その後，テムズ川はロンドンに向かって南東に流れる。土地は低いが，西には丘がある。町の多くは古く，とても美しい。❷オックスフォードには11万人以上の人々の家がある。しかし，１年のうちの数か月は，もっと多くの人々が市内にいる。１年のある期間，何千人もの学生が他の町からやってくるのだ。❸この都市は，仕事，買い物，そして夜遊びの重要な中心地だ。しかし，世界中，そしてイギリスのさまざまな地域の人々が，すばらしい建物，美術館，公園や庭園を見るためにオックスフォードにやってくる。オックスフォードはとても興味深い都市で，多くの訪問者がオックスフォードに恋をする。❹オックスフォードは，他のいくつかのイングランドの都市ほど古くはない。ロンドン，ヨーク，ケンブリッジは，古代ローマ時代にはすでに町だった。しかし，10世紀までにはオックスフォードは重要な町になっていた。その当時，オックスフォードは川沿いにあり，幹線道路が走る市場を中心に発達した町だった。町の周りには壁があり，約5000人がその中に住んでいた。❺12世紀には町がさらに大きくなり，多くの新しい家が建てられた。布や羊毛を売ることで，町は豊かなビジネスの中心地になった。1200年までに，新しい壁，川を渡る３つの石の橋，城，16の教会，そして宮殿がつくられた。大学も始まった。❻それ以前，信仰心のある人は勉強するためにパリ大学に行っていたが，そのときにはオックスフォードに来るようになった。13世紀には，ユニバーシティ・カレッジ，ベリオール・カレッジ，マートン・カレッジの３つの大学が建設された。それらは宗教的な建物のような外見で，今日でもこれらの古い建物の一部を見ることができる。13世紀末までに学生は1500になり，大学はすでにヨーロッパ中で有名になっていた。❼大学生が増えたことで，商人や他の町の人々に新しいビジネスが生まれたが，町の人々と大学の人々の間には問題もあった。1209年，一部の学生たちが女性を殺したのだ。怒った町の人々は２人の学生を殺害し，他の多くの人々がオックスフォードから出ていった。ケンブリッジに行き，そこで大学を始める人もいた。1355年には何日もの間，路上で闘争が続き，62人の学生が亡くなった。❽問題はあったが，オックスフォードは依然大きくなり続け，14世紀初頭までには豊かな田舎町となった。その後，黒死病と呼ばれる恐ろしい病気のために，そこに住む人々のほぼ3分の1が亡くなった。亡くなった人の多くは重要な実業家で，繊維産業は以前ほど多くのお金を町にもたらさなくなった。❾町の人々は新しい仕事を見つける必要があり，さらに多くの人々が学生や大学のために働き始めた。学生たちは彼らの家に住み，彼らのつくった料理を食べ始めた。そのため，町の人々は以前にも増して大学を必要とするようになった。❿14世紀の作家，ジェフリー・チョーサーは，彼の有名な本，『カンタベリー物語』の中で，貧しい学生，すなわちオックスフォードの学僧について述べている。学僧は，英語で書かれた，多数あるオックスフォード学生の例の最初の１つだ。⓫プロテスタントの女王エリザベス１世(1558-1603年)の治世下では，オックスフォードでの生活は，彼女のカトリックの姉，「血まみれのメアリー」のときよりも楽になった。メアリーの時代には，３人の男性が彼らの宗教のためにベリオール・カレッジの外で火刑に処された。彼らはオックスフォード殉教者と呼ばれている。⓬エリザベス女王時代のイングランドでは，まだオックスフォードのプロテスタントとカトリックの間で問題があったが，女王はこの都市が好きで，何度も訪れた。裕福で影響力のある男性が，息子をその大学に送るのが流行していた。彼らは町の施設を飲食やスポーツに利用し，新しい大学や，大学の建物が建てられた。⓭例えば，ボドリアン図書館は1602年に開館した。現在，その図書館には120キロメートルを超える本がある。読者は建物から本を持ち出すことはできないが，そこではどんなイギリスの本も見つけることができる。⓮シェルドニアン・シアターもこの時代に建てられた。それはクリストファー・レンの作品だった。彼は，ロンドンにセントポール大聖堂を建てた。大学は特別な日にシェルドニアン・シアターを使用するが，観光客や講演，コンサートのためにも開放されている。⓯オックスフォードにはすでに(クライストチャーチ・カレッジに)大聖堂があり，そのときまでに都市と呼ばれるようになった。1630年代には１万人がそこに住み，このうちの2000人が大学で働いたり勉強したりしていた。⓰1642年から1646年の間に，イングランドで内戦があった。チャールズ１世の兵士は，オリバー・クロムウェルの兵士と戦っていた。チャールズと彼の兵士はオックスフォードに移った。大学のほとんどの人が彼の味方についたので，王は大学の１つに住んでいた。大学も彼に金や銀を与えた。王に反対していた市の有力者は，戦争が終わるまで市を離れた。オックスフォード中で戦闘があり，最終的にクロムウェルの兵士が市を支配した。王は逃げたが，1649年に彼らは彼の頭を切り落とした。

＜解説＞1．「なぜ世界中，そしてイギリスのさまざまな地域の人々がオックスフォードに来るのか」―1．「すばらしい建物，美術館，公園や庭園を見たいから」　第３段落第２文参照。　2．「12世紀にオックスフォードの人々は何を売っていたか」―1．「彼らは布や羊毛を売っていた」　第５段落第１，２文参照。　3．「1200年以前，信仰心のある人はどこに勉強に行っていたか」―4．「パリ大学」　第６段落第１文参照。　4．「黒死病とは何か」―1．「ひどい病気である」　第８段落第２文参照。a terrible illness が a bad sickness に書き換えられている。　5．「エリザベス１世の姉は誰か」―1．「『血まみれのメアリー』」　第11段落第１文参照。　6．「ボドリアン図書館はいつ開館したか」―1．「1602年」　第13段落第１文参照。　7．「シェルドニアン・シアターを建てたのは誰か」―3．「クリストファー・レン」　第14段落第２文参照。　8．「オックスフォードについて正しいのはどれか」―1．「1649年頃は平和ではなかった」　最終段落最後の２文参照。

4〔適語(句)選択〕

1．‘to＋動詞の原形’の形のto不定詞で，ここでは‘目的’を表す副詞的用法。　「健康状態をよりよくするために，あなたはもっと睡眠をとるべきだ」

2．‘It is ～ for … to —’「…が〔…にとって〕—することは～だ」の形。　「バイオリンを弾くことは彼女にとってとても難しかった」

3．前に‘人’を表す名詞があり，後に動詞のisが続いていることから，‘人’を先行詞とする主格の関係代名詞のwhoが適切。「ピアノを弾いている男性は私の友達だ」

4．寺は「建てられた」という意味の文になる過去の受け身形(‘was/were＋過去分詞’)が適切。build－built－built　「この古い寺は約500年前に建てられた」

5．「3か月間」となるfor「～の間」が適切。　「私たちはここに3か月間滞在する予定だ」

6．a sheet of ～で「1枚の～」。How manyの後には名詞の複数形が続くので，sheetsが適切。なお，seatは「座席」。　「あなたは紙が何枚必要ですか」

5〔整序結合〕

1．Bob wasで文が始まっているので，過去進行形(‘was/were＋～ing’)を使ってmaking breakfast「朝食を作っていた」と続ける。この後，when「～するとき」を使ってwhen his mother called him「母親が電話した時」をつくる。　Bob was making breakfast when his mother called him this morning.

2．「外出してもいいが」の「が」に当たるbutで始める。その後は「～しなければならない」を表すyou must ～を続ける。「帰る」はcome homeで表す。「～までに」という‘期限’はby ～で表す。　You may go out tonight, but you must come home by ten o'clock.

3．「鍵を拾ってあげた女の子」は「あなたが彼女の鍵を拾った女の子」ということで，これを所有格の関係代名詞whoseを使い，‘先行詞＋whose＋名詞 ～’の形で表す。ここではwhose keyの後に‘主語＋動詞 ～’を続ける。「～を拾う」はpick up ～で表せる。　Do you remember the girl whose key you picked up two days ago？

4．Playing a game「ゲームをすること」とwatching one「ゲームを見ること」(oneはgameを指す)を比較する文をつくる。excitingの比較級はmore excitingで，この後にthan ～「～より」を置く。　Playing a game is more exciting than watching one.

5．「〈人〉に〈物〉を教える」は‘tell＋人＋物’で表せる。‘物’には「次の電車が何時に来るのか」が当てはまり，これを間接疑問(‘疑問詞＋主語＋動詞…’)で表す。tell meの後にwhat timeを置き，the next train comesを続ける。　Could you tell me what time the next train comes？

6．Weの後に「宿題を終わらせなければならない」を続ける。「～しなければならない」はhave to ～で表す。「できる限り～」はas ～ as possibleで表せる。　We have to finish our homework as soon as possible.

6〔長文読解—英問英答—メッセージ・Eメール〕

≪全訳≫デイブ(D)：やあ，マーク。6月のラスベガスの会議には行くのかい？　10時26分／マーク(M)：やあ，デイブ。うん，行くよ。君も行くそうだね。飛行機でそこに行くの？　10時29分／D：うん，僕はUS航空に乗る予定で，13日火曜日の午前7時30分にクリーブランドを出発する予定なんだ。10時32分／M：本当に？　それは僕が乗るのと同じ便だよ！　タクシーで一緒に行く？　10時38分／

Ｄ：実は，車で行って空港に車を置いていくつもりなんだ。乗っていくかい？　10時42分／Ｍ：それはすばらしい！　ありがとう，デイブ。　10時44分／Ｄ：問題ないよ。午前６時に君の家に迎えに行くよ。10時45分

＜解説＞１．「デイブとマークはどこに行く予定か」―１．「会議に」　最初の２つのメッセージ参照。２人はラスベガスの会議に行く。　２．「彼らはどうやって空港に行くか」―１．「デイブの車で」　デイブは自身の３つ目のメッセージで，自分の車で空港に行くと言い，その後にマークに乗っていくかどうか尋ねている。これに対してマークは「それはすばらしい！」と答え，お礼を述べている。ここから，２人がデイブの車で空港に行くことがわかる。

≪全訳≫(航空券)　UK航空／トニー・ハリソン様／リサ・パーク様／ロンドン・ヒースロー→東京・成田／2021年12月５日／13時10分発／遅くとも出発の30分前までにはゲートにいるようにしてください。／手荷物制限27kg／特別食が必要な場合は，できるだけお早めにご連絡ください。／フライト番号：UK905

(Ｅメール)　宛先：parklisa@smail.com／差出人：tonyharr@smail.com／日付：10月11日／件名：フライト／UK905TICKET.pdf／こんにちは，リサ，／つい今しがた，東京での大きな会議のための航空券を手に入れました。今回は時差ぼけを改善する時間があると思います！／時間がそれほど早くないのもいいことです。僕たちが飛行機に乗る前に電話して，君には菜食主義者の食事が必要だと伝えます。それから，スペースの広い座席を確保できるようにしてみます。／今回はバスで空港に行きます。／とりあえず，ごきげんよう／トニー

＜解説＞３．「彼らはどこから飛行機に乗るか」―１．「ロンドン」　航空券の中ほど参照。　４．「トニーはどうやって空港に行くか」―３．「バスで」　Ｅメールの後半参照。　５．「リサについてわかることはどれか」―３．「彼女は特別な食事が必要だ」　Ｅメールの中ほど参照。リサには a vegetarian meal「菜食主義者の食事」という特別な食事が必要だとわかる。

2022年度／流通経済大学付属柏高等学校（前期①）

数学解答

1
(1) ア…1　イ…5　ウ…8
(2) エ…6　オ…6
(3) カ…7　キ…9
(4) ク…2　ケ…4　コ…3
(5) サ…8　シ…3　ス…5　セ…8
ソ…4　タ…5　チ…0　ツ…0
テ…5
(6) ト…3　ナ…3　ニ…6
(7) ヌ…1　ネ…5
(8) ノ…2　ハ…8　ヒ…5

2
(1) ア…9　イ…1　ウ…1
(2) エ…7　オ…5　カ…1　キ…0
ク…0
(3) ケ…3　コ…7
(4) サ…4　シ…5　ス…0　セ…3
ソ…7　タ…5　チ…2　ツ…9
テ…4　ト…3　ナ…5　ニ…4
ヌ…0

3
(1) ア…1　イ…0
(2) ウ…3　エ…4　オ…1　カ…4

4
(1) ア…4　イ…9
(2) ウ…2　エ…4
(3) オ…6　カ…1

5
(1) ア…1　イ…2
(2) ウ…3　エ…4　オ…4　(3) 1

6
ア…2　イ…2　ウ…1　エ…1
オ…1

1〔独立小問集合題〕

(1)＜数の計算＞与式 $=-\frac{27}{8}+\frac{9}{8}\div\frac{75}{100}=-\frac{27}{8}+\frac{9}{8}\times\frac{4}{3}=-\frac{27}{8}+\frac{3}{2}=-\frac{27}{8}+\frac{12}{8}=-\frac{15}{8}$

(2)＜数の計算＞$\sqrt{108}=\sqrt{6^2\times3}=6\sqrt{3}$ より，与式 $=6\sqrt{3}\left(\sqrt{2}+\frac{1}{\sqrt{3}}\right)-\{(\sqrt{7})^2-1^2\}=6\sqrt{3}\times\sqrt{2}+6\sqrt{3}\times\frac{1}{\sqrt{3}}-(7-1)=6\sqrt{6}+6-6=6\sqrt{6}$

(3)＜連立方程式＞$\frac{2}{5}x-0.2y=1$……①，$3x+2y=39$……②とする。①×5 より，$2x-y=5$……①′　①′×2＋②より，$4x+3x=10+39$，$7x=49$　$\therefore x=7$　これを①′に代入して，$14-y=5$，$-y=-9$　$\therefore y=9$

(4)＜二次方程式＞解の公式より，$x=\frac{-2\pm\sqrt{2^2-4\times3\times(-8)}}{2\times3}=\frac{-2\pm\sqrt{100}}{6}=\frac{-2\pm10}{6}=\frac{-1\pm5}{3}$ となるので，$x=\frac{-1-5}{3}=\frac{-6}{3}=-2$，$x=\frac{-1+5}{3}=\frac{4}{3}$ である。

(5)＜数の性質＞a の小数第2位を四捨五入すると，8.4になるので，a の範囲は，$8.35\leqq a<8.45$ である。また，誤差が最大となるのは，$a=8.35$ のときだから，誤差の絶対値は，$8.4-8.35=0.05$(m)以下となる。

(6)＜空間図形―長さ，表面積＞球の半径を r cm とすると，体積について，$\frac{4}{3}\pi r^3=36\pi$ が成り立つ。これより，$\frac{4}{3}r^3=36$，$r^3=27$，$r^3=3^3$ より，$r=3$(cm)である。また，表面積は，$4\pi r^2=4\pi\times3^2=36\pi$ (cm²)となる。

(7)＜数の性質＞$5=\sqrt{25}$，$2\sqrt{10}=\sqrt{4}\times\sqrt{10}=\sqrt{40}$ だから，$5\leqq\sqrt{a}<2\sqrt{10}$ のとき，$\sqrt{25}\leqq\sqrt{a}<\sqrt{40}$，$25\leqq a<40$ となる。これを満たす自然数 a は，25以上39以下の整数だから，$39-25+1=15$(個)ある。

(8)＜一次方程式＞$c=4$ で，$b:c=7:3$ より，$b:4=7:3$，$3b=28$，$b=\frac{28}{3}$ である。さらに，$a:b=$

3：5より，$a:\frac{28}{3}=3:5$，$5a=28$，$a=\frac{28}{5}$となる。

2 〔独立小問集合題〕

(1)＜連立方程式の応用＞おにぎりをx個，サンドイッチをy個買ったとする。合わせて20個買ったので，$x+y=20$……①が成り立つ。また，1個110円のおにぎりx個の代金は$110x$円，1個140円のサンドイッチy個の代金は$140y$円で，代金の合計は2530円だから，$110x+140y=2530$が成り立ち，$11x+14y=253$……②となる。②－①×11より，$14y-11y=253-220$，$3y=33$　$\therefore y=11$(個)　これを①に代入して，$x+11=20$　$\therefore x=9$(個)

(2)＜一次方程式の応用＞5％の食塩水150gには食塩が，$150\times\frac{5}{100}=7.5$(g)含まれている。また，水を$x$g加えると，食塩水の量は$150+x$gになる。このとき，濃度は3％で，含まれている食塩の量は水を加える前と同じ7.5gだから，$(150+x)\times\frac{3}{100}=7.5$が成り立つ。両辺を100倍して解くと，$3(150+x)=750$，$150+x=250$，$x=100$(g)となる。

(3)＜二次方程式の応用＞右図で，点Pは毎秒1cm，点Qは毎秒2cmで移動するから，x秒後に，AP＝x，BQ＝$2x$となる。よって，PB＝AB－AP＝$10-x$より，$\triangle PBQ=\frac{1}{2}\times BQ\times BP=\frac{1}{2}\times 2x\times(10-x)=x(10-x)$と表せるから，△PBQの面積が21cm^{2}のとき，$x(10-x)=21$が成り立つ。これを解くと，$10x-x^2=21$，$x^2-10x+21=0$，$(x-3)(x-7)=0$より，$x=3$，7となる。$0<x<9$だから，$x=3$，7はいずれも適している。

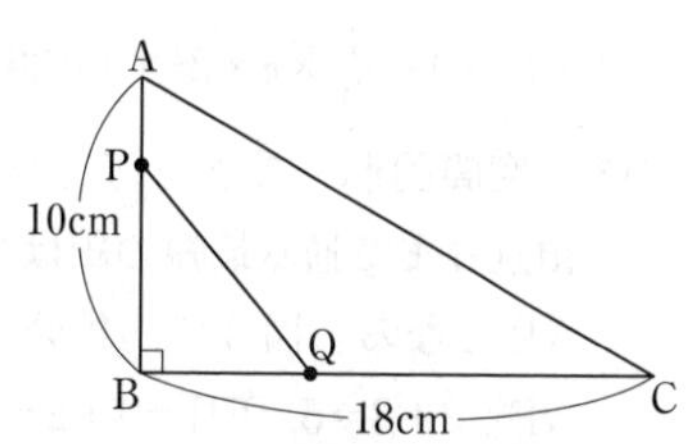

(4)＜データの活用—度数，相対度数，平均値，最頻値，中央値＞〔相対度数〕＝〔各得点の度数〕÷〔全体の度数〕，〔各得点の度数〕＝〔全体の度数〕×〔相対度数〕より，度数aは，$40\times0.100=4$(人)，度数bは，$40\times0.125=5$(人)，4点の相対度数cは，$15\div40=0.375$である。また，40人の得点の合計は，$0\times3+1\times7+2\times6+3\times4+4\times15+5\times5=116$(点)だから，平均値は，$116\div40=2.9$(点)となり，得点が4点の生徒が15人で最も多いから，最頻値は4点である。さらに，全体の度数が40人なので，$40\div2=20$より，中央値は得点の低い方から20番目と21番目の得点の平均となる。3点以下の生徒は，$3+7+6+4=20$(人)おり，4点の生徒は15人いるから，低い方から20番目の得点は3点，21番目の得点は4点となり，中央値は，$(3+4)\div2=3.5$(点)である。そして，得点が2点以下の生徒は，$3+7+6=16$(人)いるから，全体の$16\div40\times100=40$(％)である。

3 〔独立小問集合題〕

(1)＜場合の数＞Aは選ばれてBは選ばれない場合，A以外の2人をC，D，E，F，Gから選ぶことになる。よって，A以外の2人の選び方は(C，D)，(C，E)，(C，F)，(C，G)，(D，E)，(D，F)，(D，G)，(E，F)，(E，G)，(F，G)の10通りだから，求める場合の数は10通りである。

(2)＜確率—さいころ＞a，bはそれぞれ1～6の6通りなので，a，bの組は全部で$6\times6=36$(通り)ある。まず，$a\times b$が偶数になるのは，$a\times b$が奇数にならないときである。$a\times b$が奇数になるのはa，bともに奇数の場合で，そのようなa，bの組は，$a=1$，3，5の3通り，$b=1$，3，5の3通りだから，$3\times3=9$(通り)ある。よって，$a\times b$が偶数になるようなa，bの組は，$36-9=27$(通り)あるから，その確率は$\frac{27}{36}=\frac{3}{4}$となる。次に，$b=1$，2，3，4，5，6のときの$-2b+11$の値は右表のようになる。この表より，$-2b+11<7$となるのは，$b=3$，4，5，6のときである。また，$a\leqq-2b+11$とな

b	1	2	3	4	5	6
$-2b+11$	9	7	5	3	1	-1

る場合は，$b=3$ のとき $a=1$ ～ 5 の 5 通り，$b=4$ のとき $a=1$ ～ 3 の 3 通り，$b=5$ のとき $a=1$ の 1 通りあり，$b=6$ のときはない。よって，$a \leqq -2b+11<7$ となるような a，b の組は，$5+3+1=9$ (通り)あるから，その確率は $\frac{9}{36}=\frac{1}{4}$ となる。

4 〔独立小問集合題〕

(1)＜平面図形―角度＞右図 1 のように，点 A ～ G を決める。△CEF で内角と外角の関係より，∠AFG＝∠FCE＋∠FEC＝39°＋29°＝68° となる。また，△BDG で内角と外角の関係より，∠AGF＝∠GBD＋∠GDB＝35°＋28°＝63° となる。よって，△AFG において，$\angle x$＝180°－(∠AFG＋∠AGF)＝180°－(68°＋63°)＝49° である。

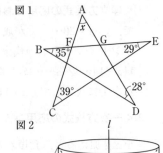

(2)＜空間図形―体積＞このときできる立体は，右図 2 のような，底面の半径が 3 cm，高さが 4 cm の円柱から，底面の半径が 3 cm，高さが 4 cm の円錐を除いた立体となる。よって，求める体積は，$\pi \times 3^2 \times 4-\frac{1}{3} \times \pi \times 3^2 \times 4=36\pi-12\pi=24\pi$ (cm^3) となる。

(3)＜空間図形―長さ＞直方体の頂点 A から辺 BC，CG 上の点を通り，頂点 H まで通る最短の線は，右図 3 のような展開図において，線分 AH となる。図 3 で，線分 AH は直角三角形 AFH の斜辺であり，AF＝2＋3＝5，FH＝4＋2＝6 だから，AH＝$\sqrt{5^2+6^2}=\sqrt{61}$ (cm) である。

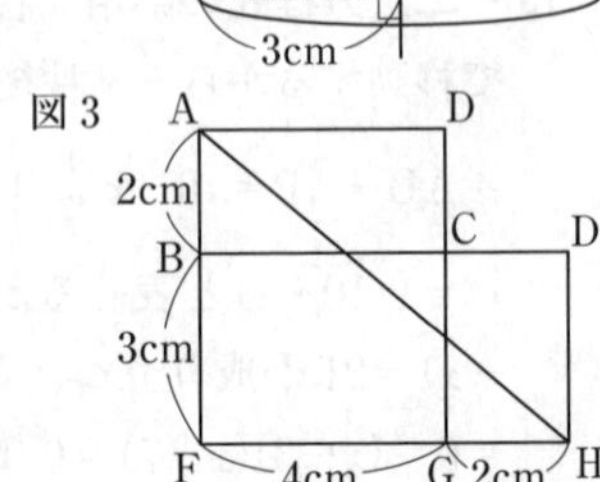

5 〔関数―関数 $y=ax^2$ と一次関数のグラフ〕

(1)＜比例定数＞右図で，放物線 $y=ax^2$ 上に B(4，8) があるので，$8=a \times 4^2$，$16a=8$，$a=\frac{1}{2}$ となる。

(2)＜直線の式，面積＞点 A は放物線 $y=\frac{1}{2}x^2$ 上にあり，$p=2$ のとき，点 A の x 座標は 2 だから，$y=\frac{1}{2} \times 2^2=2$ より，A(2，2) である。よって，直線 AB の傾きは $\frac{8-2}{4-2}=3$ だから，その式は $y=3x+b$ とおけ，A(2，2) を通るので，$2=3 \times 2+b$，$b=-4$ より，直線 AB の式は $y=3x-4$ である。また，直線 AB と y 軸との交点を E とすると，△OAB＝△OEB－△OEA であり，直線 AB の切片より，E(0，－4) なので，OE＝4 となる。△OEB，△OEA の底辺を共有する OE と見ると，高さはそれぞれ点 B，A の x 座標より，4，2 だから，△OEB＝$\frac{1}{2} \times 4 \times 4=8$，△OEA＝$\frac{1}{2} \times 4 \times 2=4$ より，△OAB＝8－4＝4 となる。

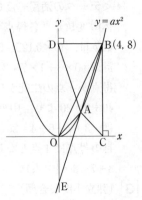

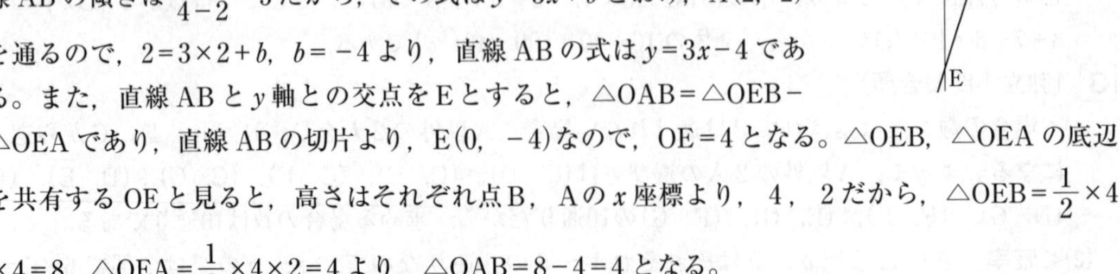

(3)＜x 座標＞△ABC において，点 B の y 座標より，BC＝8 であり，BC を底辺と見たときの高さは点 A，B の x 座標の差より，$4-p$ だから，△ABC＝$\frac{1}{2} \times 8 \times (4-p)=16-4p$ と表せる。また，△ABD において，点 B の x 座標より，BD＝4 であり，BD を底辺と見たときの高さは，$-4<p<4$ より，点 A の y 座標 $\frac{1}{2}p^2$ は点 B の y 座標 8 より小さいから，点 A，B の y 座標の差より，$8-\frac{1}{2}p^2$ となり，△ABD＝$\frac{1}{2} \times 4 \times \left(8-\frac{1}{2}p^2\right)=16-p^2$ と表せる。よって，△ABC：△ABD＝4：3 のとき，$(16-4p)$：

$(16-p^2)=4:3$ が成り立つ。これを解くと，$4(16-p^2)=3(16-4p)$，$64-4p^2=48-12p$，$4p^2-12p-16=0$，$p^2-3p-4=0$，$(p+1)(p-4)=0$ より，$p=-1$，4 となり，$-4<p<4$ だから，$p=-1$ である。

6 〔特殊・新傾向問題〕

泳げることを○，泳げないことを×で表し，条件より，表を完成させると，右表のようになる。よって，アは2，イは2，ウは1，エは1，オは1とわかる。

	クロール	背泳ぎ	平泳ぎ	バタフライ
A	×	○	○	イ ×
B	×	○	×	○
C	○	○	ア ×	×
D	○	ウ ○	○	×
E	エ ○	×	オ ○	×

国語解答

一　1　イ　2　オ　3　ウ　4　ウ
5　ア

二　問1　1…イ　2…カ
問2　3…オ　4…イ
問3　5…ウ　6…エ　7…オ
問4　8…ウ　9…オ　問5　エ

三　問1　ウ　問2　ア　問3　エ
問4　イ　問5　オ　問6　ウ
問7　ア　問8　ウ

四　問1　イ　問2　ア　問3　エ
問4　エ　問5　ア　問6　イ
問7　イ　問8　イ

五　問1　ウ　問2　ア　問3　ウ
問4　エ　問5　オ

一〔漢字〕

1．「朗読」と書く。アは「新郎」，イは「朗報」，ウは「廊下」，エは「漏電」，オは「放浪」。
2．「励行」と書く。アは「高齢」，イは「零細」，ウは「冷静」，エは「定例」，オは「激励」。
3．「卓越」と書く。アは「択一」，イは「光沢」，ウは「食卓」，エは「信託」，オは「干拓」。
4．「催促」と書く。アは「水彩」，イは「返済」，ウは「開催」，エは「国債」，オは「体裁」。
5．「翻(した)」と書く。アは「翻訳」，イは「弾圧」，ウは「躍動」，エは「脈絡」，オは「模倣」。

二〔国語の知識〕

問1＜漢字＞1．「かわせ」と読む。　2．「しぐれ」と読む。
問2＜故事成語＞3．余計なつけたしをすること。　4．無用の心配のこと。
問3＜語句＞5．続いて起こる事柄を順当に接続させている。　6．話題を変えている。　7．話をわかりやすくまとめている。
問4＜文学史＞8．『黒い雨』は，昭和40(1965)年に発表された，井伏鱒二の小説。　9．『斜陽』は，昭和22年(1947)年に発表された，太宰治の小説。
問5＜文学史＞「不来方の～」は，石川啄木の第一歌集『一握の砂』に収録された短歌。

三〔論説文の読解―社会学的分野―コミュニケーション〕出典；土井隆義『友だち地獄』。

≪本文の概要≫教師と生徒の間のタテの関係が崩れた今日，対立軸は生徒どうしの関係の中に拡散し，いじめ問題が起こっている。生徒どうしの関係は，内発的な衝動や直感的な感覚の共有にのみ支えられ，持続性も安定性もなく，一貫性に乏しい不安定なものとなるため，対立や軋轢が生まれやすい。対立の回避を最優先にする「優しい関係」は，現実には潜在的な対立の火種を多く孕む関係でもある。「優しい関係」の中では，違和感や怒りの感情をストレートに表出できず抑圧しなければならないので，それらの感情エネルギーは，各自の内部に溜め込まれていく。「むかつく」という言葉は，他人と感情をぶつけ合えないまま反感を抑え込む不快感を示す言葉である。溜め込まれた感情のエネルギーは，放出先としていじめのターゲットを求める。必要以上に相手に踏み込まない「相手に優しい関係」は，自分を傷つける危険性や自己責任を回避する「自分に優しい関係」でもあるため，意図せずしてその「優しい関係」の距離感に踏み込んでしまった者は，いじめの対象となり得る。

問1＜文章内容＞「社会秩序を体現する教師は，反発を含んだ生徒たちの視線を一身に集める存在」だったため，「学校内における対立軸」は，「教師と生徒のあいだに設定されやす」かった。「生徒たちの攻撃的なまなざし」が教師に集中していたので，生徒どうしの人間関係は，強固になっていたのである。

問2＜文章内容＞「対等に付き合い，今後予想される問題に早めに対処することを優先する関係」は，「生徒どうしの関係」ではなく，「生徒と対等の目線で付き合うことが求められ」て，「さまざまな問題の芽を早い段階に発見して，予防的に対処すること」を「期待されている」教師と生徒の人間関係である。

問３＜文章内容＞教師が「むしろ『大きな生徒』として彼らの人間関係に積極的に溶け込んでいこうとする」のは，「なれ合い型」学級の特徴である。

問４＜文章内容＞今日の「生徒どうしの関係」は，「思想や信条のような社会基盤を共有したもの」でも，固定化された役割を持った関係でもないため，「持続性も安定性もない」のである。

問５＜文章内容＞「優しい関係」は，「内発的な衝動や直感」によって支えられた「不安定な関係」であり，「相手とのあいだに対立や軋轢が日常的に生まれる危険」性が高いにもかかわらず，「対立の回避を最優先にする関係」なので，「互いの葛藤から生まれる違和感や，思惑のずれから生まれる怒りの感情を，関係のなかでストレートに表出」するのを「抑圧」しなければならず，潜在的な対立の火種を孕みやすいのである。

問６＜文章内容＞「腹がたつ」や「頭にくる」は，「～に対して」という対象があり，「相手に対して怒りを示せば，当然リアクションが返ってくる」ので，「それにも対処しなければなら」ないという相互関係を要する。だが，「むかつく」は，対象を前提とせず，自分自身の生理的な反応を，自分の中で起こしたり抑えたりするという，自分の中だけで決着がつく。

問７＜文章内容＞生徒たちは，「互いの対立点の表面化を避けることで滑らかさを維持」し，必要以上に相手に踏み込まず，相手との「距離感を保」とうとする「優しい関係」の中にある。彼らは，「優しい関係」の規範である「対立点の表面化」の回避と「距離感」に，知らずに「抵触してしまった者」に対し，「激しい反発」を加え，「いじめの対象」をその中から選ぶ。

問８＜要旨＞「今日，学校を舞台に繰り広げられる生徒どうしの関係」は，「直感的な感覚の共有のみに支えられ」ているため，「一貫性に乏しい不安定なもの」となりがちである(ア…○)。「優しい関係」は，「対立の回避を最優先にする関係」なので，「違和感や怒りの感情エネルギー」が「解消の機会を失い，各自の内部に溜め込まれ」た結果，若者たちは，現実に生理的な不快感を覚え，「『むかつく』ようになっている」のである(イ…○)。「相手に対して怒りを示せば，当然リアクションが返って」きて，それに「対処しなければならなくなる」ため，怒ることは「優しい関係」にとって大きな脅威となるので，「優しい関係」においては，相手に対して生じた「反感を抑え込まなければ」ならない(エ…○)。若者は，「現在の『優しい関係』の下ではなかなか怒りを示すことができないため，じっさいに胸がつかえてスッキリと」しないので，「吐き気のような生理的な不快感」を示す「むかつく」という言葉で，反感を抑え込んだ不快感を表すようになった(オ…○)。

四〔小説の読解〕出典；志賀直哉『或る朝』。

問１＜文章内容＞「あまのじゃく」は，わざとひねくれたことや反対のことをする人のこと。起こされると起きたくないが，「もう起しに来まいと思うと」逆に「楽々と起きる気になれた」のは，「あまのじゃく」と言われるような心理である。

問２＜心情＞信太郎は，再三祖母に起こされたことで，反抗的な気持ちになり，祖母の言葉に素直に従いたくないと思うようになった。「信太郎ももう眠くはなくなった」のだが，「もう少しこうしていて起しに来なかったら」というきっかけがあれば，「起きてやろう」と思いながら，起きるタイミングがつかめず，ただ横になっていたのである。

問３＜文章内容＞「祖母は七十三」なので，「大きい敷蒲団をたた」むことが体力的に大変で，「息をはずませて」いた。祖母は，信太郎が起きて手伝うことを期待していたが，「信太郎はその手を食わずに故意に冷(ひや)やかな顔をして横になったまま見て」いるだけだったので，祖母は「不孝者」と言って「怒り出した」のである。

問４＜文章内容＞祖母に「不孝者」と言われて「むっとした」信太郎は，蒲団畳みを手伝わなかったくらいで祖母が自分を不孝者と言うなら，祖母の言うとおりの本物の不孝者になって，「この間三人学生が落ちて死んだ」という「諏訪へ氷滑りに」行って，祖母をわざと心配させてやろうかと思ったのである。

問５＜心情＞祖母は，信太郎との険悪なやりとりから気を取り直し，仲直りしようとして，「今までの事を忘れたような顔をわざとして」信太郎に「これでどうだろう」と話しかけたが，信太郎は，まだ素直に仲直りする気になれないので，「わざとまだ少しむっとしている」のであった。

問６＜文章内容＞信太郎は，「今までの事」で機嫌を悪くしたまま，祖母に対して素直になりきれず，「わざとまだ少しむっとしてい」たが，祖母は，先に自分が折れて，信太郎に何気なく話しかけてきて和解の姿勢を示そうとしていた。祖母の素直な態度を見るにつけ，信太郎は自分がいつまでも意地を張っていることがおかしくなってきたのである。

問７＜文章内容＞信太郎は，祖母が和解の姿勢を示したのに，いつまでも意地を張っている自分がおかしくなってきて，祖母の蒲団を畳んでやるうちに，自然と涙が出てきた。これは，老いて無力な祖母に対して意地を張って，怒らせたり泣かせたりした自分の幼稚な言動への，素直な反省の涙である。信太郎は，こうして思いきり泣くことで，心がすっきりし，素直な気持ちになれたのである。

問８＜文章内容＞なまじ大人になっただけに，かえって，祖母に素直な態度が取れなかった信太郎には，純粋に無邪気に振る舞う弟妹たちの子どもらしさは，自分にはもはや失われて取り戻せないものなので，少し寂しかったのである。

五〔古文の読解―説話〕出典；『閑居友』下七。

≪現代語訳≫中国にいましたときに，人が語りましたことは，昔，この国に高貴な人がいた。その家はたいへん裕福である。秋の夜，(高貴な人が)高台に上って，月を眺めていたところ，夜は静まり，人はすっかり寝てしまって，音を立てるものもない。このようなときに，そこにいた馬と牛とが，世間話をしていた。馬が言うことには，「ああ，悲しい。つらい。どのような前世の報いで，この人に使われて，昼は一日中というほどに，このように使われているのだろうか。夜も，気持ちよく寝られるはずなのに，むちで打たれた傷が格別に痛んでつらく，あまりにも苦しくて，休むことができない。明日また，どのように使われるであろうか。これを考えるとどうにも安眠できない」と言う。また，牛が言うことには，「そうそのことですよ。ああ，悲しいものだな。自分が(前世の報いで)このような身の上を受けたとは思うけれども，当面，この人(＝飼い主)の恨めしさが，どうしようもなく思われる」と言った。これを聞くと，(高貴な人は，)心も平静に保てず悲しくて，妻と娘に言うことには，「私は，今夜こっそりとこの家を出ようと思う」

問１＜古典の知識＞「唐土」は，中国のこと。

問２＜現代語訳＞「杖目」は，杖で打たれた傷あと，という意味。「いたくわびしく」は，ひどくつらくて，という意味。

問３＜古文の内容理解＞馬は，「明日また，いかさまに使はれんとすらん」と思うと，安眠できない，と言っている。

問４＜古文の内容理解＞馬が「いかなる罪の報」で「この人に使はれ」て，毎日つらい目に遭っているのか，と思うように，牛も，何らかの「罪の報」で，今の飼い主にこき使われる牛の身に生まれたのだろうとは思っても，当面，この飼い主の恨めしさが我慢できないと嘆いている。

問５＜古文の内容理解＞深夜に思いがけず，飼っている家畜たちの嘆きを聞いてしまった高貴な人は，今まで家畜たちを酷使してしまっていたことに気づき，罪の意識に「心もあられず悲しく」なって，家を出ようと思ったのである。

2022年度 流通経済大学付属柏高等学校(前期②)

【英　語】(50分)〈満点：100点〉

■リスニングテストの音声は，当社ホームページで聴くことができます。(当社による録音です)

再生に必要なユーザー名とアクセスコードは「収録内容一覧」のページに掲載しています。

1 放送を聞いて答えなさい。

1．1．A dining table and chairs are.
　2．Knives and forks are.
　3．Plates are.
　4．Windows are.

2．1．Cups.　2．Glasses.　3．Spoons.　4．Mirrors.

****

3．1．From London.　2．From Paris.
　3．From California.　4．From Sydney.

4．1．From Tokyo.　2．From Osaka.
　3．From Kyoto.　4．From Okinawa.

5．1．They are in Paris now.
　2．They are in California now.
　3．They are in London now.
　4．They are in New York now.

※＜**放送問題原稿**＞は英語の問題の終わりに付けてあります。

2 次の英文を読んで，後の問いに対する答えとして最も適切なものを選びなさい。(*印の語は(注)を参考にすること)

Italian food is best when it is cooked by Italians in their own country. Eating outside with family and friends (1) it even better. The Italian *cuisine is healthy because it *includes (2) of local fresh fruit and vegetables, fresh fish and meat, and local *dairy products like cheese and milk.

In Italy, the day begins with a small, simple breakfast, ***colazione***. This is usually just a coffee and a small cake. Lunch, ***pranzo***, is the main meal. This is eaten at home with the family when it is possible. Almost all Italians *used to take two or three hours away from work to enjoy lunch and then have a rest. But this is changing in large cities. Workers may have only an hour, or less, for lunch and do not go home.

In restaurants, or at home on Sundays, Italians usually have (3) steps for lunch. They begin with the starter, ***antipasti***. This may be cold meats and bread, or a salad of tomatoes with fresh mozzarella cheese and basil leaves. Or some people begin with ①***bruschetta***: it is *grilled bread with fresh tomatoes and garlic. Next is the first course, ***primo***. This may be a small plate of pasta, or a rice dish called ***risotto***, or a *polenta dish. Many Italians eat pasta often, perhaps every day, but they do not eat a big plate of it for a main meal.

The second course, ***secondo***, is the meat or fish dish with vegetables and bread. The last course is usually fruit. Sometimes Italians have special *desserts and sweets, but not every day. The meal often ends with an espresso coffee and a biscuit, or a (4) of dark chocolate.

Italians drink a lot of coffee ! Espresso is always black, without milk, and is drunk any time of the day. Cappuccino and caffe latte have a lot of milk in ②them, and are drunk for breakfast. Italians drink water with meals, and some adults enjoy wine. More than two thousand different types of grape are grown in Italy, and wine has been an important part of Italian life since the *Ancient Romans. ***Aperitivi*** is a drink in a *bar, with a snack of cold or hot food. ③This is usually had between 5 p.m. and 8 p.m.

Pizza was first made in Naples, and ***Pizza Napoletana*** is perhaps the simplest with only tomato, garlic, and basil. Pizzas are eaten all over Italy and the best pizzas are always cooked over a wood-burning fire. In southern Italy, grilled meat, fish and vegetables are simple but very good with a little olive oil and lemon over them.

Puglia makes more olive oil than (5) area in Italy and it is famous for its seafood. Calabria grows wonderful oranges and lemons, and their lemon cake is a special dessert. Calabria used to be a poor area and the people needed a way to keep food for the winter months, so ④they dried or salted food. *Sundried tomatoes and *anchovies continue to be popular in Italy today.

Everywhere in Italy, visitors enjoy the food that Italians have eaten for hundreds and even thousands of years.

（注） cuisine：料理　include：～を含む　dairy product：乳製品
used to：以前は～　grill：～を焼く　polenta dish：ポレンタ（料理の名前）
dessert：デザート　Ancient Roman：古代ローマ時代　bar：居酒屋
sundried：日干しした　anchovies：anchovy（料理の名前）の複数形

問１　（１）～（５）に入るものを下の選択肢からそれぞれ１つずつ選びなさい。

（１）：1 make　2 makes　3 making　4 to make
（２）：1 a lots　2 lot　3 lots　4 little
（３）：1 two　2 three　3 four　4 five
（４）：1 glass　2 piece　3 cup　4 pair
（５）：1 any　2 other　3 any other　4 any others

問２　イタリアの昼食について間違って述べられているものを１つ選びなさい。

1．イタリアでは ***pranzo*** と呼ばれている。
2．昼食をコーヒーやケーキなどの軽食で済ますのがほとんどである。
3．昔は昼食時に２～３時間の休憩を取っていた。
4．大きな都市で働いている人は時間が無いので，自宅で昼食を取れない人もいる。

問３　下線部①に含まれないものを全て選びなさい。

1．a small cake
2．cold meat
3．grilled bread with fresh tomatoes
4．grilled bread with garlic
5．pasta

問４　下線部②の指しているものの組み合わせとして，正しいものはどれか。下の選択肢から１つ選びなさい。

1．espresso　―cappuccino
2．espresso　―caffe latte

3. cappuccino — wine
4. caffe latte — cappuccino

問5 下線部③は何を指しているか。下の選択肢から１つ選びなさい。

1. Italian　2. the Ancient Romans　3. ***Aperitivi***　4. a bar

問6 下線部④は何を指しているか。下の選択肢から１つ選びなさい。

1. people in Puglia　2. people in Calabria
3. oranges and lemons　4. the winter months

問7 各文の下線部に入るものとして最も適切なものをそれぞれ下の選択肢から１つずつ選びなさい。

1 Italian food ＿＿＿＿＿.
1. is enjoyed by only Italian people
2. is healthy because many kinds of fresh fruit and vegetables are used
3. doesn't have a long history
4. can be eaten not at home but at restaurants

2 When you eat lunch at a restaurant in Italy, ＿＿＿＿＿.
1. you will start with ***antipasti***
2. you can eat a large plate of pasta
3. you can eat meat or fish at the first course
4. you can't eat desserts there

3 It is true that ＿＿＿＿＿.
1. pizzas in Naples are with many kinds of vegetables
2. you can eat pizzas only in Naples
3. most of pizzas are cooked by a carpenter
4. sundried foods are popular in Italy

3 次の英文を読んで，後の問いに対する答えとして最も適切なものを選びなさい。(＊印の語は(注)を参考にすること)

Over thousands of years the *tribes of the Amazon have learned to live in this unique place, the Amazon rain forest. The rain forest is a *dense, *lush environment. The *climate is hot and *humid. The average temperature is about 26℃. The temperature between seasons doesn't change so much, but there is a big difference in temperature between night and day.

The area gets a lot of *rainfall — over 200 cm a year! In many areas it rains every day, and there is also a rainy season: it rains almost *constantly. In the United States, Seattle, Washington, is known as a rainy city. But it is drier than the Amazon rain forest. Seattle has rain about 150 days a year and gets about 93 cm of rain every year.

Because of the tropical climate and the large amount of rainfall, the Amazon is a perfect place for plants to grow. *Vines *twist from the branches, and very little sunlight reaches the floor of the rain forest. Every rain forest is *split into four different *layers. Each layer has special conditions and *is home to certain kinds of plants.

The emergent layer is the tallest layer in the rain forest. The trees in this layer can be 38 meters tall. That's as tall as a twenty-story building! They have *trunks more than 4 meters across. Sunlight and rain are rich in this top layer. But these trees have to *endure strong winds. Butterflies, insects, birds, bats, and some small monkeys live in this layer. Most animals don't *venture up so high, because the branches are *unsteady and it's a long way down to the forest floor.

The next layer down is the canopy. The trees in this layer are around 28 to 30 meters high. They form a natural roof over the two layers below. The plants and animals that live in the canopy are specially *adapted for life in the trees. Dense leaves and branches make it hard to see this layer of the rain forest, so some animals and birds depend on loud calls or songs to communicate with each other. And many canopy *creatures such as toucans, bats, and spider monkeys fly, glide or jump from tree to tree.

Below the canopy is the understory. It is dark and filled with vines, *shrubs, and smaller trees. The trees in this layer *rarely grow more than 16 meters tall. In some places, this layer is so dense and it is impossible for people to get through. Only 5% of the sunlight that reaches the canopy makes it down to the understory. So, the leaves in this layer are very large to collect as much sunshine as possible. Well-camouflaged jaguars spend time in this layer, since they can't climb much higher. It's also home to tree frogs, owls, snakes, and lots of insects.

The forest floor is the *bottom layer. Giant anteaters and many types of snakes live here. Almost no sunlight reaches the forest floor. This makes the quality of the *soil poor, and almost no plants grow in this layer. However, many types of *fungi live on the forest floor. The fungi help dead plants and animals to *decay. <u>So does the climate</u>. A dead leaf that might take a year to decay in a regular climate will disappear in 6 weeks on the forest floor. The quick decay of old plants helps new, younger plants to grow quickly, and keeps the rain forest lush and green.

（注） tribe：部族　dense：密集した　lush：青々とした
climate：気候　humid：湿度のある　rainfall：降雨量
constantly：絶えず　vine：つる状の植物　twist：巻きつく
split：分裂する　layer：層　be home to：～が存在する
trunk：幹　endure：～に耐える　venture：危険を冒す
unsteady：安定しない　adapt：～を適応させる　creature：生き物
shrub：灌木(かんぼく)　rarely：ほとんど～ない　bottom：底
soil：土壌　fungi：fungus(菌類)の複数形　decay：腐敗する・～を腐敗させる

1．What doesn't live in the Amazon rain forest?
　1．People in the Amazon.　2．Insects.　3．Snakes.　4．Pandas.

2．What is true of the climate and weather in the Amazon rain forest?
　1．It rains much but it doesn't rain in winter.
　2．It is as dry as Seattle.
　3．Its temperature is almost the same all year.
　4．It rains about 150 days a year.

3．What does "twenty-story" in the fourth paragraph mean in Japanese?
　1．20話の　2．20冊の　3．20階の　4．20本の

4．What doesn't live in the emergent layer?
　1．Butterflies.　2．Birds.　3．Bears.　4．Bats.

5．What is true of the canopy?
　1．The layer of the canopy is very light because of much sunlight.
　2．The canopy looks like a natural roof for the other layers below.

3．Animals in this layer don't have communication with each other.
4．Animals in this layer can't jump from tree to tree because of dense leaves.

6．What is true of trees in the understory ?
1．All of them are more than 16 meters tall.
2．They must endure strong winds.
3．The leaves are very large because they get much sunlight.
4．The leaves are very large in order to get much sunlight.

7．Which is the same meaning as "So does the climate" in the last paragraph ?
1．The climate helps dead plants and animals to decay.
2．The climate lives on the forest floor.
3．The climate makes the quality of the soil poor.
4．The climate grows in this layer.

8．What is true of the forest floor ?
1．Much sunlight reaches there.
2．There are no creatures because sunlight can't reach.
3．A dead leaf there will disappear in a year.
4．The fungi help to grow younger plants quickly.

4 次の英文の(　)内に入れるのに最も適した語句を，後の語群からそれぞれ選びなさい。

1．I don't like this jacket.　Please show me (　　).
1　one　　2　it　　3　another　　4　other

2．A minute has sixty (　　).
1　seconds　　2　hours　　3　times　　4　weeks

3．Don't cross the street (　　) the light is red.
1　and　　2　but　　3　during　　4　while

4．A："Our train leaves at nine."
B："We will get (　　) Kashiwa at noon."
1　from　　2　with　　3　on　　4　to

5．I have known him (　　) he was a child.
1　for　　2　since　　3　while　　4　before

6．A："(　　) do you come to school every day ?"
B："By bus."
1　What　　2　Why　　3　Where　　4　How

5 日本文を参考にして正しい英文になるように(　)内の語を並べかえ，(　)内で３番目と６番目に来るものをそれぞれ選びなさい。(文頭に来る語も小文字で書かれています)

1．最近はこのタイプの自動車が良く売れている。
This (1　car　　2　days　　3　sells　　4　well　　5　of　　6　type　　7　these).

2．２～３分歩けば，私たちの学校に着きます。
(1　take　　2　our school　　3　minutes'　　4　few　　5　walk　　6　to　　7　you　　8　will　　9　a).

3．タカシは昨日までに宿題をやらなければならなかった。

(1　had　　2　finish　　3　homework　　4　Takashi　　5　to　　6　his　　7　by) yesterday.

4．この２つの物語は100年以上前に書かれたものです。
(1　two stories　　2　years　　3　more　　4　were　　5　these　　6　written　　7　than　　8　one hundred) ago.

5．私の姉は今朝，始発電車に間に合うように早く起きた。
My sister (1　to　　2　this　　3　up　　4　train　　5　catch　　6　got　　7　early　　8　the first) morning.

6．札幌は私が今までに訪れた都市の中で一番きれいです。
Sapporo (1　the most　　2　visited　　3　beautiful　　4　city　　5　ever　　6　is　　7　have　　8　I).

6　次のメールの内容に関して，以下の質問に答えなさい。(＊印の語は(注)を参考にすること)

To:　allenf@fortress.com
From:　Icock@kmail.com
Date:　September 12
Subject:　Paris Dress Fair

Dear Allen,

I am a young dress designer from Los Angeles.　I recently saw your news for the Paris Dress Fair 2023.

I am really excited about the sound of the fair and would love to join.　I recently did a fair in New York and would love to come to Europe and do a show.

Please could you tell me the price for a table?

Also, are there any *extra costs I should know about?

Sincerely,
Lisa Cook

To:　Icock@kmail.com
From:　allenf@fortress.com
Date:　September 12
Subject:　Re: Paris Dress Fair

Thank you for your interest in the dress fair.　I had a look at your website and your *work is really beautiful!　We'd love you to join.

If you join the fair, you need tables. We can lend them to you. Tables start at $500. Most young designers find these are large enough. But we also have large *stands that start at $750.

The only extra cost would be for the cloth to cover the table. I will put a *document about this on this e-mail.

With best wishes,
Allen Fourier

（注） extra：余分な　work：作品　stand：台　document：書類

1．Where is Lisa from？
　1．Paris.　2．Europe.　3．Los Angeles.　4．New York.

2．What does Lisa ask the price of？
　1．A table.　2．A stand.　3．A desk.　4．A chair.

3．Where did Lisa have a fair recently？
　1．In Paris.　2．In New York.
　3．In Los Angeles.　4．In Europe.

4．How much is a stand？
　1．It starts at $500.　2．It starts at $700.
　3．It starts at $750.　4．It starts at $5,000.

5．What will cost extra？
　1．The cloth.　2．A document.　3．Signs.　4．Posters.

＜放送問題原稿＞

A： And this is the kitchen.
B： Mmm, it's very nice.
A： Well, it's not very big, but there are a lot of kitchen shelves. And there's a new dining table and chairs. That's new too.
B： But what's there in all these shelves？
A： Well, not a lot. There are some cups, but there aren't any glasses. And I have some knives and forks, but I don't have any spoons！
B： Do you have any plates？
A： Yes, I do. Here they are.
B： Good. We can use those plates for this cake.

1．What are new in the kitchen？
2．What are in the kitchen shelves？

Keiko : Excuse me？ Can I sit here？
Robert : Sure. There are many chairs to sit on. I'm Robert.
Keiko : Hi. My name's Keiko. Where are you from, Robert？
Robert : Hi, Keiko. I'm from California. And you . . .？ Are you from Japan？

Keiko : Yes. I'm from Osaka, but now I live in Paris.

Robert : Oh, really ? What do you do there ?

Keiko : I work for a computer company. I'm so glad to be away from work.

Robert : Right.

Keiko : Do you have any ideas on fun things to do here in London ?

Robert : Yeah. I'll bring my guidebook. And my map. I'll be right back.

3. Where is Robert from ?

4. Where is Keiko from ?

5. Where are they now ?

【数　学】 (50分)〈満点：100点〉

(注意) (1) 解答が分数の形で求められているときは，約分した形で答えること。

(2) 解答が比の形で求められているときは，最も簡単な整数の比で答えること。

(3) 問題の図は略図である。

全問とも，□の中に当てはまる数字を求めなさい。

1 次の問いに答えなさい。

(1) $0.01 \div 0.25 - \left(-\frac{3}{5}\right)^2$ を計算すると，$-\frac{\boxed{ア}}{\boxed{イ}\boxed{ウ}}$ である。

(2) $-\frac{2\sqrt{27}+6}{\sqrt{3}}+\sqrt{12}$ を計算すると，$-\boxed{エ}$ である。

(3) 連立方程式 $\begin{cases} \frac{2}{3}x+y=-2 \\ 3x+2y=-19 \end{cases}$ を解くと，$x=-\boxed{オ}$，$y=\boxed{カ}$ である。

(4) 2次方程式 $4x^2-2x-2=0$ の解は，$x=-\frac{\boxed{キ}}{\boxed{ク}}$，$\boxed{ケ}$ である。

(5) 30178000km を有効数字3けたで表すと$(\boxed{コ}.\boxed{サ}\boxed{シ}\times 10^{\boxed{ス}})$km である。

(6) 1200円の1割5分は$\boxed{セ}\boxed{ソ}\boxed{タ}$円である。

(7) 対角線の長さが10cm である正方形の面積は，$\boxed{チ}\boxed{ツ}$ cm^2 である。

(8) 方程式 $\frac{1}{2}x+3=3x-2$ の解が2次方程式 $x^2-ax+10=0$ の1つの解であるとき，$a=\boxed{テ}$ で，この2次方程式のもう1つの解は$\boxed{ト}$である。

2 次の問いに答えなさい。

(1) 箱の中に同じ大きさの赤玉がたくさん入っている。この箱の中に赤玉と同じ大きさの白玉を100個入れてよくかき混ぜたあと，その箱から50個の玉を無作為に取り出すと，赤玉は48個，白玉は2個であった。初めに箱の中に入っていた赤玉はおよそ$\boxed{ア}\boxed{イ}\boxed{ウ}\boxed{エ}$個であったと推定される。

(2) ある自然数を2乗するところを間違って2倍してしまったため，正しい答えよりも35だけ小さくなった。このような自然数は$\boxed{オ}$である。

(3) 下の資料は，あるクラス13人が受けた10点満点の数学の小テストの結果である。

単位(点)

0　3　4　5　5　6　6　7　7　7　9　9　10

(i) 得点の平均値は$\boxed{カ}$(点)である。

(ii) 得点の最頻値(モード)は$\boxed{キ}$(点)である。

(iii) 得点の中央値(メジアン)は$\boxed{ク}$(点)である。

3 次の問いに答えなさい。

(1) 1個のさいころを1回投げるとき，素数の目が出る確率は $\frac{\boxed{ア}}{\boxed{イ}}$ である。

(2) A，Bの2人が1回ずつ1個のさいころを投げるとき，A，Bの目の出方は全部で$\boxed{ウ}\boxed{エ}$通りで，2人とも偶数の目が出る場合の数は$\boxed{オ}$通りである。

(3) A，Bの2人が1回ずつ1個のさいころを投げ，偶数であり素数でない目が出たら20点，素数であり偶数でない目が出たら30点，偶数かつ素数の目が出たら60点をそれぞれが獲得できるゲームを行う。なお，偶数でも素数でもない目が出たときは獲得点は0点であるとする。

Aの得点がBの得点より大きくなる確率は $\dfrac{\boxed{カ}\boxed{キ}}{\boxed{ク}\boxed{ケ}}$ である。

4 次の問いに答えなさい。

(1) 下の図1のように，直線PA，PBは円Oの接線で，点A，Bはその接点である。
このとき，∠xを求めると，$\boxed{ア}\boxed{イ}$°である。

図1

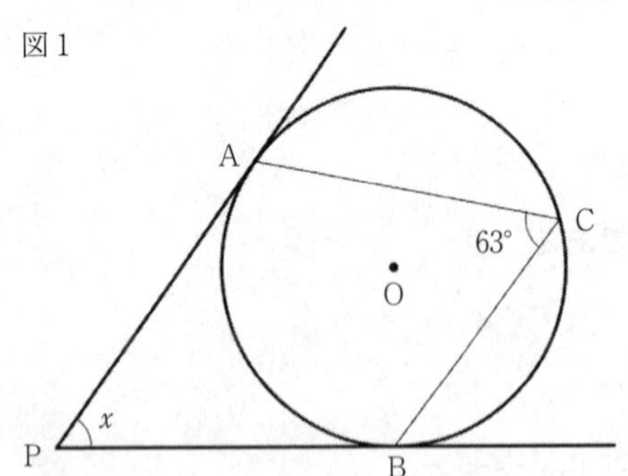

図2

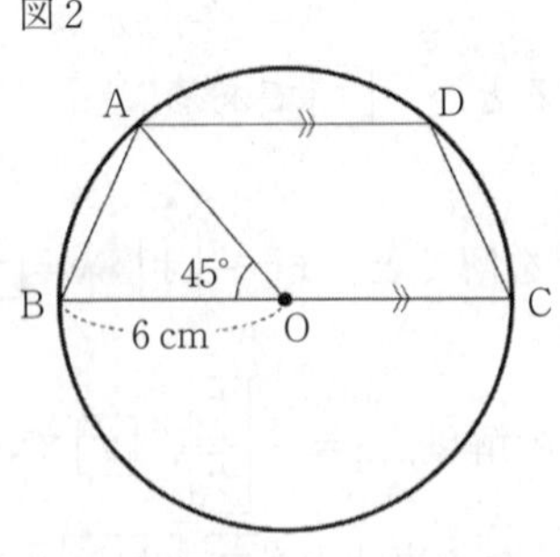

(2) 上の図2のように，円Oの周上にある4点A，B，C，Dを頂点とする四角形ABCDがある。

AD∥BCであり，OB=6cmであるとき，ADの長さは $\boxed{ウ}\sqrt{\boxed{エ}}$ cmである。

(3) 右の図3のように，△ABCの辺BC，ABの中点をそれぞれD，Eとする。直線ADとCEの交点をFとする。点D，Eを直線で結んだとき，AF：FD=$\boxed{オ}$：$\boxed{カ}$である。また，△EDFの面積は△ABCの $\dfrac{\boxed{キ}}{\boxed{ク}\boxed{ケ}}$ 倍である。

図3

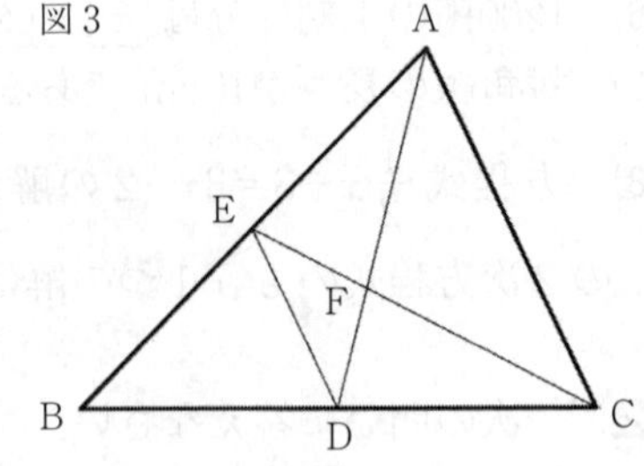

5 図のように，関数 $y=x^2$ のグラフ上に2点A$(-1,\ 1)$，B$(3,\ 9)$がある。点Bを通る直線を l とする。次の問いに答えなさい。

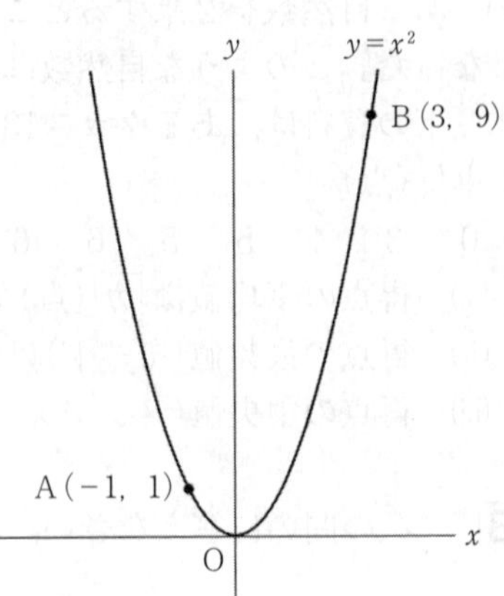

(1) 直線 l が点Aを通るとき，直線 l の式は $y=\boxed{ア}x+\boxed{イ}$ であり，△OABの面積は $\boxed{ウ}$ である。

(2) 直線 l と y 軸との交点をCとする。ただし点Cの y 座標は正とする。△OBCの面積が△OABの面積と等しくなるとき，直線 l の式は $y=\dfrac{\boxed{エ}}{\boxed{オ}}x+\boxed{カ}$ である。

(3) 2点A，Bから x 軸に下ろした垂線と x 軸との交点をそれぞれD，Eとするとき，四角形ADEBの面積は $\boxed{キ}\boxed{ク}$ であり，

直線 l が四角形ADEBの面積を半分にするとき直線 l の式は $y=\dfrac{\boxed{ケ}\boxed{コ}}{\boxed{サ}\boxed{シ}}x-\dfrac{\boxed{ス}\boxed{セ}}{\boxed{ソ}\boxed{タ}}$ である。

6 図のように３本の線分 AB…①，BC…②，CD…③があり，その長さはそれぞれ８cm，６cm，４cm である。また①と②は点Ｂで，②と③は点Ｃでつながっている。①は固定されていて動かないが，②と③はそれぞれ点Ｂ，点Ｃを中心に自由に回転することができる。このとき，次の問いに答えなさい。

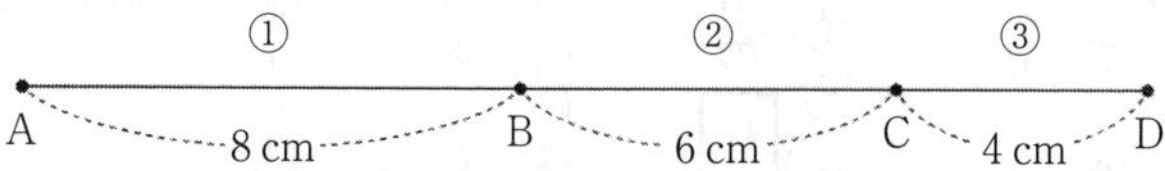

⑴ 図のように①と②がまっすぐになるように固定して，③を自由に回転させる。点Ａと点Ｄの距離が最短になるとき，その長さは［アイ］cm である。

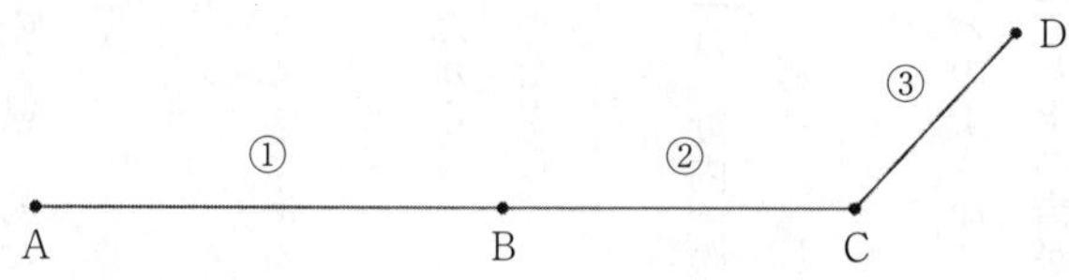

⑵ 図のように∠ABC＝120°となるように①と②を固定して，③は自由に回転させる。点Ａと点Ｄの距離が最長になるとき，その長さは（［ウ］$\sqrt{［エオ］}$＋［カ］）cm である。

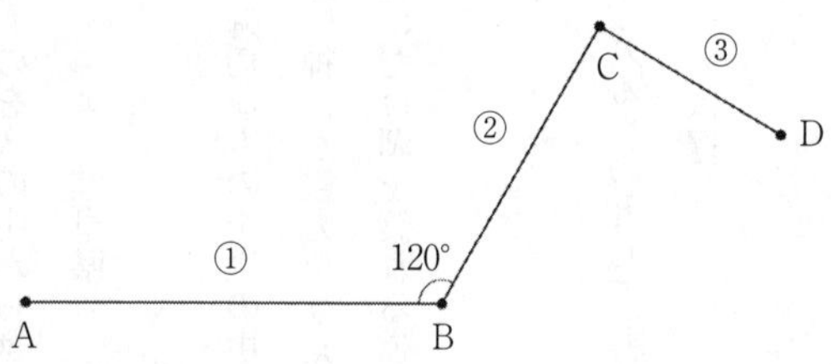

⑶ ②と③を自由に動かしたとき，点Ｄが通ることができる部分の面積は［キク］πcm^2 である。ただし，π は円周率とする。

問1　傍線部a「信濃」とは今の何県にあたるか。適切なものを次の中から選び、記号で答えなさい（解答番号は1）。

ア　山梨県　　イ　福井県　　ウ　滋賀県　　エ　岐阜県　　オ　長野県

問2　傍線部b「自由に通ひをする」とあるが、なぜか。適切なものを次の中から選び、記号で答えなさい（解答番号は2）。

ア　星を祭る時に橋が架けられたから。　　イ　狐の神様が霊力を与えたから。

ウ　湖面が凍って行き来できたから。　　エ　狐にだけ湖を渡れる道があったから。

オ　信濃の国には関所がなかったから。

問3　本文中の［ｃ］は「勘内」の言葉であるが、入るものとして適切なものを次の中から選び、記号で答えなさい（解答番号は3）。

ア　行けば危ふし　　イ　廻れば遠し　　ウ　休めば遅し　　エ　走れば早し　　オ　渡れば遅し

問4　傍線部d「この事」とはどのようなことか。適切なものを次の中から選び、記号で答えなさい（解答番号は4）。

ア　諏訪の湖には毎年狐が渡ると氷の橋がかかること。

イ　勘内が湖を渡った時に氷が溶けて落ちてしまったこと。

ウ　狐の神様によって諏訪の湖には毎年橋が架けられたこと。

エ　勘内は暴れ者で人の言うことを聞かないということ。

オ　勘内が狐の神様の怒りに触れて湖に落とされたこと。

問5　傍線部e「皆々見違へける」であったのはなぜか。適切なものを次の中から選び、記号で答えなさい（解答番号は5）。

ア　若かった勘内が急に年老いていたから。

イ　暴れ者だった勘内が立派な姿でいたから。

ウ　死んだと思った勘内が姿を現したから。

エ　荒くれ者だった勘内が大人しかったから。

オ　浅はかだった勘内が賢くなっていたから。

ウ　夫の機嫌を取ることを気にして生きてきたが、夫の仕事に対する皮肉を口にしたことで、夫婦は対等な関係であったということを思い出している。

エ　夫が仕事に追われて疲弊していることは知っていたが、夫の痩せた顔を見て、自分が想像している以上に夫が追い込まれていることに気づいている。

オ　夫に対して何も言い返せない生活が続いていたが、ボランティアを批判する夫に言い返せたことによって、気分が晴れやかになるのを感じている。

問9　傍線部ｉ「うつむき、長い時間顔を上げなかった」のはなぜか。適切なものを次の中から選び、記号で答えなさい（解答番号は9）。

ア　いつもは気弱な妻がいつになく強気であったから。
イ　実は心の底で思っていたことを妻に指摘されたから。
ウ　妻の反論にどう答えればいいか即答しかねたから。
エ　妻と久しぶりに分かり合えた思いになったから。
オ　妻が仕事の辛さを理解しないことに唖然としたから。

五

次の文章を読み、後の各問いに答えなさい。

[a]信濃の国諏訪の湖に、毎年氷の橋かかつて、狐の渡り初めて（狐の渡り初めと言うことがあって）、その跡は人馬ともに、[b]自由に通ひをする事ぞかし。春また、狐の渡りかへると、そのまま氷とけて、往来を止めけるに、この里のあばれ者、根引（ねびき）の勘内（かんない）といふ馬方「　c　」と、人の留むるにもかまはず、我が心ひとつに、渡りけるに、真ん中過ぎ程になりて、にわかに風暖かに吹きて、跡先より氷消えて、浪の下に沈みける。[d]この事隠れもなく（知らぬ人はなく）、哀れと申し果てぬ。同じ年の七月七日の暮に、星を祭るとて、梶の葉に歌を書きて、湖に流し遊ぶとき、沖のかたより、ひかり輝く舟に、見なれぬ人あまた、取り乗りける。その中に勘内、高き玉座に居て、そのゆゆしさ、むかしに引き替へ、[e]皆々見違へける。

（『西鶴諸国ばなし』から）

問5　傍線部e「夫にはなんとなく言いづらく黙ったままだった」とあるが、ここでの私の心情の説明として、最も適切なものを次の中から選び、記号で答えなさい（解答番号は5）。

ア　仕事も出来ず夫に負担をかけている身でありながら、他人の手助けをするボランティアを行なっていることに引け目を感じている。

イ　生活のために新しい職場で奮闘している夫と異なり、自分の楽しみのためにボランティアをしていることに負い目を感じている。

ウ　毎日私の体調を心配して優しくしてくれる夫は、家を出てボランティア活動することにリスクを感じ賛成しないと思っている。

エ　ボランティア活動に参加する経緯を説明する中で、活動に誘ってくれた高野さんとの出逢いを話すことは気が進まないでいる。

オ　家から出て活動していることは、「家にいていいよ」と言う夫の気持ちを無駄にしているようで、申し訳ないと感じている。

問6　[f]に入るものとして適切なものを次の中から選び、記号で答えなさい（解答番号は6）。

ア　人に迷惑をかけていない　　イ　人とうまくやっていける　　ウ　人に評価されている

エ　人の役に立っている　　オ　人とわかりあえる

問7　傍線部g「彼の孤独が今わかった気がした」とあるが、その説明として適切なものを次の中から選び、記号で答えなさい（解答番号は7）。

ア　「家にいていい」と言われる私も、実家の世話になって暮らす「彼」も、期待されない虚しさの中で苦しんでいたことに気づいたから。

イ　自分の抱えて来た「苦しみを理解してくれる人がいない」という寂しさと不満を、「彼」も同じように感じていることに気づいたから。

ウ　私が夫に優しくされる度に感じていた自分を責める気持ちと申し訳なさを、妻の実家に頼る「彼」も抱えていることに気づいたから。

エ　自分は何もできないと周囲からいつのまにか思い込まされていたという点が、私と「彼」との共通点なのではないかと気づいたから。

オ　ボランティアの私に無理難題を押し付けようとする「彼」は、私がどれほどの覚悟を持っているか試していたのだと気づいたから。

問8　傍線部h「夫の痩せた顔がクリアに見えた」とあるが、その説明として適切なものを次の中から選び、記号で答えなさい（解答番号は8）。

ア　夫の顔色を伺いながら生活してきたが、ボランティアを否定する夫に反論したことで、数年ぶりに真正面から夫と向き合うことが出来たと感じている。

イ　ボランティアを否定されたことに腹が立ち、思わず夫の仕事を批判してしまったが、何も反論してこない夫を見て、言い過ぎてしまったと感じている。

問1　傍線部a「落胆している」とあるが、その理由として適切なものを次の中から選び、記号で答えなさい（解答番号は1）。

ア　もうこれ以上夫に迷惑をかけられないと、いつも以上に気合を入れて受けた面接だったが、不採用という結果となったため。

イ　思いがけない出会いによって、いつもと違い前向きに面接を受けることが出来たにも関わらず、不採用の通知を受けたため。

ウ　不採用となっても夫は優しい言葉をかけてくれるとは分かっているが、その夫の優しさを重荷だと感じてしまっているため。

エ　不採用の通知を受けるのにはもう慣れてはいたが、この結果を夫にどのように弁解したらよいのか悩ましく感じているため。

オ　新しい土地で人間関係を構築しようと、積極的に面接を受けることが出来たつもりだったが、不採用となってしまったため。

問2　傍線部b「嬉しいはずなのに涙が溢れた」とあるが、「涙が溢れた」のはなぜか。適切なものを次の中から選び、記号で答えなさい（解答番号は2）。

ア　辛いことが多い中で、会えないと思っていた高野さんに会えて幸運だと思ったから。

イ　高野さんは恋人ではなく甘えられなかったので、泣くことしかできなかったから。

ウ　行方を聞いてもわからなかった高野さんにやっとめぐり合えて素直になれたから。

エ　だめな自分を理解し受け止めてくれそうな高野さんに会えてほっと安堵したから。

オ　自分を抑え日々生活している中で、旧知の高野さんに会えて心が解き放されたから。

問3　傍線部c「声で覚えていてくれたことが嬉しくて」とあるが、「私」はなぜこのように感じたのか。その説明として適切なものを次の中から選び、記号で答えなさい（解答番号は3）。

ア　高野さんが限られた情報で自分を認識してくれたことが、私の話や私自身に関心を持っていることを示すように思えたから。

イ　高野さんが毎日多くの人の声を聞く中で自分の声を忘れずにいたことは、私を特別扱いしているのかもしれないと考えたから。

ウ　高野さんと自然に会話ができる自分と、普段はほとんど人と話さない自分とを比べて新鮮な驚きと喜びを感じたから。

エ　高野さんがすぐに私を思い出してくれたことから、彼もまた私との出逢いを特別なものだと考えていると確信したから。

オ　覚えていてくれているかを心配しながら声をかけたが、高野さんは私を長い知り合いであるかのように認識してくれたから。

問4　［　d　］に入るものとして適切なものを次の中から選び、記号で答えなさい（解答番号は4）。

ア　手に余った　　イ　舌を巻いた　　ウ　尻に火がついた　　エ　腰が引けた　　オ　足をすくわれた

電話はない。考えてみれば当たり前だ。そういうことは強制ではなく、自発的にやるものなのだろうから。私は二週間目にやっと高野さんに連絡し、そのボランティアをやってみることにした。彼はとても喜んでくれたが、「頼まれても嫌なことはやらないでいいんだよ。いつやめても構わないんだよ」と念を押した。翌週から私は平日二日間をボランティアの日にあてた。[e]夫にはなんとなく言いづらく黙ったままだった。最初は不安ばかりが先に立ったが、始めてみればそれは驚くほど楽しかった。伝えられた住所に迎えに行き、その人が行きたい場所を聞いて一緒に出掛けた。いろんな人がいた。年配のご婦人と洋服を買いに行ったり、十代の男の子と電気街にパソコンを選びにも行った。人見知りする私が彼らとは普通に話をすることができ、夕方に自宅まで送って行くと、本人と家族から大袈裟なくらい感謝され疲れも吹き飛んだ。感謝したいのはこちらの方だった。

　けれど私はたった一ヶ月で、もうつまずくことになった。同年代の男性の散歩に付き合った日、彼がまるで子供のようにわがままを言い、わざと売っていない菓子を買ってこさせようとしたり、私の歩き方や風景の説明の仕方が親切じゃないとなじったりした。最後には「あんたみたいな幸せな人に暇つぶしで助けられても嬉しくない」とまで言われた。ただの八つ当たりだと思おうとしたが、［　f　］と舞い上がっていた私は激しく落ち込んだ。高野さんに電話をしたが不在で、涙が止まらなかった。そんな弱い自分が情けなくて、さらに落ち込みは深くなった。

　夫が帰って来るまでには落ち着かなければと思っていたのに、彼が帰ってきたとたん堪らず大声で泣いてしまった。最近ずっと元気そうにしていたのにどうしたんだ、と夫は尋ね、私は内緒でやっていたボランティアのことを話した。話を聞き終わると夫は深く息を吐き、ボランティアなんて余裕がある人がすることで、君がしているのは、人を救うことで自分も救われたいと逃げているだけなんじゃないかと冷たい声で言った。どんなに疲れている時でも優しい言葉をかけてくれていた夫だったので、私は目を見開いた。「そんなことでめそめそするくらいなら、何もしないで家にいてくれよ」吐き捨てるように言い、彼は立ち上って寝室に入って行こうとした。「やめない」何だか分からないが、頭の芯が冷えていくのを感じた。「あなたの会社のイベントだって寄付目的だって言っていたけど、タレント呼んだり揃いのTシャツ作ったりする予算を、最初から丸ごと寄付すればいいことじゃない」「おい、話がずれてるぞ」「めそめそして悪かったわね」夫の驚く顔を見ながら、私は今日会った同い年の男性のことを思い出していた。数年前に事故で突然視力を奪われた彼は、幸い女房の実家が金持ちだったので何もしないでいいのだと言っていた。聞いた時は自慢にしかとらなかったが、[g]彼の孤独が今わかった気がした。私は泣いたり落ち込んだりする自由も奪われていたのだ。奪われていることにすら気がつかなかった。皮肉なことに、気がついたとたん涙は止まり、本当は何年かぶりに私は正気に返った。[h]夫の痩せた顔がクリアに見えた。「そんな会社、辞めていいのに」私の台詞に夫は反論せずに[i]うつむき、長い時間顔を上げなかった。

（山本文緒「ボランティア」より）

てしまう。私をそんなふうにしたのは自分の責任だと夫は心配してくれたが、彼も転勤の度、新しい職場で新しいストレスに晒されているのは分かっているので、あまり構ってくれとも言えなかった。だから私は何も考えないことにしたのだ。何故かできない子供のことや、自分がここに居ることの意味や、周期的に襲ってくる鬱の原因を一切考えないことに決めたら少し楽になった。今日は街に出てパートの面接を受けてきた。引っ越し先でとりあえず何か仕事を捜して面接を受ける。私には学歴も職歴らしいものも殆どないし、何よりも覇気がないので不採用になることの方が多い。落とされれば夫は気落ちした私に「家にいていいよ」と言ってくれる。半分私はそれを期待していた。働きたくないわけではないが、新しい人間関係の中に入っていくのが面倒だった。けれど今日の面接は、行きがけに楽しい出来事があったので珍しくハキハキものが言えた。採用になるかもしれないなと、夫の使うシャワーの音を聞きながら私は目をつむった。

翌週に届いたのは不採用通知だった。これで毎日家にいていいという免罪符をもらって安堵するところなのだが、[a]落胆している自分に気がついた。考えまいと買い物に出ると、足がつい図書館に向かっていた。高野さんにばったり会えないかな、と思った。図書館で朗読テープのコーナーを見たり雑誌をめくったりしていたが彼は現れず、教わったクリーニング屋とケーキ屋も覗いてみた。別に恋愛感情をもっているわけでもないのに何をやってるんだろうと首を振り、少し休もうとランチタイムを過ぎた喫茶店に入った。すると入り口近くの席に思いもよらず高野さんの姿を見つけた。[b]嬉しいはずなのに涙が溢れた。洟をすすりながら「高野さん」と呼びかける。「ああ、この前の奥さんですか」[c]声で覚えていてくれたことが嬉しくて、私は子供のようにしゃくりあげてしまった。店の人がこちらの様子を窺っている。「泣いてるんですか？まあ、座って」「すみません。迷惑ですよね」「迷惑だったらそう言いますよ。泣いてないで、ほら」彼はちょうどランチを済ませたところらしく、きれいに食べ終えた皿をウェイトレスが下げにきて代わりにコーヒーを置いていった。今日は用事もなくてぶらぶらしてただけだからと言って、高野さんは私の話を聞いてくれた。何をそんなに動揺してしまったのか、話に脈絡をつけることができなくて自分でも呆れた。でも彼は相槌を打つだけでただじっと耳を傾けてくれた。自分の中に吐き出したいものがいっぱい溜まってるように思っていたが、いざ言葉にして話してみると、それほど時間はかからなかった。ただ些細な不満ばかりが口をついて出るだけだった。「で、パートは不採用だったんですね？」高野さんはそれだけ質問し直した。私はしゅんとして「そうです」と返事をした。「お時間があるなら、試しにボランティアでもしてみませんか」盲目の彼は私の顔に焦点をあわすことなく、ただにこにこ笑ってそう言った。

高野さんが紹介してくれたのは、彼の知人がやっているボランティア団体に登録して、都合のよい時に目の不自由な人の外出に同行するというものだった。「ボランティア」という単語を聞いた時、正直言って［ d ］。家庭のことや、自分自身のことさえちゃんとできない人間が、そんなことをしている場合だろうかという疑問が頭をよぎった。それにただ通りすがりの高野さんの手助けをしたのと違って、団体に登録するからには責任も発生するだろう。それを負う覚悟もなく、ただ気晴らしにやるのであれば、それは偽善なのではないかとも思った。高野さんは「気が向いたら電話してください」と言って喫茶店で別れたきりだ。それから一週間たっても十日たっても返事の催促めいた問8　本文の内容と合致するものを次の中から選び、記号で答えなさい（解答番号は8）。

ア『枕草子』のすばらしさは先進国と言われるヨーロッパ諸国に先立って、千年前の日本の女性が奔放で自由な筆致で文章を書いたことだと現代の多くの日本人は考えている。

イ『枕草子』のような優れた文章を書ける女性は稀であるのに、今の日本人の多くはアメリカやヨーロッパの経済力に関心を向けてしまい日本の文化に関心を持たない人が多い。

ウ　現代の日本人は英語などの外国語には興味を持つが、日本の伝統文化には興味を向けないのは日本の教育課程のあり方自体に問題があると考えられる。

エ　日本人が日本人としての「オリジナリティー」を持つためにはただ外国語を学び話せるようになるだけではなく、日本の伝統文化に造詣を深めることが必要である。

オ　資源に乏しく輸出大国である日本にとって外国との貿易は重要であり、そのためには英語を中心とする外国語のコミュニケーション能力の習得が今後も不可欠だと言える。

カ　外国人に日本を理解してもらうために国際交流は欠かせないものであり、伝統文化を広く紹介することのできる外国語が堪能な人材を育成することが必要である。

四　次の文章を読み、後の各問いに答えなさい。

（なお本文中の「高野さん」は、パートの面接を受けた日に駅で切符を買おうとした時に、「私」が手を貸して知り合った目が不自由な年配の男性である。）

夫はいわゆる転勤族で、結婚してからほぼ二年単位で全国の主要都市に転勤になっていた。この街の支社に配属になったばかりなのに、福祉イベントの責任者を任され、毎晩終電で帰宅し休日出勤までしている。転勤が多いことと仕事が忙しいことは、結婚をした時に覚悟していたつもりだった。この優しい夫さえいれば、どこに住んでも何とかやっていけるだろうと考えていた。だが、引っ越す度に違う窓の寸法のためカーテンを縫い直し、生活費のためというよりはその土地で人間関係を作るためパートを捜して働き、慣れた頃にはまた転勤の辞令が下りるという不毛な繰り返しは想像以上に疲れるものだった。だんだんと激しく気分が塞ぐ日が増えはじめ、医者にかかって軽い安定剤をもらってはいるが、本当にひどい時になると最低限の家事もこなせないようになってしまった。訳もなく悲しくなって泣いているだけで一日が終わっ問5　文中の空欄［ e ］に入るものとして適切なものを次の中から選び、記号で答えなさい（解答番号は5）。

ア　あまり古典のことを知らないから
イ　あまり他国のことを知らないから
ウ　あまり経済のことを知らないから
エ　あまり教育のことを知らないから
オ　あまり日本のことを知らないから

問6　傍線部f「『自分たちの国の文化』というものをちゃんと学習している」とあるが、それはなぜか。適切なものを次の中から選び、記号で答えなさい（解答番号は6）。

ア　外国では経済活動よりも文化を重んじる考え方の土壌が伝統的にあるから。
イ　自国の文化を知った上で外国文化に触れることで新たな文化が築けるから。
ウ　外国では文化はその国の独自性を示す大切なものだという認識があるから。
エ　諸外国は自国の文化は他の国より優れているという自負心を持っているから。
オ　外国の教育では他の国の言語の習得よりも自国の文化を重視しているから。

問7　傍線部g「『国際社会の中でのオリジナリティー』はないのです」とあるが、その説明として適切なものを次の中から選び、記号で答えなさい（解答番号は7）。

ア　日本人は自国に存在している誇るべき文化的産物から目を背けようとしているから。
イ　日本人は外国に気を取られすぎているため、自国の発展が疎かになってしまうから。
ウ　自国の文化を軽視する日本人が、日本と外国を相対化して捉えることは不可能だから。
エ　自国の文化や伝統を軽視している日本人に、本当の国際競争力は身に付かないから。
オ　日本が英語を重視した入試を続けている限り、自国文化への理解は深まらないから。

問2　傍線部b「そんなこと」とあるが、その説明として適切なものを次の中から選び、記号で答えなさい（解答番号は2）。
ア　千年も昔の日本に、高度で優れた文化が存在していたこと。
イ　『枕草子』が英語に翻訳され、世界中で読まれていること。
ウ　日本人が自国の文化を軽んじ、海外に目を向けていること。
エ　千年前のヨーロッパが、今とは違って粗野な国だったこと。
オ　千年も昔の日本に、清少納言という優れた作家がいたこと。

問3　傍線部c「日本人はよくわからない」とあるが、このように言われる要因はどこにあると筆者は考えているのか。その説明として適切なものを次の中から選び、記号で答えなさい（解答番号は3）。
ア　自国の歴史や文化を説明できない日本人が多いため、外国人に日本のオリジナリティーが伝わっていかないところ。
イ　日本人が他国の文化を取り入れることを優先したことで、日本のオリジナリティーが失われてしまったところ。
ウ　日本の経済進出が盛んになり、日本文化が世界に紹介されるよりも先に経済大国のイメージが広まったところ。
エ　日本人が普通は優先すべき自国の文化の保護には興味を示さず、他国の文化や言語を取り入れることに熱心であるところ。
オ　日本が歴史的に様々な異国の文化を受け入れて来たことで、本来の日本文化とはどのようなものかが分かりにくいところ。

問4　傍線部d「金儲けだけの日本人」とあるが、そのように言われる理由として適切なものを次の中から選び、記号で答えなさい（解答番号は4）。
ア　日本人は勤勉な性格で、かつ高い技術力を有することで、世界一の経済大国へと成長したため。
イ　日本人は経済成長のためだけに、日本史や古典ではなく、英語を学ぶことに注力しているため。
ウ　日本人は輸出大国としての発展を考えすぎて、国内消費の拡大には全く目を向けなかったため。
エ　日本人は古典を軽視しているのにも関わらず、『枕草子』を外国に向けて商品化しているため。
オ　日本人は経済の成長を追い求めるあまり、自国の歴史や文化を学ぶことを疎かにしているため。

もありますが、でも、英語を熱心に勉強してちゃんと英語が話せるようになった日本人はいっぱいいます。英語が話せて、外国語にくわしくて、外国人とよくつきあう人たちです。でも、そういう人たちが、一転して「日本のこと」になったらどうでしょう？ 日本の古典や日本の歴史や日本の伝統文化のことをきちんと理解している人たちは、どれくらいいるでしょう？ 理解して知っている人たちよりも、ぜんぜん知らない人の方が、私は多いと思います。「アメリカやヨーロッパの新しい文化こそが重要で、古い日本のことなんか昔のこと」と思いこんでいる人たちは、とても多いのです。「新しいアメリカやヨーロッパのことを知るためには、どうでもいい日本のことなんか切り捨てよう」です。それでいいと思って外国へ行った人たちが、「あなたのお国のことを教えてください」と言われて、どれくらい正確に日本のことを説明できるでしょうか？ 外国に行ったり、あるいは外国に関する勉強ばかり続けて、その結果日本のことをぜんぜん知らないでいる自分に気がついた人たちは、とても多いのです。

輸出大国の日本で、社会の関心は「先進国」であるようなアメリカやヨーロッパにだけ向いています。あるいは、そこから一転した「アジア志向」とか。なんであれ、国際社会の中の経済大国日本の関心は、「外国語」を中心とする〝外〟へと向かいました。そういう日本社会の傾向を反映して、大学は「外国語重視」を言いますし、受験勉強は「英語重視」です。そういう傾向の中で、子供たちはあまり受験の中で比重の高くない「日本語」や「日本史」や「日本文化に関する常識」というものを、あっさりと欠落させています。どこの国の人だって、[f]「自分たちの国の文化」というものをちゃんと学習しているのに、日本人は平気でそれを欠落させています。「自分の国のことを平気でわからないで、自分の国の文化のことをちゃんと説明できなくて、でも英語だけはちゃんと話せる」ということになったら、ずいぶんへんでしょう。

「オリジナリティー」という言葉があります。「自分の出てきたところ＝オリジン」に由来するものです。「オリジナリティー」とは、「自分が本来持っているはずの独自性」なのです。日本人が、自分の足もとにある日本の歴史や文化や古典を軽視したらどうなるでしょう？ 自分が生まれてきたところをなんにも知らないままでいる日本人に、[g]「国際社会の中でのオリジナリティー」はないのです。「顔の見えない日本人」という悪口は、こういうところに由来しているのではないかと思います。

（橋本　治『これで古典がよくわかる』より）

問１　[ａ]に入る人物として適切なものを次の中から選び、記号で答えなさい（解答番号は1）。

ア　紫式部　　イ　和泉式部　　ウ　清少納言　　エ　小野小町　　オ　小式部内侍

三　次の文章を読み、後の各問いに答えなさい。

ピーター・グリーナウエイというイギリス人の映画監督がいます。かなり凝った画面の〝芸術映画〟を作る人です。日本での知名度はそんなに高くないのかもしれませんが、世界的に有名な映画監督です。この人が、日本の［a］の『枕草子』にほれこんで、『枕草子』という映画を作ってしまいました。日本でも公開された作品ですから、ごらんの方もあるかもしれません。私は、その映画の製作準備のために日本にやって来たピーター・グリーナウエイ監督と会って、話をしたことがあります。私は、（中略）『枕草子』の現代語訳をしていましたから、「映画を作るうえで、日本のいろんな人と会って話を聞いて参考にしたい」という監督と会って、いろいろな話をしたのです。その時に監督の言ったことで印象に残っているのは、「なぜ『枕草子』がすばらしいか」ということです。

『枕草子』は、今から一千年ばかり前に書かれた随筆ですが、ピーター・グリーナウエイ監督は、そのことにびっくりしているのです。「今から一千年前といえば、我が英国がほとんど〝野蛮人の国〟と同様だった時代なのに、どうしてこれだけ自由に文章を書ける女性がいたのか」ということです。『枕草子』は『PILLOW　BOOK』というタイトルで、英語に翻訳されています。それを読んで［a］という女性の存在を知って、その奔放自在な書き方に、彼はびっくりしたのです。なにしろ彼女は、今から一千年前の女性で、今から一千年前のヨーロッパといったら、どこだって「野蛮人の国」とそんなに変わらないような時代です――あんまりはっきり言ったらきっと怒られるでしょうが。この当時の世界の先進地域は中国やアラビアで、ヨーロッパに「文章を書く女性」を求めるのなんか酷です。でも、そんな時代に日本の［a］という女性は、ずいぶん奔放に自由な文章を書いています。それを読めば、どれだけ高度で進んだ文化が日本にあったかは分かります。イギリス人のピーター・グリーナウエイ監督が感動したところはそこなのです。ところが、今の日本人は、あまり[b]そんなことを考えません。「進んだ文化」といったら、あいかわらずヨーロッパやアメリカだと思っていて、自分たちの足もとにそういうすぐれた過去があることを忘れているのです。これは、とても残念なことじゃないでしょうか？　私は、とても残念なことだと思います。

日本の経済進出が盛んになって、日本が世界一の金持ち大国になってしまった時、「[c]日本人はよくわからない」という声が外国のあちこちから起こりました。「顔の見えない日本人」とか、「[d]金儲けだけの日本人」とか。どうして外国の人が日本のことを「わからない」というのか？　理由はいろいろあるでしょうが、私には「もしかして」と思うことがあります。それは、「外国に行って外国の人とよくつきあう日本人が、［e］」ということです。外国の人とつきあうのなら、外国語――とくに英語ができるという条件が必要になるでしょう。日本では、義務教育の中学段階から英語が必修になります。高校や大学の入試で、受験科目に英語がないというところは、いたって珍しい少数派でしょう。日本人は、とってもよく英語を勉強していて、町へ出れば英語の看板は氾濫しています。テレビでも新聞や雑誌でも、アメリカやヨーロッパ由来のカタカナ言葉がいっぱいです。「それだけ英語が氾濫していて、どうして日本人は英語が下手なのか」という話

二　次のそれぞれの問いに答えなさい。

問1　次の語句の対義語を漢字で書き、その読み仮名の一字目として適切なものを次の中から選び、記号で答えなさい（解答番号は1と2）。

1．倹約　　2．創造

ア　ぎ　イ　た　ウ　ひ　エ　も　オ　ろ　カ　き　キ　せ

問2　次の文の傍線部の品詞を次の中から選び、それぞれ記号で答えなさい（解答番号は3～5）。

最近の若者は[3]大きな夢は持たずに、現実的に行動する[4]そうだが、私は[5]少し残念に思う。

ア　名詞　イ　動詞　ウ　形容詞　エ　形容動詞　オ　副詞　カ　連体詞
キ　接続詞　ク　感動詞　ケ　助詞　コ　助動詞

問3　次のそれぞれのことわざの意味として適切なものを次の中から選び、記号で答えなさい（解答番号は6と7）。

6．二階から目薬　　7．案ずるより産むが易し

ア　直接自分に利害関係のないこと　イ　遠回りで効果がないこと
ウ　心配するよりやってみる方がよいこと　エ　ひどく油断していること
オ　人の好みはさまざまであること　カ　念には念を入れて確かめること
キ　思いがけない幸運に出会うこと

問4　次の和歌の作者は誰か。適切なものを次の中から選び、記号で答えなさい（解答番号は8）。

銀も金も玉も何せむにまされる宝子にしかめやも

ア　天智天皇　イ　山上憶良　ウ　柿本人麻呂　エ　山部赤人　オ　大伴家持　カ　額田王

問5　次の文学作品の中で成立した時代が**違うもの**を次の中から選び、記号で答えなさい（解答番号は9）。

ア　たけくらべ　イ　舞姫　ウ　坊ちゃん　エ　みだれ髪　オ　破戒　カ　金閣寺　キ　一握の砂

二〇二二年度 流通経済大学付属柏高等学校（前期②）

【国　語】（五〇分）〈満点：一〇〇点〉

一　次の1～5の傍線部と同じ漢字を使うものを次のア～オの中からそれぞれ選び、記号で答えなさい（解答番号1～5）。

1．ガイサンの見積もり。
ア　不幸なショウガイ。
イ　キガイある新人。
ウ　ガイトウする項目。
エ　海に面したダンガイ。
オ　カンガイにふける。

2．期待と不安がコウサクする。
ア　陰でカクサクする。
イ　インターネットのケンサク。
ウ　経費のサクゲン。
エ　資本家にサクシュされた。
オ　試行サクゴを繰り返す。

3．あの映画はフキュウの名作だ。
ア　困難なフッキュウ作業。
イ　難民のキュウサイ。
ウ　不正をキュウダンする。
エ　校舎のロウキュウ化。
オ　教育は国家のキュウムだ。

4．脱税のテキハツ。
ア　油断タイテキ。
イ　誤りをシテキする。
ウ　テキセイな評価。
エ　テキカクな判断。
オ　病院でテンテキする。

5．行く手をハバむ吹雪。
ア　ソボウな振舞い。
イ　関係がソエンになる。
ウ　カンソな結婚式。
エ　侵入をソシする。
オ　社長にジキソする。

英語解答

1　1…1　2…1　3…3　4…2
5…3

2　問1　1…2　2…3　3…3　4…2
5…3
問2　2　問3　1，2，5
問4　4　問5　3　問6　2
問7　1…2　2…1　3…4

3　1…4　2…3　3…3　4…3
5…2　6…4　7…1　8…4

4　1…3　2…1　3…4　4…4
5…2　6…4

5　1　3番目…1　6番目…7
2　3番目…3　6番目…1
3　3番目…5　6番目…3
4　3番目…4　6番目…7
5　3番目…7　6番目…8
6　3番目…3　6番目…7

6　1…3　2…1　3…2　4…3
5…1

1　〔放送問題〕解説省略

2　〔長文読解総合―説明文〕

≪全訳≫❶イタリア料理は，自国にいるイタリア人によって調理されるのが最高だ。家族や友達と屋外で食べるとさらによくなる。イタリア料理は，地元の新鮮な果物や野菜，新鮮な魚や肉，チーズやミルクのような地元の乳製品を多く含むので健康的だ。❷イタリアでは，少量のシンプルな朝食，コラツィオーネで1日が始まる。これは普通，コーヒーと小さなケーキだけだ。昼食，プランツォが主要な食事だ。これは，可能な場合，家族と家で食べられる。以前は，ほとんど全てのイタリア人が昼食を取って，その後に休憩するため，仕事から2～3時間離れていた。しかし，これは大都市で変化しつつある。労働者は，昼食にわずか1時間，もしくはそれより少ない時間しか取れない場合もあり，家に帰らない。❸レストランや日曜日の自宅では，イタリア人は普通，昼食に4つの段階がある。彼らはアンティパスティという前菜から始める。これは，冷たい肉とパンの場合もあれば，新鮮なモッツァレラチーズとバジルの葉が入ったトマトサラダの場合もある。または，ブルスケッタで始める人もいる。これは，新鮮なトマトとニンニクがのっている焼かれたパンだ。次は最初のコース，プリモだ。これは，パスタの小皿，リゾットと呼ばれる米料理，またはポレンタの場合がある。多くのイタリア人はパスタを頻繁に，もしかすると毎日食べるが，主要な食事で大皿のパスタを食べることはない。❹2番目のコースであるセコンドは，肉料理または魚料理に野菜とパンがついたものだ。最後のコースは普通，果物だ。イタリア人は特別なデザートやお菓子を食べることもあるが，毎日ではない。食事は，エスプレッソコーヒーとビスケット，または1かけのダーク・チョコレートで終わることが多い。❺イタリア人はコーヒーをたくさん飲む。エスプレッソはいつもブラックで，ミルクはなく，1日のうちのどんな時間でも飲まれている。カプチーノとカフェラテはミルクがたっぷり入っていて，朝食で飲まれる。イタリア人は食事と一緒に水を飲み，大人の中にはワインを楽しむ人もいる。イタリアでは2000種類以上のブドウが栽培されており，古代ローマ時代以来，ワインはイタリアの生活の重要な一部分になっている。アペリティーヴィは居酒屋の飲み物で，冷たい食べ物や熱い食べ物の軽食とともに出される。これは通常，午後5時から午後8時の間に取られる。❻ピザは最初にナポリでつくられ，ピザ・ナポリターナはトマト，ニンニク，そしてバジルしかのっていない，おそらく最も単純なものだ。ピザはイタリア中で食べられ，最高のピザはいつも薪の火で調理される。南イタリアでは，焼いた肉，魚，野菜はシンプルだが，オリーブオイルとレモンを少しかけるととてもおいしくなる。7プーリアはイタリアの他のどの地域よりも多くのオリーブオイルをつくっていて，シーフードで有名だ。カラブリアはすばらしいオレンジとレモンを育てていて，彼らのレモンケーキは特別なデザートだ。以前，カラブリアは貧しい地域で，人々は冬の間，食べ物を保管する方法を必要としていたので，食べ物を乾燥させたり，塩漬けにしたりした。日干ししたトマトとアンチョビは，今日もイタリアで人気がある。8イタリアのあらゆる場所で，観光客はイタリア人が何百年，さらには何千年もの間食べてきた食べ物を楽しんでいる。

問１＜適語句選択・語形変化＞１．動名詞句の Eating ～ friends が主語の文。動名詞は３人称単数扱いなので，動詞は makes とする。　２．a lot of ～ や lots of ～ で「たくさんの～」を表せる。なお，little は of を伴わない。　３．antipasti(第３段落第２文)で始まり，primo(同第５文)，secondo(第４段落第１文)と続いて，最後にフルーツが出される(同第２文)。よって，４つの段階があることになる。　４．chocolate のような‘数えられない名詞’の数を表現するときは，a piece of ～「一片の～」などを使う。glass や cup は a glass〔cup〕of ～ の形で，飲み物を数えるときに使う。　５．‘比較級＋than any other＋単数名詞’「他のどの…より～」

問２＜内容真偽＞１は第２段落第３文，３は同第５文，４は同第６，７文の内容と一致する。２は，昼食ではなく朝食についての説明である(第２段落第１，２文)。

問３＜語句解釈＞直後に，it is grilled bread with fresh tomatoes and garlic という bruschetta の説明が続いている。

問４＜指示語＞a lot of milk in them となっているので，them が指すものには多くのミルクが入っているとわかる。ここから，them は下線部を含む文の主語の Cappuccino and caffe latte を指しているとわかる。

問５＜指示語＞下線部を含む文は，「これは通常，午後５時から午後８時の間に取られる」という意味。直前の文に Aperitivi is a drink とあり，これがその時間に取られるものだとわかる。

問６＜指示語＞後に dried or salted food「食べ物を乾燥させたり，塩漬けにしたりした」とあるので，主語の they は‘人’を指しているとわかる。下線部を含む文は Calabria に関する文なので，２の people in Calabria が適切。この they は，前に出た複数のものを指すのではなく，「一般の人々」という意味を表している。

問７＜内容一致＞１．「イタリアの食べ物は(　　)」―２．「多くの種類の新鮮な果物と野菜が使われているので健康によい」　第１段落第３文参照。　２．「イタリアのレストランで昼食を食べるとき，(　　)」―１．「アンティパスティで始めるだろう」　第３段落第２文参照。　３．「(　　)というのは本当だ」―４．「日干しした食べ物はイタリアで人気がある」　第７段落最終文参照。

3 〔長文読解―英問英答―説明文〕

≪全訳≫1何千年にもわたり，アマゾンの部族はこのユニークな場所，アマゾン熱帯雨林に住む術を身につけてきた。熱帯雨林は密集して，青々とした環境だ。気候は高温多湿である。平均気温は約26℃だ。季節間の気温はそれほど変化しないが，夜と昼では気温に大きな差がある。2この地域は降雨量が多い――1年間に200cm以上だ。多くの地域で毎日雨が降り，雨季もあって，ほぼ絶えず雨が降る。アメリカでは，ワシントン州シアトルが雨の多い都市として知られている。しかし，そこはアマゾン熱帯雨林よりも乾燥している。シアトルでは1年間に約150日雨が降り，毎年約93cmの雨が降る。**3**熱帯の気候で降雨量が多いので，アマゾンは植物が成長するのに完璧な場所だ。つるが枝に巻きつき，熱帯雨林の地面にはほとんど日光が届かない。全ての熱帯雨林は4つの異なる層に分かれている。各層には特別な環境があり，特定の種類の植物が存在する。**4**巨木層は，熱帯雨林で最も高い層だ。この層の木は，38メートルの高さになることもある。それは20階建ての建物と同じくらいの高さだ。それらは，直径4メートル以上の幹を持っている。この最上層では，日光と雨が豊富である。しかし，これらの木は強風に耐えなければならない。チョウ，昆虫，鳥，コウモリ，そしていくつかの小さな猿がこの層で暮らしている。枝が安定せず，林床まで遠く離れているので，ほとんどの動物は危険を冒してそれほど高く登ることはしない。**5**次の層は林冠だ。この層の木は約28～30メートルの高さだ。それらは下にある2つの層の上に自然の屋根を形成する。林冠に生息する動植物は，木々での生活に特別に適応している。密集した葉や枝によって熱帯雨林のこの層を見ることは難しいので，動物や鳥の中には互いにコミュニケーションをとるために大きな鳴き声や歌に頼るものもある。そして，オオハシ，コウモリ，クモザルなどの多くの林冠に住む生き物は，木から木へと飛んだり，滑空したり，ジャンプしたりする。**6**林冠の下には低木層がある。そこは暗く，つるや灌木，そして小さな木々でいっぱいだ。この層の木が高さ16メートルを超えることはほとんどない。ある場所では，この層が非常に密集していて，人々が通り抜けることができない。林冠に届く日光のわずか5％しか，低木層には到達しない。したがって，この層の葉は，できるだけ多くの日光を集めるためにとても大きい。よくカモフラージュされたジャガーは，あまり高く登ることができないので，この層で時間を過ごす。そこには，アマガエル，フクロウ，ヘビ，そしてたくさんの昆虫もいる。**7**林床は底層である。オオアリクイと多くの種類のヘビがここに住んでいる。林床にはほとんど日光が届かない。これにより土壌の質が悪くなり，この層ではほとんど植物が育たない。しかし，林床には多くの種類の菌類が生息している。菌類は死んでしまった植物や動物が腐敗するのを助ける。気候もそうだ。普通の気候で腐敗するのに1年かかるであろう枯れ葉は，林床では6週間で消えてしまう。古い植物が急速に腐敗することが，新しく若い植物が急速に成長するのを助け，熱帯雨林を青々と保っているのだ。

＜解説＞1．「アマゾン熱帯雨林に住んでいないのはどれか」―4．「パンダ」　第1段落第1文から人間が，第4段落第7文と第6段落最終文から昆虫が，第6段落最終文と第7段落第2文からヘビが，アマゾン熱帯雨林に住んでいるとわかる。　**2**．「アマゾン熱帯雨林の気候と天気に当てはまるのはどれか」―3．「気温が1年中ほとんど同じである」　第1段落第4，5文参照。　**3**．「第4段落の“twenty-story”は日本語でどういう意味か」―3．「20階の」　後に building が続くことから，「20階」だと判断できる。story には「(建物の)階」という意味がある。　**4**．「巨木層に住んでいないのはどれか」―3．「熊」　第4段落第7文に，巨木層に住む動物の例が挙げられている。
5．「林冠について正しいものはどれか」―2．「林冠は，その下にある他の層には自然の屋根のように見える」　第5段落第3文参照。　**6**．「低木層の木々について正しいものはどれか」―4．「葉は多くの日光を得るためにとても大きい」　第6段落第6文参照。　**7**．「最終段落の“So does the climate”と同じ意味なのはどれか」―1．「気候は死んだ植物や動物が腐敗するのに役立つ」

‘So ～＋主語’は「(主語)もそうだ」という意味で，前にある肯定文の語句(ここでは前の文の help dead plants and animals to decay)の繰り返しを避けるために使われる。　8.「林床について正しいのはどれか」―4.「菌類は若い植物が早く育つのを助ける」　第7段落第6文および最終文参照。

4〔適語選択〕

1．another には，「(前に出てきた物と同種の)別〔他〕のもの」を指すはたらきがある。なお，one は‘a/an＋数えられる名詞の単数形’の繰り返しを避けるために使われるが，ここでは文脈に合わない。it は前に出た名詞と同一のものを指すときに使う。other が名詞を伴わない場合，前に the などをつけるか，複数形の others にする。　「このジャケットは気に入りません。別の物を見せてください」

2．minute は「分」，second は「秒」。　「1分は60秒だ」

3．「信号が赤の間に」となる while が適切。during も「～の間に」という意味だが，前置詞なので後に文を伴うことができない。　「信号が赤の間に通りを渡ってはいけません」

4．get to ～ で「～に着く」。　A：「私たちの電車は9時に出発します」／B：「柏には正午に到着しますね」

5．「彼が子どものときから」となる since「～以来」が適切。この since は，‘継続’用法の現在完了(‘have/has＋過去分詞’)の文で用いられることが多い。　「私は彼が子どものときから彼を知っている」

6．Bが By bus. と‘交通手段’を答えているので，これを尋ねる How「どうやって」が適切。
A：「あなたはどうやって毎日学校に来ているのですか？」／B：「バスで来ています」

5〔整序結合〕

1．「このタイプの自動車」は This type of car で表す。これを文頭に置き，sells well「良く売れる」，these days「最近」を続ける。　This type of car sells well these days.

2．「2～3分の歩行があなたを私たちの学校に連れていく」と読み換える。主語の「2～3分の歩行」は A few minutes' walk。「〈人〉を〈場所〉に連れていく」は‘take＋人＋to＋場所’で表せる。
A few minutes' walk will take you to our school.

3．主語の Takashi を文頭に置き，have to「～しなければならない」の過去形 had to を続ける。「宿題をやる」は「宿題を終わらせる」と読み換え，finish his homework とする。「昨日までに」は by yesterday。この by は「～までに」という‘期限’を表す。　Takashi had to finish his homework by yesterday.

4．主語の「この2つの物語」は These two stories で表す。「書かれた」は受け身形(‘be動詞＋過去分詞’)で were written とする。「～以上」は more than ～ で表せる。　These two stories were written more than one hundred years ago.

5．主語の My sister の後に got up early「早く起きた」を続ける。「始発電車に間に合うように」は副詞的用法の to不定詞を使い，to catch the first train とする。「今朝」は this morning。
My sister got up early to catch the first train this morning.

6．「私が今までに訪れた都市の中で一番きれい」を「私が今までに訪れた中で最もきれいな都市」

と読み換え，'the＋最上級＋名詞(＋that)＋主語＋have/has ever＋過去分詞'「今までに～した中で最も…な―」で表す。ここでは，目的格の関係代名詞 that が省略されている。 Sapporo is the most beautiful city I have ever visited.

6〔長文読解―英問英答―Eメール〕

≪全訳≫（1つ目のメール） 宛先：allenf@fortress.com／差出人：Icock@kmail.com／日付：9月12日／件名：パリ・ドレスフェア／親愛なるアレン，／私はロサンゼルス出身の若いドレスデザイナーです。最近，2023年のパリ・ドレスフェアのニュースを見ました。／私はフェアの響きに本当にワクワクしていて，参加したいと思っています。私は最近，ニューヨークでフェアを行い，ヨーロッパに行ってショーをしたいと思っています。／テーブルの値段を教えてくださいませんか？／また，知っておいた方がいい追加費用はありますか？／よろしくお願いします，／リサ・クック

（2つ目のメール） 宛先：Icock@kmail.com／差出人：allenf@fortress.com／日付：9月12日／件名：Re：パリ・ドレスフェア／ドレスフェアに興味を持っていただき，ありがとうございます。あなたのウェブサイトを拝見しましたが，あなたの作品は本当に美しいです！ ぜひ参加していただきたいと思います。／フェアに参加する場合，テーブルが必要になります。私たちはそれらをあなたにお貸しすることができます。テーブルは500ドルからです。ほとんどの若いデザイナーは，これらが十分に大きいと思っています。しかし，750ドルからの大きな台もございます。／唯一の追加費用は，テーブルを覆う布のためのものです。これに関する書類をこのメールに添付します。／よろしくお願いします。／アレン・フーリエ

＜解説＞1.「リサはどこの出身か」―3.「ロサンゼルス」 リサがアレンに宛てた1つ目のEメールの初めに，I am a young dress designer from Los Angeles. とある。 **2**.「リサは何の値段を尋ねているか」―1.「テーブル」 1つ目のメールの終わりの方に，Please could you tell me the price for a table？とある。 **3**.「リサは最近どこでフェアをしたか」―2.「ニューヨークで」 1つ目のメールの中ほどに，I recently did a fair in New York とある。 **4**.「台はいくらか」―3.「750ドルから」 2つ目のアレンがリサに宛てたEメールの中ほどに，But we also have large stands that start at $750. とある。 **5**.「追加でかかる費用はどれか」―1.「布」 2つ目のメールの終わりの方に，The only extra cost would be for the cloth to cover the table. とある。

数学解答

1 (1) ア…8　イ…2　ウ…5　(2) 6
(3) オ…9　カ…4
(4) キ…1　ク…2　ケ…1
(5) コ…3　サ…0　シ…2　ス…7
(6) セ…1　ソ…8　タ…0
(7) チ…5　ツ…0
(8) テ…7　ト…5

2 (1) ア…2　イ…4　ウ…0　エ…0
(2) 7　(3) (i) 6　(ii) 7　(iii) 6

3 (1) ア…1　イ…2
(2) ウ…3　エ…6　オ…9
(3) カ…1　キ…3　ク…3　ケ…6

4 (1) ア…5　イ…4
(2) ウ…6　エ…2
(3) オ…2　カ…1　キ…1　ク…1
ケ…2

5 (1) ア…2　イ…3　ウ…6
(2) エ…5　オ…3　カ…4
(3) キ…2　ク…0　ケ…8　コ…1
サ…2　シ…0　ス…6　セ…3
ソ…2　タ…0

6 (1) ア…1　イ…0
(2) ウ…2　エ…3　オ…7　カ…4
(3) キ…9　ク…6

1〔独立小問集合題〕

(1)<数の計算>与式 $=\frac{1}{100}\div\frac{25}{100}-\frac{9}{25}=\frac{1}{100}\times\frac{100}{25}-\frac{9}{25}=\frac{1}{25}-\frac{9}{25}=-\frac{8}{25}$

(2)<数の計算>与式 $=-\frac{2\sqrt{3^2\times3}+6}{\sqrt{3}}+\sqrt{2^2\times3}=-\frac{6\sqrt{3}+6}{\sqrt{3}}+2\sqrt{3}=-\frac{(6\sqrt{3}+6)\times\sqrt{3}}{\sqrt{3}\times\sqrt{3}}+2\sqrt{3}=$ $-\frac{18+6\sqrt{3}}{3}+2\sqrt{3}=-(6+2\sqrt{3})+2\sqrt{3}=-6-2\sqrt{3}+2\sqrt{3}=-6$

(3)<連立方程式>$\frac{2}{3}x+y=-2$……①，$3x+2y=-19$……②とする。①×3より，$2x+3y=-6$……①′ ①′×3－②×2より，$9y-4y=-18-(-38)$，$5y=20$　$\therefore y=4$　これを②に代入して，$3x+2\times4=-19$，$3x+8=-19$，$3x=-27$　$\therefore x=-9$

(4)<二次方程式>両辺を2でわると，$2x^2-x-1=0$となるので，二次方程式の解の公式を利用して，$x=\frac{-(-1)\pm\sqrt{(-1)^2-4\times2\times(-1)}}{2\times2}=\frac{1\pm\sqrt{9}}{4}=\frac{1\pm3}{4}$となる。よって，$x=\frac{1-3}{4}=-\frac{1}{2}$，$x=\frac{1+3}{4}=1$である。

(5)<データの活用―有効数字>30178000kmの上から4けた目を四捨五入すると30200000kmとなるので，30178000kmを有効数字3けたで表すと，3.02×10^7kmとなる。

(6)<数量の計算>1200円の1割5分は，$1200\times\frac{15}{100}=180$(円)である。

(7)<平面図形―面積>正方形の対角線は垂直に交わり，長さが等しい。よって，対角線の長さが10cmである正方形の面積は，$\frac{1}{2}\times10\times10=50$(cm²)である。

(8)<二次方程式―解の利用>方程式 $\frac{1}{2}x+3=3x-2$ を解くと，$x+6=6x-4$，$-5x=-10$より，$x=2$となる。これが二次方程式 $x^2-ax+10=0$ の1つの解であるから，$x=2$を二次方程式に代入すると，$2^2-a\times2+10=0$，$4-2a+10=0$，$-2a=-14$より，$a=7$となる。$a=7$を二次方程式に代入すると，$x^2-7x+10=0$，$(x-2)(x-5)=0$より，$x=2$，5となるので，もう1つの解は$x=5$である。

2〔独立小問集合題〕

(1)<**標本調査—母集団の数**>はじめに箱の中に入っていた赤玉をx個とすると，白玉100個を入れた後の箱の中の玉の個数は全部で$x+100$個となる。その箱から無作為に取り出した50個の玉の中に赤玉は48個あったので，箱の中にある赤玉の割合は，$\frac{48}{50}=\frac{24}{25}$であると考えられる。よって，箱の中に入っている赤玉の個数について，$(x+100)\times\frac{24}{25}=x$が成り立つ。これを解くと，$(x+100)\times 24=25x$，$24x+2400=25x$，$x=2400$より，はじめに箱の中に入っていた赤玉はおよそ2400個であったと推定される。

(2)<**二次方程式の応用**>ある自然数をxとすると，その2乗はx^2となり，2倍は$2x$となる。よって，$2x$が正しい答えx^2よりも35だけ小さくなったので，$2x=x^2-35$が成り立つ。これを解くと，$x^2-2x-35=0$，$(x+5)(x-7)=0$より，$x=-5$，7となり，$x>0$より，$x=7$となる。

(3)<**データの活用—平均値，最頻値，中央値**>(i)得点の平均値は，$(0+3+4+5+5+6+6+7+7+7+9+9+10)\div 13=78\div 13=6$(点)である。　(ii)得点の最頻値は，度数が3人で最も多い7点である。　(iii)得点の中央値は，度数の合計が13人だから，得点が小さい方から7番目の得点となる。よって，6点である。

3 〔独立小問集合題〕

(1)<**確率—さいころ**>1個のさいころを1回投げるとき，目の出方は6通りある。このうち，素数の目は2，3，5の3通りあるから，求める確率は$\frac{3}{6}=\frac{1}{2}$である。

(2)<**場合の数—さいころ**>A，Bの2人が1回ずつ1個のさいころを投げるとき，A，Bの目の出方は6通りずつあるから，全部で$6\times 6=36$(通り)ある。偶数の目は2，4，6の3通りあるから，2人とも偶数の目が出る場合の数は，$3\times 3=9$(通り)である。

(3)<**確率—さいころ**>A，Bの2人が1回ずつ1個のさいころを投げるとき，(2)より目の出方は全部で36通りある。偶数であり素数でない目は4と6で，これらの目が出たら20点となり，素数であり偶数でない目は3と5で，これらの目が出たら30点，偶数かつ素数の目は2で，この目が出たら60点となる。また，偶数でも素数でもない目は1で，この目が出たら0点となる。これより，Aの得点がBの得点より大きくなる場合について考える。Aの目が1のとき，Bの得点より大きくなることはない。Aの目が2のとき，Bの目は1，3，4，5，6の5通りある。Aの目が3または5のとき，Bの目は1，4，6の3通りずつある。Aの目が4または6のとき，Bの目は1の1通りずつある。よって，Aの得点がBの得点より大きくなるのは，$5+3\times 2+1\times 2=13$(通り)あるから，求める確率は$\frac{13}{36}$である。

4 〔独立小問集合題〕

(1)<**平面図形—角度**>右図1で，点Oと接点A，Bをそれぞれ結ぶ。接線とその接点を通る半径は垂直に交わるので，$\angle\mathrm{OAP}=\angle\mathrm{OBP}=90^\circ$となる。また，$\overset{\frown}{\mathrm{AB}}$に対する円周角と中心角の関係より，$\angle\mathrm{AOB}=2\angle\mathrm{ACB}=2\times 63^\circ=126^\circ$となる。よって，四角形OAPBの内角の和は360°だから，$\angle x=360^\circ-\angle\mathrm{OAP}-\angle\mathrm{OBP}-\angle\mathrm{AOB}=360^\circ-90^\circ-90^\circ-126^\circ=54^\circ$である。

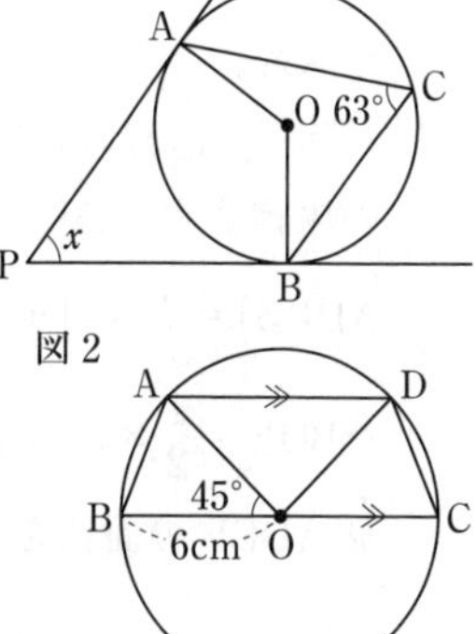

(2)<**平面図形—長さ**>右図2で，2点O，Dを結ぶ。AD//BCより，錯角は等しいので，$\angle\mathrm{OAD}=\angle\mathrm{AOB}=45^\circ$となる。また，△OADはOA＝ODの二等辺三角形となるので，$\angle\mathrm{ODA}=\angle\mathrm{OAD}=45^\circ$である。よって，△OADは$\angle\mathrm{AOD}=90^\circ$の直角二等辺三角形となる。したがって，$\mathrm{AD}=\sqrt{2}\mathrm{OA}=$

$\sqrt{2}\times6=6\sqrt{2}$(cm)である。

(3)<平面図形—長さの比，面積比>右図3で，2点D，Eはそれぞれ辺BC，ABの中点だから，中点連結定理より，ED∥AC，$ED=\frac{1}{2}AC$となる。△ACFと△DEFで，ED∥ACより，∠CAF＝∠EDF，∠ACF＝∠DEFとなり，2組の角がそれぞれ等しいので，△ACF∽△DEFである。よって，AF：FD＝AC：ED＝AC：$\frac{1}{2}$AC＝2：1である。また，△ABCと△ABDの底辺をそれぞれBC，BDと見ると，高さが等しいから，△ABC：△ABD＝BC：BD＝(1＋1)：1＝2：1となる。これより，△ABD＝$\frac{1}{2}$△ABCとなる。同様にして，△ABDと△AEDの底辺をそれぞれAB，AEと見ると，△ABD：△AED＝AB：AE＝(1＋1)：1＝2：1より，△AED＝$\frac{1}{2}$△ABD＝$\frac{1}{2}\times\frac{1}{2}$△ABC＝$\frac{1}{4}$△ABCとなる。さらに，△AEDと△EDFの底辺をそれぞれAD，FDと見ると，△AED：△EDF＝AD：FD＝(2＋1)：1＝3：1より，△EDF＝$\frac{1}{3}$△AED＝$\frac{1}{3}\times\frac{1}{4}$△ABC＝$\frac{1}{12}$△ABCとなる。よって，△EDFの面積は△ABCの$\frac{1}{12}$倍である。

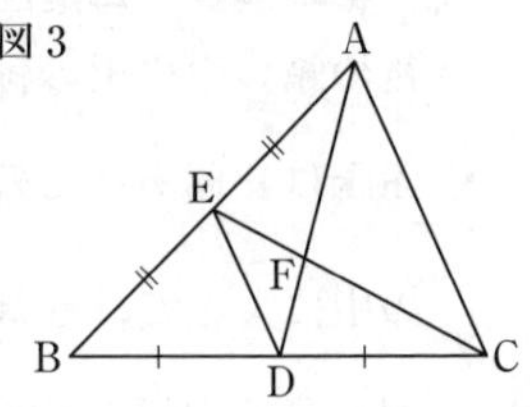

5 〔関数—関数$y=ax^2$と一次関数のグラフ〕

(1)<直線の式，面積>右図で，直線lが点Aを通るとき，直線lは2点A，Bを通るので，傾きは$\frac{9-1}{3-(-1)}=2$となり，その式は$y=2x+b$とおける。これが点Bを通るので，$9=2\times3+b$，$9=6+b$，$b=3$より，直線lの式は$y=2x+3$となる。このとき，直線lとy軸との交点をPとすると，直線lの切片が3より，P(0，3)だから，OP＝3となる。△OAB＝△OAP＋△OBPとして，△OAPと△OBPの底辺をOPと見ると，2点A，Bのx座標より，△OAPの高さは1，△OBPの高さは3となる。よって，△OAB＝$\frac{1}{2}\times3\times1+\frac{1}{2}\times3\times3=6$である。

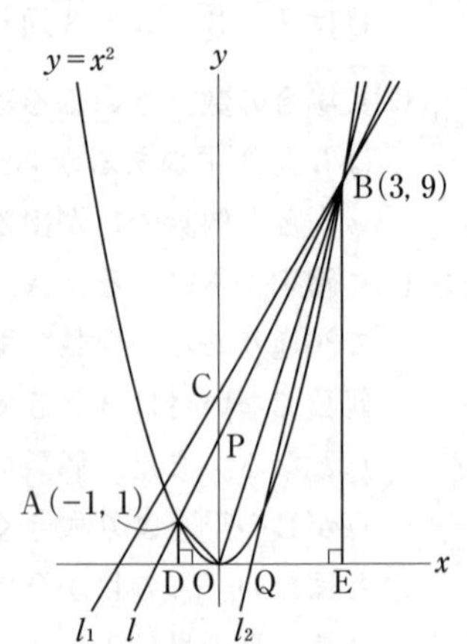

(2)<直線の式>右図で，ここで求める直線lを直線l_1とする。△OBCの底辺をOCと見ると，点Bのx座標より，高さは3となる。また，△OBC＝△OABのとき，(1)より△OAB＝6だから，△OBC＝6となる。これより，△OBCの面積について，$\frac{1}{2}\times OC\times3=6$が成り立つ。これを解くと，OC＝4となり，点Cの$y$座標は正よりC(0，4)である。よって，直線$l_1$は，切片が4で，2点B，Cを通るので，傾きは$\frac{9-4}{3-0}=\frac{5}{3}$となるから，その式は$y=\frac{5}{3}x+4$である。

(3)<面積，直線の式>右上図で，AD∥BEだから，四角形ADEBは台形となる。よって，点A，Bの座標より，D(−1，0)，E(3，0)だから，AD＝1，BE＝9，DE＝3−(−1)＝4となり，〔四角形ADEB〕＝$\frac{1}{2}\times(1+9)\times4=20$である。これより，$\frac{1}{2}$〔四角形ADEB〕＝$\frac{1}{2}\times20=10$となる。ここで，△BOE＝$\frac{1}{2}\times OE\times BE=\frac{1}{2}\times3\times9=\frac{27}{2}$より，△BOE＞$\frac{1}{2}$〔四角形ADEB〕だから，直線$l$が四角形ADEBの面積を半分にするとき，直線$l$は線分OEと交わる。このときの直線$l$を直線$l_2$とし，

直線 l_2 と線分 OE との交点をQとすると，△BQE＝$\frac{1}{2}$〔四角形 ADEB〕より，$\frac{1}{2}$×QE×BE＝10 となり，$\frac{1}{2}$×QE×9＝10 が成り立つ。これを解くと，QE＝$\frac{20}{9}$ となり，OQ＝OE－QE＝3－$\frac{20}{9}$＝$\frac{7}{9}$ より，Q$\left(\frac{7}{9},\ 0\right)$となる。よって，直線 l_2 は2点B，Qを通るので，傾きは，$(9-0)\div\left(3-\frac{7}{9}\right)=\frac{81}{20}$ となり，その式は $y=\frac{81}{20}x+c$ とおける。これが，点Qを通るので，$0=\frac{81}{20}\times\frac{7}{9}+c$，$0=\frac{63}{20}+c$，$c=-\frac{63}{20}$ より，直線 l_2 の式は $y=\frac{81}{20}x-\frac{63}{20}$ である。

6〔平面図形—線分〕

≪**基本方針の決定**≫(3)　点Bと点Dの距離が最短になるときと最長になるときを考える。

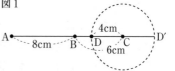

(1)＜**長さ**＞右図1で，点Dは中心が点C，半径がCDの円周上を通るので，点Aと点Dの距離が最短になるのは，3点A，D，Cがこの順で一直線上に並ぶときである。このとき，BD＝BC－CD＝6－4＝2だから，AD＝AB＋BD＝8＋2＝10(cm)である。

図1

(2)＜**長さ**＞右図2で，点Dは中心が点C，半径がCDの円周上を通るので，点Aと点Dの距離が最長になるのは，3点A，C，Dがこの順で一直線上に並ぶときである。ここで，点Cから直線ABに垂線CHを引く。∠CBH＝180°－∠ABC＝180°－120°＝60°より，△CBHは3辺の比が1：2：$\sqrt{3}$ の直角三角形となるので，BH＝$\frac{1}{2}$BC＝$\frac{1}{2}$×6＝3，CH＝$\sqrt{3}$BH＝$\sqrt{3}$×3＝$3\sqrt{3}$ である。これより，△AHCで，AH＝AB＋BH＝8＋3＝11，∠AHC＝90°だから，三平方の定理を利用して，AC＝$\sqrt{\mathrm{AH}^2+\mathrm{CH}^2}=\sqrt{11^2+(3\sqrt{3})^2}=\sqrt{148}=2\sqrt{37}$ となる。よって，AD＝AC＋CD＝$2\sqrt{37}$＋4(cm)である。

図2

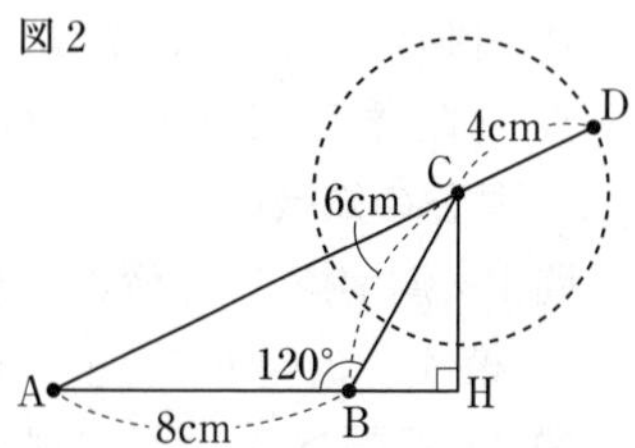

(3)＜**面積**＞右上図1で，線分CDだけを動かすと，点Bと点Dの距離が最短になるのは，3点B，D，Cがこの順で一直線上に並ぶときである。このとき，線分CDを固定して線分BCを動かすと，点Dは，右図3のように，中心が点B，半径がBDの円周上を通る。また，図1で，線分CDだけを動かすと，点Bと点Dの距離が最長になるのは，3点B，C，Dがこの順で一直線上に並ぶときである。このときの点Dを点D′とし，線分CD′を固定して線分BCを動かすと，点D′は，図3のように，中心が点B，半径がBD′の円周上を通る。よって，点Dが通ることができる部分は図3の斜線部分となる。この斜線部分は，半径がBD′の円から半径がBDの円を除いた部分だから，BD＝BC－CD＝6－4＝2，BD′＝BC＋CD′＝6＋4＝10より，求める面積は，$\pi\times\mathrm{BD}'^2-\pi\times\mathrm{BD}^2=\pi\times10^2-\pi\times2^2=96\pi$ (cm²)である。

図3

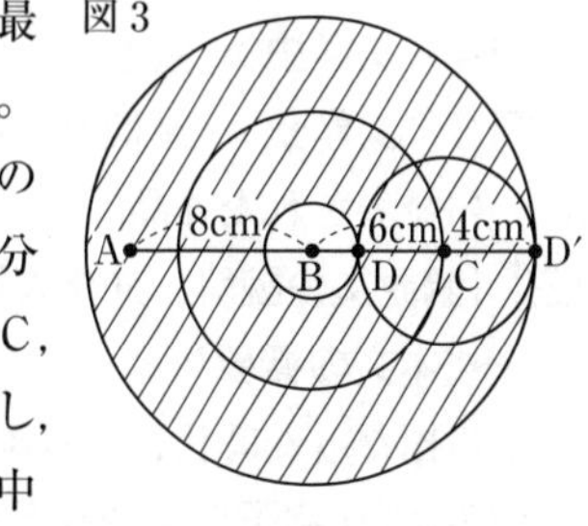

2022年度／流通経済大学付属柏高等学校（前期②）

国語解答

一 1 イ　2 オ　3 エ　4 イ
5 エ

二 問1　1…オ　2…エ
問2　3…カ　4…コ　5…オ
問3　6…イ　7…ウ　問4　イ
問5　カ

三 問1　ウ　問2　ア　問3　ア
問4　オ　問5　オ　問6　ウ
問7　ウ　問8　エ

四 問1　イ　問2　エ　問3　ア
問4　エ　問5　ア　問6　エ
問7　ア　問8　ア　問9　イ

五 問1　オ　問2　ウ　問3　イ
問4　イ　問5　イ

一〔漢字〕

1．「概算」と書く。アは「生涯」，イは「気概」，ウは「該当」，エは「断崖」，オは「感慨」。
2．「交錯」と書く。アは「画策」，イは「検索」，ウは「削減」，エは「搾取」，オは「錯誤」。
3．「不朽」と書く。アは「復旧」，イは「救済」，ウは「糾弾」，エは「老朽」，オは「急務」。
4．「摘発」と書く。アは「大敵」，イは「指摘」，ウは「適正」，エは「的確」，オは「点滴」。
5．「阻(む)」と書く。アは「粗暴」，イは「疎遠」，ウは「簡素」，エは「阻止」，オは「直訴」。

二〔国語の知識〕

問1<漢字>1．「倹約」の対義語は「浪費」で，「ろうひ」と読む。　2．「創造」の対義語は「模倣」で，「もほう」と読む。
問2<品詞>3．活用しない自立語で，連体修飾語になる単語は，連体詞。　4．伝聞の助動詞「そうだ」の終止形。　5．活用しない自立語で，主に連用修飾語になる単語は，副詞。
問3<ことわざ>6．遠回しすぎて効果がないこと，また，間接的でもどかしいこと。　7．あれこれ思案しているより実際にやってみると案外簡単に済むこともある，という意味。
問4<文学史>「銀も～」は，『万葉集』の歌人，山上憶良のよんだ和歌。
問5<文学史>『金閣寺』は，昭和31(1956)年に発表された，三島由紀夫の小説。他は全て明治時代に発表された作品。

三〔論説文の読解―文化人類学的分野―文化〕出典；橋本治『これで古典がよくわかる』。

≪本文の概要≫ピーター・グリーナウエイは，『枕草子』のすばらしさは，英国がほとんど未開同様の国だった時代に，日本には自由に文章を書けた清少納言という女性がいたということだと言っている。『枕草子』を読むと，当時，かなり高度で進んだ文化が日本にあったことがわかるが，日本人はそんなことを考えず，進んだ文化といえば欧米の文化だと思い込んでいて，自国にこのような優れた過去があることを忘れている。日本が経済大国となってから，外国人からは，日本人はよくわからないと言われがちだが，それは，日本人が自国のことをよく知らないからである。英語など，外国に関する勉強ばかり続けて外国へ行った結果，日本のことを全然知らない自分に気がついた日本人は，とても多い。国際社会の中の日本人の関心は外へと向かい，外国語，英語を重視した教育の中で，子どもたちは，自分たちの国の文化というものを欠落させている。

問1<文学史>『枕草子』は，平安時代中期に清少納言が書いた随筆。
問2<指示語>「今から一千年前」に「高度で進んだ文化が日本にあった」ことに，「イギリス人のピーター・グリーナウエイ監督が感動」したが，今の日本人は感動しない。
問3<文章内容>外国人が，「日本人はよくわからない」とか日本人は顔が見えないとか言うのは，日本人が「自分の足もとにある日本の歴史や文化や古典を軽視し」ていて，「自分が生まれてきたところをなんにも知らないままでいる」からである。

問４＜文章内容＞「国際社会の中の経済大国日本の関心は，『外国語』を中心とする“外”へと向かい」，子どもたちが「『日本語』や『日本史』や『日本文化に関する常識』というものを，あっさりと欠落させて」いるので，外国人から，日本人は「金儲けだけ」にしか興味がないかのように言われるのである。

問５＜文章内容＞「外国の人が日本のことを『わからない』という」のは，「英語が話せて，外国語にくわしくて，外国人とよくつきあう」日本人が，「日本のこと」になると，「日本の古典や日本の歴史や日本の伝統文化のことをきちんと理解している人たち」よりも，「ぜんぜん知らない人の方が」多いからである。

問６＜文章内容＞「自分が本来持っているはずの独自性」である「オリジナリティー」を重んじる諸外国の人々は，「どこの国の人だって，『自分たちの国の文化』というもの」をよく学習していて，説明もできる。

問７＜文章内容＞「自分の足もとにある日本の歴史や文化や古典を軽視」する日本人は，日本がどんな国なのかもよくわかっていない。自国の何たるかもわからない日本人が，自国と外国の相違をわかるはずがなく，自国と他国を相対化して国際社会の中で諸外国とつき合っていくことはできない。

問８＜要旨＞『枕草子』のすばらしさは，「今から一千年前」という時代に，女性である清少納言が自由な文章を書いたということであるが，「今の日本人」は，「『進んだ文化』といったら，あいかわらずヨーロッパやアメリカだと思って」おり，「あまりそんなことを考え」ない(ア・イ…×)。「輸出大国の日本で，社会の関心は『先進国』であるようなアメリカやヨーロッパにだけ向いて」おり，「そういう日本社会の傾向を反映して，大学は『外国語重視』」であり，「受験勉強は『英語重視』」になっている(ウ…×)。外国人に「日本人はよくわからない」とか「顔の見えない日本人」とか言われずに，日本人が「オリジナリティー」を持って，国際社会の中で諸外国と対等につき合っていくためには，「自分の足もとにある日本の歴史や文化や古典を軽視」せず，外国語ばかりではなく，「日本の伝統文化のことをきちんと理解」していなければならない(エ…○，オ・カ…×)。

四〔小説の読解〕出典；山本文緒『ボランティア』(『ファースト・プライオリティー』所収)。

問１＜文章内容＞「私」は，「今日の面接は，行きがけに楽しい出来事があったので珍しくハキハキものが言え」たから，「採用になるかもしれないな」と期待していたのに，不採用通知が届いたので，がっかりしたのである。

問２＜文章内容＞「私」は，「自分の中に吐き出したいものがいっぱい溜まってるように思って」おり，それらを全部受け入れてくれそうな高野さんに会えた瞬間に，思わずほっとして泣いてしまったのである。

問３＜心情＞目の見えない高野さんが，声という限られた情報だけで「私」を覚えてくれていたということで，「私」は，自分が高野さんにとって無関心な存在ではなかったことがわかり，うれしかったのである。

問４＜慣用句＞「腰が引ける」は，自信がなくて積極的に振る舞うことができない，という意味。「ボランティア」という言葉を聞いて，「私」は，「家庭のことや，自分自身のことさえちゃんとできない人間が，そんなことをしている場合だろうかという疑問が頭をよぎ」り，思わず尻込みしたのである。

問５＜心情＞「私」は，「ボランティア」について，「家庭のことや，自分自身のことさえちゃんとできない人間が，そんなことをしている場合だろうか」と思っていたので，家事や仕事ができていない自分がボランティアを始めたことを後ろめたく思っていて，夫には言えなかったのである。

問６＜文章内容＞家事も仕事もうまくいかず，気分がふさいで，「自分がここに居ることの意味」も考えないように心がけてきた「私」にとって，ボランティアをして「大袈裟なくらい感謝」されるほど，人の役に立っていることが，自分の存在意義を認められるようで，うれしかったのである。

問７＜文章内容＞働けないのなら「家にいていいよ」と夫に許される「私」も，視力を失ったのなら「何もしないでいい」と妻の実家に許される男性も，許されることによって「泣いたり落ち込んだりする自由も奪われていたのだ」ということに気づき，「私」は，男性の孤独を自分のこととして共有できたのである。

問８＜文章内容＞「私」は，鬱気味で，仕事はおろか家事も満足にできず，高野さんの紹介で始めたボランティアのことは，夫に気を遣って言い出せず，夫の機嫌を伺うようにして暮らしてきたが，「ボランティアなんて余裕がある人がすることで，君がしているのは，人を救うことで自分も救われたいと逃げているだけなんじゃないか」と言われ，重ねて，「何もしないで家にいてくれよ」とも言われた。しかし，「私」は，その言葉に反論することで，これまでの鬱状態から抜け出て，「何年かぶりに私は正気に」返り，夫と対等に正面から向き合うことができたのである。

問９＜文章内容＞夫は，「寄付目的」だという自分の会社のイベントに矛盾を感じ，自分でも嫌気がさしていたところで，妻に「そんな会社，辞めていいのに」と自分の本音を突かれ，一言も言い返せず，うつむいてしまったのである。

五〔古文の読解―浮世草子〕出典；井原西鶴『西鶴諸国ばなし』巻三。

≪現代語訳≫信濃の国の諏訪湖に，毎年氷の橋がかかって，狐の渡り初めということがあって，その(渡った)跡は人も馬もともに，自由に行き交うことだよ。春にまた，狐が渡り帰ると，そのまま氷が溶けて，(人馬の)往来を止めたのだったが，この里の乱暴者の，根引きの勘内という馬方が「回り道をすると遠い」と(言って)，人が止めるのもかまわず，自分の判断で，(湖を)渡ったところ，真ん中過ぎくらいになって，急に風が暖かく吹いてきて，来た方向と行く方向の両方の氷が溶けてなくなって，(勘内は)波の下に沈んだ。このことを知らぬ人はなく，気の毒にと言って終わった。同年の七月七日の夕暮れに，七夕祭りをするということで，梶(かじ)の葉に歌を書いて，湖に流して遊んでいるとき，沖の方から，光り輝く船に，見慣れない人がたくさん，乗ってきた。その中に勘内が，高い玉座に座っていて，その立派さは，昔と比べて，誰もが見違えた。

問１＜古典の知識＞「信濃」は，大半が現在の長野県に当たる。信州。

問２＜古文の内容理解＞信濃の国の諏訪湖では「毎年氷の橋」がかかり，狐が渡っていった跡だと言い伝えられていた。これを「狐の渡り初め」と称し，湖に張った氷の上を，人も馬も自由に往来できたのである。

問３＜古文の内容理解＞根引きの勘内は，回り道をしたら遠くなると思って，人が止めるのもかまわずに，凍った湖面を渡ろうとした。

問４＜古文の内容理解＞勘内が，人が止めるのも聞かず，「氷とけて，往来を止め」た後に，湖面の氷を渡って，氷が溶けて湖に落ちて死んだことを，知らない人はなかった。

問５＜古文の内容理解＞七夕祭りの夜に，「ひかり輝く舟に」乗ってきた勘内が，「高き玉座に居」る様子が，「むかしに引き替へ」て「ゆゆし」きありさまだったので，人々は見違える思いだった。

2021年度 流通経済大学付属柏高等学校(前期①)

【英　語】(50分)〈満点：100点〉

■リスニングテストの音声は，当社ホームページで聴くことができます。(当社による録音です)

再生に必要なIDとアクセスコードは「収録内容一覧」のページに掲載しています。

1 放送を聞いて答えなさい。

1．1．For 3 hours.　2．Kyoto's history and its culture.
　3．Walking shoes and a camera.　4．The information center.

2．1．9:30　2．9:50　3．10:00　4．10:10

****

3．1．Ten minutes.　2．Thirteen minutes.
　3．Thirty minutes.　4．Thirty-three minutes.

4．1．On foot.　2．By bus.　3．By bike.　4．By train.

5．1．Next to the park.　2．Near the station.
　3．Across from the big building.　4．Across from the park.

※<**放送問題原稿**>は英語の問題の終わりに付けてあります。

2 次の英文を読んで，後の問いに対する答えとして最も適切なものを選びなさい。(*印の語は(注)を参考にすること)

People often think of Marco Polo as the most famous *traveler of his time. But it is important to remember that Marco's father and uncle, Niccolo and Maffeo, traveled to the East before him. Without the earlier *journey of Niccolo and Maffeo Polo, we cannot imagine the travels of Marco and his book, ①*The Description of the World.*

Niccolo and Maffeo left Venice for Constantinople in 1253. They *sailed from the city in large ships which were full (1) goods to *trade. At this time, travel by sea was dangerous, (2), and very *uncomfortable, so the brothers were very pleased to arrive (3) last in Constantinople.

This great city was an important center for *merchants from around the world. The brothers busily traded ②here for six years and bought a lot of *jewels. But after some fighting between different groups in the city, the Polos decided to leave and take their jewels with them.

The brothers first sailed to Sudak in *modern-day Ukraine. They wanted to return to Venice, but travel from Sudak to Venice was too dangerous. So, they began to move east along the north *route of the Silk Road. The roads were safer in this area because they were under the *rule of the Mongols. On the journey, the brothers bought and sold goods like salt, animal skins, gold, and spices.

They traveled to Serai in a place now called Astrakhan. This was the summer home of the Mongol *ruler, Barka *Khan, and his people. When the Polos first met Barka Khan, they gave him their jewels from Constantinople as a present. But the ruler then gave them *twice the number of jewels in return!

The brothers were now rich and stayed in Serai for a year and traded. They then traveled to the famous Silk Road city of Bukhara in modern-day Uzbekistan. More fighting meant that they could not go *further, or return home, so they worked ③there as merchants for three years.

By luck, they met an *ambassador in Bukhara (4) was going to visit the great Mongol ruler of China, Kublai Khan. The ambassador agreed to take ④the two men to China to meet the Khan. In 1264 the Polos arrived at Kublai Khan's *palace in Khanbaliq, or modern-day Beijing. It was now (A) years since they first left Venice.

Later, in *The Description of the World*, Marco talked about this famous meeting between the Polos and Kublai Khan. We learn that the great ruler was very interested to hear about the *rest of the world. He asked the brothers about *the Pope, the Christian church, and the different rules in Europe.

The Khan liked Niccolo and Maffeo. The brothers traded in China for two years and learned to speak the Mongol language well. But in the end, they wanted to return home. Kublai Khan agreed, and he gave the two men a beautiful gold *passport. With ⑤this, they could travel freely in the larger Mongol *Empire and always get food and a place to sleep along the road.

But before the brothers left, the Khan asked them to take a message to the Pope and to return to China with a hundred Christian *priests! He also asked for some of the special oil from a famous church in Jerusalem. Niccolo and Maffeo agreed and said that they would return as soon (5) possible.

After a three-year journey along the Silk Road, the brothers arrived at Acre, a town on *the Mediterranean Sea. There they learned that the Pope was dead and they could not take the Khan's message to him. So they sailed straight home to Venice to see their families. In 1269, Niccolo and Maffeo arrived in Venice — (B) years after they began their journey. But life was now different. Niccolo's wife was already dead and his son welcomed them. His son, Marco, was fifteen years old at that time.

（注） traveler：旅行家　journey：旅行　sail：航海する　trade：～を売買する
uncomfortable：不快な　merchant：商人　jewel：宝石　modern-day：現在の
route：ルート・道　rule：統治（下）　ruler：統治者　Khan：支配者の称号
twice the number of：２倍の　further：farの比較級　ambassador：使者・大使
palace：宮殿　rest：残り　the Pope：ローマ教皇　passport：通行手形
Empire：帝国　priest：神父　the Mediterranean Sea：地中海

問１　（１）～（５）に入る単語を下の選択肢からそれぞれ選びなさい。

（１）：1 on　2 of　3 in　4 for
（２）：1 clean　2 safe　3 dirty　4 bright
（３）：1 at　2 in　3 on　4 for
（４）：1 which　2 who　3 whose　4 what
（５）：1 as　2 for　3 in　4 to

問２　下線部①に該当する本の名前を下の選択肢から選びなさい。

1．旧約聖書　2．新約聖書　3．種の起源　4．東方見聞録

問３　下線部②と③はそれぞれどこの場所か。下の選択肢からそれぞれ選びなさい。

1．Venice　2．Constantinople　3．Sudak
4．Serai　5．Bukhara　6．Khanbaliq

問４　下線部④の二人は誰のことか。正しい組み合わせを下の選択肢から選びなさい。

1．Marco ―Niccolo
2．Marco ―Maffeo
3．Maffeo ―Niccolo
4．Niccolo―Barka Khan

問5　(A)と(B)に入る単語を下の選択肢からそれぞれ選びなさい。

1．eleven　2．twelve　3．thirteen
4．fourteen　5．fifteen　6．sixteen

問6　下線部⑤は何を指しているか。下の選択肢から選びなさい。

1．the great ruler　2．the Mongol language
3．a beautiful gold passport　4．a message to the Pope

問7　各文の下線部に入るものとして最も適切なものをそれぞれ下の選択肢から選びなさい。

1．Barka Khan ＿＿＿＿＿.
　1．lived in Sudak and traded busily there
　2．was one of the ambassadors in Sudak
　3．didn't meet the Polos
　4．gave the Polos more jewels than the Polos gave him

2．Kublai Khan asked the Polos to ＿＿＿＿＿.
　1．write *The Description of the World*
　2．speak the Mongol language
　3．take a message to the Pope
　4．trade between Mongol and Europe

3．When the Polos arrived in Venice in 1269, ＿＿＿＿＿.
　1．they met the Pope　2．Maffeo's wife was already dead
　3．they left for Jerusalem soon　4．Niccolo's son lived there

3　次の英文を読んで，後の問いに対する答えとして最も適切なものを選びなさい。(*印の語は(注)を参考にすること)

Most Americans who have jobs live more *comfortably than people in almost any other country in the world. They usually work forty hours a week and they have two weeks' holiday a year as well as holidays like *Thanksgiving and Christmas. In 60% of families, the husband and the wife both work. Although more than 40% of the land is *farmed, there are few who work as farmers, and fewer Americans work in factories than in the past. Most jobs are now in places like hospitals, banks, hotels, and shops. If you do not have a job, life is hard. The government gives you a little money but it is not enough to buy everything that you need. How many Americans are poor? Around 13% of all Americans are poor, but of that number, 25% of black people and 22% of *Hispanic people are poor.

The money in the USA is the dollar, and it *contains a hundred cents. Some coins have special names: 5 cents is a nickel, 10 cents is a dime and 25 cents is a quarter. In taxis, restaurants and other places, people give a 'tip' — *extra money on top of the price. Without this extra money, many workers do not have enough money to live.

Because the USA is a very big country, the time changes as you travel from one side to the other. When it is 12 p.m. in New York, it is 11 a.m. in Kansas, 10 a.m. in Arizona, 9 a.m. in Seattle, 8 a.m. in

Alaska and 7 a.m. in Hawaii.

If they do not want to go out, Americans can stay at home and watch television. *Nearly all families have a TV and an *ordinary family watches more than seven hours a day. There are over 10,000 TV stations, and most of them belong to businesses, not to the *government. American TV programs are sold all over the world. There are more than 1,500 daily newspapers but most of them are just for one city. The most popular newspaper is *USA Today*, and it sells five million *copies a day. You can buy papers like *the New York Times* and *the Washington Post* *everywhere, as well as the magazines *Time* and *Newsweek*.

Most Americans enjoy sports, and baseball, basketball, and football are popular. American football is a very different game from European football; players carry the ball more than they use their feet. But the most popular sport in the USA is baseball. Baseball is played by two teams of nine people. Each player from the first team tries to hit the ball and run round a big square from corner to corner. The players from the second team try to catch the ball. Players try to get the ball to a corner. After three players go 'out', it is the second team's turn to hit the ball. Some famous teams are the Los Angeles Dodgers, the New York Yankees, and the Boston Red Sox. Perhaps the greatest baseball player in history was Babe Ruth. He was born in 1895 and played with the Boston Red Sox and then with the New York Yankees. He died in 1948 but he is still remembered today.

If you visit the USA, you will be able to enjoy an American breakfast. In some restaurants, eggs are cooked in a lot of different ways; 'sunny side up' means with the yellow on top, and 'over easy' means with the yellow *underneath but still soft. With your breakfast, you can drink as much coffee as you want, all for the same price. In fact, you can drink coffee all day in the USA. It is of course the home of Starbucks. Since the 1990s, it has changed how people drink coffee. Now all over the world, you can go to a coffee shop and choose from a very long menu of coffees. You can also find *excellent American wine from the west coast, *particularly California. But Americans are not allowed to buy *alcohol until they are 21. In many states, you cannot smoke in places like restaurants, and places of work.

（注） comfortably：快適に　Thanksgiving：感謝祭　farm：～を耕作する
Hispanic：ラテンアメリカ系の　contain：～で構成される　extra：追加の
nearly：ほとんど　ordinary：一般の　government：国・地方公共団体
copy：(新聞などの)部数　everywhere：どこでも　underneath：下に
excellent：素晴らしい　particularly：特に　alcohol：お酒

1. How many holidays do most Americans have a year ?
   1. More than two weeks.　2. Less than two weeks.
   3. Just forty weeks.　4. More than forty weeks.
2. Why is life hard for people if they don't have a job ?
   1. Because farm lands are decreasing in number.
   2. Because the number of factories is decreasing.
   3. Because the number of hospitals and hotels is decreasing.
   4. Because the help from the government is not enough for people who don't have a job.
3. What is a 'tip' ?
   1. It is another name for 5 cents.
   2. It is another name for the American dollar.

3. It is given to workers only in shops.
4. It is very important for workers because they are not given enough money.

4. What time is it in Seattle when it is at 7 p.m. in New York?
   1. 3 p.m.   2. 4 p.m.   3. 5 p.m.   4. 6 p.m.

5. What is true of TV in America?
   1. Most Americans watch TV more than 49 hours a week.
   2. Most of the TV programs are made by the government.
   3. People can watch American TV programs only in America.
   4. *USA Today* is one of the most popular TV programs in America.

6. What is true of sports in America?
   1. American football is the same as European football.
   2. Baseball is played by nine teams of two people.
   3. There are some famous baseball teams in America.
   4. Babe Ruth is one of the most famous baseball players and lives in New York.

7. What is true of 'sunny side up'?
   1. It is another name of an American breakfast.
   2. It can be cooked only on sunny days.
   3. It is yellow on top like the sun.
   4. It can be eaten only on sunny days.

8. What is true of eating and drinking in America?
   1. People can drink coffee anytime.
   2. People can enjoy fine American wine from the east coast.
   3. Children can drink wine when their parents come to restaurants with them.
   4. In restaurants, people can't smoke while they are eating but can smoke while drinking.

4 次の英文の(　)内に入れるのに最も適した語句を，後の語群からそれぞれ選びなさい。

1. (　　) careful! A car is behind you.
   1 Be   2 Being   3 Is   4 Are

2. This smartphone is (　　) popular than that one.
   1 much   2 more   3 most   4 many

3. I have (　　) money in my wallet.
   1 little   2 few   3 a lot   4 low

4. May I have something (　　)?
   1 drink   2 drinking   3 to drink   4 for drinking

5. This desk is too heavy (　　) me to carry.
   1 to   2 for   3 of   4 with

6. Everyone in this class (　　) very tired yesterday.
   1 are   2 look   3 looks   4 looked

7. My brother (　　) his homework just now.
   1 finish   2 finished   3 have finished   4 has finished

8. (　　) in the river is a lot of fun.
   1 Swims   2 Swam   3 Swum   4 Swimming

9. Takashi is the boy (　　) sister is a famous pianist.

1 what　2 when　3 which　4 whose

10. I know this city, (　　) I have been there before.

1 when　2 but　3 because　4 or

5 日本文を参考にして正しい英文になるように(　)内の語を並べかえ，(　)内で3番目と6番目に来るものをそれぞれ選びなさい。(文頭に来る語も小文字で書かれています)

1. 誰がこの手紙を書いたか教えてください。

(1 tell　2 wrote　3 this　4 you　5 can　6 me　7 who　8 letter)?

2. 彼女は親切にも郵便局までの道のりを教えてくれた。

She (1 kind　2 show　3 was　4 enough to　5 me　6 way　7 the　8 to　9 the post office).

3. 彼女は母が入ってきた時に手紙を書き終えた。

She (1 the letter　2 came　3 her　4 when　5 mother　6 writing　7 in　8 finished).

4. 向こうに見える高い建物が私たちの学校です。

That (1 building　2 high　3 you　4 see　5 our　6 can　7 there is　8 over) school.

5. いつも教室をきれいにしておかなければならない。

(1 have　2 clean　3 we　4 to　5 classroom　6 keep　7 our　8 all) the time.

6 次のそれぞれの掲示の内容に関して，質問に対する答えとして最も適切なものを一つ選びなさい。(＊印の語は(注)を参考にすること)

English Club Dinner Party

Date: Thursday, October 22

Time: 7:00 p.m. – 9:00 p.m.

Place: the Student Hall

Guest Speaker: Dr. Jane Fitzgerald,

The writer of "English is Interesting"

For *reservations and more information,

please call Sandra Carden at 212-2334.

（注）　＊reservation：予約

1．What kind of group is getting together ?

1．Sandra

2．212-2324

3．"English is Interesting"

4．English Club

2．If you would like to join, what do you need to do first ?

1．Talk to the speaker.

2．Make a phone call.

3．Read the book, "English is Interesting."

4．Go to the Student Hall.

3．What is true of this event ?

1．It ends at 9:00 p.m.

2．You have to call Sandra Carden after October 22.

3．You have to give some speech about English.

4．You have to go to the Student Hall as soon as possible.

Help Wanted at Danny's Restaurant

Come and work with us!

When: Any time after December 1
Pay: $60 an hour
Hours: 11:00 a.m. to 7:00 p.m. on weekdays
12:00 p.m. to 9:00 p.m. on weekends
Closed on Tuesdays

・Cooks and *delivery drivers must work at least three hours a day.
・You must work at least four days a week.
・We can teach you how to make the dishes pictured on the menu. But it's better if you already know how to cook.

Send an e-mail to Danny Jane by September 20.
manager@dannyrestaurant.com

（注）　＊delivery：配達

4．Which is true of this advertisement ?

1．You have to call Danny Jane.

2．You must send an e-mail after December 1.

3. You don't have to work on Tuesdays.
4. You need to pay $60 an hour.

5. What can you learn when you work at this restaurant ?
1. Where to find jobs.
2. How to send an e-mail.
3. How to drive cars.
4. How to make the foods on the menu.

<放送問題原稿>

A : Excuse me. Could you tell me about the city walking tour ?

Clerk : Sure. It takes about 3 hours. You learn about Kyoto's history and its culture. It's very interesting.

A : It sounds good. Do I need to take anything with me ?

Clerk : Wear walking shoes. And take your camera.

A : Right. When does it start ?

Clerk : In ten minutes ! It starts at 10 o'clock. The meeting point is in front of this information center.

A : Oh, we don't have much time, then ! How much is it ?

Clerk : Twenty-eight dollars. You should run.

1. What can people learn about by joining the tour ?
2. What time is it now ?

A : Excuse me, policeman. I'm lost. Do you know where the city hall is ?

Policeman : Yes. It's far from here, though. It would take about 30 minutes to walk, or 10 minutes by bus.

A : No problem. I like walking. Could you tell me how to get there ?

Policeman : OK. Go straight down this road for about four blocks. Then turn right onto Chuo street. It's a big road.

A : Oh, OK.

Policeman : And the city hall is the big building, across from the park !

A : Across from the park ? I see. Thank you, policeman.

3. How long does it take by bus to the city hall ?
4. How will the man go to the city hall ?
5. Where is the city hall ?

【数　学】（50分）〈満点：100点〉

（注意）(1)　解答が分数の形で求められているときは，約分した形で答えること。

(2)　解答が比の形で求められているときは，最も簡単な整数の比で答えること。

(3)　問題の図は略図である。

全問とも，□の中に当てはまる数字を求めなさい。

1　次の問いに答えなさい。

(1)　$\left(1.75-\dfrac{1}{4}\right)\div 0.02$ を計算すると，アイ である。

(2)　$(a+\sqrt{2}+3)(a-\sqrt{2}+3)$ を展開すると，a^2+ ウ $a+$ エ である。

(3)　$\sqrt{48}-\dfrac{\sqrt{27}}{2}+\dfrac{1}{\sqrt{12}}$ を計算すると，$\dfrac{オ\sqrt{カ}}{キ}$ である。

(4)　連立方程式 $\begin{cases}3x+7y=32\\-2x+3y=-6\end{cases}$ を解くと，$x=$ ク，$y=$ ケ である。

(5)　関数 $y=x^2$ において，x の変域が $-2\leqq x\leqq 3$ のとき，y の変域は コ $\leqq y\leqq$ サ である。
また，x が -3 から -1 まで増加するときの変化の割合は，$-$ シ である。

(6)　方程式 $3x^2-4x-7=0$ を解くと，$x=-$ ス，$\dfrac{セ}{ソ}$ である。

(7)　$(x-15)^2+11(x-15)-80$ を因数分解すると，$(x+$ タ $)(x-$ チツ $)$ である。

(8)　$\sqrt{170}$ より小さい素数をすべて足すと テト になる。

2　次の問いに答えなさい。

(1)　現在，父の年齢は42歳である。20年後の長女と次女の年齢の和が，20年後の父の年齢と等しくなるという。また，長女と次女の年齢差は4歳である。現在，長女は アイ 歳である。

(2)　連続する3つの整数がある。一番小さい数の2乗と，二番目に小さい数の2乗の和は，一番大きい数の2乗に等しいという。このとき，連続する3つの整数を小さい順に並べると，（$-$ ウ，エ，オ）または，（カ，キ，ク）である。

(3)　$\dfrac{42}{n}$ と $\dfrac{n}{7}$ がともに自然数となるような自然数 n は全部で ケ 個ある。

3　次の問いに答えなさい。

(1)　大小2つのさいころを投げるとき，出た目の数の和が4の倍数になる場合の数は ア 通りである。

(2)　A，B，Cの3人で1回だけじゃんけんをするとき，グー，チョキ，パーの出し方は全部で イウ 通りある。また，Aが負けない確率は $\dfrac{エ}{オ}$ である。

(3)　赤玉が2個，白玉が3個入っている袋の中から1個ずつ順に2個の玉を取り出すとき，2個とも同じ色である確率は $\dfrac{カ}{キ}$ である。ただし，取り出した玉は元に戻さない。

4 次の問いに答えなさい。

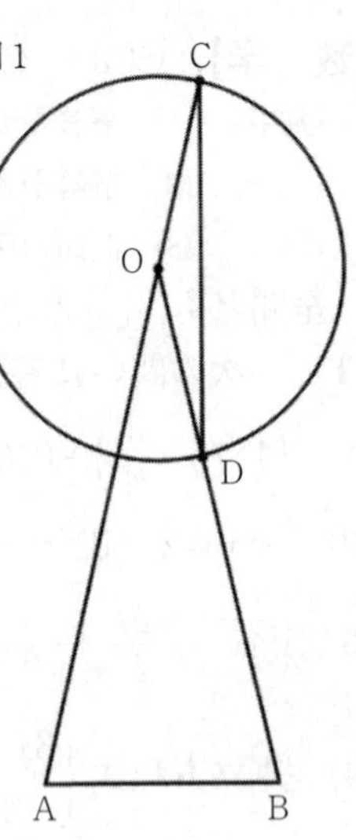

(1) 右の図1で，点C，Dは円Oの周上の点である。また，三角形OABは$\angle A=\angle B=75^\circ$の二等辺三角形であり，点Cは辺OAのO側の延長線上，点Dは辺OB上にある。このとき，$\angle ODC=$[ア][イ]°である。

(2) 下の図2で，$\angle EBD=\angle ECD$である。また，BC＝6cm，CD＝5cm，DE＝2cm，EB＝4cmである。このとき，

(i) AE：AD＝AB：AC＝[ウ]：[エ]であるから，△ABEと△ACDの面積比は[オ][カ]：[キ][ク]である。

(ii) △ADEと△ACBの相似比は[ケ]：[コ]である。

(iii) △ABEと△ABCの面積比は[サ]：[シ][ス]である。

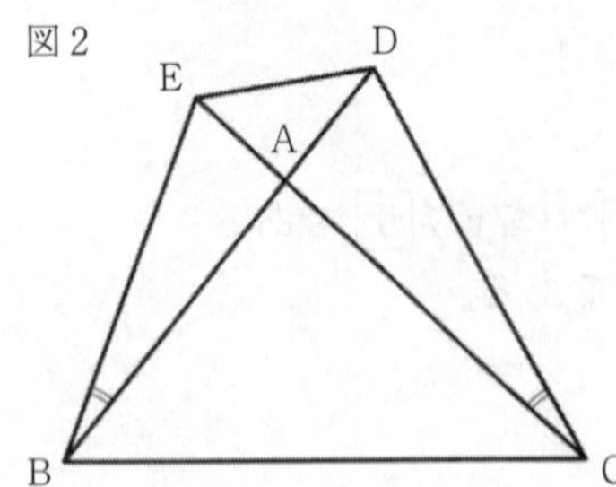

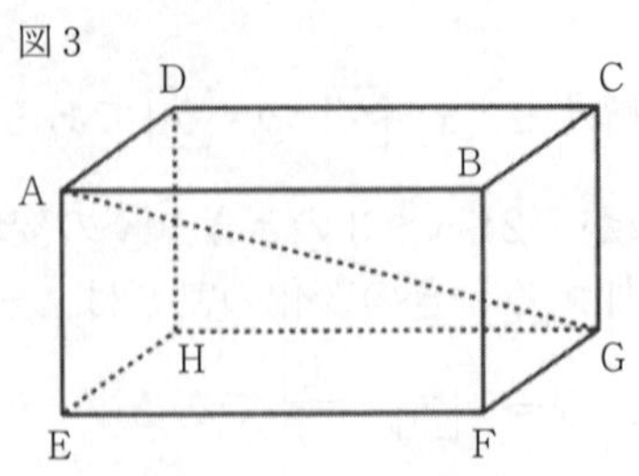

(3) 上の図3は直方体で，AD＝2cm，AE＝3cm，対角線AG＝7cmである。

(i) 辺ABの長さは[セ]cmである。

(ii) 点Pを，辺EF上に，AP＋PGの長さが最小になるようにとる。このとき，AP＋PGの長さは$\sqrt{\text{[ソ][タ]}}$cmである。

5 図のように，関数$y=\dfrac{1}{4}x^2$…①のグラフがある。

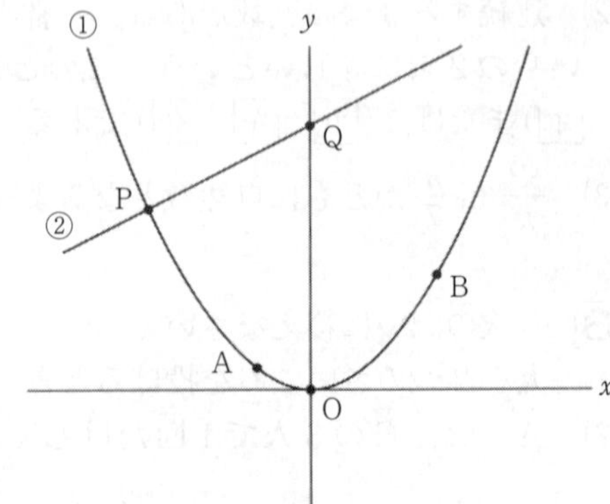

点A，Bは①上の点で，x座標はそれぞれ-2，4である。①上を動く点をPとする。点Pは点A，点Bとは重ならない。

また，②は点Pを通り傾き$\dfrac{1}{2}$の直線である。②とy軸の交点をQとする。

このとき，次の問いに答えなさい。

(1) 点A，点Bのy座標はそれぞれ[ア]，[イ]であり，直線

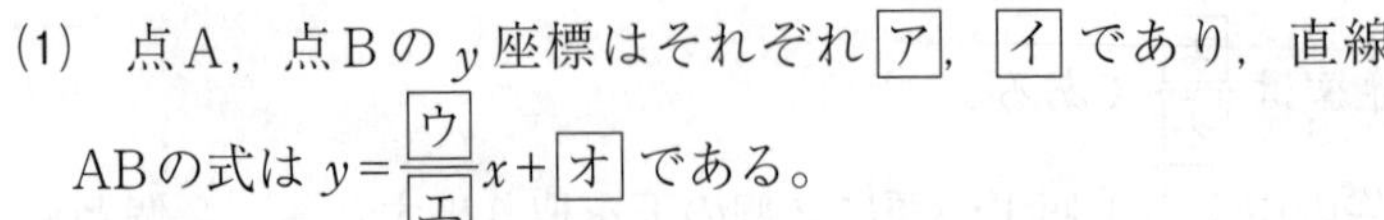

ABの式は$y=\dfrac{\text{[ウ]}}{\text{[エ]}}x+$[オ]である。

(2) 直線PBがx軸と平行になったとき，

(i) 直線②の式は$y=\dfrac{1}{2}x+$[カ]である。

(ii) 四角形PABQの面積は[キ][ク]である。

(3) 点Pのx座標は-2より小さいとする。△ABPの面積が15になったとき，点Qのy座標は[ケ]であり，点Pのx座標は[コ]$-\sqrt{\text{[サ][シ]}}$である。

全問とも，□の中に当てはまる数字を求めなさい。

6 　ある会社が白，グレー，青の３色のマスクを作った。３色とも同じ値段である。

このマスクをA，B，C，Dの４つの店で販売して，各色の売れ行きを調べた。

表１は店ごとに売れたマスクを色別の割合で表したもの，表２は各店で売れたマスクの色別の売上額を表したものである。表の空欄は自分で計算して求め，以下の問いに答えなさい。

表１　（割合：％）

	白	グレー	青	計
A	アイ	40	10	100%
B		30		100%
C	30		ウエ	100%
D	30			100%

表２　（売上額：円）

	白	グレー	青	計
A				40000
B		6000		
C	15000	12500		
D		10000	4000	
計			33500	

(1)　ア から エ までに適する数字をいれよ。

(2)　B店の売上額の合計とD店の売上額の合計の比は オ：カ である。

(3)　B店の白のマスクの売上額とB店の青のマスクの売上額の比は キク：ケ である。

(4)　マスクは４つの店で合計520枚売れた。１枚の値段は コサシ 円である。

問4　傍線部e「優しい人物として描かれていますよね」とあるが、本文から読み取れる清盛の優しさとして**適切ではないもの**を次から選び、記号で答えなさい（解答番号は5）。

ア　朝寝坊をしてしまった若侍のことを怒らない。

イ　自分の非を認めない者のことも許す。

ウ　知り合いのいるところでは顔を立ててあげる。

エ　冬の寒い日、自分の衣の下で寝かせる。

オ　嫌なことをされてもその人を気遣う。

問5　空欄fに入る文として最も適切なものを次から選び、記号で答えなさい（解答番号は6）。

ア　笑いというものの重要性

イ　戦における休息の重要性

ウ　調子にのらないことの重要性

エ　人を見る目の重要性

オ　人に対する思いやりの重要性

〔会話文〕

この会話文は、先の本文を読んだ生徒と教師が交わしたものである。

生徒　先生、この話に出てくる平清盛というのは、この前授業で読んだ［　c　］に出てくる平清盛のことですか。

教師　その通りです。［　c　］の冒頭部分を暗唱したのを覚えていますか。

生徒　はい。「祇園精舎(ぎおんしょうじゃ)の鐘(かね)の声、諸行無常(しょぎょうむじょう)の響きあり。沙羅双樹(さらそうじゅ)の花の色、盛者必衰(しょうじゃひっすい)の理をあらはす」です。

教師　よく覚えていますね。「諸行無常」とは、「この世のあらゆるものは変化し続け、留まることがないこと」で、「盛者必衰」というのは、「勢いの強いものでも、必ず衰退するということ」でしたね。そしてそれらの言葉は、平清盛の生涯を象徴したものでもありました。一時は権勢を誇っていた清盛ですが、［　d　］なふるまいをしたことによって、恨まれることも多く、最終的には滅びゆくことになりました。まさに「盛者必衰」です。

生徒　でも先生、この話の平清盛は［　c　］の平清盛と違って、^e^優しい人物として描かれていますよね。

教師　確かにそうですね。この話は『十訓抄』という、十個のテーマの教訓を掲げて、それぞれの教訓話を集めた説話集に載っています。では、この話の教訓は何だと思いますか。

生徒　うーん。「［　f　］」だと思います。

教師　その通り。しっかりと読解出来ていますね。このような描かれ方の違いなども、古文の面白さの一つかも知れませんね。

問1　傍線部a「寝させけり」・b「思ひけり」の主語として適切な人物を次からそれぞれ選び、記号で答えなさい（解答番号はaが1・bが2）。

ア　平清盛　イ　主　ウ　小侍ども　エ　末のもの　オ　かたざまのもの

問2　空欄cに入る作品として最も適切なものを次から選び、記号で答えなさい（解答番号は3）。

ア　伊勢物語　イ　源氏物語　ウ　落窪物語　エ　平家物語　オ　竹取物語

問3　空欄dに入る四字熟語として最も適切なものを次から選び、記号で答えなさい（解答番号は4）。

ア　有名無実(ゆうめいむじつ)　イ　本末転倒(ほんまつてんとう)　ウ　傍若無人(ぼうじゃくぶじん)　エ　付和雷同(ふわらいどう)　オ　泰然自若(たいぜんじじゃく)

五　次の文章と〔会話文〕を読んで後の各問いに答えなさい。

※かやうのかたは、※福原大相国禅門のわかがみ、いみじかりける（とても立派であった）人なり。折悪しく、にがにがしきことなれども（どれほど嫌なことであっても）、その主のたはぶれと思ひて（その人なりの戯れだと）、しつるをば、かれがとぶらひに（その人への慰めとして）、をかしからぬゑをも（面白くなくても）笑ひ、いかなる誤りをし、物をうち散らし、あさましきわざをしたれども、いひがひなしとて、荒き声をも立てず。

冬寒きころは、※小侍どもわが衣の裾の下に臥せて、つとめては（早朝に）、かれらが朝寝したれば（朝寝坊をすると）、やをらぬき出でて、思ふばかり[a]寝させけり。召し使ふにも及ばぬ末のものなれども（身分の低い者であっても）、それがかたざまのものの見るところにては（その者達の家族や知り合いが見ているところでは）、人数なる由をもてなし給ひければ（一人前の人物として接しなさったので）、いみじき面目にて、心にしみて、うれしと[b]思ひけり。かやうの情けにて（このような情けによって）、ありとあるたぐひ思ひつきけり（ありとあらゆる者達が尊敬したのだった）。人の心を感ぜしむとはこれなり。

（『十訓抄』第七「思慮を専らにすべき事」による）

※　かやうのかたは――こうしたことについては。前段の内容を受けたものである。前段では寛容（人を許し、受け入れること）の重要さを説いている。
※　福原大相国禅門のわかがみ――平清盛の若いころ。
※　小侍――年の若い侍。

問6　傍線部f「じわじわと、よろこびが体中に広がっていった」とあるが、ここでの颯太の説明として最も適切なものを次から選び、記号で答えなさい（解答番号は6）。

ア　くやしそうな表情を浮かべている優一を見て、まぎれもなく優一との最後の勝負に勝ったのだということをあらためて実感し、嬉しく思っている。

イ　ベンチで喜ぶ国見と浅田を見て、自分の一振りによってチームに貢献できたことを実感するとともに、まだ試合が続くことを嬉しく思っている。

ウ　三塁まで走るという自分の判断が間違っていなかったことをあらためて実感するとともに、塁審に自分の雄姿を見てもらえたことを嬉しく思っている。

エ　優一の投げる球を打てたことをあらためて実感するとともに、野球と本気で向き合う自分の姿を三塁の塁審に見せられたことを嬉しく思っている。

オ　強豪校の蒲田実業に一矢報いることで、今までの厳しい練習が報われたことを実感し、その活躍を三塁の塁審に見せられたことを嬉しく思っている。

問7　本文中における三塁の塁審についての説明として最も適切なものを次から選び、記号で答えなさい（解答番号は7）。

ア　不注意から事故を起こしてしまい、進路を変更せざるを得なくなった相手への申し訳なさから、塁審という立場を利用して少しでも力になろうと考える人物。

イ　野球にたずさわってきた者として、夢を奪われた高校球児の挫折感に深く共感し、苦しさを乗り越えて成長していく姿をそっと見守る優しい人物。

ウ　一人の人間の進路を変えてしまった責任を重く受け止め申し訳なさを感じつつ、塁審としては公平な判断を下すように努め、職務に忠実であろうとする人物。

エ　タイミングを見はからいながら用意していた謝罪の言葉を繰り返しつつ、塁審という立場を逸脱しないように配慮することができる視野の広い人物。

オ　事故の原因は自分だけにあるのではないと思いながらも、野球が好きだという共通点を生かして被害者と加害者同士が理解し合えると考える友好的な人物。

問3　本文中の空欄cにあてはまる内容として最も適切なものを次から選び、記号で答えなさい（解答番号は3）。

ア　国見を負け投手にしたくない　　イ　優一に負けたくない

ウ　コールドにしたくない　　エ　後悔したくない

オ　事故にとらわれたくない

問4　傍線部d「そんな純粋な欲求」とはどのようなものか。その説明として最も適切なものを次から選び、記号で答えなさい（解答番号は4）。

ア　自分が優一の球を打ち返し試合で活躍することで、事故の責任を感じている塁審の罪悪感を少しでも和らげたいという思い。

イ　自分と優一の才能を比べたり、事故についてあれこれ考えたりするのではなく、野球そのものをひたむきに楽しみたいという思い。

ウ　優一や三塁の塁審に対して抱く複雑な想いをいったんすべて手放して、勝つことだけにこだわって野球に向き合いたいという思い。

エ　目の前の投手を、因縁のある優一ではなく単なる対戦相手として捉え、その球を打ち返すことだけを考えていたいという思い。

オ　事故の記憶に心を乱されたり、優一に対する劣等感を抱いたりすることなく、チームの一員として勝利に貢献したいという思い。

問5　傍線部e「セカンドベースを躊躇なく蹴った」とあるが、颯太はなぜそうしたのか。その理由の説明として最も適切なものを次から選び、記号で答えなさい（解答番号は5）。

ア　野球を楽しめてはいても試合に勝つことはもはや困難であるとどこかで分かっていたが、そのあきらめの気持ちを三塁の塁審にさとられるわけにはいかないと思ったから。

イ　事故を起こした罪悪感からずっと自分を追い続けてくれていた三塁の塁審に対して、真剣に野球に取り組む姿を見せることで、何とか恩返しをしたいと思ったから。

ウ　事故の影響を感じさせないほど元気になった自分の姿を見せることで、自分の起こした事故のことを気にし続けている塁審の気持ちを楽にしたいと思ったから。

エ　自分が起こした事故のせいで不本意な進路を選択させたと責任を感じている塁審に劇的な逆転勝利を見せることで、彼の気持ちを和らげてあげたいと思ったから。

オ　自分に対する罪悪感を持ち続けていた塁審がいる三塁まで何とかして到達することで、真摯（しんし）に野球に取り組む自分の姿を見せ、彼の気持ちに応えたいと思ったから。

が、くやしそうな表情を浮かべて、サードからボールを受けとった。
じわじわと、よろこびが体中に広がっていった。[f] 打ったんだ。俺が打ったんだ！　けれど、無意識のうちに出かけたガッツポーズを、颯太はおさえた。震える左手で、やはり震えている右の手首をつかんだ。

※　国見――颯太のチームのエース。後に登場する「浅田」はキャッチャーで、二人はバッテリーを組んでいる。
※　塁審――颯太は中学三年の秋に交通事故に遭い、予定していた蒲田実業のセレクションを受けられなかった。颯太はこの塁審が事故の相手ではないかと思っている。

問1　傍線部a「このままじゃいけない」とあるが、「このまま」とはどのような状況か。その説明として最も適切なものを次から選び、記号で答えなさい（解答番号は1）。
ア　優一の圧倒的な実力の前に手も足も出せず、相手のペースで試合が進んでいる状況。
イ　三塁の塁審に対する恨みを忘れることができず、目の前の試合に集中できていない状況。
ウ　三塁の塁審のことが気になって試合に集中できず、焦って冷静さを失っている状況。
エ　優一への対抗心が強すぎて思うようにプレーできず、チームに心配されている状況。
オ　主将であるにも関わらず冷静でいられず、優一に対する思いに振り回されている状況。

問2　傍線部b「何度も、何度も叫びつづける」とあるが、ここでの颯太の説明として最も適切なものを次から選び、記号で答えなさい（解答番号は2）。
ア　仲間たちをはげましたいが、それ以上にすべてを事故のせいにして逃げてきた自分の弱さを払拭（ふっしょく）しようとして、無我夢中になっている。
イ　チームに貢献できないばかりか、勝つことをなかば諦めてしまっていた情けない自分のことをごまかそうとして、必死になっている。
ウ　三振してしまった自分が不甲斐なく、何もできないことがくやしいため、せめて声を出してチームを勢いづけようとしている。
エ　うっかり三塁の塁審に声をかけて生じた自分の中の動揺をしずめるだけでなく、チームメートたちを奮い立たせたいと思っている。
オ　忘れていた事故のことを思い出して心が乱れたが、声を出すことで試合に集中してチームを勝利に導こうと気持ちを新たにしている。

まうかもしれない。バットに一度も当てられないまま、終わりたくない。

けれど、気負いはなかった。くやしさはなかった。優一への憎しみはなかった。ただただ、あいつの球を打ち返したい。もっと、わくわくする気持ちを味わいたい。[d]そんな純粋な欲求に突き動かされるように、無心でバットを構えた。

渾身のストレート。外角。このまま、真っ直(まっす)ぐ来る！

無我夢中で振りきった。

自分でも、一瞬、何が起こったのかわからなかった。投球後、マウンドに着地した優一が、背後を振り向く。自分の両手に、バットの芯がボールをとらえた、爽快な感触としびれが走った。あわててバッターボックスを飛び出した。

打球は、右中間に落ちる。一塁ベースを蹴る。ボールは勢いを失わず、センターの右を抜けていく。ライトが大きく後ろからまわりこむのを確認して、視界を切った。走ることだけに集中する。もうすぐ、セカンドベース。

颯太は、サードコーチャーを見た。ぐるぐると腕をまわし、一塁ランナーを本塁に突入させた直後、両手を上げて颯太に指示を出す。

「颯太さん、ストップ、ストップ！」サードコーチャーの後輩の声が聞こえる。颯太は二塁の手前で減速しかけた。

サードベースを見すえる。

その近くには、三塁の塁審が立っていた。

中腰の姿勢をたもって、颯太を待ちかまえている。メガネの奥の光る瞳で、じっとこちらを見つめている。

なぜかこの瞬間、颯太はあの人のところまで何がなんでも行かなければいけないという、切迫した思いにとらわれていた。あきらめる瞬間の表情を、あの人に決して見せてはいけない気がした。それが、あの人の謝罪に対する、最低限の返答だ。

たとえ、アウトになってもいい。[e]セカンドベースを躊躇(ちゅうちょ)なく蹴った。こんなところでストップしたって、優一には痛くもかゆくもない。

走る。がむしゃらに、三塁を目指して走る。

右足を踏みきって、頭から三塁ベースに飛びこんでいった。

両手の先にベースの感触が当たった。すがるように、しがみつくように、ベースの角をしっかりとつかんだ。

もうもうと赤っぽい土煙が上がるなか、颯太は顔を上げた。

片膝を落としてかがみこんだ塁審は、颯太の両手と、その上に重なったサードのグラブをじっと見つめていた。厳粛な審判の表情で、がばっと両手を水平に開く。

「セーフ！」

颯太はゆっくりと立ち上がった。ベンチのなかで国見と浅田が抱きあっているのが見えた。サードベース後方までカバーに入っていた優一

「僕は何とも思ってませんから」それだけをつたえて、ふたたび前に向きなおった。蒲田実業の打者と相対す。「さぁ、来い！」と、大声を張り上げた。

やっぱり何度思い返してみても、事故の瞬間、自分から車のほうに近づき、接触したかどうかは記憶があやふやだった。けれど、自分の体裁だけを考えて、逃げたことにかわりはない。セレクションから、優一の才能から逃げていた。その罪悪感を、知らず知らずのうちに赤の他人の肩に押しつけた。そして、俺は一般の都立高校野球部で、唯一のシニアリーグ出身で、お山の大将気取りで、ここまでのうのうと生きてきてしまった。

「サード、打ってこい！」チームを鼓舞するべく、b何度も、何度も叫びつづける。国見が怪訝(けげん)な表情を浮かべてもかまわず、喉がかれるほど、声出しをつづける。それ以外に、自分がいったい何をすべきなのかわからなかったからだ。

このまま［ c ］という、ただその一心だった。

この試合、颯太ははじめて集中していた。守備のときは、この三年間でいちばんというくらい、ボールがよく見えた。味方をはげます声も、出しつづけた。

でも、もうおそい。おそすぎる。

いや、まだ間にあう。終われない。終わりたくない。

せめぎあう思いとは裏腹に、チームの地力の差はあきらかだった。じりじりと点差を広げられ、七回の表を終わって〇対八。

「まだまだ！　これからだぞ！」ベンチに帰るやいなや、思いきり手をたたいて、この回先頭の一番バッターを送りだした。ここで点をとれなければ、コールドで試合終了だ。

颯太の気迫を感じたのか、チームメートたちがようやく声を出しはじめた。国見も「次の回、投げさせてくれ！」と、両手を胸の前でこすりあわせ、神様に祈るような格好で叫んでいる。

その願いが通じたのか、ねばったすえに、二番がフォアボールで出塁した。優一に、はじめて疲れが見えはじめていた。

ワンナウト・ランナー一塁。

勝負は、ここだ——。

颯太は自分の胸を拳でたたきながら、バッターボックスに入った。

監督のサインは「打て」。当たり前だ。この場面、バントはない。律義に一点返したところで、まだコールドの点差なのだ。

追いこまれたら、おそらく打てない。追いこまれる前にフルスイングする。優一の投げる球を打つのは、正真正銘、これが最後になってしそう言った直後、言い訳するように、塁審がつけくわえた。
「あっ、その……、審判員はむかしからやってるんだ。二十年くらい」
颯太は記憶を掘り起こした。相手の名前は、どうしても思い出せなかった。
マウンドでは、国見がイニング間の投球練習をはじめていた。捕球した浅田が「いい球きてるよ!」と、声をかけて投げ返す。
「僕も高校球児だった。君の未来をつぶしてしまった重みが、痛いほどわかるから……」
「颯太、行くぞ!」と、声がかかり、我に返る。ファーストが投げたゴロが転がってくる。丁寧に膝をつけて捕球し、一塁へ投げ返す。
「あのときは、急いでて……。本当にすまなかったと、思ってる」
しずかではあるけれど、低く、太く、心によくしみとおってくる声が、依然として背後から響いてくる。
「そんなに、何度も……」颯太は、それでも振り返らなかった。観客席のざわめきに負けないよう、少しだけ声のボリュームを上げた。「何度も、希望の試合に派遣されるものなんですか?」
ショート、セカンドと、内野間の送球練習が一周して、ふたたびファーストがゴロを投げてくる。颯太は腰を落として、そのボールをがっちりと捕球した。
「最初は、偶然だったんだ。秋季大会。君が一年のとき。名前ですぐわかった」
途切れ途切れに話す塁審の声を聞きながら、ファーストにダイレクトで投げ返した。相手のミットに白球が吸いこまれるのを見届けてから、颯太は自分のスパイクで荒れた赤土をふたたびならした。
浅田が「ボールバック!」と、叫ぶ。国見の投球練習と内外野のキャッチボールが終わり、ショートがセカンドベースに入る。
「とくに平日は審判員がたりないし、希望の球場に派遣されることも多いんだ。いつかあやまろうと思って、でもそれは立場上許されないことで、とうとう君が三年になっ……」
ショートがキャッチャーからの送球を捕って、内野のボールまわしに入る。塁審の言葉は途中で聞こえなくなった。
最後にボールを受けとった颯太は、マウンドにゆっくりと近づいた。一度グラブをはずし、祈りをこめるように、両手で公式球をこねる。
「ここ、踏ん張っていこう」と、国見に声をかけ、下手でボールを投げた。
「おう!　まだ、コールドにはさせねぇぞ」と、国見も試合前の緊張を感じさせない笑顔を見せた。
マウンド付近から、ふたたびサードの定位置に戻る。そのとき、颯太は相手の顔を見た。目深にかぶった帽子の下で、申し訳なさそうに塁審が目を伏せた。強豪校への進学のチャンスをつぶした罪悪感を背負いつづけ、ずっと謝罪するタイミングをうかがってきたのかもしれない。

四 次の文章は、朝倉宏景（あさくらひろかげ）の小説「絶対的最後」の一節である。高校三年生の道宮颯太（みちみやそうた）は、甲子園出場の最有力候補である蒲田（かまた）実業との試合に臨んでいた。颯太は、蒲田実業エースで主将の優一（ゆういち）と中学時代にシニアチームでバッテリーを組んでいた。試合は完全に相手チームのペースで進み、四回の裏、颯太に二度目の打席が回ってきた。本文はこれに続く場面である。読んで、後の各問いに答えなさい。

三球目。

一瞬の静止状態から、優一が上げていた左足を大きく前へ踏み出す。テイクバックをとった右腕をたたきつけるように、真上から振り下ろす。

速球。来る。速い。高い。釣り球か?

颯太は一度出しかけたバットをとめようとした。

ところが、優一の投げた球はそこから急速に沈んでいった。あわてて、中途半端にとめていたバットを出す。今度は、高めのボールゾーンから、ストライクゾーンへ落ちてくるフォークだった。

クソ!　心のなかで叫んだはずの声が、バットが空を切った瞬間、実際に外にもれだしてしまった。

「クソ!」

バットの先で、思いきりヘルメットをたたいた。鈍い衝撃が、頭部につたわった。試合前は適当に流して、早く終えてしまおうと思っていたのに……。

「クソ!」

後輩が近づいてきて「道宮先輩……」と、おそるおそる声をかけた。見ると、一年生が帽子とグラブを差し出していた。

「おい、大丈夫か?」ベンチからマウンドに駆けだしてきた※国見も、心配そうに立ちどまる。「チェンジだぞ。気持ち切り替えろよ」

「ごめん、なんでもない」自分の帽子とグラブを受け取る。後輩に礼を言って、サードの守備位置に走る。

a このままじゃいけない。焦る気持ちがふくらんでいった。颯太はサードベース付近の土をスパイクでならしながら、自分でも驚くことに、三塁の※塁審に思いきって声をかけていた。

「あの……、いったい、何が目的なんですか?」周囲の誰にもさとられないよう、塁審のほうはまったく見なかった。

背後には、たしかに塁審が立っている。こちらの背中をじっと見つめている、その気配がつたわってくる。不自然な間があいた。もしかしたら、人違いかもしれないと思ったとき、ようやく返答があった。

「実は、君の公式戦に入るのは、五度目で……」

問4　本文中の空欄ｄに入る内容として最も適切なものを次から選び、記号で答えなさい（解答番号は4）。

ア　そこにあるものが棚ではなく机であると、正確に判断できるだけの情報

イ　そこにあるものの見た目や手触りといった、具体的・物質的な特徴

ウ　そこにあるものの材質や色の正式名称など、人のみが認識できる要素

エ　そこにあるものに対する美的センスとか、人との親和性といったこと

オ　そこにあるものに対する利用目的とか、人との相対的位置といった条件

問5　傍線部ｅ「人間の視点」の説明として最も適切なものを次から選び、記号で答えなさい（解答番号は5）。

ア　普遍的に認められている要素でものを分類する視点。　　イ　人との関わり方をもとにものを定義し認識する視点。

ウ　外見的特徴や使用目的からものを捉えようとする視点。　エ　自分にとって意味あるものを選び取ろうとする視点。

オ　ものの本来の利用価値を見極めようとする視点。

問6　本文の空欄ｆにあてはまる語句として最も適切なものを次から選び、記号で答えなさい（解答番号は6）。

ア　一貫性　　イ　多面性　　ウ　具体性　　エ　虚構性　　オ　創造性

問7　本文の論理構成の説明として最も適切なものを次から選び、記号で答えなさい（解答番号は7）。

ア　「日本語と外国語」「人間と動物」といった複数の対立をつくることで主題が際立つとともに、筆者が言いたいことが間違いなく読み手に伝わるよう工夫されている。

イ　複数の具体例を示すことで、抽象的・哲学的な筆者の主張を分かりやすく説明するとともに、読み手が話題を身近なものとして捉えやすくなるように、筆者自身の経験が提示されている。

ウ　主題に対する間違った認識が広まってしまっていることを指摘したうえで、正しい認識を説明するとともに、比喩を繰り返し用いることによって、難解な話題をイメージしやすくしている。

エ　主題に対する筆者の問題意識が説明されることで論点が明らかになるとともに、この問題を解決に導くための考え方がどのようなものであるかが順を追って説明されている。

オ　あえて一般的な認識を先に取り上げることで、それとは異なる見解をより明確にするとともに、主張を抽象的に述べた後に具体例を示すことで、より正確な読み手の理解を促している。

問1　傍線部a「このような前提」とはどういうことか。その説明として最も適切なものを次から選び、記号で答えなさい（解答番号は1）。

ア　日本語の「イヌ」に英語の「dog」が対応するように、異なる言語を用いる人同士であっても、同じものを同じように認識しているということ。

イ　日本語の「イヌ」と英語の「dog」が全く違ったことばであったとしても、辞書でその対応関係を規定することで、同じものについて語れるということ。

ウ　日本語の「イヌ」を英語の「dog」に置き換えることができるように、異なる文化圏の人同士でも、翻訳（ほんやく）することで意思疎通が図れるということ。

エ　日本語の「イヌ」と英語の「dog」では表現が異なるように、言語の違いは認識の違いであり、それぞれのことばが示すものは同じではないということ。

オ　日本語の「イヌ」を英語の「dog」と訳せるように、あることばの外国語での言い方は、辞書を引いて調べることが可能であるということ。

問2　傍線部b「かなりちがったものを、私たちに提示していると考えるべきだ」とあるが、「考えるべきだ」と筆者が言うのはなぜか。その理由の説明として最も適切なものを次から選び、記号で答えなさい（解答番号は2）。

ア　認識される対象が変化することによって、人間が世界を認識する窓口である言語もまた変化していく必要があるから。

イ　言語が異なれば世界の区切り方も変化するため、ことばによって存在を示されているものの見え方もまた異なっていくから。

ウ　対象に名前を付与しようとするとき、たとえ全く同じ対象を見ていても、言語が異なればその呼び名もまた変わるから。

エ　各文化やそこにある価値観が言語の構造やしくみを規定している以上、異なった文化に同じものが存在するはずがないから。

オ　同一のものが異なった名称で呼ばれるということは、その呼ばれるものの見え方が異なっているためだと言えるから。

問3　傍線部c「私の立場」とあるが、筆者の立場の説明として最も適切なものを次から選び、記号で答えなさい（解答番号は3）。

ア　ものというのは、ことばによって他と区別されることで、細かく分類されていくのだという立場。

イ　ものというのは、ことばによって新たに生み出され、伝達される過程で、徐々に認知されるという立場。

ウ　ものというのは、ことばによって存在を定義されることによって、ものとして認識されているという立場。

エ　ものというのは、ことば以前に存在しており、そのあり方はどのようなことばより優先するという立場。

オ　ものというのは、その具体的な特徴から名前をつけられることによって、はじめて認識されるという立場。

大きさ、形、そして窓ガラスの色、屈折率などが違えば、見える世界の範囲、性質が違ってくるのは当然である。そこにものがあっても、それを指す適当なことばがない場合、そのものが目に入らないことすらあるのだ。

抽象的な議論はこのくらいにして、具体的なことばの事実から考えて行くことにしよう。先ず身近にあるものの例として机のことを考えてみる。机とは一体なんだろうか。机はどう定義したらよいのだろうか。

机には木でできたのも、鉄のもある。夏の庭ではガラス製の机も見かけるし、公園には、コンクリートのものさえある。脚の数もまちまちだ。第一私がいま使っている机には脚がない。壁に板がはめ込んであって、造りつけになっている。また一本足の机があるかと思えば、会議用の机のように何本もあるのを見かける。形も、四角、円形は普通だし、部屋の隅で花びんなどを置く三角のものもある。高さは日本間で座って使う低いものから、椅子用の高いものまでいろいろと違う。

こう考えてみると、机を形態、素材、色彩、大きさ、脚の有無及び数といった外見的具体的な特徴から定義することは、殆(ほと)んど不可能であることが分ってくる。

そこで机とは何かといえば、「人がその上で何かをするために利用できる平面を確保してくれるもの」とでも言う他はあるまい。ただ生活の必要上、常時そのような平面を、特定の場所で確保する必要と、商品として製作するためのいろいろな制限が、ある特定の時代の、特定の国における机を、ほぼある一定の範囲での形や大きさ、材質などに決定しているにすぎない。

だが、人がその上で何かをする平面はすべて机かといえば、必ずしもそうでない。たとえば棚は、いま述べた机とほぼ同じ定義があてはまる。家の床も、その上で人が何かをするという意味では同じである。そこで机を、棚や床から区別するために、「その前で人がある程度の時間、座るか立止まるかして、その上で何かをする、床と離れている平面」とでも言わなければならない。

注意してほしいことは、この長たらしい定義の内で、人間側の要素、つまり[d]が大切なのであって、そこに素材として、人間の外側に存在するものの持つ多くの性質は、机ということばで表わされるものを決定する要因にはなっていないということである。

e人間の視点を離れて、たとえば室内に飼われている猿や犬の目から見れば、ある種の棚と、机と、椅子の区別は理解できないだろう。机というものをあらしめているのは、全く人間に特有な観点であり、そこに机というものがあるように私たちが思うのは、ことばの力によるのである。

このようにことばというものは、渾沌(こんとん)とした、連続的で切れ目のない素材の世界に、人間の見地から、人間にとって有意義と思われる仕方で、虚構の分節を与え、そして分類する働きを担っている。言語とは絶えず生成し、常に流動している世界を、あたかも整然と区分された、ものやことの集合であるかのような姿の下に、人間に提示して見せる[f]を本質的に持っているのである。

（鈴木孝夫(すずきたかお)『ことばと文化』による）

三　次の文章を読み、後の各問いに答えなさい。

多くの人は「同じものが、国が違い言語が異(ことな)れば、全く違ったことばで呼ばれる」という認識を持っている。犬という動物は、日本語では「イヌ」で、中国語では「狗」、英語でdog、フランス語でchien、ドイツ語ではHund、ロシア語でсобака、トルコ語でköpekといった具合に、さまざまな形のことばで呼ばれる。

私たちが学校で外国語を勉強する時や、辞書を引いて、日本語の或(あ)ることばは、外国語ではなんと言うのかを調べる時は、この同じものが、言語が違えば別のことばで呼ばれるという、一種の信念とでもいうべき、大前提をふまえているのである。

ところが、ことばとものの関係を、詳しく専門的に扱う必要のある哲学者や言語学者の中には、[a]このような前提について疑いを持っている人たちがいる。私も言語学の立場から、いろいろなことばと事物の関係を調べ、また同一の対象がさまざまな言語で、異った名称を持つという問題にも取組んできた結果、今では次のように考えている。

それは、ものという存在が先(ま)ずあって、それにあたかもレッテルを貼るような具合に、ことばが付けられるのではなく、ことばが逆にものをあらしめているという見方である。

また言語が違えば、同一のものが、異った名で呼ばれるといわれるが、名称の違いは、単なるレッテルの相違にすぎないのではなく、異った名称は、程度の差こそあれ、[b]かなりちがったものを、私たちに提示していると考えるべきだというのである。

この第一の問題は、哲学では唯名論と実念論の対立として、古くから議論されてきているものである。私は純粋に言語学の立場から、唯名論的な考え方が、言語というもののしくみを正しく捉えているようだということを述べてみようというわけである。

[c]私の立場を、一口で言えば、「始めにことばありき」ということにつきる。

勿論(もちろん)始めにことばがあると言っても、あたりが空々漠々(くうくうばくばく)としていた世界の始めに、ことばだけが、ごろごろしていたという意味ではない。またことばがものをあらしめるといっても、ことばがいろいろな事物を、まるで鶏が卵を生むように作り出すということでもない。ことばがものをあらしめるということは、世界の断片を、私たちが、ものとか性質として認識できるのは、ことばによってであり、ことばがなければ、犬も猫も区別できない筈(はず)だというのである。

ことばが、このように、私たちの世界認識の手がかりであり、唯一の窓口であるならば、ことばの構造やしくみが違えば、認識される対象も当然ある程度変化せざるを得ない。

なぜならば、以下に詳しく説明するように、ことばは、私たちが素材としての世界を整理して把握する時に、どの部分、どの性質に認識の焦点を置くべきかを決定するしかけに他ならないからである。いま、ことばは人間が世界を認識する窓口だという比喩を使ったが、その窓の問5　次の文の「ばかり」と、同じ意味・用法の「ばかり」が使われている文を、後のア～オから一つ選び、記号で答えなさい（解答番号は5）。

昨日先生に怒られたばかりなので元気がでない。

ア　あの道を曲がって五分ばかりすると学校に着く。　イ　先生が今にも怒り出さんばかりの顔をしている。

ウ　僕が出場したばかりに、優勝を逃してしまった。　エ　今日の試験は、昨日解いたばかりの問題が出た。

オ　夏休みは家にこもって、勉強ばかりしていました。

問6　次の各古文の傍線部を音読したとき、**表記通りの読み方をしない**ものを一つ選び、記号で答えなさい（解答番号は6）。

ア　人ごとに、我が身にうとき事のみぞ好める。

イ　世に語り伝ふる事、まことはあいなきにや、

ウ　人の語り出でたる歌物語の、歌のわろきこそ本意なけれ。

エ　すこしのことにも先達はあらまほしき事なり。

オ　人の心すなほならねば、偽りなきにしもあらず。

問7　次の陰暦月と月の異名の組み合わせとして**誤っているもの**を次から一つ選び、記号で答えなさい（解答番号は7）。

ア　二月―如月　イ　四月―卯月　ウ　六月―文月　エ　八月―葉月　オ　十月―神無月

問8　『万葉集』についての説明として適切なものを次から**三つ**選び、記号で答えなさい（解答番号は8）。

ア　奈良時代に成立した。　イ　現存する最初の勅撰和歌集である。

ウ　千五百首あまりの和歌を集めた。　エ　藤原定家が編纂（へんさん）に関わった。

オ　様々な身分の人々の和歌が入集している。　カ　ますらをぶりの力強い歌が多い。

二　次の各問いに答えなさい。

問1　次の各四字熟語のうち、□に**数字以外**が入るものを一つ選び、記号で答えなさい（解答番号は1）。

ア　□寒□温　　イ　□載□遇　　ウ　□者択□　　エ　□人□色　　オ　□明□大

問2　次のア～エのうち**構成が異なる**熟語の入った組み合わせであるものを一つ選び、記号で答えなさい（解答番号は2）。

ア（明暗　・　慶弔　・　寒暖）
イ（年長　・　賢母　・　厚志）
ウ（駐車　・　観劇　・　超人）
エ（仁愛　・　絵画　・　価値）

問3　次の文における傍線部の意味として最も適切なものを選び、記号で答えなさい（解答番号は3）。

彼のふるまいはいつも天衣無縫だ。

ア　無邪気で飾り気がなく、自然である様子。
イ　人への気遣いができ、信頼されている様子。
ウ　自分がしていることについて、意識が薄い様子。
エ　常識から外れ、自分の思うままに動き回る様子。
オ　気持ちが大きく、細かいことにこだわらない様子。

問4　次の文の自立語の数として最も適切なものを選び、記号で答えなさい（解答番号は4）。

小学校にいる時分、学校の二階から飛んで、一週間腰を抜かしたことがある。

ア　9　　イ　10　　ウ　11　　エ　12　　オ　13

二〇二一年度　流通経済大学付属柏高等学校（前期①）

【国　語】〈五〇分〉〈満点：一〇〇点〉

一　次の1～5の傍線部と同じ漢字を使うものを、後のア～オの傍線部からそれぞれ一つずつ選び、記号で答えなさい（解答番号は1～5）。

1．ローマはハンエイを極めた。
ア　スイハンキを購入する。
イ　ハンガを作成する。
ウ　生涯のハンリョとなる。
エ　植物がハンモしている。
オ　お米をハンバイする。

2．鉄のガンユウ率が高い。
ア　ネンガンがかなう。
イ　チームがイチガンとなった。
ウ　ガンチクのある言葉。
エ　エンガンの警備に当たる。
オ　子供のガングを買う。

3．カンケツに説明する。
ア　計画をケッコウする。
イ　セイケツを保つ。
ウ　ケッシュツした作品。
エ　彼とケツエン関係はない。
オ　注意力のケツジョ。

4．ヨクヨウをつけて話す。
ア　子どもをヤシナう。
イ　美しくオドる。
ウ　風にユれる。
エ　天ぷらをアげる。
オ　砂糖をトかす。

5．申し出をココロヨく受け入れる。
ア　ユカイな仲間。
イ　地元のカンゲイを受ける。
ウ　卒業式のシュクデン。
エ　メイロウな性格。
オ　カイゼン点を示す。

英語解答

1	1…2	2…2	3…1	4…1	4	1…1	2…2	3…1	4…3
	5…4					5…2	6…4	7…2	8…4
2	問1	1…2	2…3	3…1 4…2		9…4	10…3		
		5…1			5	1	3番目…1	6番目…2	
	問2	4	問3	②…2 ③…5		2	3番目…4	6番目…7	
	問4	3	問5	A…1 B…6		3	3番目…1	6番目…5	
	問6	3				4	3番目…3	6番目…8	
	問7	1…4	2…3	3…4		5	3番目…4	6番目…5	
3	1…1	2…4	3…4	4…2	6	1…4	2…2	3…1	4…3
	5…1	6…3	7…3	8…1		5…4			

1〔放送問題〕解説省略

2〔長文読解総合─伝記〕

≪全訳≫❶人は，マルコ・ポーロが彼の時代で最も有名な旅行家だと思っていることが多い。だが，マルコ以前に彼の父親のニッコロとおじのマフェオが東方へ旅をしたことを思い起こすことが重要だ。ニッコロ・ポーロとマフェオ・ポーロが先に旅をしていなければ，マルコの旅と彼の著書『東方見聞録』は想像できない。❷ニッコロとマフェオは，1253年にコンスタンチノープルへ向かってベネチアを出発した。彼らは商売用の品物でいっぱいの大きな船に乗ってその町を出航した。その当時，海の旅は危険で，不潔で，とても不快だったので，兄弟はようやくコンスタンチノープルに到着したことをとても喜んだ。❸この巨大な都市は，世界中の商人にとって重要な中心地だった。兄弟はここで6年間慌ただしく商売をし，たくさんの宝石を買った。だが，都市内のさまざまな集団との争いの後，ポーロ兄弟は宝石を持って出ていくことにした。❹兄弟はまず，現在のウクライナにあったスダクへ船で向かった。彼らはベネチアに戻りたいと思っていたが，スダクからベネチアへの旅はあまりにも危険だった。そこで彼らは，シルクロードの北方ルートを通って東方に移動し始めた。この地域の道はモンゴルの統治下にあったので，より安全だった。その旅の途中で，兄弟は，塩，動物の毛皮，金，香辛料といった品物を売買した。❺彼らは，今はアストラハンと呼ばれる場所にあったサライに行った。そこはモンゴルの皇帝バルカ・ハンと彼の部下たちが夏の間に過ごす家だった。ポーロ兄弟は初めてバルカ・ハンに会ったとき，彼に贈り物としてコンスタンチノープルの宝石を渡した。だがハンは，彼らにお礼として2倍の数の宝石を渡したのだった。❻今や兄弟は金持ちとなり，1年間サライに滞在して商売をした。その後，彼らは現在のウズベキスタンにある，シルクロードの有名な都市ブハラに行った。争いが増えて，それ以上行くことも戻ることもできず，彼らはそこで商人として3年間働いた。❼彼らは幸運にも，中国を治めていたモンゴル皇帝フビライ・ハンを訪ねる予定だった，ブハラにいた大使と出会った。大使は2人を中国に連れていき，ハンに会わせることを承諾した。1264年，ポーロ兄弟は大都，つまり現在の北京にあるフビライ・ハンの宮殿に到着した。彼らが最初にベネチアを出てから，今や11年がたっていた。❽後にマルコは『東方見聞録』の中で，このポーロ兄弟とフビライ・ハンの有名な対面について述べている。その偉大な皇帝が，残りの世界のことを聞いて多いに興味を示したことがわかる。彼は兄弟に，ローマ教皇，キリスト教教会，そしてヨーロッパの異なった習慣について尋ねた。❾ハンはニッコロとマフェオを気に入った。兄弟は中国で２年間商売をし，モンゴル語を上手に話すようになった。だが，最後には故郷に帰りたいと思った。フビライ・ハンは同意し，その２人の男に美しい金色の通行手形を渡した。これがあれば，彼らは広いモンゴル帝国を自由に移動でき，街道で常に食べ物と寝る場所を得られた。❿だが，兄弟が出発する前，ハンは彼らにローマ教皇へのメッセージを持っていくこと，そして100人のキリスト教神父とともに中国に帰ってくることを求めた。彼はまた，エルサレムの有名な教会の特別な油を求めた。ニッコロとマフェオは受け入れ，できるだけ早く帰ってくると言った。⓫シルクロードを３年間旅した後，兄弟は地中海沿岸の町アクレに到達した。そこで彼らは，ローマ教皇が亡くなり，彼にハンのメッセージを届けられなくなったと知った。そこで，彼らは家族に会うためにまっすぐベネチアに船で戻った。1269年，ニッコロとマフェオはベネチアに到着した――彼らが旅を始めて16年後のことだった。だが，そのとき暮らしぶりは変わっていた。ニッコロの妻はすでに亡くなっており，息子たちが彼らを出迎えた。彼の息子マルコは，そのとき15歳だった。

問１＜適語選択＞１．be full of ～「～に満ちた，～でいっぱいの」　２．dangerous「危険な」，uncomfortable「不快な」と並ぶので，悪い意味を持つ dirty「汚い」が適切。　３．at last「ついに，ようやく」　４．直前に an ambassador in Bukhara「ブハラにいた大使」と‘人’を表す名詞が前にあり，後に「～を訪れる予定だった」という文が続くので，これらをつなぐはたらきを持つ関係代名詞の who が適切。　５．‘as＋原級＋as possible’「できるだけ～」

問２＜語句解釈＞マルコ・ポーロの *The Description of the World*『世界の記述』は，『東方見聞録』という題名でも知られている。

問３＜指示語＞②この here は前の文の This great city を指し，これは彼らが到着した Constantinople「コンスタンチノープル」に当たる。　③この there は，前の文で彼らが行った Bukhara「ブハラ」を指す。

問４＜語句解釈＞‘take＋人＋to＋場所’で「〈人〉を〈場所〉に連れていく」。大使がハンのもとに連れていったのは，マフェオとニッコロの the Polos「ポーロ兄弟」である。

問５＜適語選択＞Ａ．前の文に，1264年とある。これは，兄弟がベネチアを出発した1253年（第２段落第１文）の11年後に当たる。　Ｂ．同じ文中に，1269年とある。これは，兄弟が旅を始めた1253年（第２段落第１文）の16年後に当たる。

問６＜指示語＞下線部の続きの部分に，それがあればモンゴル帝国内での通行の自由や，食料，寝る場所が保証されたとあるので，フビライ・ハンがくれた通行手形を指しているとわかる。

問７＜内容一致＞１．「バルカ・ハンは（　　）」―４．「ポーロ兄弟が彼に渡した以上の宝石を，ポーロ兄弟に与えた」　第５段落最終文参照。　２．「フビライ・ハンはポーロ兄弟に（　　）よう求めた」―３．「ローマ教皇へメッセージを持っていく」　第10段落第１文参照。　３．「ポーロ兄弟がベネチアに1269年に到着したとき，（　　）」―４．「ニッコロの息子がそこで暮らしていた」最終段落最後の２文参照。

３〔長文読解―英問英答―説明文〕

≪全訳≫❶仕事を持っているアメリカ人の多くが，世界の他のほとんどの国の人々よりも快適に暮らしている。彼らはたいてい週に40時間働き，感謝祭やクリスマスといった休日の他にも１年に２週間の休暇をとる。60％の家庭で，夫と妻の両方が働く。国土の40％以上が耕作されているにもかかわらず，農家として働いている人はほとんどおらず，工場で働く人も昔より少ない。今では，ほとんどの仕事が病院や銀行，ホテル，店舗といった場所にある。仕事がなければ，生活は厳しい。政府は少々のお金をくれるが，それは必要な全ての物を買うには足りない。どれくらいのアメリカ人が貧しいのだろう。全アメリカ人の13％程度が貧しいが，その数字のうち，25％の黒人と22％のヒスパニックが貧しい。❷アメリカの通貨はドルで，それは100セントからなる。特別な呼び名の硬貨もある。５セントはニッケル，10セントはダイム，25セントはクオーターだ。タクシーやレストラン，その他の場所では人々は「チップ」――価格に上乗せされる追加のお金を支払う。この追加のお金がないと，多くの労働者は生活に必要なお金が十分でなくなる。❸アメリカはとても大きな国なので，一方の側から他方へ移動するにつれて時間が変わる。ニューヨークが午後12時のとき，カンザスは午前11時，アリゾナは午前10時，シアトルは午前９時，アラスカは午前８時，ハワイは午前７時だ。❹外出したくなければ，アメリカ人は家にいてテレビを見ることができる。ほとんど全ての家庭がテレビを持ち，一般的な家庭は１日に７時間以上テレビを見る。１万以上のテレビ局があり，そのほとんどが政府ではなく企業のものだ。アメリカのテレビ番組は世界中で売られている。1500以上の日刊新聞があるが，そのほとんどは１つの都市向けだ。最も人気のある新聞はUSAトゥデイで，１日に500万部売れる。タイムやニューズウィークといった雑誌のほか，ニューヨークタイムズやワシントンポストといった新聞がどこでも買える。❺多くのアメリカ人はスポーツを楽しみ，野球，バスケットボール，フットボールが人気である。アメリカンフットボールは，ヨーロッパのフットボールとはかなり違う競技だ。選手は足を使うよりも，手でボールを運ぶ方が多い。だが，アメリカで最も人気があるスポーツは野球だ。野球は９人からなる２つのチームで行われる。１番目のチームのそれぞれの選手がボールを打ち，大きな四角形を角から角へ走り回ろうとする。２番目のチームの選手はボールを捕ろうとする。選手はボールを１つの角に送ろうとする。３人の選手が「アウト」になった後は，２番目のチームがボールを打つ番だ。ロサンゼルス・ドジャース，ニューヨーク・ヤンキース，ボストン・レッドソックスが有名なチームだ。歴史上最も偉大な野球選手は，おそらくベーブ・ルースだろう。彼は1895年に生まれ，ボストン・レッドソックスでプレーし，その後ニューヨーク・ヤンキースでプレーした。彼は1948年に亡くなったが，今日でも記憶されている。❻アメリカに行くと，アメリカ風の朝食を楽しむことができる。一部のレストランでは，卵が多くのさまざまな方法で調理される。「サニーサイドアップ」は黄身が上に乗っていることを，「オーバーイージー」は黄身が下にあるが柔らかいことを意味する。朝食とともに，欲しいだけたくさんコーヒーを飲めるが，全て同じ値段だ。実際，アメリカでは一日中コーヒーが飲める。そこはもちろんスターバックスの本拠地だ。1990年代以来，それは人々のコーヒーの飲み方を変えてきた。今では世界中で，コーヒーショップに行ってコーヒーのとても長いメニューから選べる。さらに，すばらしいアメリカのワインを西海岸，特にカリフォルニアで見つけられる。だが，アメリカ人は21歳になるまでお酒を買うことが許されない。多くの州で，レストランや職場のような場所では喫煙ができない。

1．「たいていのアメリカ人は１年に何日の休暇をとるか」―１．「２週間以上」　第１段落第２文参照。　**2**．「仕事がないと生活が厳しくなるのはなぜか」―４．「政府からの援助は仕事のない人にとって十分ではないから」　第１段落最後から３文目参照。　**3**．「『チップ』とは何か」―４．

「労働者は十分なお金をもらっていないので，それは彼らにとってとても大切である」　第2段落最終文参照。　4.「ニューヨークが午後7時のとき，シアトルは何時か」―2.「午後4時」　第3段落第2文参照。ニューヨークが午後12時のときシアトルは午前9時なので，ニューヨークの方が3時間早い。　5.「アメリカのテレビについて正しいものはどれか」―1.「たいていのアメリカ人は週に49時間以上テレビを見る」　第4段落第2文参照。1日7時間以上見るのだから，1週間で49時間以上になる。　6.「アメリカのスポーツについて正しいものはどれか」―3.「アメリカにはいくつか有名な野球チームがある」　第5段落最後から4文目参照。　7.「『サニーサイドアップ』について正しいものはどれか」―3.「それは太陽のような，上に乗っかっている黄色だ」　最終段落第2文参照。　8.「アメリカでの飲食について正しいものはどれか」―1.「人々はいつでもコーヒーが飲める」　最終段落第4文参照。

4 〔適語(句)選択・語形変化〕

1. 命令文は，動詞の原形を文頭に置いてつくる。　「気をつけて！　後ろから車が来るよ」
2. than ～「～よりも」があるので，more をつけて比較級にする。　「このスマートフォンはあのスマートフォンより人気がある」
3. 直後に money「お金」が続くので，'数えられない名詞'について「ほとんど～ない」を表す little が適切。　「私の財布にはほとんどお金がない」
4. '-thing＋to不定詞'で「～するための物」を表せる(to不定詞の形容詞的用法)。　「何か飲み物をいただけますか」
5. 'too ～ for … to ―'「…が―するには～すぎる，…には～すぎて―できない」　「この机は私には重すぎて運べない」
6. yesterday「昨日」とあるので，過去形が適切。　'look＋形容詞'「～のように見える」　「昨日はクラスの誰もがとても疲れているように見えた」
7. just now は，過去形とともに用いて「たった今(～した)」を表す。現在完了の文では使えない。「私の兄〔弟〕はたった今，宿題を終えた」
8. is が文の動詞で，river までが「川で泳ぐこと」という意味の主語になるので，「～すること」という意味を持つ動名詞(～ing)が適切。　「川で泳ぐことはとても楽しい」
9. sister と the boy をつなぐ語として，「少年(タカシ)の妹」という所有の意味を含む関係代名詞の whose が適切。　「タカシは有名なピアニストを姉〔妹〕に持つ少年だ」
10. 後半が前半の'理由'になっているので，because「なぜなら～」が適切。　「私はこの町を知っている。なぜなら前にそこに行ったことがあるからだ」

5 〔整序結合〕

1. 「(私に)～を教えてください」は'依頼'を表す Can you ～？と，'tell＋人＋物事'「(人)に(物事)を伝える」を組み合わせて表す。'物事'に当たる「誰がこの手紙を書いたか」は'疑問詞＋主語＋動詞…'という間接疑問の語順で並べる。ここでは，疑問詞の who が主語となっている。　Can you tell me who wrote this letter？
2. 語群の enough to から，「彼女は親切にも～してくれた」を「彼女は～してくれるほど十分親切だった」と読み換え，'形容詞〔副詞〕＋enough to ～'「～できるほど〔～するほど〕十分…」の構文で表す。「郵便局までの道のりを(私に)教える」には‘show＋人＋物事’「(人)に(物事)を示す」,「〜までの道のり」には‘the way to＋場所’「(場所)への道のり」を用いる。 She was kind enough to show me the way to the post office.

3．「〜し終える」は finish 〜ing。「〜したときに」は‘時’を表す接続詞 when を使って，‘when＋主語＋動詞…’「〜するとき」の語順にする。 She finished writing the letter when her mother came in.

4．文頭の That を用いて，That high building「(あの)高い建物」というまとまりをつくる。それを修飾する「向こうに見える」は，‘名詞＋主語＋動詞…’の形で you can see over there と並べ，building の後に置く。残りは is our school「〜は私たちの学校です」とする。 That high building you can see over there is our school.

5．「〜しなくてはならない」を have to 〜 で表す。「教室をきれいにしておく」には，‘keep＋目的語＋形容詞’「〜を…(の状態)に保つ」の形を使う。「いつも」は all the time とする。 We have to keep our classroom clean all the time.

6 〔長文読解―英問英答―掲示〕

≪全訳≫英語クラブディナーパーティー／日付：10月22日木曜日／時間：午後7時〜午後9時／場所：学生会館／招待講演者：『英語はおもしろい』の作者ジェーン・フィッツジェラルド博士／予約と問い合わせは212-2334，サンドラ・カーデンまでお電話ください。

1．「どのような集団が集まるか」―4．「英語クラブ」 表題に，英語クラブのディナーパーティーとある。 2．「もし参加したければ，最初に何をする必要があるか」―2．「電話をする」 予約のためにサンドラ・カーデンに電話をする。 3．「このイベントについて正しいものはどれか」―1．「それは午後9時に終わる」 イベントの時間は午後7時から午後9時とある。

≪全訳≫求人 ダニーズレストラン 私たちと一緒に働きましょう！／時期：12月1日以降いつでも／報酬：時給60ドル／時間：平日午前11時から午後7時 週末午後12時から午後9時 火曜日定休／料理人と配達の運転手は1日あたり最低3時間の勤務が必要です。／週に最低4日の勤務が必要です。／メニューに写真がある料理のつくり方を教えますが，すでに料理法を知っているとありがたいです。／ダニー・ジェーン宛に9月20日までにEメールを送ってください。manager@dannyrestaurant.com

4．「このチラシについて正しいものはどれか」―3．「火曜日に働く必要はない」 火曜日は定休とある。 5．「このレストランで働くと何を学べるか」―4．「メニューにある食べ物のつくり方」 文中の dishes は「料理」の意味。

2021年度／流通経済大学付属柏高等学校（前期①）

数学解答

1
(1) ア…7　イ…5
(2) ウ…6　エ…7
(3) オ…8　カ…3　キ…3
(4) ク…6　ケ…2
(5) コ…0　サ…9　シ…4
(6) ス…1　セ…7　ソ…3
(7) タ…1　チ…2　ツ…0
(8) テ…4　ト…1

2
(1) ア…1　イ…3
(2) ウ…1　エ…0　オ…1　カ…3
キ…4　ク…5
(3) 4

3
(1) 9
(2) イ…2　ウ…7　エ…2　オ…3
(3) カ…2　キ…5

4
(1) ア…1　イ…5
(2) (i) ウ…4　エ…5　オ…1
カ…6　キ…2　ク…5
(ii) ケ…1　コ…3
(iii) サ…4　シ…1　ス…5
(3) (i) 6　(ii) ソ…6　タ…1

5
(1) ア…1　イ…4　ウ…1　エ…2
オ…2
(2) (i) 6　(ii) キ…2　ク…0
(3) ケ…7　コ…1　サ…2　シ…9

6
(1) ア…5　イ…0　ウ…4　エ…5
(2) オ…1　カ…1
(3) キ…1　ク…1　ケ…3
(4) コ…2　サ…5　シ…0

1 〔独立小問集合題〕

(1)＜数の計算＞与式$=\left(\frac{175}{100}-\frac{1}{4}\right)\div\frac{2}{100}=\left(\frac{7}{4}-\frac{1}{4}\right)\div\frac{1}{50}=\frac{6}{4}\times50=75$

(2)＜式の計算＞与式$=(a+3+\sqrt{2})(a+3-\sqrt{2})$とし，$a+3=X$とおくと，与式$=(X+\sqrt{2})(X-\sqrt{2})=X^2-(\sqrt{2})^2=X^2-2$となる。$X$をもとに戻すと，与式$=(a+3)^2-2=a^2+6a+9-2=a^2+6a+7$となる。

(3)＜平方根の計算＞$\sqrt{48}=\sqrt{4^2\times3}=4\sqrt{3}$，$\frac{\sqrt{27}}{2}=\frac{\sqrt{3^2\times3}}{2}=\frac{3\sqrt{3}}{2}$，$\frac{1}{\sqrt{12}}=\frac{1}{\sqrt{2^2\times3}}=\frac{1}{2\sqrt{3}}=\frac{1\times\sqrt{3}}{2\sqrt{3}\times\sqrt{3}}=\frac{\sqrt{3}}{6}$より，与式$=4\sqrt{3}-\frac{3\sqrt{3}}{2}+\frac{\sqrt{3}}{6}=\frac{24\sqrt{3}}{6}-\frac{9\sqrt{3}}{6}+\frac{\sqrt{3}}{6}=\frac{16\sqrt{3}}{6}=\frac{8\sqrt{3}}{3}$となる。

(4)＜連立方程式＞$3x+7y=32$……①，$-2x+3y=-6$……②とする。①×2より，$6x+14y=64$……①′　②×3より，$-6x+9y=-18$……②′　①′+②′より，$14y+9y=64+(-18)$，$23y=46$　$\therefore y=2$　これを①に代入して，$3x+14=32$，$3x=18$　$\therefore x=6$

(5)＜関数―変域，変化の割合＞関数$y=x^2$において，xの変域が$-2\leqq x\leqq3$だから，xの絶対値が最小の$x=0$のとき，$y=0$で最小となり，xの絶対値が最大の$x=3$のとき，$y=3^2=9$で最大となる。よって，yの変域は$0\leqq y\leqq9$である。また，$x=-3$のとき$y=(-3)^2=9$，$x=-1$のとき$y=(-1)^2=1$だから，xが-3から-1まで増加するとき，xの増加量は$-1-(-3)=2$，yの増加量は$1-9=-8$なので，変化の割合は，$\frac{-8}{2}=-4$となる。

(6)＜二次方程式＞解の公式を用いると，$x=\frac{-(-4)\pm\sqrt{(-4)^2-4\times3\times(-7)}}{2\times3}=\frac{4\pm\sqrt{100}}{6}=\frac{4\pm10}{6}$となるので，$x=\frac{4-10}{6}=\frac{-6}{6}=-1$，$x=\frac{4+10}{6}=\frac{14}{6}=\frac{7}{3}$である。

(7)＜因数分解＞与式$=x^2-30x+225+11x-165-80=x^2-19x-20=(x+1)(x-20)$
≪別解≫$x-15=X$とおくと，与式$=X^2+11X-80=(X+16)(X-5)$となる。Xをもとに戻して，与式$=(x-15+16)(x-15-5)=(x+1)(x-20)$となる。

(8)＜数の性質＞$\sqrt{169}<\sqrt{170}<\sqrt{196}$より，$13<\sqrt{170}<14$だから，$\sqrt{170}$より小さい素数は13以下の素数であり，2，3，5，7，11，13である。よって，求める和は，$2+3+5+7+11+13=41$となる。

2〔独立小問集合題〕

(1)＜一次方程式の応用＞現在の長女の年齢をx歳とする。長女と次女の年齢差は4歳なので，現在の次女の年齢は$x-4$歳となり，20年後の長女と次女の年齢の和は，$(x+20)+(x-4+20)=2x+36$(歳)と表せる。また，現在の父の年齢は42歳だから，20年後の父の年齢は$42+20=62$(歳)となる。20年後の長女と次女の年齢の和が，20年後の父の年齢と等しいから，$2x+36=62$が成り立つ。これを解くと，$2x=26$，$x=13$となるので，現在の長女の年齢は13歳である。

(2)＜二次方程式の応用＞連続する3つの整数のうち，1番小さい数をxとすると，連続する3つの整数は，x，$x+1$，$x+2$と表せる。1番小さい数の2乗と2番目に小さい数の2乗の和は，1番大きい数の2乗に等しいので，$x^2+(x+1)^2=(x+2)^2$が成り立ち，これを解くと，$x^2+x^2+2x+1=x^2+4x+4$，$x^2-2x-3=0$，$(x+1)(x-3)=0$より，$x=-1$，3となる。よって，連続する3つの整数は，小さい順に，-1，0，1，または，3，4，5となる。

(3)＜数の性質＞$\frac{42}{n}$，$\frac{n}{7}$がともに自然数となるので，自然数nは，42の約数で，7の倍数である。42の約数は1，2，3，6，7，14，21，42であり，このうち，7の倍数は7，14，21，42だから，求める自然数nの個数は4個である。

3〔独立小問集合題〕

(1)＜場合の数―さいころ＞大小2つのさいころを投げるとき，出た目の数の和は最大で$6+6=12$だから，出た目の数の和が4の倍数になるのは，和が4，8，12のときである。和が4のとき(大，小)$=(1,\ 3)$，$(2,\ 2)$，$(3,\ 1)$の3通り，和が8のとき(大，小)$=(2,\ 6)$，$(3,\ 5)$，$(4,\ 4)$，$(5,\ 3)$，$(6,\ 2)$の5通り，和が12のとき(大，小)$=(6,\ 6)$の1通りだから，和が4の倍数になるのは$3+5+1=9$(通り)ある。

(2)＜場合の数，確率―じゃんけん＞A，B，Cの3人が1回じゃんけんをするとき，それぞれ，グー，チョキ，パーの3通りの出し方があるから，出し方は全部で$3\times3\times3=27$(通り)ある。次に，Aが負ける場合を考える。Aがグーを出して負ける場合は，(A，B，C)＝(グー，パー，パー)，(グー，グー，パー)，(グー，パー，グー)の3通りあり，Aがチョキを出して負ける場合，パーを出して負ける場合も同様に3通りずつある。よって，Aが負ける場合は$3\times3=9$(通り)あるから，Aが負けない場合は$27-9=18$(通り)あり，その確率は$\frac{18}{27}=\frac{2}{3}$である。

(3)＜確率―色玉＞2個の赤玉を$赤_1$，$赤_2$，3個の白玉を$白_1$，$白_2$，$白_3$とする。玉は$2+3=5$(個)あるので，この玉の中から1個ずつ2個の玉を取り出すとき，1個目の取り出し方は5通り，2個目の取り出し方は4通りより，2個の玉の取り出し方は全部で$5\times4=20$(通り)ある。このうち，2個とも同じ色である場合は，2個とも赤玉の場合が(1個目，2個目)＝($赤_1$，$赤_2$)，($赤_2$，$赤_1$)の2通り，2個とも白玉の場合が(1個目，2個目)＝($白_1$，$白_2$)，($白_1$，$白_3$)，($白_2$，$白_1$)，($白_2$，$白_3$)，

(白$_3$，白$_1$)，(白$_3$，白$_2$)の6通りより，$2+6=8$(通り)ある。よって，求める確率は $\frac{8}{20}=\frac{2}{5}$ となる。

4 〔独立小問集合題〕

(1)＜図形―角度＞右図1において，△OABで内角と外角の関係より，$\angle COD=\angle A+\angle B=75^\circ+75^\circ=150^\circ$ である。△OCDはOC＝ODの二等辺三角形だから，$\angle ODC=\angle OCD=(180^\circ-\angle COD)\div 2=(180^\circ-150^\circ)\div 2=15^\circ$ となる。

(2)＜図形―長さの比，面積比＞(i)右下図2で，∠ABE＝∠ACD，∠BAE＝∠CADより，2組の角がそれぞれ等しいから，△ABE∽△ACDである。よって，AE：AD＝AB：AC＝BE：CD＝4：5となる。また，相似な図形の面積比は相似比の2乗に等しいから，△ABE：△ACD＝$4^2:5^2$＝16：25である。　(ii)図2で，∠EBD＝∠ECDだから，4点E，B，C，Dは同一円周上にある。よって，∠EAD＝∠BACであり，$\overset{\frown}{EB}$に対する円周角より，∠ADE＝∠ACBとなるから，△ADE∽△ACBとなる。相似比は，DE：CB＝2：6＝1：3である。　(iii)図2で，△ABE，△ABCは，底辺をそれぞれAE，ACと見ると高さが等しいので，△ABE：△ABC＝AE：ACとなる。(i)より，AE：AD＝4：5なので，AE＝$\frac{4}{5}$ADである。また，(ii)より，△ADE∽△ACBであり，相似比が1：3より，AD：AC＝1：3である。これより，AC＝3ADである。よって，AE：AC＝$\frac{4}{5}$AD：3AD＝4：15だから，△ABE：△ABC＝4：15となる。

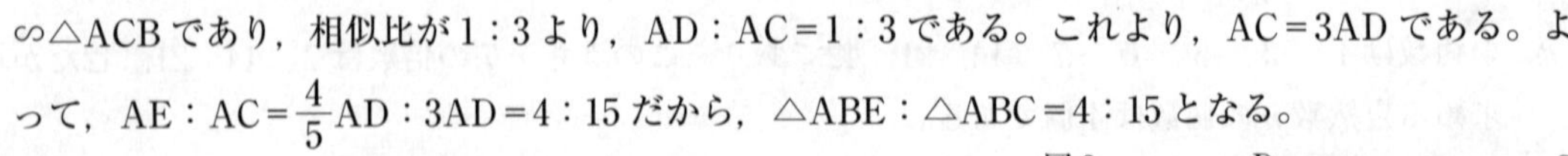

(3)＜図形―長さ＞(i)右図3のように，2点A，Cを結ぶと，△ACGは∠ACG＝90°の直角三角形だから，三平方の定理より，$AC^2=AG^2-CG^2=7^2-3^2=40$ となる。よって，△ABCで三平方の定理より，$AB=\sqrt{AC^2-BC^2}=\sqrt{40-2^2}=\sqrt{36}=6$(cm)となる。　(ii)右上図3で，AP，PGを含む2つの面ABFE，面EFGHを右図4のように展開する。AP＋PGの長さが最小になるとき，3点A，P，Gは一直線上に並ぶから，求める長さは線分AGの長さとなる。AH＝AE＋EH＝3＋2＝5，HG＝6だから，△AHGで三平方の定理より，求める長さは $AG=\sqrt{AH^2+HG^2}=\sqrt{5^2+6^2}=\sqrt{61}$(cm)となる。

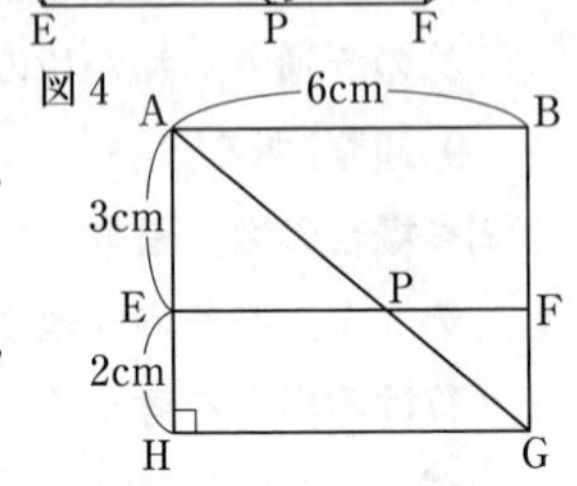

5 〔関数―関数 $y=ax^2$ と直線〕

≪基本方針の決定≫(3)　直線ABと直線②が平行であることに気づきたい。

(1)＜y座標，直線の式＞右図1で，2点A，Bは放物線 $y=\frac{1}{4}x^2$ 上の点で，x座標がそれぞれ-2，4だから，点Aのy座標は $y=\frac{1}{4}\times(-2)^2=1$，点Bの$y$座標は $y=\frac{1}{4}\times 4^2=4$ となる。よって，A$(-2,\ 1)$，B$(4,\ 4)$だから，直線ABの傾きは $\frac{4-1}{4-(-2)}=\frac{1}{2}$ となり，直線ABの式

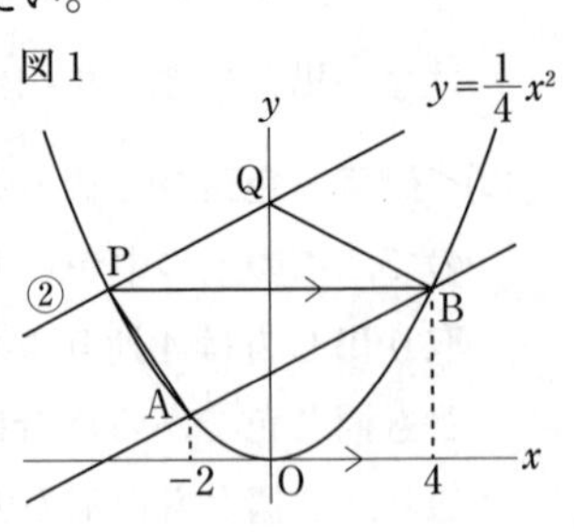

は$y=\frac{1}{2}x+b$とおける。点Bを通るから，$4=\frac{1}{2}\times4+b$より，$b=2$となり，直線ABの式は$y=\frac{1}{2}x+2$である。

(2)＜**直線の式，面積**＞(i)前ページの図1で，2点P，Bは放物線$y=\frac{1}{4}x^2$上にあり，直線PBがx軸と平行なので，2点P，Bはy軸について対称である。B(4, 4)だから，P(−4, 4)となる。直線②の傾きは$\frac{1}{2}$なので，その式を$y=\frac{1}{2}x+c$とおくと，点Pを通るから，$4=\frac{1}{2}\times(-4)+c$，$c=6$となり，直線②の式は$y=\frac{1}{2}x+6$である。　(ii)図1で，〔四角形PABQ〕＝△ABP＋△QPBである。PB∥〔x軸〕だから，PB＝4−(−4)＝8である。PBを底辺と見ると，2点B，Aのy座標の差より，△ABPの高さは4−1＝3となるから，△ABP＝$\frac{1}{2}\times8\times3=12$となる。また，(i)より直線②の切片は6だから，Q(0, 6)である。2点Q，Bのy座標の差より，△QPBの高さは6−4＝2となるから，△QPB＝$\frac{1}{2}\times8\times2=8$となる。よって，〔四角形PABQ〕＝12＋8＝20である。

(3)＜**座標**＞右図2で，(1)より直線ABの傾きは$\frac{1}{2}$であり，直線②の傾きも$\frac{1}{2}$だから，直線ABと直線②は平行である。よって，△ABQ，△ABPは，底辺をABと見ると，高さが等しいので，△ABQ＝△ABP＝15となる。直線ABとy軸の交点をRとすると，直線ABの切片が2より，R(0, 2)である。点Qのy座標をqとおくと，QR＝$q-2$となる。△AQR，△BQRの底辺をQRと見ると，2点A，Bのx座標より，△AQR，△BQRの高さはそれぞれ2，4だから，△ABQ＝△AQR＋△BQR＝$\frac{1}{2}\times(q-2)\times2+\frac{1}{2}\times(q-2)\times4=3q-6$となり，$3q-6=15$が成り立つ。これを解くと，$q=7$となるので，点Qの$y$座標は7である。このとき，直線②の式は$y=\frac{1}{2}x+7$となる。点Pは放物線$y=\frac{1}{4}x^2$と直線$y=\frac{1}{2}x+7$の交点となるから，この2式より，$\frac{1}{4}x^2=\frac{1}{2}x+7$，$x^2-2x-28=0$となり，$x=\frac{-(-2)\pm\sqrt{(-2)^2-4\times1\times(-28)}}{2\times1}=\frac{2\pm\sqrt{116}}{2}=\frac{2\pm2\sqrt{29}}{2}=1\pm\sqrt{29}$となる。$x<-2$だから，$x=1-\sqrt{29}$であり，点Pの$x$座標は$1-\sqrt{29}$である。

図2

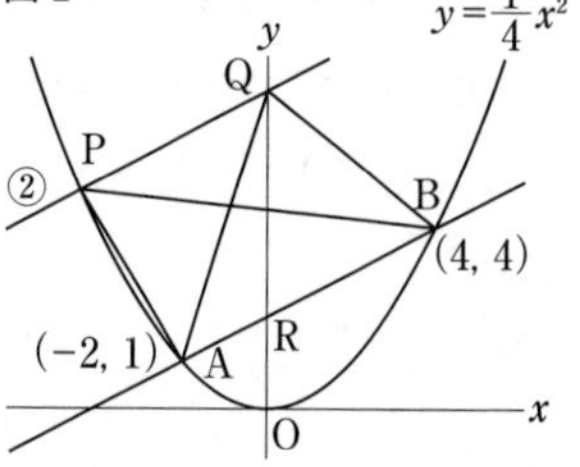

6　〔特殊・新傾向問題〕

≪**基本方針の決定**≫(3)　4つの店の青のマスクの売上額の合計から，A店，C店，D店の青のマスクの売上額をひいて，B店の青のマスクの売上額を求める。

(1)＜**割合**＞まず，A店において，グレー，青のマスクの売れた割合はそれぞれ40%，10%だから，白のマスクの売れた割合は，100−40−10＝50(%)である。次に，3色とも同じ値段なので，各店において，白，グレー，青のマスクの売れた枚数の比，売上額の比，売れた割合の比は全て等しくなる。C店において，白のマスクの売れた割合が30%，売上額が15000円より，白，グレー，青のマスクの売上額の合計は，$15000\div\frac{30}{100}=50000$(円)となる。これより，青のマスクの売上額は50000−(15000＋12500)＝22500(円)となるので，その割合は，$\frac{22500}{50000}\times100=45$(%)となる。

(2)**<売上額の比>**B店において，グレーのマスクは，売れた割合が30%，売上額が6000円だから，B店の売上額の合計は，$6000\div\frac{30}{100}=20000$(円)である。また，D店において，白のマスクの売れた割合は30%だから，グレー，青のマスクの売れた割合の合計は，$100-30=70$(%)である。グレー，青のマスクの売上額の合計は$10000+4000=14000$(円)だから，D店の売上額の合計は，$14000\div\frac{70}{100}=20000$(円)となる。よって，B店の売上額の合計とD店の売上額の合計の比は，20000：20000＝1：1である。

(3)**<売上額の比>**A店において，青のマスクの売れた割合は10%で，マスクの売上額の合計は40000円だから，A店の青のマスクの売上額は，$40000\times\frac{10}{100}=4000$(円)である。(1)より，C店の青のマスクの売上額は22500円であり，D店の青のマスクの売上額は4000円，4つの店での青のマスクの売上額の合計は33500円だから，B店の青のマスクの売上額は，$33500-4000-22500-4000=3000$(円)となる。また，B店の白のマスクの売上額は，$20000-6000-3000=11000$(円)となる。よって，B店の白のマスクの売上額と青のマスクの売上額の比は，11000：3000＝11：3である。

(4)**<1枚の値段>**4つの店の売上額の合計は，$40000+20000+50000+20000=130000$(円)である。4つの店でマスクは合計520枚売れたから，1枚の値段は，$130000\div520=250$(円)である。

2021年度／流通経済大学付属柏高等学校（前期①）

国語解答

一　1　エ　2　ウ　3　イ　4　エ　5　ア

二　問1　オ　問2　イ　問3　ア　問4　ウ　問5　エ　問6　オ　問7　ウ　問8　ア，オ，カ

三　問1　ア　問2　イ　問3　ウ　問4　オ　問5　イ　問6　エ　問7　オ

四　問1　ウ　問2　ア　問3　エ　問4　イ　問5　オ　問6　エ　問7　ウ

五　問1　a…ア　b…エ　問2　エ　問3　ウ　問4　イ　問5　オ

一〔漢字〕

1．「繁栄」と書く。アは「炊飯器」，イは「版画」，ウは「伴侶」，エは「繁茂」，オは「販売」。

2．「含有」と書く。アは「念願」，イは「一丸」，ウは「含蓄」，エは「沿岸」，オは「玩具」。

3．「簡潔」と書く。アは「決行」，イは「清潔」，ウは「傑出」，エは「血縁」，オは「欠如」。

4．「抑揚」と書く。アは「養う」，イは「躍る」，ウは「揺れる」，エは「揚げる」，オは「溶かす」。

5．「快く」と書く。アは「愉快」，イは「歓迎」，ウは「祝電」，エは「明朗」，オは「改善」。

二〔国語の知識〕

問1＜四字熟語＞アは「三寒四温」，イは「千載一遇」，ウは「二者択一」，エは「十人十色」，オは「公明正大」。

問2＜熟語の構成＞「年長」は，上の漢字が主語，下の漢字が述語になる熟語。「賢母」と「厚志」は，上の漢字が下の漢字を修飾する熟語。アの「明暗」「慶弔」「寒暖」は，反対の意味の漢字を重ねた熟語。ウの「駐車」「観劇」「超人」は，下の漢字が上の漢字の目的語になる熟語。エの「仁愛」「絵画」「価値」は，似た意味の漢字を重ねた熟語。

問3＜四字熟語＞「天衣無縫」は，飾り気がなくて気取らず，ありのままであること。

問4＜ことばの単位＞自立語と付属語に分けると，「小学校(自立語)／に(付属語)／いる(自立語)／時分(自立語)／学校(自立語)／の(付属語)／二階(自立語)／から(付属語)／飛ん(自立語)／で(付属語)／一週間(自立語)／腰(自立語)／を(付属語)／抜かし(自立語)／た(付属語)／こと(自立語)／が(付属語)／ある(自立語)」となる。

問5＜品詞＞「怒られたばかり」と「解いたばかり」の「ばかり」は，完了の意味を表す。「五分ばかり」の「ばかり」は，程度の意味を表す。「怒り出さんばかり」の「ばかり」は，何らかの動作が今にも行われそうな様子を表す。「出場したばかりに」の「ばかり」は，「に」を伴って，それだけのためにという，原因や理由を表す。「勉強ばかり」の「ばかり」は，限定の意味を表す。

問6＜歴史的仮名遣い＞「すなほ」は，「すなお」と読む。歴史的仮名遣いの語頭以外のハ行は，現代仮名遣いでは原則として「わいうえお」となる。「まほし」は例外で，表記どおりに読む。

問7＜古典の知識＞旧暦六月の異名は水無月で，「みなづき」と読む。

問8＜文学史＞『万葉集』は，奈良時代に成立した，現存する日本最古の歌集。天皇から民衆まで，さまざまな身分の人々の作品が収められている。収められている歌は約4500首で，「ますらをぶり」と呼ばれる，おおらかで力強い作風の歌が多い。

三〔論説文の読解―芸術・文学・言語学的分野―言語〕出典；鈴木孝夫『ことばと文化』「ものとことば」。

≪本文の概要≫多くの人は，国が違い，言語が異なれば，同一のものが違った言葉で呼ばれるという認識を持つが，私は，言語学の立場から，違った考えを持っている。私は，ものという存在が先に

あってそれに言語による名称がつけられるのではなく，言葉がものをあらしめていると考える。私たちが，世界の断片をものや性質として認識し区別できるのは，言葉によってであり，言葉は，素材としての世界を認識するときに，どこに認識の焦点を置くかを決定するしかけである。例えば，机で考えると，外見的具体的な特徴から机を定義することはほぼ不可能で，その前で人がある程度の時間，座るか立ち止まるかして，その上で何かをする，床と離れている平面と，人間側の要素から焦点を当てて定義することになる。机というものをあらしめているのは，人間に特有な観点であり，そこに机というものがあるように私たちが思うのは，言葉の力による。言葉は，渾沌とした，連続的で切れ目のない素材の世界に，人間の見地から人間に有意義と思われる仕方で虚構の分節を与え，分類するはたらきをになっているのである。

問１＜指示語＞日本語で「イヌ」と呼ばれ，英語では「dog」と呼ばれる動物が，名称が違うだけで同じ動物を指すように，「同じものが，言語が違えば別のことばで呼ばれる」だけであるという「大前提」について，「哲学者や言語学者」の中には，「疑いを持っている人たち」がいる。

問２＜文章内容＞私たちは，言葉によって，対象物の性質を認識して定義する。しかし，「ことばの構造やしくみ」が違えば，認識される対象の「どの部分，どの性質に認識の焦点を置くべきか」も変わるため，「見える世界の範囲，性質が違ってくる」のも当然である。

問３＜文章内容＞「私」の立場は，「始めにことばありき」である。「私」は，「もの」は言葉によって定義され，他と「区別」されることで，「ものとか性質」として認識されると考えている。

問４＜文章内容＞机の定義が，人が「その上で何かをする」ためという利用目的や，「床と離れている平面」という，人間から見た位置などの条件によって決定されるように，言葉による「もの」の定義は，「人間側の要素」に基づいて決定される。つまり，素材として「人間の外側に存在するものの持つ多くの性質」は，定義を決定する要因にはならないということである。

問５＜表現＞机を「人がその上で何かをする」ための「床と離れている平面」と定義するように，私たちは，人間とどのような関わり方をするかという視点に基づいて，その対象を定義し，認識する。

問６＜表現＞言語は，「絶えず生成し，常に流動している」世界を，あたかも「整然と区分された，ものやことの集合」であるかのようにつくりあげて，人間に提示してみせる性質を，本質的に持っている。

問７＜要旨＞最初に，「同じもの」が，国が違い言語が異なれば全く違った言葉で呼ばれるという，一般的な認識が取りあげられたうえで，その認識とは異なる「ことばがものをあらしめる」という「私」の認識が述べられている。そして，「ことばがものをあらしめる」とは，言葉によって，「世界の断片を，私たちが，ものとか性質として認識」することだと，抽象的に説明された後に，「机」を具体例として挙げ，「もの」の定義は，人間の視点に基づいた言語によってなされるということが，理解しやすく説明されている。

四〔小説の読解〕出典；朝倉宏景『絶対的最後』（『マウンドの神様』所収）。

問１＜指示語＞颯太は，事故の相手と思われる三塁の塁審の存在を意識するあまり，試合に集中できずに「焦る気持ち」がふくらんでいた。そのため，塁審に思いきって声をかけて，何が目的で，自分の出る試合に入ったのかを尋ねたのである。

問２＜心情＞颯太は，自分の体裁だけを考えて，全て事故のせいにして「セレクション」や「優一の才能」から逃げた。そして，一般の都立高校野球部で「お山の大将気取りで，ここまでのうのうと生きて」きた。そのような自分の弱さを振り払うために，「喉がかれるほど」に必死で叫び続けた。

問３＜文章内容＞颯太は，逃げ続けるばかりの，心の弱い今の自分のままで終わりたくないという一心で，叫び続けた。

問４＜指示語＞颯太には，事故に関わる葛藤も「優一への憎しみ」もなかった。純粋に，優一の球を打ち返したい，もっとわくわくする気持ちを味わいたいと考えて，野球を楽しもうとしていた。

問５＜文章内容＞颯太は，塁審が，颯太に対して「未来をつぶしてしまった」という罪悪感を背負っていることを知った。颯太は，諦めることなく，真剣に野球と向き合う姿勢を見せるために，塁審のところまで何がなんでも行かなければいけないという思いにとらわれた。それが，塁審の謝罪に対する「最低限の返答」だと感じたからである。

問６＜心情＞颯太は，セーフの判定で，今まで「バットに一度も当てられない」でいた優一の球を，「俺が打ったんだ」と実感した。同時に，諦めずに三塁ベースに飛び込むことで，「純粋な欲求」のままに野球に取り組む姿勢を，塁審に見せることができたと感じた。

問７＜文章内容＞塁審は，自分の起こした事故によって颯太の「強豪校への進学のチャンスをつぶした罪悪感」を背負い，ずっと「謝罪するタイミング」を探し続けていた。しかし，颯太のプレーを判定するときには，個人的な罪悪感を持ち込まず，「厳粛な審判の表情」で，公正な判定を下した。

五〔古文の読解―説話〕出典；『十訓抄』七ノ二十七。

≪現代語訳≫こうしたこと(＝寛容)については，平清盛の若い頃は，とても立派であった。(清盛は，)間が悪く，どれほど嫌なことであっても，その人なりのたわむれだと思って，(その人の)やったことを，その人への慰めとして，おもしろくなくてもにこにこと笑い，(相手が)どのような間違いをしても，物を散らかして，驚きあきれるような行いをしたとしても，しかたのないことだと，荒い声も立てなかった。

(清盛は，)冬の寒い頃は，年の若い侍たちを自分の衣服の裾の下に寝かせて，早朝に，彼らが朝寝坊をすると，そっと抜け出して，好きなだけ寝かせてやった。

(清盛は，)召し使うほどでもない身分の低い者であっても，その者たちの家族や知り合いが見ているところでは，一人前の人物として接しなさったので，(その身分の低い者たちは)たいそう名誉なこととして，心にしみて，うれしいと思った。このような情けによって，ありとあらゆる者たちが(清盛を)尊敬したのだった。

人の心を感動させるとはこのようなことである。

問１＜古文の内容理解＞ａ．若い頃の福原大相国禅門こと，平清盛は，「小侍ども」を，好きなだけ寝かせてやったのである。　ｂ．「末のもの」は，清盛に一人前の人物として接してもらえたことを，うれしいと思ったのである。

問２＜文学史＞『平家物語』は，鎌倉時代に成立した軍記物語で，「祇園精舎の鐘の声，諸行無常の響きあり」という冒頭から始まり，平清盛をはじめとする平家一門の盛衰が描かれている。

問３＜四字熟語＞「傍若無人」は，人のことを気にかけず，自分勝手に振る舞うこと。「一時は権勢を誇っていた清盛」であるが，他人のことを考えず，勝手な振る舞いをしたことで，「恨まれることも多く，最終的には滅びゆくこと」になったのである。

問４＜古文の内容理解＞清盛は，相手に「にがにがしきこと」をされても，その人なりのたわむれと考えて，笑顔を見せ，相手が間違いをしても，「荒き声」を立てることはなかった(オ…○)。冬の寒い頃は，「小侍ども」を「わが衣の裾の下」に寝かせて(エ…○)，彼らが朝寝坊をしてもとがめず，好きなだけ寝かせてやった(ア…○)。また，身分の低い者であっても，その者の家族や知り合いの前では一人前として扱い，「面目」を保ってあげた(ウ…○)。

問５＜古文の内容理解＞若い頃の清盛は，嫌なことをされても笑ったり，寒い冬に，「小侍ども」を「わが衣の裾の下」に寝かせたり，身分の低い者の「面目」を保ったりと，相手に配慮した行動をしていた。このような思いやりに満ちた振る舞いが，「人の心を感ぜしむ」と述べられている。

Memo

2021年度 流通経済大学付属柏高等学校(前期②)

【英　語】（50分）〈満点：100点〉

■リスニングテストの音声は，当社ホームページで聴くことができます。（当社による録音です）
再生に必要なIDとアクセスコードは「収録内容一覧」のページに掲載しています。

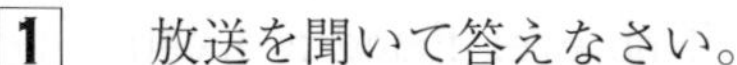

1　放送を聞いて答えなさい。

1．　1．13 dollars.　　2．30 dollars.　　3．60 dollars.　　4．90 dollars.

2．　1．The Sky Tower.　　2．A person.　　3．A camera.　　4．1 dollar.

****

3．　1．John's family.　　2．How to get to the station.
　　3．How to get to the park.　　4．How to get to John's house.

4．
5．

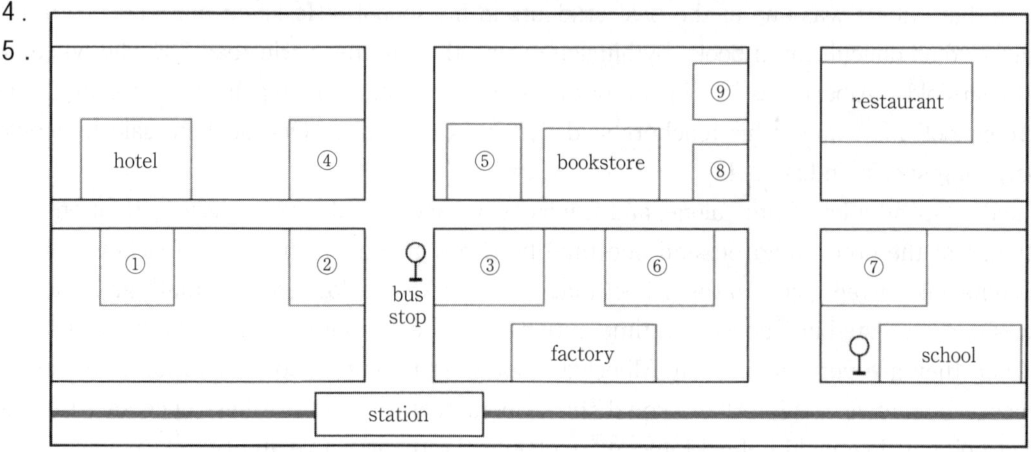

※＜**放送問題原稿**＞は英語の問題の終わりに付けてあります。

2　次の英文を読んで後の問いに答えなさい。（＊印の語は(注)を参考にすること）

Albert Einstein was born on March 14, 1879, in the city of Ulm, Germany. His parents' names were Hermann and Pauline.

Albert's father Hermann was friendly, kind, and ＊intelligent. He was also very good at math when he was young. Albert's mother Pauline was the boss in the family. She came from a rich family, and she was very intelligent. She loved music and was a very good piano player.

His parents ＊ran a company. However, when Albert was born, they decided to close it and to move. They soon moved to the big city of Munich. In Munich, Hermann opened a new company with his brother Jakob.

Albert was not like other children. When he was a baby, he did not say his first words until after he was two years old. ①<u>Hermann and Pauline were very worried about him</u>, and they took him to see many doctors, but nobody knew what the problem was. People around him worried that he would never learn to speak well!

Until he was 10 years old, Albert was not very good at talking. Even when he became an ＊adult, he said, "I ＊rarely think in words at all."

Albert was very different (1) other boys. When he was young, he did not like to play sports and games with the other children. He liked to go and sit by himself to think and dream.

Albert really liked *blocks, and he also liked to build houses from playing cards. They say that he could make a house that was ②<u>14 stories tall</u>! He did not worry about how many times the houses *fell down, and he worked on them for hours and hours. Albert also loved music and started to play the violin when he was very young. He loved Mozart, and he practiced playing ③<u>his</u> music for hours and hours.

Albert was better (2) science than music, but they say that if he ever found a question he could not answer, he went and listened to music. Music always helped him to find the answer he was looking (3).

Today, many people believe that Albert was not a ④<u>good</u> student, and there is a famous story that he once *failed math. It is a great story because it gives hope to many poor math students, but it is not true.

The fact is that Albert was one of the best students in his school. He loved math (4) much that he often studied difficult math books by himself during the summer. He read *Euclid when he was just 10 years old. Albert was intelligent, but he sometimes made his teachers very angry. He had to leave school, and some of his teachers said that he was *lazy. One of them said he would never do anything special in his life!

Albert liked to spend a lot of time alone, and it was very easy to make him angry. He often used to throw things at the other children, and one time he threw a chair at his violin teacher! When Albert was nine, he started going to the school that was well known for teaching math and science.

Albert was not interested in *space and time until he got older. Many children think about space and time when they are very young, but Albert did not start thinking about them until he was an adult. Because he was an adult, Albert could think about them deeply. Albert once said that he believed that being a slow child helped him to *explain ⑤<u>the theory of relativity</u>.

Albert's favorite toy was a *compass. One day, when he was sick in bed, his father gave it to him as a present. Albert loved seeing the way the *needle always moved to point north. It made him very interested in nature. Young Albert learned (5) the compass moved because of *magnetic fields, and in his future work, the *fields were always at the center of his science.

This was the first time that Albert had the idea; there was more to the world than just the things you could see and touch.

（注） intelligent：聡明な　run：経営する　adult：大人・成人　rarely：めったに～ない
block：ブロック・積み木　fall down：落ちる　fail：～の単位を落とす
Euclid：ユークリッド原論（ユークリッドが書いた数学書）　lazy：怠惰な
space and time：時空　explain：明らかにする　compass：羅針盤・方位磁石
needle：針　magnetic field：磁界・磁場　field：分野

問１ （　）内に入るものをそれぞれ選びなさい。

（１）：1 for　2 down　3 on　4 from
（２）：1 at　2 among　3 between　4 over
（３）：1 for　2 near　3 of　4 off
（４）：1 to　2 too　3 so　4 space
（５）：1 whose　2 which　3 who　4 that

問2　下線部①の理由として最も適切なものを下の選択肢から1つ選びなさい。

1．他の子どもと違ってアルバートは一人で過ごす時間が多かったから。
2．他の子どもと違ってアルバートは音楽や科学に没頭していたから。
3．アルバートは10歳になるころにはユークリッド原論を読んでいたから。
4．アルバートは2歳になるまで言葉を口にしなかったから。

問3　下線部②が表す意味として最も適切なものを下の選択肢から1つ選びなさい。

1．14個の物語　　2．14冊の短編集　　3．14冊の高さ　　4．14階の高さ

問4　下線部③が指しているものを下の選択肢から1つ選びなさい。

1．Hermann's　　2．Jakob's　　3．Albert's　　4．Mozart's

問5　下線部④と同じ意味を表す単語を下の選択肢から1つ選びなさい。

1．famous　　2．lazy　　3．friendly　　4．intelligent

問6　下線部⑤は何と呼ばれているか。下の選択肢から1つ選びなさい。

1．ユークリッド原論　　2．オームの法則　　3．質量保存の法則　　4．相対性理論

問7　次の英文の下線部に入るものとして最も適切なものを1つ選びなさい。

(1) Albert and Pauline ＿＿＿＿＿.
1．loved to build houses from playing cards
2．were interested in nature
3．were good at playing the piano
4．loved music and they were intelligent

(2) Listening to music ＿＿＿＿＿.
1．made Albert angry
2．gave Albert some answers
3．gave Albert some questions
4．made Albert a famous musician

(3) When he was nine, he went to the school which ＿＿＿＿＿.
1．gave students a lot of free time
2．had so much space and time
3．was well known for an old tree
4．was well known for science and math

3　次の英文を読んで，後の問いに対する答えとして最も適切なものを選びなさい。（＊印の語は(注)を参考にすること）

Fifteen thousand people made the ship called "Titanic". They made it in 1912, in Belfast, Northern Ireland. It was the biggest ship in the world — 24,900 *tons. It was 265 meters long, and 28 meters across. It could go at 46 kilometers an hour, so it was one of the fastest ships in the world, too.

The Titanic was very beautiful. The rooms for the first class *passengers, like Mr. and Mrs. Jacob Astor, were like rooms in a very expensive hotel. Mrs. Astor was nineteen years old, and her husband was one of the richest men in the world. They had two big bedrooms, *a sitting room and three more rooms. They could eat with their friends in a beautiful restaurant, and there were more rooms for the first class passengers to walk, talk, read, smoke, and listen to music.

The rooms for second class passengers were beautiful too. They were better than first class rooms on most ships.

But there were a lot of third class passengers on the Titanic, too. These people were not rich. They were *working people from England and Ireland. They had small rooms, a long way under the first and second class passengers, on *E-Deck. Sometimes the first class passengers went down to E-Deck, to take their dogs for a walk. But they didn't talk to the third class passengers. They had nothing to say to them.

One of the first class passengers was Thomas Andrews. He was the designer of the Titanic. "I know all about her," he said to young Mrs. Astor. "She is big and beautiful, and she is safe, too. This ship can never *sink."

On April 10, 1912, the Titanic went from Southampton, in England, to Cork, in Ireland. Then she went west, *towards New York. There were 2,207 people on the ship. For four days, they were excited and happy.

On the night of April 14th, the sea was quiet. The weather was good and there were *thousands of stars in the night sky. But it was very cold, so most of the passengers stayed in their rooms, while talking, drinking, and listening to music.

Higher up on the ship, two *sailors — Frederick Fleet and Reginald Lee — looked out at the black sea and sky. They were very cold. At 11:40 p.m., Fleet saw something in front of the ship. It was very big and white, and it was not far away.

"Iceberg! Iceberg!" he said on the telephone. "There's an iceberg in front of the ship!"

"Thank you," *First Officer Murdoch answered, quietly. And then, for 37 seconds, nothing happened. As Fleet and Lee watched, the iceberg came nearer and nearer. It was very big, a million tons of ice. The Titanic, one of the fastest ships in the world, went towards it at 40 kilometers an hour. And her 2,000 passengers talked and listened to music.

Then, slowly, the ship went left, and the iceberg went along the right of the ship. Fleet and Lee watched it. They were very surprised. They heard a noise, and the ship moved a little. Then the iceberg went behind the ship, away into the black night.

Some passengers came out and saw some ice on the *deck. They laughed. "Let's put it in our drinks!" they said. They played with the ice for a few minutes and then went back in, out of the cold.

But down in the third class rooms at the front of the ship, the iceberg made more noise. Water came into the passengers' rooms, and they came out of their doors. "What's happening?" they asked. "What's wrong?"

The Titanic's Captain Smith asked that question too. He was a tall man, fifty-nine years old. "What's wrong?" he asked First Officer Murdoch. "An iceberg, sir," Murdoch answered. "Close the *emergency doors, quickly!" said Captain Smith.

"They are closed, sir."

Thomas Andrews *designed the Titanic with sixteen *compartments and fifteen emergency doors. They made the ship safe. The captain could close the emergency doors, then the water could not move along inside the ship. Water in one of the ship's compartments could not go into the next one.

"Stop the ship," said Captain Smith. Slowly, the Titanic stopped. The big, beautiful ship waited on the quiet black sea, under a thousand stars.

（注） ton：トン（重量の単位）　passenger：乗客　a sitting room：居間　working people：労働者
E-Deck：（船の）デッキE　sink：沈む　towards：～へ向かって　thousands of：何千もの
sailor：船乗り・船員　First Officer：一等航海士　deck：甲板　emergency：緊急の
design：～を設計する　compartment：区画

1．How many passengers were in the Titanic？
　1．About 15,000.　2．About 25,000.　3．About 2,000.　4．About 270.

2．What is true of Mr. and Mrs. Jacob Astor？
　1．They liked a very expensive hotel made by many people.
　2．They stayed in more rooms than the second class passengers.
　3．They made a lot of rooms like a beautiful restaurant.
　4．They were famous because they had one of the fastest ship in the world.

3．What is true of the first and third class passengers？
　1．The first class passengers never went down E-Deck.
　2．The third class passengers had to stay in their rooms.
　3．The first class passengers didn't talk with the third class passengers.
　4．The third class passengers were people who worked in the Titanic.

4．What is true of Tomas Andrew？
　1．He knew all about young Mrs. Astor.
　2．He thought that Mrs. Astor was beautiful.
　3．He was captain of the Titanic.
　4．He believed that the Titanic would never sink.

5．What does "Iceberg" mean in Japanese？
　1．氷山　2．氷点下　3．冷蔵庫　4．冷風機

6．Why did some passengers laugh and play with ice？
　1．Because they did not know what happened in the Titanic.
　2．Because they closed emergency doors.
　3．Because they were working in England and Ireland.
　4．Because they were happy to know that emergency doors were closed.

7．What didn't Captain Smith say？
　1．"What's wrong？"
　2．"Close the emergency doors."
　3．"This ship can never sink."
　4．"Stop the ship."

8．What is true of the Titanic？
　1．It had fifteen compartments.
　2．It had sixteen emergency doors.
　3．It was twenty-eight meters across.
　4．It could go at two hundred sixty-five kilometers an hour.

4　次の英文の(　)内に入れるのに最も適した語句を，後の語群からそれぞれ選びなさい。

1．My mother usually (　　) home from work at 7:00 p.m.
　1　has come　　2　comes　　3　come　　4　coming

2．Let's (　　) the problem later.
　1　talk　　2　discuss of　　3　discuss　　4　talk with

3．The winner's name (　　) in gold letters on the cup.
　1　wrote　　2　writes　　3　writing　　4　was written

4．We were unhappy (　　) the fact.
　1　know　　2　knows　　3　knew　　4　to know

5．Tom is able (　　) a horse.
　1　ride　　2　riding　　3　to ride　　4　rode

6．Most children (　　) in this neighborhood are very active and cheerful.
　1　live　　2　lives　　3　living　　4　lived

7．Some women like window-shopping, but (　　) don't.
　1　the other　　2　some other　　3　another　　4　others

8．The old car (　　) Bob bought last month already has engine problems.
　1　when　　2　whose　　3　which　　4　what

9．She comes not from France, (　　) from England.
　1　always　　2　although　　3　also　　4　but

10．The movie starts (　　) 9 o'clock.
　1　at　　2　from　　3　in　　4　with

5　日本文を参考にして正しい英文になるように(　)内の語を並べかえ，(　)内で３番目と６番目に来るものをそれぞれ選びなさい。(文頭に来る語も小文字で書かれています)

1．カナダで話されている主な言語は英語とフランス語である。
　(1　and　　2　are　　3　Canada　　4　English　　5　languages　　6　in　　7　the main　　8　spoken) French.

2．あの時，メアリーは何をすべきかわからなかった。
　Mary (1　at　　2　do　　3　did　　4　know　　5　to　　6　not　　7　that time　　8　what).

3．先生は授業の後，何人かの生徒に残るようにと伝えた。
　The (1　after　　2　class　　3　told　　4　students　　5　some　　6　stay　　7　teacher　　8　to).

4．腐っていることを知るために，腐ったリンゴを食べる必要がありますか？
　(1　a　　2　bad　　3　do　　4　apple　　5　have　　6　to know　　7　to eat　　8　you) that it is bad ?

5．あいにくデスクに時計を忘れた。
　(1　afraid　　2　that　　3　my　　4　I'm　　5　left　　6　I　　7　on　　8　watch) my desk.

6 次のそれぞれの掲示の内容に関して，質問に対する答えとして最も適切なものを一つ選びなさい。

Missionbay Park World Food Festival

Tuesday, December 22nd to Sunday, December 27th

You can eat salads, soups, and sandwiches. Also, you can make them with us. We will tell you how to do it.

Play games, get points and learn about other cultures. There are dances, music, and Bingo every day.

At Missionbay Play Fields

Dances:	11:00
Music:	1:00
Bingo:	4:00

Missionbay Junior High School's members will make the food and talk about the cultures of other countries. Ask them about the recipes, the dance steps or the game rules. They will explain.

To get more information, call 343-6202
or visit www. missionbaypark.com.

1. How can people get to know about the recipes ?
   1. Ask the members.
   2. Play games and get points in the festival.
   3. Visit the festival website.
   4. Buy foods.
2. What is true of this event ?
   1. Dances will start at 1:00 at Missionbay Play Fields.
   2. The festival will start from Thursday.
   3. You can join a Bingo game every morning.
   4. You can learn the dance steps from the members.

Volunteers for the Kashiwanoha Road Race

On June 8th, over 3,000 runners will join the Kashiwanoha Road Race.
Around 500 volunteers are needed.

Jobs are :

at the starting area（Kashiwa West Road）
at the runner water stations
along the course
at the finishing area（Kashiwa Stadium）

Volunteers must attend a meeting on the last Sunday in May. On that day, we will give every volunteer worker a T-shirt to wear on race day.

If you're interested, please e-mail Jim Wilson by April 30.
volunteerinfomation@kashiwanohamarathon.org

Show your Kashiwanoha pride.
Runners and 30,000 viewers are waiting!

3. If you would like to work, what should you do first?
   1. Visit the website and get more information.
   2. Contact Jim Wilson.
   3. Get a T-shirts.
   4. Show Jim Wilson your phone.
4. Where WON'T the volunteers work?
   1. At the starting point.
   2. At the meeting place.
   3. At the runner water stations.
   4. Along the course.
5. How many volunteers are needed?
   1. Over 3,000.
   2. Under 8.
   3. Just 30,000.
   4. About 500.

<**放送問題原稿**>

Clerk : This is ABC information center. Can I help you?

Man : Yes. Could you tell me about the city bus tour?

Clerk : Certainly. What would you like to know?

Man : How much does it cost?

Clerk : It's thirty dollars a person.

Man : Great. There are two of us. So it'll be 60 dollars total, right?

Clerk : Sure.

Man : What time does it start?

Clerk : At nine o'clock.

Man : OK. Where does it begin?

Clerk : At the Sky Tower.

Man : And do I need to bring anything with me?

Clerk : Just your camera!

Man : That's great. Thanks for your help.

1. How much does it cost when 3 people join this tour?
2. What does the man have to take with him?

John : Hello, Bob. This is John speaking. I'm going to show you how to get to my house from Kashiwa station.

Bob : Thank you, John.

John : You walk straight from the station and you'll see a bus stop in front of the hospital.

Bob : I see.

John : Turn right at the hospital. Then, you'll see a park on your left.

Bob : Oh, I know this park. I went there before. The park has a big tree. It's a famous park.

John : And then there is a bookstore. It's between the park and the post office.

Bob : Do I turn left at the post office?

John : That's right. Then go straight. There is a restaurant on your right, and you can see my house on your left.

Bob : I see. I think I can find your house.

3. What is John talking about?
4. Which place has Bob been to before? Choose the number on the map.
5. Where is John's house? Choose the number on the map.

【数　学】（50分）〈満点：100点〉

（注意）(1) 解答が分数の形で求められているときは，約分した形で答えること。

(2) 解答が比の形で求められているときは，最も簡単な整数の比で答えること。

(3) 問題の図は略図である。

全問とも，□の中に当てはまる数字を求めなさい。

1 次の問いに答えなさい。

(1) $24-12\div3\times2-(-2)^2\times(-3)$ を計算すると，アイ である。

(2) $0.48\times\frac{5}{12}-0.3\div\frac{9}{5}$ を計算すると，$\frac{ウ}{エオ}$ である。

(3) $(\sqrt{3}-\sqrt{18}+\sqrt{12})^2$ を簡単にすると，カキ－クケ$\sqrt{コ}$ である。

(4) $ab-10-5a+2b$ を因数分解すると，$(a+サ)(b-シ)$ である。

(5) 連立方程式 $\begin{cases} x-3y=30 \\ 0.2x-\frac{3y-1}{2}=\frac{64}{5} \end{cases}$ を解くと，$x=$ス，$y=-$セ である。

(6) 方程式 $3x^2-2x-1=0$ を解くと，$x=-\frac{ソ}{タ}$，チ である。

(7) 図はある円すいの側面の展開図である。この円すいの高さは ツ cm，体積は テトπ cm^3 である。ただし，円周率を π とする。

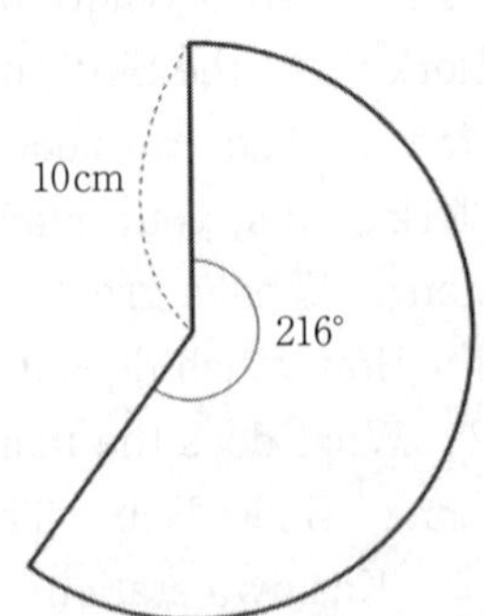

2 次の問いに答えなさい。

(1) A君が徒歩で家から公民館まで行くとき，時速6kmで行くと予定時刻より20分早く到着し，時速4kmで行くと予定時刻より5分遅く到着する。このとき，家から公民館までの距離は ア kmで，午前9時に家を出るときの到着予定時刻は イウ 時 エオ 分である。

(2) たての長さが横の長さより8cm長い長方形がある。この長方形のたての長さを6cm短くして，横の長さを3倍にすると面積は2倍になったという。もとの長方形のたての長さは カキ cmで面積は クケコ cm^2 である。

(3) ある自然数 n がある。18を n で割ると自然数になり，$\frac{n}{50}$ はもうこれ以上約分できない分数である。このとき，最大の n は サ である。

3 次の問いに答えなさい。

(1) 1，2，3，3の4個の数字から3個を使って3桁の整数を作るとき，異なる整数は全部で アイ 個できる。

(2) 大小2個のさいころを投げるとき，少なくとも1個は3以上の目が出る確率は $\frac{ウ}{エ}$ である。

(3) 1から100までの番号が1つずつ書かれた100枚のカードから1枚のカードを引くとき，番号が5の倍数または7の倍数である確率は $\frac{オ}{カキ}$ である。

4 次の問いに答えなさい。

(1) 下の図１で，４個の円はすべて半径５cmで，互いに接している。

(i) ４個の円で囲まれた部分(色の濃い部分)の面積は，円周率をπとして，アイウ－エオπ (cm^2)である。

(ii) ４個の円で囲まれた部分(色の濃い部分)に小さい円を１個おき，４個の大きい円とこの小さい円が接するようにする。このとき，小さい円の半径はカ$\sqrt{キ}$－ク(cm)である。

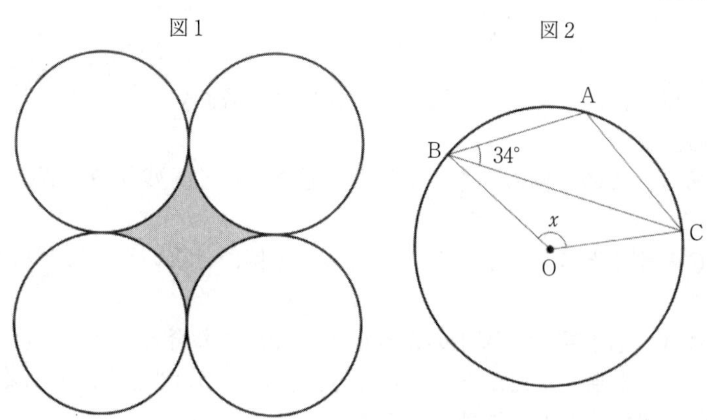

図１　図２

(2) 上の図２で，３点A，B，Cは円Oの周上の点である。また，AB＝ACである。このとき，$\angle x$＝ケコサ°である。

(3) 右の図３のように，底面が１辺４cmの正方形で他の辺がすべて$4\sqrt{3}$cmの正四角すいO-ABCDがある。底面の正方形ABCDの対角線の交点をHとし，辺OA，ODの中点をそれぞれP，Qとする。

(i) 正四角すいO-ABCDの体積は$\dfrac{シス\sqrt{セソ}}{タ}$$cm^3$である。

(ii) 三角すいOPBQの体積は$\dfrac{チ\sqrt{ツテ}}{ト}$$cm^3$である。

図３

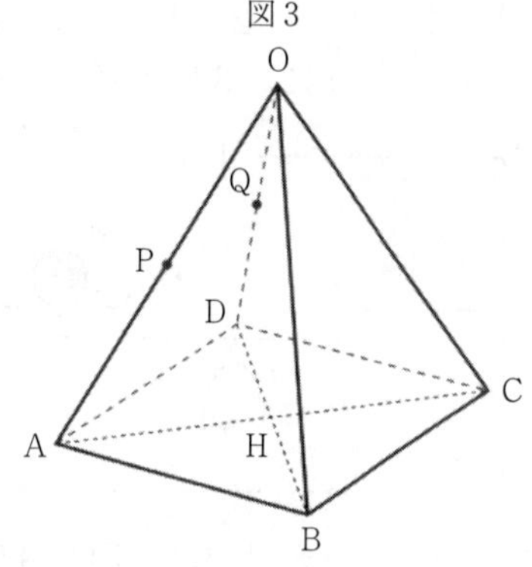

5 図のように，２つの関数$y=x^2$…①，$y=\dfrac{1}{4}x^2$…②のグラフがある。

①，②のグラフの$x\geqq 0$の部分にある４点A，B，C，Dについて，

①のグラフ上にある点Aのx座標は１である。

②のグラフ上にある点Bは，点Aとy座標が等しい。

①のグラフ上にある点Cは，点Bとx座標が等しい。

②のグラフ上にある点Dは，点Cとy座標が等しい。

このとき次の問いに答えなさい。

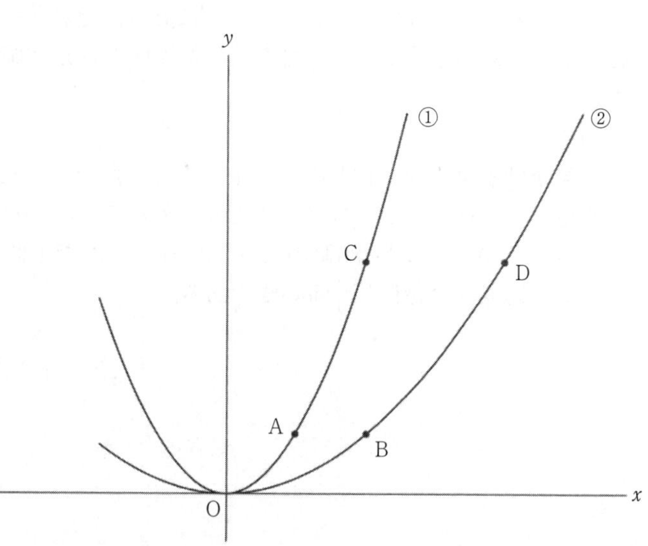

(1) 点Aの座標は(ア，イ)，点Bの座標は(ウ，エ)，点Cの座標は(オ，カ)，点Dの座標は(キ，ク)である。

(2) 四角形ABDCの面積は$\dfrac{ケ}{コ}$である。

(3) x座標，y座標がともに整数である点を格子点という。①，②，線分AB，線分CDで囲まれた領域について，領域の内部および周上に存在する格子点の個数はそれぞれ，内部にサ個，周上にシ個である。

6 次の問いに答えなさい。ただし，以下に出てくる上皿天びんの皿には，各問いで扱うビー玉をすべて乗せることができるものとする。

(1) 見かけが全く同じ3個のビー玉がある。この3個のうち，1個だけ重さが重く，残りの2個は重さが同じである。

3個のビー玉をそれぞれA，B，Cとするとき，上皿天びんを使って1個だけ重いものはどれか見つけ出す。

例えば，上皿天びんの皿にそれぞれA，Bを乗せ，図1のように天びんがつり合ったとき，重いものは当然アであるし，図2のようにBを乗せた皿が下がったとき，重いものは当然イである。

(ア，イに関しては，下記より当てはまるものを番号で答えよ。
1．A　2．B　3．C)

このように，3個のビー玉から，1個の重いビー玉を見つけるとき，天びん操作は1回で済む。

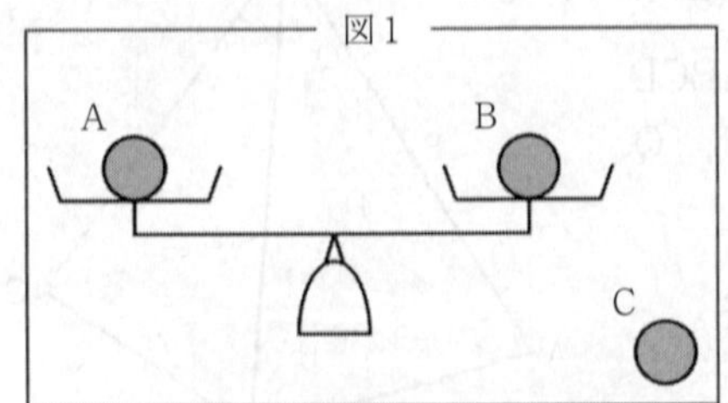

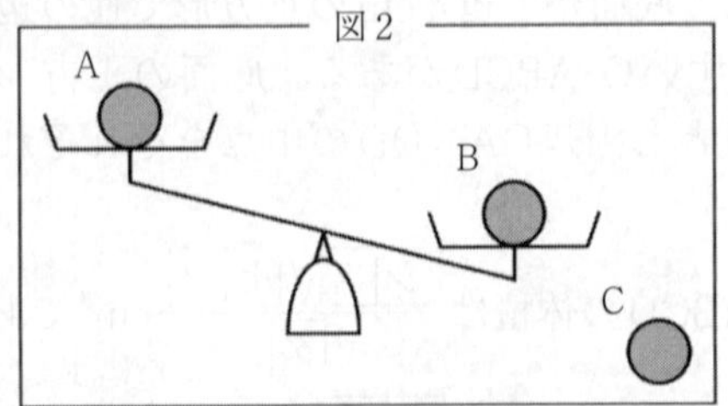

(2) 次に，見かけが全く同じ9個のビー玉を用意する。このうちのただ1個だけ重さが重く，残りの8個の重さは同じである。同じく上皿天びんを使って1個だけ重いものはどれか見つけ出す。

9個のビー玉を3個ずつ3グループに分け，それぞれの皿に1グループ(3個)ずつ乗せて調べることから始めると，最低ウ回の天びん操作を行えば確実に1個の重いビー玉を見つけることができる。

(3) 同様に，

(i) 見かけが全く同じ18個のビー玉のうち，ただ1個だけ重さが重いものを確実に見つけるために，6個ずつ3グループに分けることから始めると，天びん操作は最低エ回必要である。

(ii) 見かけが全く同じ486個のビー玉のうち，ただ1個だけ重さが重いものを確実に見つけるために天びん操作は最低オ回必要である。

問4　傍線部d「このこと」の内容の説明として最も適切なものを次から選び、記号で答えなさい（解答番号は5）。

ア　都に行けずに男が長年田舎に留まっていること。
イ　人が行けないような場所に巣を作ったこと。
ウ　今までと比べて鷹の価値が下がってしまったこと。
エ　自分の巣から男にひなを奪われ続けていること。
オ　男がひなを大切に育てようとしないこと。

問5　傍線部f「巌の屏風を立てたるやうなる崎に、下は大海のそこひも知らぬ荒磯にてあり」とはどういうことか。その説明として最も適切なものを次から選び、記号で答えなさい（解答番号は6）。

ア　男が鷹のひなを捕まえたのは見てみたくなるような絶景の場所だったこと。
イ　母の鷹がその後に巣を作ったのは人が近寄れない断崖絶壁の場所だったこと。
ウ　男が鷹のひなを探しに行ったのは二度と戻れない恐ろしい場所だったこと。
エ　鷹のひなが母に会えないような断崖絶壁に追いやられてしまったこと。
オ　母の鷹が男に仕返しをしようとして近寄れない断崖の上に巣を作ったこと。

五 次の文章を読んで後の各問いに答えなさい。

今は昔、a陸奥(むつ)の国に住みける男、年ごろ鷹(たか)の子を下ろして(たかのひなを巣から下ろして)、要にする人に与へて、bその値(あたひ)を得て世を渡りけり。鷹の巣をくひたる(作っている)所をc見置きて、年ごろ下ろしけるに、母の鷹、dこのことを思ひわびけるにやありけむ。もとの所に巣をeくはずして、人の通ふべきやうもなき所を求めて、巣をくひて卵を生みつ。f巌(いはほ)の屏風(びやうぶ)を立てたるやうなる崎(さき)に、下は大海のそこひも知らぬ荒磯(あらいそ)にてあり。

（『今昔物語集』による）

問1　傍線部a「陸奥の国」とは今の何県が中心になるか。次から一つ選び、記号で答えなさい（解答番号は1）。

ア　栃木県　　イ　新潟県　　ウ　群馬県　　エ　長野県　　オ　青森県

問2　傍線部b「その値を得て世を渡りけり」の現代語訳として最も適切なものを次から選び、記号で答えなさい（解答番号は2）。

ア　その対価を得て世間の注目をあびていた。
イ　その地方の名士として知れ渡っていた。
ウ　その代金を受け取って生活をしていた。
エ　その値段をつり上げて世間の人をだました。
オ　その料金を得て莫大な財産を築いた。

問3　傍線部c「見置きて」・e「くはずして」の主語として最も適切なものを次からそれぞれ選び、記号で答えなさい（解答番号はcが3・eが4）。

ア　男　　イ　鷹の子　　ウ　要にする人　　エ　母の鷹　　オ　作者

問5　傍線部e「胸の中でいつも音を立てて動いていた歯車のようなものが、ほんの数分の間にどこかへ落ちてしまった気がした。その替りに背中が雨に濡れたように重く感じられた」とあるが、これについて、

(1)　この文に含まれる表現の説明として最も適切なものを次から選び、記号で答えなさい（解答番号は5）。

ア　鐵次郎がこれまでの自分の態度を振り返るさまを、「胸の中」「背中」という肉体に関わる語句を連続させることで表現している。

イ　鐵次郎の心が深く傷つけられたさまを、「音を」「濡れた」「重く」といった感覚描写を複数挿入することによって表現している。

ウ　鐵次郎が自信を喪失していくさまを、「歯車のようなもの」「雨に濡れたように」といった直喩を繰り返すことで表現している。

エ　鐵次郎の心情が目まぐるしく移り変わるさまを、「ほんの数分」「その替りに」という時間の経過の指摘によって直接的に表現している。

オ　鐵次郎が老いた自分自身を自覚していくさまを、「気がした」「感じられた」という間接的な心情表現を用いて表現している。

(2)　「落ちてしまった」とあるが、何が「落ちて」しまったというのか。その説明として最も適切なものを次から選び、記号で答えなさい（解答番号は6）。

ア　監督として周囲に厳しく接することで、選手やチームを良い方向へ導いてきたのだという自負。

イ　監督として厳しく指導することで選手を成長させ、チームを勝利に導かなくてはならないという重圧。

ウ　監督として選手を育て上げてきたという自信と、引退後も野球に関わっていこうという決意。

エ　監督として自分の出す指示さえ素直に聞いていれば、選手は成長できるはずだという信念。

オ　監督として家庭をもかえりみずに選手とチームのことだけを考えてきた、野球に対する一途な思い。

問6　本文の表現と内容についての説明として明らかに**誤っているもの**を次から一つ選び、記号で答えなさい（解答番号は7）。

ア　引退試合前日の夜とその翌朝という短い時間の中に起こった複数の出来事が、鐵次郎の経験した順に描き出されている。

イ　鐵次郎の心情は内面的に、その他の登場人物の心情は外面的に描写されるように、一貫して鐵次郎の視点で物語世界が展開する。

ウ　初めに家族で鍋を囲むという温かい場面があることによって、その後の練習場での鐵次郎の感じる冷たい孤独感が一層際立っている。

エ　主として鐵次郎とその他の登場人物との会話によって物語が進み、その合間に状況の説明や心情描写が挿入されている。

オ　夜になるにつれて鐵次郎の心情は沈んでいくが、夜空に現れる月は、この後鐵次郎が救われるという展開の伏線になっている。

問3　傍線部ｃ「手首に赤と白で編んだ紐が巻きつけてあった」とあるが、このようにした江島の心情として考えられる最も適切なものを次から選び、記号で答えなさい（解答番号は3）。

ア　かつてそれをつけて甲子園で勝利した経験から、大事な試合のときは古いジンクスの紐を巻くことで、自分をふるい立たせたいという気持ち。

イ　ゲン担ぎをしたところで実力以上の力が出ないことは分かってはいたが、鐵次郎の引退試合を勝利で飾るために最善を尽くしたいという気持ち。

ウ　縁起を気にするような行動を鐵次郎が嫌うことは知っていたのだが、なかなか調子があがらないので、ジンクスに頼らざるを得ない必死な気持ち。

エ　常日頃の鐵次郎の強引な指導方法にはついていけないと感じていたので、引退試合では自分が思うやり方でやってみたいという気持ち。

オ　鐵次郎がゲン担ぎを嫌っていることは知っていたが、鐵次郎の引退試合で勝利を収めるためには、なりふりかまっていられないという気持ち。

問4　傍線部ｄ「訳のわからない淋しさ」とあるが、鐵次郎の感じた「淋しさ」とはどのようなものと考えられるか。その説明として最も適切なものを次から選び、記号で答えなさい（解答番号は4）。

ア　江島が少しも成長していないことで実感した自分の力不足と、チームとの不和を抱えたまま明日の試合の指揮を執ることへの不安。

イ　長年かけて築き上げてきた自分の野球の理論が簡単に否定されてしまったことへの落胆と、今後のチームの行く末を憂う気持ち。

ウ　監督であるにもかかわらず選手に反抗的な態度をとられたことへの困惑と、自分の居場所はもうどこにもないのだという喪失感。

エ　自分の野球に対する考え方が受け入れられていない事実を知った混乱と、自身の存在価値が失われてしまったかのような空虚感。

オ　すべてを野球に捧げた人生が無駄だったのかもしれないという疑念と、誰も自分の気持ちに寄り添わないことに対する悲しみ。

「あの子はあの子の命と雄一さんの命を取り替えてもいいからと祈っています。明日の手術が終るまで、どうか持っていてやって下さい」

「………」

鐵次郎は黙って、目を閉じていた……。

※　沙や——鐵次郎の妻。

※　石井久一——鐵次郎が指導した元社会人野球選手であり、現在はこの企業の専務。

※　ひとりほど蚤(のみ)の心臓がいる——この後に登場する、新人投手の江島のこと。

※　京都へ遊びに行ったのではなく——この少し前、沙やとさやかは二人で京都に旅行に行っている。

問1　傍線部ａ「沙やの目が笑っている」とあるが、ここでの沙やについての説明として最も適切なものを次から選び、記号で答えなさい（解答番号は1）。

ア　引退するにも関わらず、なお野球にしがみつこうとしている夫のことを情けなく思っている。

イ　引退が決まっても相変わらず頑固一徹な夫の言葉に呆れつつも、その性格には理解を示している。

ウ　勝負には意地や度胸が大切であるという考えを改めようとしない夫の態度に、幻滅している。

エ　引退間際になっても選手のことを心配し、指導に当たろうとする夫のことを誇りに感じている。

オ　いつもは頑固な夫が孫のさやかにだけは心を開いて本音で話す姿に、ほほえましさを抱いている。

問2　傍線部ｂ「鐵次郎は生きるか、死ぬか、と言う言葉をかき消した」とあるが、「言葉をかき消した」理由の説明として最も適切なものを次から選び、記号で答えなさい（解答番号は2）。

ア　単なる野球と人の生死を同列に語るのは、さすがに乱暴すぎると思い直したから。

イ　病に苦しんでいる夫を案じるさやかに対して、死という言葉を掛けるのが憚(はばか)られたから。

ウ　死ぬという言葉をはっきりと言うことで、不吉なことが起きてしまうのを恐れたから。

エ　命がけで野球をやっている自分の思いは、誰にも分かってもらえないと思ったから。

オ　野球をやったことのないさやかには、野球のたとえは通じないだろうと考えたから。

「何だ！」

「おやじさん、そのくらいにして下さい。江島もよくわかっています。江島はおやじさんの引退を飾りたいから、古いジンクスの紐まで出して来たんです」

「わしがこういうことを」

「わかってます。自分がそうしたいなら、しろと言ったんです。江島も必死でやってますから、どうかあと少し見ていてやって下さい」

鐵次郎は振り上げた腕を下ろした。

鐵次郎は黙って練習場を引き揚げた。

外に出ると、木枯し(こがら)が風音を立てていた。児島湾(こじまわん)の方に月が夜雲を切ってあらわれた。月光がグラウンドを紫色に浮び上らせた。冷たい風景だった。もう何十年とこんな時刻のグラウンドを見て来たのだが、背中が冷たくなるような夜のグラウンドを眺めるのは初めてのことだった。

――終ったのか、わしの野球は……。

言い出しそうで、胸の奥に無理矢理とどめておいた言葉がぽつりと口に出た。

鐵次郎はジャンパーのポケットから煙草を取り出すと、ゆっくりと火を点けた。ほろ苦い味がした。ふいに[d]訳のわからない淋しさが鐵次郎を襲った。[e]胸の中でいつも音を立てて動いていた歯車のようなものが、ほんの数分の間にどこかへ落ちてしまった気がした。その替りに背中が雨に濡れたように重く感じられた。

月は冴え冴えとかがやいて、鐵次郎の寂寥(せきりょう)など知らぬ顔で空にかかっていた。ちいさな吐息がこぼれた。空を見上げて泣いていた孫娘の横顔が浮んだ。

合宿所の方から歌を歌いながら戻って来た選手たちの声が聞えた。鐵次郎は煙草を草むらに放ると、家の方へむかって歩き出した。

引退試合の朝、鐵次郎は沙やに寄るところがあると言って、いつもより一時間早く家を出た。

山手へむかう住宅街の坂道を歩きながら、胸のポケットに入ったお守りが気になった。

昨夜、沙やが寝所で渡してくれたものだった。そんなものを忌み嫌う鐵次郎の性分を知っているはずの沙やが、

「どうかちゃんと持っていて下さい」

と口調をあらためて言った。

沙やと孫娘は京都※へ遊びに行ったのではなく、大病快気に効く神社を七社も回って来たのだと妻は打ち明けた。

「そうだね、私が選んだ人だものね」
さやかは鼻をくしゅんとさせて笑った。

合宿所の隣りにある雨天練習場の電灯が点っていた。
ひとりの投手が投球練習をしていた。球を受けているのは助監督の内村である。
「何度言ったらわかるんだ。ミットから目を離すな。もっと自信を持って投げ込め」
鐵次郎の声が響く。その声に萎縮したわけではあるまいが、投手の投げたボールはホームベースでワンバウンドして捕りそこなった内村の背後に転がった。
「江島」
鐵次郎が投手の名前を呼んで立ち上った。

〈中　略〉

「は……」
「もっと大きな声で返事をしろ」
「はい」
鐵次郎はうつむいている江島のグローブに入れた方の手を見た。C手首に赤と白で編んだ紐(ひも)が巻きつけてあった。
「何だ、それは?」
「はっ、こ、これは……」
「はっきり言え」
「高校の時からずっとしているものです。これをつけていて甲子園が勝てましたから」
「外せ」
江島が鐵次郎を見た。
「外せ、そんなものに頼ろうとするから、おまえは駄目なんだ」
鐵次郎は江島の手を取ると、その紐を引き千切った。千切った紐を江島に投げつけようと手を振り上げた。
その手を背後から摑(つか)まえられた。
内村だった。

「合宿所だ。決まってるだろう」
「ねぇ、鐵さん。ちょっと聞いていい」
隣りで自転車を押しながら歩くさやかが言った。
「何だ？」
「人がさ、自分でない人のために祈る時はさ。どんなふうにしたら通じるのかな」
「何のことだ」
「だから、私は毎日雄一さんのためにお祈りをしてるのよ。ところがさ、私は元気で雄一さんは身体の具合が悪いわけでしょう。お祈りのしかたが悪いのかなって、思って……」
鐵次郎は生れてからこのかた何かを祈るということをしたことがなかった。祈るという行為が、すでにそこで人間を弱者にしていると考えていた。
さやかが立ち止まった。
空を見上げていた。冬の星座がきらめいていた。
「星を見てもさ、山を見てもさ、私毎日祈ってるの。どうか早く雄一さんが元気になりますようにって。でもちっとも通じない。私の身体の半分が、いいえ、全部を雄一さんのととっかえてもいいですよって、祈ってるのに……」
孫の頬に涙が伝っていた。
「大馬鹿者。おまえがそんな弱気でどうする。おまえが病気をひっぱたいて雄一君と二人で生還するんだ」
鐵次郎は孫のそばに寄ると、
「涙は最後に流すもんだ。おまえと雄一君なら、きっと乗り切れる。信じろ、わしを」
と半コートの肩を抱いた。
「わしは野球しか知らんが、野球には……」
そこまで言いかけて、b鐵次郎は生きるか、死ぬか、と言う言葉をかき消した。
「野球だって、乗り切るんだと信じてグラウンドに立つ奴は笑ってベンチに帰って来るもんだ。大丈夫だ。雄一君を信じろ。おまえが選んだ男じゃないか」
鐵次郎は孫のお尻を叩いた。

次郎が、さやかには何も言わない。
「あとひとつで引退なんだってね」
さやかが言った。沙やが鐵次郎を見た。
「淋しくないの？　ユニホームを脱ぐって」
鐵次郎は黙って海老を食べている。雰囲気を察してか、さやかもそれ以上は野球のことを話題にしなかった。
「ねぇ京都っていいよね、沙やさん」
「ほんとにね」
「鐵さん、京都に行ったことあるの」
「昔、京都大丸というデパートのチームと野球の試合をしに行ったことがあったな」
「夜はやっぱりお茶屋さんへ行ったの」
「どうだったかな」
「あっ、その顔は遊んでるんだ」
「遊ばない男がいるか」
「沙やさん、不公平だよね。まあ鐵さんが引退したら、二人で旅行でもしたらいいね」
「馬鹿を言うな。何かと用がある」
「何があるの？」
「※ひとりほど蚤(のみ)の心臓がいる。そいつを治さにゃならん」
「心臓が悪いの？」
さやかが真顔になった。
「いや、そうじゃない。度胸をつけにゃいかんということだ」
「それは新しい監督さんがやればいいんでしょう」
「そうもいかん」
さやかは沙やの顔を見た。[a]沙やの目が笑っている。
「お茶をくれ。出かけるからジャンパーを出してくれ」
「どちらへ？」

四 次の文章は、伊集院静（いじゅういんしずか）の小説「受け月」の一節である。主人公の谷川鐵次郎（てつじろう）は、ある企業の社会人野球チームの監督であり、鉄拳制裁も辞さない厳しいやり方で長い間指導をしてきたが、今期での引退が決まっている。本文は、鐵次郎の引退試合の前日の場面から始まる。これを読み、後の各問いに答えなさい。なお、設問の都合上、省略した箇所がある。

鐵次郎が夕刻家に戻ると、さやかが家に来ていた。

夫の雄一が入院している大学病院がこの町にあるので、さやかは週末になると老夫婦の家に泊りに来る。さやかは鐵次郎の長男の娘である。孫娘が家を出て恋人と所帯を持つようになったことは※沙（さ）やから聞いていたが、その相手が※石井久一の息子と知ったのはあとのことだった。

鐵次郎の五人の孫の中で、さやかは妻の沙やと妙に気が合うようだった。父親が海外向けプラントのエンジニアで家を空けることが多く、母親も働いていたせいか休日になると遊びにやって来た。名前が似ているのも二人は気に入っているようだった。

「お帰んなさい。鐵さん」

玄関にエプロン姿のさやかが迎えに出た。さやかが幼い頃から鐵次郎は爺さんとは呼ばせなかった。年寄りくさくて嫌だった。

〈 中　略 〉

「これは何と言う料理だ。寄せ鍋か」

卓袱台（ちゃぶだい）の中央の銅鍋を見て鐵次郎が言った。

「ブイヤベースって言うのよ」

さやかが小皿に魚身をよそいながら言った。

「さやかさんがこしらえてくれたんですよ。今夜はお祝いだから。あっ、私がやるわ。あなた火傷（やけど）するといけないから」

沙やがさやかに鍋をよそってやった。

「おおきに」

さやかがこたえた。

「ばあさんを遅くまで連れ出すんじゃないぞ。もう齢（とし）なんだからな」

「かんにんどす」

さやかがまた京都弁で言った。沙やは笑って二人を見ている。ひと昔前、子供たちが食卓で話をすると、黙って食べろ、と怒鳴っていた鐵問4　本文中の空欄eに入る語句として最も適切なものを次から選び、記号で答えなさい（解答番号は5）。

ア　具体的　　イ　一般的　　ウ　限定的　　エ　抽象的　　オ　類似的

問5　傍線部f「内包的な定義を必要かつ十分におこなうことは、ひじょうにむずかしい」とあるが、これについて、

(1)　「内包的な定義」のここでの意味として最も適切なものを次から選び、記号で答えなさい（解答番号は6）。

ア　他の動物と犬とでは明らかに性質が異なることを示しつつ、犬のみが持つ特徴を可能な限り列挙すること。
イ　他の動物と区別される犬に共通の性質を述べたうえで、さらにポチという個体固有の特徴を示すこと。
ウ　多くの犬の中からポチという個体を探し出せるだけの、ポチという個体の十分すぎる特徴を挙げること。
エ　犬に共通する外見的な特徴を述べたうえで、さらにポチであると判断できる機能的な性質を挙げること。
オ　見た目では分からない犬に内在する性質を述べ、さらにポチを説明するのに不可欠な特徴を示すこと。

(2)　「ひじょうにむずかしい」とあるが、なぜか。その理由として最も適切なものを次から選び、記号で答えなさい（解答番号は7）。

ア　対象となるものの本質的特徴は具体的場面によって異なるから。
イ　対象となるものの本質的特徴は他との比較によって明らかになるから。
ウ　対象となるものの本質的特徴の定義を明確にしづらいから。
エ　対象となるものの表面的特徴はいろいろと変わりうるから。
オ　対象となるものの表面的特徴をすべて挙げるのは不可能だから。

問6　傍線部g「うまく名前をつける」とあるが、この結果生じる利点の説明として最も適切なものを次から選び、記号で答えなさい（解答番号は8）。

ア　間違ったことば遣いが正され、適切に表現できるようになる。
イ　専門的で複雑な概念が、誰にでも理解されるようになる。
ウ　その概念がひとり歩きすることで、世間に広まるようになる。
エ　人々の生活に馴染み、世の中で広く認知されるようになる。
オ　人々がその概念を真に理解し、正しく使用されるようになる。

問1　傍線部a「『私はご飯を食べた』という単純な文をとりあげよう」とあるが、「私はご飯を食べた」という例文で筆者が言いたいのはどのようなことか。その説明として最も適切なものを次から選び、記号で答えなさい（解答番号は1）。

ア　単語の意味と用法は、抽象的な概念に過ぎず、文全体を見ることではじめて規定されるということ。
イ　単語の意味と用法は、扱う主体の言語能力の水準によっては、正しく使用されない場合もあるということ。
ウ　単語の意味と用法は、辞書的な意味だけでは成り立たず、相手の受け取り方によっても変化するということ。
エ　単語の意味と用法は、文全体におけるはたらきや文脈、場面によって解釈が異なるものだということ。
オ　単語の意味と用法は、指し示す範囲が時代や文化で異なり、個人の感覚に負う部分が多いということ。

問2　本文中の空欄b・cに入る内容の組み合わせとして最も適切なものを次から選び、記号で答えなさい（解答番号は2）。

ア（b　新幹線のシステム全体　・　c　ある特定の時刻の新幹線列車）
イ（b　新幹線のシステム全体　・　c　数ある移動手段の中の新幹線）
ウ（b　数ある移動手段の中の新幹線　・　c　新幹線のシステム全体）
エ（b　数ある移動手段の中の新幹線　・　c　新幹線の優れた安全性）
オ（b　ある特定の時刻の新幹線列車　・　c　新幹線の優れた安全性）
カ（b　ある特定の時刻の新幹線列車　・　c　新幹線のシステム全体）

問3　傍線部d「ラベル」について、

(1)　この具体例として適切なものを次から二つ選び、記号で答えなさい（解答番号は3）。

ア　スマホの画面が割れてしまったので修理に出す。というときの「スマホ」。
イ　デートの前日というのはいつもわくわくするものだ。というときの「デート」。
ウ　日本は高校への進学率がほぼ一〇〇パーセントだ。というときの「高校」。
エ　初めて出場した大会は準決勝で惜しくも敗退した。というときの「大会」。
オ　家から会社までは電車を乗り継いで二時間かかる。というときの「会社」。

(2)　「ラベルを貼る」という比喩的な表現をしたときの、本文中にある語句を用いた言い換えとして最も適切なものを次から選び、記号で答えなさい（解答番号は4）。

ア　単語を用いる　　イ　分類をおこなう　　ウ　概念を知る　　エ　体系をつくる　　オ　名前をつける

に白い斑点が四個一列に並んでいる」といったことを述べる。つまり、この記述をたよりに多くの犬のなかからポチが唯一見つけ出せねばならないのである。これがいわゆる内包的定義である。

f内包的な定義を必要かつ十分におこなうことは、ひじょうにむずかしい。分類学は、どのような特徴に着目すれば妥当な分類をおこなえるかについての学問であり、顕著な特徴から細微な特徴まで、特徴についての体系をつくる必要がある。特徴といっても、外見上の形状、色、大きさなどの特徴のほかに、機能的な特徴についても着目する。鳴き声の特徴（人の発話の場合にはアクセントの特徴などを含んで）、動作の特徴、他との相互関係的な特徴などについての記述も場合によっては重要である。

ここで注意しなければならないのは、犬といっても、子猫のような小さな犬もいれば、人間ほど大きな犬もいる。尻尾がほとんどないような犬もいるだろう。ケガをして足を一本なくしている犬がいるかもしれない。それでも犬であると判断することができる必要があるので、犬についてのさまざまな観点からの説明のある部分が適合しなくても、なおかつ他の動物と区別できるだけの、いわば十分すぎる特徴を調べることが必要となる。

これについては、表面的特徴と本質的特徴とがあって、本質的特徴が一致していればよいといったことがよくいわれる。尻尾がなくても犬は犬とわかる。このように表面的特徴はいろいろと変わりうるので、そういったことに影響されない本質的特徴を知ることが大切となる。そこで本質的特徴とは何かが大切となるが、これをつきつめていくと、それは遺伝子配列だということになるだろう。しかし遺伝子配列がまったく同じ動物はクローンであり、同じ種類の動物でも遺伝子配列はすべて異なる。では、配列のどこが同一であれば同じ動物とするかという問題になるが、いまのところそれに明確な答えを与えることはむずかしいようである。ようするに、つきつめていったとき、本質的特徴とは何かということには、明確な答えがないのである。ほとんどの場合、遺伝子配列のこのあたりは同じであるといった程度にしかいえず、そういう意味では表面的特徴と本質的特徴を区別することはむずかしい。つまりここでも不確定性、あいまい性が残る。

科学技術の世界だけでなく、学問一般において新しい概念に名前をつけるということは、ひじょうに大切なことである。しかも、gうまく名前をつけることが、その概念の流布に大きな影響をおよぼす。たとえば、DNAやエイズは、それぞれデオキシリボ核酸、後天性免疫不全症候群という正式名称しか与えられていなかったら、これらの概念は社会にこれほど浸透しなかっただろうといわれている。

ある複雑な概念は、それを短い名称でさししめすことができるようにすれば、さまざまな場所で気軽に使えるようになる。そのかわり、その名称に対応する概念の微妙な部分は忘れ去られたり、場合によっては、その本質的部分もいろいろと誤って理解されてしまったりする。また、その内容についてほとんど理解されず、言葉だけがひとり歩きするということもある。

一般的には、欧米の学者は、名前を与えることによって、ある概念を他の概念から明確に区別するということに関心が高く、こうした名称の体系によって学問を体系的につくりあげていくことが上手である。

（長尾真（ながおまこと）『「わかる」とは何か』による）

三　次の文章を読み、後の各問いに答えなさい。

a「私はご飯を食べた」という単純な文をとりあげよう。

ご飯という単語は『広辞苑』によれば、単に「めし・食事の丁寧な言い方」と書かれているだけであるが、けっして一つの意味だけを担っているものではない。せまい意味では、お米を炊いてお茶わんに盛って出されたものをさすのであろうが、「ご飯が炊けた」という場合には、お釜か電気炊飯器で炊きあがった状態のお米をさしている。また、ご飯粒というのはその一つ一つをさしている。しかし「一二時になった。ご飯を食べに行こう」というときは「昼食に行こう」という意味で使われているのであって、かならずしもお米のご飯を食べるとは限らない。うどんを食べる場合もあるだろう。つまりこの場合、ご飯は食事一般をさすと解すべきである。

「新幹線に乗り遅れた」という場合は、［ b ］をさしているのに対して、「新幹線は世界にほこる鉄道である」という場合は［ c ］をさしている。また、「スイカを食べたい」というときのスイカは、よく熟れたあまいスイカをさしているのであって、未熟なウリのようなスイカを意味しているのではない。「これはスイカの種です」というときのスイカは、具体的なものをさすのではなく、抽象的な分類概念としてのスイカをいっているのであって、まさにd ラベルとしてのはたらきしかしないわけである。

このように一つの単語にはいろいろな意味と用法があり、多くの場合は文全体を見ることによって正しく解釈できるが、そうではない場合もひじょうに多い。たとえば、

ご飯をいただきましょう

というとき、これだけではご飯はお米の炊いたものか、食事をさすのかはわからない。「私はパンにします」と言うときには前者であり、「もう一時だものね」という場合は後者ということになる。つまり、ある［ e ］な場面が解釈を規定するのである。

言葉あるいは文のあらわす意味は、文の表現からだけでは決定できず、場面や文脈という、より広い世界のなかで理解され、解釈されることはとうぜんであるが、ここではもとにもどって、言葉とそれがさししめすものとのあいだの関係について考えてみよう。かんたんのために、まず外界に存在する具体的なものについて考えよう。

ここにポチと名づけられた犬がいたとする。すなわち、目の前にいる犬がポチである。これは集合論などでいわれる外延的定義である。「ポチとは何か、説明してください」といわれたときに、ポチをつれてきて「ハイ、これです」と見せるというわけである。しかし、これはふつうの意味での説明にはなっていない。

説明とはこの場合、「四つ足の動物で大きさは……で、尻尾がついていて、……」というように、まずは犬というものと他の動物の区別を説明しなければならない。そして、犬のなかでもこれがポチだという固有の特徴を述べる必要がある。「左目のふちにホクロがあって、背中

問5　次の文の「られる」と、同じ意味・用法の「れる・られる」が使われている文を、後のア～オから一つ選び、記号で答えなさい（解答番号は7）。

まだ着られる服がたくさん捨ててあった。

ア　楽しみにしているプリンを妹に取られる。
イ　何年経ってもあの試合のことが思い出される。
ウ　野菜は苦手だがニンジンは食べられる。
エ　明日の全校集会では校長先生が話される。
オ　みんなから好かれる人間でありたい。

問6　次の各漢文のうち「復た自ら禁ずる能はず。」と訓読できるものを一つ選び、記号で答えなさい（解答番号は8）。

ア　不三復タ能ハ二自ラ禁ズル一。
イ　不二復タ能ハ一自ラレ禁ズル。
ウ　不レ復タ能ハ二自ラ禁ズル一。
エ　不二復タレ能ハ自ラ禁ズル一。
オ　不レ復タ能ハレ自ラレ禁ズル。

問7　次のそれぞれの（　）に入る漢字の並びとして正しいものを後のア～オから一つ選び、記号で答えなさい（解答番号は9）。

子・丑・寅・（　）・辰・巳・（　）・未・（　）・（　）・戌・（　）

ア　卯午亥申酉
イ　卯午申酉亥
ウ　酉卯亥申午
エ　酉亥午卯申
オ　申午亥卯酉

二　次の各問いに答えなさい。

問1　次の各慣用句の□にはそれぞれ動物を表す漢字が入る。その慣用句の意味を後のア～キから一つずつ選び、記号で答えなさい（解答番号は1・2）。

1．□も食わぬ　　2．□も杓子も

ア　わけがわからない　　イ　何もかもすべて　　ウ　ほんのわずか　　エ　意気投合する
オ　あつかましい　　カ　不機嫌である　　キ　全く相手にしない

問2　次の各熟語の対義語をカタカナ表記したものを後のア～キから一つずつ選び、記号で答えなさい（解答番号は3・4）。

3．理論　　4．寛容

ア　キョゼツ　　イ　ハカイ　　ウ　ジッセン　　エ　タイサク　　オ　ゲンカク
カ　キョウキュウ　　キ　コウドウ

問3　次の文の傍線部の敬語と同じ種類の敬語が使われている文を後のア～オから一つ選び、記号で答えなさい（解答番号は5）。

あなたにお目にかかることが出来て、嬉しく思います。

ア　佐藤さんは何でも召しあがる人でした。　　イ　今日の料理はどなたが作ってくださったのでしょうか。
ウ　先生が作曲なさった曲を演奏します。　　エ　これより試合を開始いたします。
オ　教科書の五ページをご覧になってください。

問4「今日は部活に行かなかった。」という文を－単語－に区切った場合、最も適切なものを次から選び、記号で答えなさい（解答番号は6）。

ア　今日は－部活に－行かなかった。　　イ　今日は－部活に－行か－なかった。
ウ　今日－は－部活－に－行か－なかった。　　エ　今日は－部活に－行か－なかっ－た。
オ　今日－は－部活－に－行か－なかっ－た。

二〇二一年度 流通経済大学付属柏高等学校（前期②）

【国語】〈五〇分〉〈満点：一〇〇点〉

□一 次の1～5の傍線部と同じ漢字を使うものを、後のア～オの傍線部からそれぞれ一つずつ選び、記号で答えなさい（解答番号は1～5）。

1. 皆の前でチンジュツする。
ア 彼はいつも冷静チンチャクだ。
イ 争いをチンアツする。
ウ チンプな表現。
エ チンキャクが訪れる。
オ チンタイ物件を問い合わせる。

2. サッソク連絡しよう。
ア 健康をソクシンする。
イ 彼とのヤクソクを守る。
ウ バッソクを強める。
エ 借りたお金のリソク。
オ フウソクを測る。

3. 作家にシジして修業する。
ア 筆記用具をジサンする。
イ ジジ問題を論じる。
ウ 山にジセイする植物。
エ ジダンが成立する。
オ ジキ大統領を選ぶ。

4. 会社のエンカクを記す。
ア 成功のカクリツが上がる。
イ カクシキを重んじる。
ウ 道路をカクチョウする。
エ 問題のカクシンに触れる。
オ カクメイ的な発明。

5. 白熱した試合にコウフンする。
ア 急な出来事にアワてる。
イ 要点をシボる。
ウ タクみな話術。
エ 新しい国をオコす。
オ 言葉をヒカえる。

英語解答

1　1…4　2…3　3…4　4…5
5…9

2　問1　1…4　2…1　3…1　4…3
5…4
問2　4　問3　4　問4　4
問5　4　問6　4
問7　(1)…4　(2)…2　(3)…4

3　1…3　2…2　3…3　4…4
5…1　6…1　7…3　8…3

4　1…2　2…3　3…4　4…4
5…3　6…3　7…4　8…3
9…4　10…1

5　1　3番目…8　6番目…2
2　3番目…4　6番目…2
3　3番目…5　6番目…6
4　3番目…5　6番目…2
5　3番目…2　6番目…3

6　1…1　2…4　3…2　4…2
5…4

1　〔放送問題〕解説省略

2　〔長文読解総合―伝記〕

≪全訳≫1アルバート・アインシュタインは1879年３月14日にドイツのウルムという都市で生まれた。彼の両親の名はヘルマンとポーリーンだった。2アルバートの父ヘルマンは親しみやすく，親切で賢かった。彼は若い頃，数学がとても得意でもあった。アルバートの母ポーリーンは一家の実権を握っていた。彼女は裕福な家の出身で，とても頭が良かった。彼女は音楽を愛し，ピアノがとても上手だった。3彼の両親は会社を経営していた。しかし，アルバートが生まれたとき，彼らはそれをたたんで引っ越しすると決めた。間もなく彼らは大都市ミュンヘンに移った。ミュンヘンで，ヘルマンは弟のヤコブとともに新しい会社をつくった。4アルバートは他の子どもたちと同じではなかった。赤ちゃんのとき，彼は２歳を過ぎるまで最初の言葉を発しなかった。ヘルマンとポーリーンは彼のことをとても心配し，彼を多くの医者のもとに連れていったが，何が問題なのか誰もわからなかった。彼の周りの人々は，彼が上手に話せるようにならないのではないかと心配した。510歳になるまで，アルバートは話すのがあまり得意ではなかった。大人になってからも，「私は言葉で考えることはめったにない」と彼は言っていた。6アルバートは他の少年たちと大きく違っていた。彼は小さい頃，他の子どもたちとスポーツやゲームをして遊ぶのを好まなかった。彼は１人でじっと考え事や夢想にふけりに行くのが好きだった。7アルバートは積み木が大好きで，トランプの札で家をつくることも好んだ。彼は14階建ての家をつくれたそうだ。彼は家が何度崩れ落ちようと気にせず，何時間もそれに取り組んだ。アルバートは音楽も大好きで，とても小さい頃にバイオリンを演奏するようになった。彼はモーツァルトを愛し，何時間もその曲を練習した。8アルバートは音楽よりも理科の方が得意だったが，解けない問題があると音楽を聴きに行ったという。音楽は，彼が探している答えを見つけるのをいつも助けてくれた。9今日，アルバートは優秀な学生ではなかったと思っている人が多く，彼が一度，数学の単位を落としたという有名な話がある。それは数学が苦手な多くの学生たちに希望を与えるので，良い話ではあるのだが，本当の話ではない。10実際には，アルバートは学校で最も優秀な生徒の１人だった。彼は数学がとても好きだったので，夏にはよく１人で難しい数学の本で勉強した。彼はわずか10歳のときにユークリッド原論を読んだ。アルバートは賢かったが，ときどき先生を激怒させた。彼は退学しなければならず，彼が怠惰だと言った先生も何人かいた。その内の１人は，彼が人生で特別なことをなしとげることは決してないだろうと言った。11アルバートは多くの時間を１人で過ごすのが好きで，彼を怒らせるのはとても簡単だった。彼はよく他の子どもに物を投げつけ，あるときはバイオリンの先生に椅子を投げた。アルバートは９歳のとき，数学や理科の教育で有名な学校に通い始めた。⓬アルバートは大きくなるまで，宇宙や時間に興味がなかった。多くの子どもはとても小さい頃に宇宙や時間について考えるが，アルバートは大人になるまでそれらについて考え始めることがなかった。大人だったので，彼はそれらについて深く考えることができた。アルバートはかつて，物わかりの悪い子どもだったことが，彼の相対性理論の解明に役立ったと思うと語った。⓭アルバートのお気に入りのおもちゃは方位磁石だった。ある日，彼が具合が悪くて寝ていると，父がプレゼントとしてそれをくれた。アルバートは，針がいつも北を指そうと動く様子を見るのが大好きだった。それは彼の自然への興味をかきたてた。幼いアルバートは，方位磁石が動くのは磁界のためであると知り，そしてその後の業績において，その分野はいつも彼の科学の中心にあった。⓮世界には見たり触れたりできるもの以上のものがある。これはアルバートがそのような考えを抱いた最初の機会だった。

問１＜適語選択＞１．be different from ～「～と異なる」　２．be good at ～「～が上手である」の good が比較級になった形。 good－better－best　３．look for ～ で「～を探す」。for の目的語は the answer。　４．‘so ～ that …’「とても～なので…」の構文。　５．‘learn＋that＋主語＋動詞…’「～だと知る」の形。‘主語’は the compass，‘動詞’は moved。

問２＜文脈把握＞be worried about ～ は「～を心配している」という意味。両親がアルバートを心配している理由は，前の文から読み取れる。

問３＜語句解釈＞ここでの story は建物の「階」の意味。直後の ～ tall「高さが～」や前の文の house(s)「家」からも推測できる。

問４＜指示語＞文の前半にモーツァルトが大好きだとあるので，何時間もモーツァルトの曲の演奏に熱中したと考えられる。

問５＜語句解釈＞文の後半に数学の単位を落としたとあるので，この good は intelligent「頭が良い」と同じような意味で用いられているとわかる。

問６＜語句解釈＞the theory of relativity「相対性理論」は，物理学におけるアインシュタインの有名な業績である。

問７＜内容一致＞⑴「アルバートとポーリーンは(　　)」―４．「音楽を愛し，彼らは頭が良かった」ポーリーンについては第２段落最後の２文，アルバートについては第７段落最後の２文と第10段落第１文参照。　⑵「音楽を聴くことは(　　)」―２．「アルバートに答えを与えることがあった」第８段落参照。　⑶「彼は９歳のとき，(　　)学校に行った」―４．「理科と数学でよく知られた」　第11段落最終文参照。

３〔長文読解―英問英答―ノンフィクション〕

≪全訳≫❶１万5000の人々が「タイタニック」と呼ばれる船をつくった。彼らはそれを，北アイルランドのベルファストで1912年につくった。それは世界最大――２万4900トンの船であった。全長は265メートル，横幅は28メートルだった。時速46キロメートルで進むことができたので，世界最速の船の１つでもあった。❷タイタニック号はとても美しかった。ジェイコブ・アスター夫妻のような一等客のための部屋は，非常に高級なホテルの客室のようだった。アスター夫人は19歳で，彼女の夫は世界で最も裕福な男性の１人だった。２つの大きな寝室，１つの居間，そしてさらに３つの部屋があった。彼らは友人たちと美しいレストランで食事ができ，さらに一等客たちが歩き，話し，本を読み，タバコを吸い，そして音楽を聴くための部屋があった。❸二等客用の部屋も美しかった。それらはほとんどの船の最高級の部屋よりも立派だった。❹だが，タイタニック号には三等客もたくさんいた。この人たちは裕福ではなかった。彼らはイングランドやアイルランド出身の労働者だった。彼らの部屋は小さく，一等と二等の客から遠く下に離れた，デッキＥにあった。一等客がデッキＥまで降りてきて，犬を散歩させることもあった。だが，彼らが三等客に話しかけることはなかった。話すべきことがなかったのだ。❺一等客の１人に，トーマス・アンドリュースがいた。彼はタイタニック号の設計者だった。「私はタイタニックのことなら何でも知っています」と，彼は若いアスター夫人に言った。「大きくて美しく，それに安全です。この船が沈むことはありえません」❻1912年４月10日，タイタニック号はイングランドのサウザンプトンからアイルランドのコークに行った。その後，それはニューヨークを目指して西へ向かった。船には2207人が乗っていた。４日間，彼らは興奮して満足していた。❼４月14日の夜，海は穏やかだった。天気は良く，夜空には数千の星があった。だが，とても寒かったので，ほとんどの乗客はしゃべったり，酒を飲んだり，音楽を聴いたりしながら，部屋の中にいた。❽船の上部では，２人の船員――フレデリック・フリートとレジナルド・リー――が暗い海と空を眺めていた。彼らはとても寒く感じていた。午後11時40分，フリートは船の前方に何かを見つけた。それはとても大きく，白かった，そして遠くの物ではなかった。❾「氷山だ！　氷山だ！」と彼は電話で言った。「船の前に氷山があるぞ！」❿「ありがとう」と一等航海士のマードックは静かに答えた。そしてその後37秒間，何も起こらなかった。フリートとリーが見つめている間に，氷山はどんどん迫ってきた。それはとても大きな，100万トンの氷だった。世界最速の船の１つだったタイタニック号は，時速40キロメートルでそれに向かっていた。そしてその2000人の乗客はおしゃべりをし，音楽を聴いていた。⓫その後，ゆっくりと船は左側に向かい，氷山は船の右側に進んできた。フリートとリーはそれを見ていた。彼らはとても驚いた。物音が聞こえ，船が少し動いた。そして氷山は船の背後に移り，暗い夜の中に去っていった。⓬一部の乗客が出てきて，甲板の上に氷があるのを見つけた。彼らは笑った。「これを飲み物に入れようぜ！」と彼らは言った。彼らは数分の間その氷で遊ぶと，寒さから逃れようと中に戻った。⓭だが，船の前部の下にあった三等船室では，氷山はもっと大きな音を立てていた。水が客室に入ってきたので，彼らはドアの外に出てきた。「何が起きているんだ？」と彼らは尋ねた。「どうしたんだ？」⓮タイタニック号の船長スミスも同じことを尋ねていた。彼は背の高い男で，59歳だった。「どうしたんだ？」と彼は一等航海士マードックに尋ねた。「氷山です」とマードックは答えた。「緊急用のドアを閉じろ，早く！」とスミス船長は言った。⓯「閉めてあります，船長」⓰トーマス・アンドリュースはタイタニック号に16の区画と15の緊急用ドアを設計した。それらがあったので，船は安全だった。船長は緊急用ドアを閉じることができ，その後，水は船の内部をつたって動くことができなかった。船の１つの区画に入った水は，隣の区画には入れなかった。⓱「船を止めろ」とスミス船長は言った。ゆっくりとタイタニック号は停止した。この大きく美しい船は一千の星の下，静かな黒い海の上で待機していた。

1．「タイタニック号には何人の乗客がいたか」―３．「約2000」　第６段落第３文参照。　**2**．「ジェイコブ・アスター夫妻について正しいものはどれか」―２．「彼らは二等客よりも数の多い部屋に滞在した」　第２段落最終文参照。　１．「彼らは多くの人々によってつくられたとても高級なホテルを好んだ」　３．「彼らは美しいレストランのような部屋をたくさんつくった」　４．「彼らは世界で最も高速な船の１つを所有していたので有名だった」　**3**．「一等客と三等客について正しいものはどれか」―３．「一等客は三等客とは話さなかった」　第４段落最後から２文目参照。　１．「一等客はデッキEには決して降りて行かなかった」　２．「三等客は自分の部屋にとどまっていなくはならなかった」　４．「三等客はタイタニック号で働く人々だった」　**4**．「トーマス・アンドリュースについて正しいものはどれか」―４．「彼はタイタニック号が決して沈まないと信じていた」　第５段落最終文参照。　１．「彼は若いアスター夫人のことを何でも知っていた」　同段落第３文の her はタイタニック号を指す。英語では，船や車などを女性にたとえて表すことがある。　２．「彼はアスター夫人は美しいと思っていた」　同段落終わりから２文目の She は，タイタニック号を指している。　３．「彼はタイタニック号の船長だった」　同段落第２文参照。設計者である。　**5**．

「Icebergは日本語で何を意味するか」―1　第10段落最後から3文目の「大きな，100万トンの氷」という記述から推測できる。　6.「笑って氷で遊ぶ乗客がいたのはなぜか」―1.「彼らはタイタニック号に何が起きたか知らなかったから」　第11～14段落参照。氷山がぶつかったことに一部の乗組員が気づいた(第11，14段落)。また，三等客も大きな物音に何かが起きたと気づいた(第13段落)。だが，その他の客は気がついた様子がない(第12段落)。　7.「スミス船長が言わなかったことは何か」―3.「この船は決して沈まない」　1.「どうしたんだ」は第14段落第3文，2.「緊急用ドアを閉めろ」は第14段落最終文，4.「船を止めろ」は最終段落第1文にあるが，3は設計者のトーマス・アンドリュースの言葉である(第5段落最終文)。　8.「タイタニック号について正しいものはどれか」―3.「それは28メートルの横幅があった」　第1段落最後から2文目参照。　1.「それには15の区画があった」　第16段落第1文参照。　2.「それには16の緊急用ドアがあった」　第16段落第1文参照。　4.「それは時速265キロメートルで進んだ」　第1段落最終文参照。

4〔適語(句)選択・語形変化〕

1.usually「いつもは」とあることと，選択肢に現在形があることから，‘現在の習慣’を表していると判断できる。主語がMy motherなので，3人称単数現在であることを示す-sが必要。「私の母はいつもは職場から午後7時に帰ってくる」

2.discussは「〈物事〉を話し合う」という意味で，前置詞をとらず直後に目的語がくる。　「その問題は後で話し合おう」

3.名前が「書かれた」というつながりだと推測できるので，受け身形の‘be動詞＋過去分詞’が適切。　write－wrote－written　「勝者の名前はカップの表面に金色の文字で書かれた」

4.「～して」という‘感情の理由’を表すto不定詞の副詞的用法。　「その事実を知って私たちは不愉快だった」

5.be able to ～「～できる」　「トムは馬に乗れる」

6.「この近所に住む子どもたちのほとんど」がひとまとまりで文の主語になると考え，‘現在分詞(～ing)＋語句’がchildrenを後ろから修飾する形にする(現在分詞の形容詞的用法)。　「この近所に住む子どもたちのほとんどはとても活動的で元気だ」

7.‘Some ～，others …’「～もいれば，…もいる」　「ウィンドウショッピングの好きな女性もいれば，そうでない女性もいる」

8.「ボブが先月買った古い車」がひとまとまりで文の主語になると考え，carを修飾するまとまりをつくる。carはbought「買った」の目的語なので，目的格の関係代名詞whichが適切。「ボブが先月買ったその古い車はすでにエンジンの問題が生じている」

9.‘not ～ but …’「～ではなく…」　「彼女はフランスではなくイングランドの出身だ」

10.‘at＋時刻’「〈時刻〉に」　「その映画は9時に始まる」

5〔整序結合〕

1.「カナダで話されている主な言語」はthe main languages「主な言語」を‘過去分詞＋語句’のspoken in Canadaで後ろから修飾する形で表す(過去分詞の形容詞的用法)。残りは「～は英語とフランス語である」のare English and Frenchとまとめる。　The main languages spoken in Canada are English and French.

2.「メアリーは～がわからなかった」はMary did not know ～と表す。‘～’に当たる「何をすべきか」は，‘疑問詞＋to不定詞’でwhat to doとすればよい。「あの時」はat that time。　Mary did not know what to do at that time.

3.‘tell＋人＋to ～’「〈人〉に～するように伝える」の形。「授業の後」はafter class.　The

teacher told some students to stay after class.

4.「～する必要がありますか」は‘必要・義務’を表す have to ～「～しなければならない」を用いて Do you have to ～？で表す。ここでの you は一般的な「人」を表す用法。to の後は「～を食べる」を表す eat となり，その目的語の「腐ったリンゴ」は，bad に「腐った」の意味があるので a bad apple とする。「～を知るために」は‘目的’を表す to不定詞の副詞的用法を用いて to know ～と表す。 Do you have to eat a bad apple to know that it is bad？

5.「あいにく～だ」は都合が悪いことを表すので，「～ではないかと心配だ」を表す I'm afraid that ～の形を用いる。「時計を忘れた」は動詞 leave を「～を置き忘れた」の意味で用いる。「デスクに」は「(自分の)デスクの上に」と読み換えて on my desk とする。 I'm afraid that I left my watch on my desk.

6〔長文読解―英問英答―掲示〕

≪全訳≫ミッションベイ公園の世界の食べ物フェスティバル／12月22日火曜日から12月27日日曜日まで／サラダ，スープ，サンドイッチが食べられます。また，それを私たちとつくることもできます。どのようにするかお教えします。／ゲームをしてポイントを得て，他の文化を学びましょう。ダンス，音楽，そしてビンゴが毎日あります。／ミッションベイ遊技場で／ダンス：11時／音楽：1時／ビンゴ：4時／ミッションベイ中学のメンバーが食べ物をつくり，他の国の文化についてお話しします。レシピ，ダンスのステップやゲームのルールについては彼らにお尋ねください。彼らが説明します。／より詳しい情報を得るには，343-6202まで電話するかwww.missionbaypark.comを見てください。

1.「人々がレシピについて知るにはどうすればよいか」―1.「メンバーに尋ねる」 Ask them about the recipes とあり，この them は前の文の Missionbay Junior High School's members を指している。 2.「この催しについて正しいものはどれか」―4.「メンバーからダンスのステップを習える」 They will explain. の They は Missionbay Junior High School's members を指し，説明の中身には前の文の the dance steps が含まれる。

≪全訳≫柏の葉ロードレースのボランティア／6月8日，3000人を超えるランナーが柏の葉ロードレースに参加します。500人程度のボランティアが必要です。／仕事は：／スタート地点(柏西通り)／ランナーの水分補給所／コース沿い／ゴール地点(柏競技場)／ボランティアは5月の最終日曜日のミーティングに参加しなくてはなりません。その日にボランティア全員にレースの日に着るTシャツをお渡しします。／興味がある方は，4月30日までにジム・ウィルソンにEメールを送ってください。volunteerinformation@kashiwanohamarathon.org／柏の葉精神を見せましょう。ランナーと3万人の観客が待っています！

3.「もし働きたければ，最初に何をするべきか」―2.「ジム・ウィルソンに連絡する」 If you're interested 以下を参照。 contact「連絡をとる」 4.「ボランティアが働かない場所はどこか」―2.「ミーティングの場所」 Jobs are: の項目参照。 5.「何人のボランティアが必要か」―4.「約500人」 Around 500 volunteers are needed. とある。about，around ともに「約，およそ」という意味を持つ。

数学解答

1 (1) ア…2　イ…8
(2) ウ…1　エ…3　オ…0
(3) カ…4　キ…5　ク…1　ケ…8
コ…6
(4) サ…2　シ…5
(5) ス…9　セ…7
(6) ソ…1　タ…3　チ…1
(7) ツ…8　テ…9　ト…6

2 (1) ア…5　イ…1　ウ…0　エ…1
オ…0
(2) カ…1　キ…8　ク…1　ケ…8
コ…0
(3) 9

3 (1) ア…1　イ…2
(2) ウ…8　エ…9
(3) オ…8　カ…2　キ…5

4 (1) (i) ア…1　イ…0　ウ…0
エ…2　オ…5
(ii) カ…5　キ…2　ク…5
(2) ケ…1　コ…3　サ…6
(3) (i) シ…3　ス…2　セ…1
ソ…0　タ…3
(ii) チ…4　ツ…1　テ…0
ト…3

5 (1) ア…1　イ…1　ウ…2　エ…1
オ…2　カ…4　キ…4　ク…4
(2) ケ…9　コ…2
(3) サ…3　シ…5

6 (1) ア…3　イ…2　(2) 2
(3) (i) 3　(ii) 6

1〔独立小問集合題〕

(1)＜**数の計算**＞与式$=24-\dfrac{12\times2}{3}-4\times(-3)=24-8-(-12)=24-8+12=28$

(2)＜**数の計算**＞与式$=\dfrac{48}{100}\times\dfrac{5}{12}-\dfrac{3}{10}\times\dfrac{5}{9}=\dfrac{1}{5}-\dfrac{1}{6}=\dfrac{6}{30}-\dfrac{5}{30}=\dfrac{1}{30}$

(3)＜**平方根の計算**＞$\sqrt{18}=\sqrt{3^2\times2}=3\sqrt{2}$，$\sqrt{12}=\sqrt{2^2\times3}=2\sqrt{3}$ だから，与式$=(\sqrt{3}-3\sqrt{2}+2\sqrt{3})^2=(3\sqrt{3}-3\sqrt{2})^2=(3\sqrt{3})^2-2\times3\sqrt{3}\times3\sqrt{2}+(3\sqrt{2})^2=9\times3-18\sqrt{6}+9\times2=27-18\sqrt{6}+18=45-18\sqrt{6}$ である。

(4)＜**因数分解**＞与式$=ab-5a+2b-10=a(b-5)+2(b-5)$として，$b-5=A$ とおくと，与式$=aA+2A=(a+2)A=(a+2)(b-5)$となる。

(5)＜**連立方程式**＞$x-3y=30$……①，$0.2x-\dfrac{3y-1}{2}=\dfrac{64}{5}$……②とする。②×10 より，$2x-5(3y-1)=128$，$2x-15y+5=128$，$2x-15y=123$……②′　①×2－②′ より，$-6y-(-15y)=60-123$，$9y=-63$　$\therefore y=-7$　これを①に代入して，$x-3\times(-7)=30$，$x+21=30$　$\therefore x=9$

(6)＜**二次方程式**＞解の公式より，$x=\dfrac{-(-2)\pm\sqrt{(-2)^2-4\times3\times(-1)}}{2\times3}=\dfrac{2\pm\sqrt{16}}{6}=\dfrac{2\pm4}{6}=\dfrac{1\pm2}{3}$ となるので，$x=\dfrac{1-2}{3}=-\dfrac{1}{3}$，$x=\dfrac{1+2}{3}=1$ である。

(7)＜**図形―長さ，体積**＞円錐の側面を展開したおうぎ形は，半径が10cm，中心角が216° だから，弧の長さは $2\pi\times10\times\dfrac{216°}{360°}=12\pi$ である。よって，円錐の底面の円の周の長さは12πcm となる。底面の円の半径を r cm とすると，$2\pi r=12\pi$ が成り立ち，$r=6$ となる。次ページの図で，円錐の頂点をA，底面の円の周上の点をB，中心をCとすると，$\angle ACB=90°$，$AB=10$，$BC=6$ だから，△ABCで三平方の定理より，円錐の高さは $AC=\sqrt{AB^2-BC^2}=\sqrt{10^2-6^2}=\sqrt{64}=8$(cm)となる。また，円錐の体積は，$\frac{1}{3}\times\pi\times6^2\times8=96\pi$ (cm³)となる。

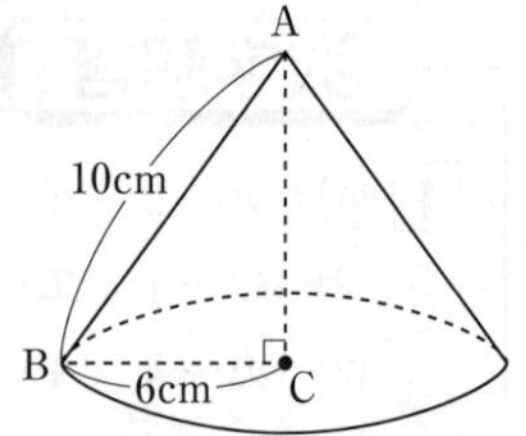

2 〔独立小問集合題〕

(1)**＜一次方程式の応用＞**家から公民館までの距離を x km とすると，時速6 km で行くときにかかる時間は $\frac{x}{6}$ 時間，時速4 km で行くときにかかる時間は $\frac{x}{4}$ 時間と表せる。時速6 km で行くと予定時刻より20分早く到着し，時速4 km で行くと予定時刻より5分遅く到着することから，時速4 km で行くときにかかる時間と時速6 km で行くときにかかる時間の差が $20+5=25$(分)となる。25分は $\frac{25}{60}=\frac{5}{12}$(時間)だから，$\frac{x}{4}-\frac{x}{6}=\frac{5}{12}$ が成り立つ。これを解くと，$3x-2x=5$，$x=5$(km)となる。これより，時速6 km で行くときにかかる時間は $\frac{5}{6}$ 時間である。$\frac{5}{6}$ 時間は $\frac{5}{6}\times60=50$(分)だから，午前9時に家を出ると，公民館には午前9時50分に到着する。この時刻は予定時刻より20分早いので，予定時刻は，午前9時50分の20分後で，午前10時10分となる。

(2)**＜二次方程式の応用＞**もとの長方形の横の長さを x cm とすると，縦の長さは横の長さより8 cm 長いから，$x+8$cm となる。縦の長さを6 cm 短くし，横の長さを3倍にすると，縦の長さは $x+8-6=x+2$，横の長さは $x\times3=3x$ になる。この長方形の面積がもとの長方形の面積の2倍になるので，$(x+2)\times3x=(x+8)\times x\times2$ が成り立つ。これを解くと，$3x^2+6x=2x^2+16x$，$x^2-10x=0$，$x(x-10)=0$ より，$x=0$，10となる。$x>0$ だから，$x=10$ であり，もとの長方形の縦の長さは $x+8=10+8=18$(cm)，面積は $(x+8)\times x=18\times10=180$(cm²)となる。

(3)**＜数の性質＞**18を自然数 n でわると自然数になるので，n は18の約数であり，1，2，3，6，9，18である。このうち，$\frac{n}{50}$ がこれ以上約分できない分数となるのは，$n=1$，3，9である。よって，求める最大の n は $n=9$ である。

3 〔独立小問集合題〕

(1)**＜場合の数＞**3けたの整数をつくるときに使う3個の数は，1と2と3，1と3と3，2と3と3のいずれかである。1と2と3でできる3けたの整数は，123，132，213，231，312，321の6個ある。1と3と3でできる3けたの整数は，133，313，331の3個ある。2と3と3でできる3けたの整数は，233，323，332の3個ある。よって，3けたの整数は $6+3+3=12$(個)できる。

(2)**＜確率―さいころ＞**大小2個のさいころを投げるとき，それぞれ6通りの目の出方があるから，目の出方は全部で $6\times6=36$(通り)ある。このうち，少なくとも1個は3以上の目が出るのは，全ての場合から，2個とも2以下の目が出る場合を除いた場合である。2個とも2以下の目が出る場合は(大，小)＝(1，1)，(1，2)，(2，1)，(2，2)の4通りだから，少なくとも1個は3以上の目が出る場合は $36-4=32$(通り)であり，求める確率は $\frac{32}{36}=\frac{8}{9}$ となる。

(3)**＜確率―カード＞**100枚のカードから1枚のカードを引くとき，引き方は100通りある。また，100枚のカードの中に番号が5の倍数のカードは，$100\div5=20$ より，20枚あり，7の倍数のカードは，

$100 \div 7 = 14$ あまり2より，14枚ある。このうち，35と70の2枚は5の倍数でも7の倍数でもあるので，番号が5の倍数または7の倍数のカードは $20+14-2=32$(枚)ある。よって，引いたカードの番号が5の倍数または7の倍数であるのは32通りだから，求める確率は $\dfrac{32}{100}=\dfrac{8}{25}$ となる。

4〔独立小問集合題〕

(1)<**図形―面積，長さ**>(i)右図1のように，半径5cmの4個の円の中心をA，B，C，D，接点をE，F，G，Hとする。4点A，B，C，Dを結ぶと，四角形ABCDは正方形となり，$AB=AE+BE=5+5=10$ だから，〔正方形ABCD〕$=10\times10=100$ となる。また，$\angle EAH=90^\circ$ だから，〔おうぎ形AEH〕$=\pi\times5^2\times\dfrac{90^\circ}{360^\circ}=\dfrac{25}{4}\pi$ となり，同様に，〔おうぎ形BEF〕=〔おうぎ形CFG〕=〔おうぎ形DGH〕$=\dfrac{25}{4}\pi$ である。よって，

図1

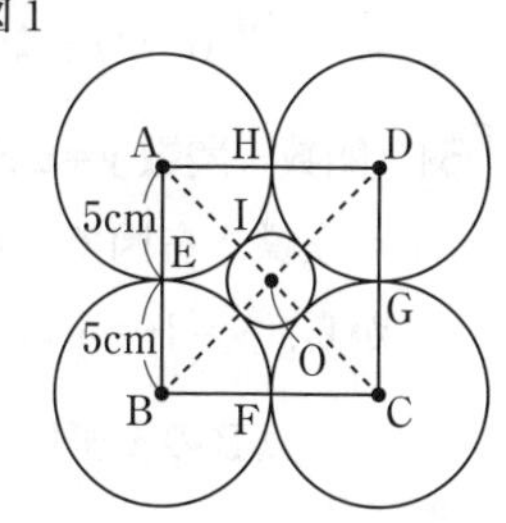

4個の円A，B，C，Dで囲まれた部分の面積は，〔正方形ABCD〕−(〔おうぎ形AEH〕+〔おうぎ形BEF〕+〔おうぎ形CFG〕+〔おうぎ形DGH〕)$=100-\dfrac{25}{4}\pi\times4=100-25\pi$ (cm^2)である。 (ii)図1で，4個の円A，B，C，Dで囲まれた部分にある小さい円の中心をO，円Aと円Oの接点をIとする。このとき，図形の対称性から，点Oは正方形ABCDの対角線AC，BDの交点と一致する。△ABCが直角二等辺三角形より，$AC=\sqrt{2}AB=\sqrt{2}\times10=10\sqrt{2}$ だから，$AO=\dfrac{1}{2}AC=\dfrac{1}{2}\times10\sqrt{2}=5\sqrt{2}$ である。また，$AI=5$ だから，円Oの半径は，$OI=AO-AI=5\sqrt{2}-5$ (cm)となる。

(2)<**図形―角度**>右図2で，点Oと点Aを結ぶ。$\overset{\frown}{AC}$ に対する円周角と中心角の関係より，$\angle AOC=2\angle ABC=2\times34^\circ=68^\circ$ である。また，△ABCが $AB=AC$ の二等辺三角形より，$\angle ACB=\angle ABC=34^\circ$ となり，$\overset{\frown}{AB}$ に対する円周角と中心角の関係より，$\angle AOB=2\angle ACB=2\times34^\circ=68^\circ$ となる。よって，$\angle x=\angle AOC+\angle AOB=68^\circ+68^\circ=136^\circ$ となる。

図2

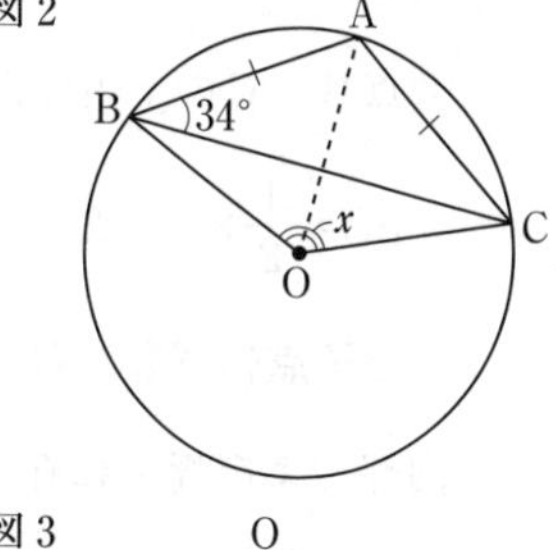

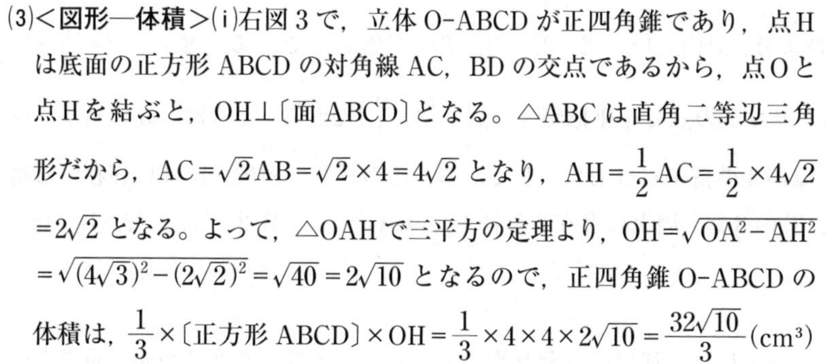

(3)<**図形―体積**>(i)右図3で，立体O-ABCDが正四角錐であり，点Hは底面の正方形ABCDの対角線AC，BDの交点であるから，点Oと点Hを結ぶと，OH⊥〔面ABCD〕となる。△ABCは直角二等辺三角形だから，$AC=\sqrt{2}AB=\sqrt{2}\times4=4\sqrt{2}$ となり，$AH=\dfrac{1}{2}AC=\dfrac{1}{2}\times4\sqrt{2}=2\sqrt{2}$ となる。よって，△OAHで三平方の定理より，$OH=\sqrt{OA^2-AH^2}=\sqrt{(4\sqrt{3})^2-(2\sqrt{2})^2}=\sqrt{40}=2\sqrt{10}$ となるので，正四角錐O-ABCDの体積は，$\dfrac{1}{3}\times$〔正方形ABCD〕$\times OH=\dfrac{1}{3}\times4\times4\times2\sqrt{10}=\dfrac{32\sqrt{10}}{3}$ (cm^3)

図3

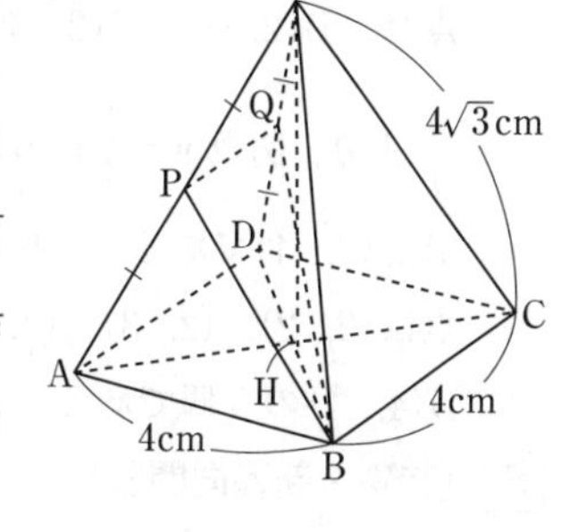

である。 (ii)図3で，(i)より，〔三角錐OABD〕=〔三角錐OCBD〕$=\dfrac{1}{2}$〔正四角錐O-ABCD〕$=\dfrac{1}{2}\times\dfrac{32\sqrt{10}}{3}=\dfrac{16\sqrt{10}}{3}$ となる。三角錐OPBQ，三角錐OABDの底面をそれぞれ△OPQ，△OADと見ると，この2つの三角錐は高さが等しいから，体積比は底面積の比と等しくなり，〔三角錐

OPBQ〕:〔三角錐OABD〕=△OPQ:△OADである。2点P,Qがそれぞれ辺OA,辺ODの中点より,OP:OA=OQ:OD=1:2であり,∠POQ=∠AODだから,△OPQ∽△OADである。相似比はOP:OA=1:2だから,△OPQ:△OAD=1^2:2^2=1:4である。よって,〔三角錐OPBQ〕:〔三角錐OABD〕=1:4となるので,〔三角錐OPBQ〕=$\frac{1}{4}$〔三角錐OABD〕=$\frac{1}{4}\times\frac{16\sqrt{10}}{3}$ $=\frac{4\sqrt{10}}{3}$(cm³)となる。

5 〔関数—関数 $y=ax^2$ と直線〕

(1)<座標>右図で,点Aは,関数$y=x^2$のグラフ上にあり,x座標が1だから,$y=1^2=1$より,A(1, 1)である。点Bは点Aとy座標が等しいから,点Bのy座標は1である。点Bは関数$y=\frac{1}{4}x^2$のグラフ上にあるので,$1=\frac{1}{4}x^2$,$x^2=4$,$x=\pm2$となり,$x\geqq0$より,$x=2$だから,B(2, 1)となる。点Cは点Bとx座標が等しいから,点Cのx座標は2である。点Cは関数$y=x^2$のグラフ上にあるので,$y=2^2=4$より,C(2, 4)となる。点Dは点Cとy座標が等しいから,点Dのy座標は4である。点Dは関数$y=\frac{1}{4}x^2$のグラフ上にあるので,$4=\frac{1}{4}x^2$,$x^2=16$,$x=\pm4$となり,$x\geqq0$より,$x=4$だから,D(4, 4)である。

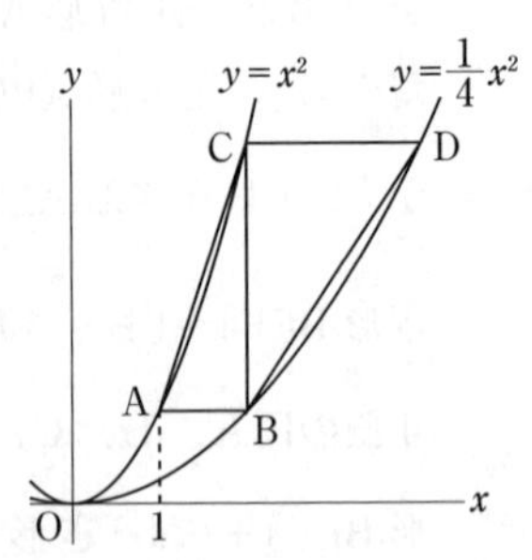

(2)<面積>右上図で,AB,CDはx軸に平行だから,四角形ABDCは台形であり,BC⊥ABだから,高さはBCとなる。2点A,B,2点C,Dのx座標より,AB=2−1=1,CD=4−2=2であり,2点B,Cのy座標より,BC=4−1=3となる。よって,台形ABDCの面積は,$\frac{1}{2}\times$(AB+CD)×BC$=\frac{1}{2}\times(1+2)\times3=\frac{9}{2}$である。

(3)<格子点の個数>右上図で,関数$y=x^2$,$y=\frac{1}{4}x^2$のグラフ,線分AB,線分CDで囲まれた領域の内部および周上に存在する格子点は,x座標が1の格子点はA(1, 1)であり,x座標が2の格子点は,B(2, 1),C(2, 4)より,B(2, 1),(2, 2),(2, 3),C(2, 4)である。また,$y=\frac{1}{4}\times3^2=\frac{9}{4}$より,関数$y=\frac{1}{4}x^2$のグラフ上の点で$x$座標が3の点が$\left(3, \frac{9}{4}\right)$だから,$x$座標が3の格子点は(3, 3),(3, 4)である。x座標が4の格子点はD(4, 4)である。このうち,領域の内部に存在する格子点は(2, 2),(2, 3),(3, 3)の3個,周上に存在する格子点はA(1, 1),B(2, 1),C(2, 4),(3, 4),D(4, 4)の5個である。

6 〔特殊・新傾向問題〕

(1)<重いビー玉>A,Bを上皿天びんの皿にそれぞれ乗せてつり合うとき,AとBが同じ重さなので,Cが重いものとなる。A,Bを上皿天びんの皿にそれぞれ乗せてBを乗せた皿が下がるとき,Bが重いものとなる。

(2)<回数>9個のビー玉を3個ずつ分けた3グループのうちの2グループを上皿天びんの皿にそれぞれ乗せるとき,つり合えば残りのグループの中に重いビー玉が含まれ,どちらかの皿が下がれば下がった方のグループに重いビー玉が含まれる。よって，１回目の天びん操作で，重いビー玉が含まれる１グループがわかる。このグループの３個のビー玉のうち２個を上皿天びんの皿にそれぞれ乗せて２回目の天びん操作をすると，(1)と同様にして重いビー玉が見つかる。よって，ビー玉が９個のとき，最低２回の天びん操作を行えば確実に１個の重いビー玉が見つかる。

(3)＜**回数**＞(i)18個のビー玉を６個ずつの３グループに分けて，１回目の天びん操作をすると，(2)と同様に考えて，重いビー玉が含まれる１グループがわかる。このグループの６個のビー玉を，さらに２個ずつの３グループに分けて２回目の天びん操作をすると，重いビー玉が含まれる１グループが決まる。そのグループの２個のビー玉を上皿天びんの皿にそれぞれ乗せて３回目の天びん操作をすると，どちらかが下がるので，重いビー玉が見つかる。よって，ビー玉が18個のとき，重いビー玉を見つけるために天びん操作は最低３回必要である。　(ii)(i)と同様に考えて，$486 \div 3 = 162$ より，486個のビー玉を162個ずつの３グループに分けて１回目の天びん操作を行うと，重いビー玉が含まれる１グループがわかる。次に，$162 \div 3 = 54$ より，このグループの162個のビー玉を54個ずつの３グループに分けて２回目の天びん操作をすると，重いビー玉が含まれる１グループがわかる。さらに，$54 \div 3 = 18$ より，18個ずつの３グループに分けて３回目の天びん操作をすると，重いビー玉が含まれる１グループがわかる。ビー玉が18個のとき，(i)より，重いビー玉を見つけるために天びん操作は最低３回必要だから，さらに３回天びん操作をすると重いビー玉は見つかる。よって，486個のとき，重いビー玉を見つけるために天びん操作は最低 $3 + 3 = 6$(回)必要である。

国語解答

一 1 ウ　2 オ　3 イ　4 オ
5 エ

二 問1 1…キ　2…イ
問2 3…ウ　4…オ　問3 エ
問4 オ　問5 ウ　問6 ア
問7 イ

三 問1 エ　問2 カ
問3 (1)…イ，ウ　(2)…オ　問4 ア
問5 (1)…イ　(2)…ウ　問6 エ

四 問1 イ　問2 イ　問3 オ
問4 エ　問5 (1)…ウ　(2)…ア
問6 オ

五 問1 オ　問2 ウ
問3 c…ア　e…エ　問4 エ
問5 イ

一〔漢字〕

1．「陳述」と書く。アは「沈着」，イは「鎮圧」，ウは「陳腐」，エは「珍客」，オは「賃貸」。
2．「早速」と書く。アは「促進」，イは「約束」，ウは「罰則」，エは「利息」，オは「風速」。
3．「師事」と書く。アは「持参」，イは「時事」，ウは「自生」，エは「示談」，オは「次期」。
4．「沿革」と書く。アは「確率」，イは「格式」，ウは「拡張」，エは「核心」，オは「革命」。
5．「興奮」と書く。アは「慌てる」，イは「絞る」，ウは「巧み」，エは「興す」，オは「控える」。

二〔国語の知識〕

問1＜慣用句＞1.「犬も食わぬ」は，ばかばかしくて誰も取り合わない，という意味。　2.「猫も杓子も」は，あらゆるもの全てが，という意味。

問2＜語句＞3.「理論」は，一貫した筋道によって組み立てられた知識や考えのこと。「実践」は，ある理論に基づいて実際に行動すること。　4.「寛容」は，広い気持ちで相手を許し，受け入れること。「厳格」は，規律や道徳をしっかり守って不正を許さず，厳しいこと。

問3＜敬語＞「お目にかかる」と「開始いたします」の「いたす」は，自分や身内の動作に使う謙譲語。「召しあがる」，「くださった」，「なさった」，「ご覧になって」は，他人の動作に使う尊敬語。

問4＜ことばの単位＞単語に分けると，「今日(名詞)／は(助詞)／部活(名詞)／に(助詞)／行か(動詞)／なかっ(助動詞)／た(助動詞)」となる。

問5＜品詞＞「着られる」と「食べられる」の「られる」は，可能の意味。「取られる」と「好かれる」の「れる」は，受け身の意味。「思い出される」の「れる」は，自発の意味。「話される」の「れる」は，尊敬の意味。

問6＜漢文の訓読＞「復」→「自」→「禁」→「能」→「不」の順に読む。「禁」から二つ上の「能」に返るので，「禁」に一点，「能」に二点をつける。さらに，「能」から二つ上の「不」に返るので，「不」に三点をつける。

問7＜古典の知識＞十二支は，時刻や方角などを示すために用いられたもので，「子(ね)・丑(うし)・寅(とら)・卯(う)・辰(たつ)・巳(み)・午(うま)・未(ひつじ)・申(さる)・酉(とり)・戌(いぬ)・亥(ゐ)」の十二の動物を表す。

三〔論説文の読解—芸術・文学・言語学的分野—言語〕出典；長尾真『「わかる」とは何か』。

≪本文の概要≫一つの単語には，いろいろな意味と用法があり，文全体の中でのはたらきや，場面や文脈の中で理解され，解釈が規定されるが，ここでは，言葉とそれが指し示すものとの間の関係を考えていく。例えば，ポチという名前の犬がいて，「ポチとは何か，説明してください」と言われたとする。その場合，まずは犬と他の動物との区別を説明して，それから，犬の中でも，これがポチだ

という固有の特徴を述べる必要がある。これが，内包的定義である。内包的定義を行う場合，特徴について体系をつくる必要があるが，表面的特徴よりも，本質的特徴が大切となる。本質的特徴とは何かについては，明確な答えがなく，表面的特徴との区別が難しい部分もある。したがって，内包的定義においては，不確定性，曖昧性が残ってしまう。学問において，新しい概念にうまく名前をつけることは，非常に大切なことであり，複雑な概念でも，短い名称で指し示すことができれば，さまざまな場所で気軽に使えるようになる。そのかわり，その名称に対応する概念の微妙な部分は忘れ去られたり，本質的部分が誤って理解されたり，言葉だけが一人歩きしたりすることもある。

問1＜文章内容＞「ご飯」という単語が，使われ方によって，「炊きあがった状態のお米」を指したり，「食事一般」を指したりするように，単語の意味と用法は多様であり，使われる文全体の中でのはたらきや，場面や文脈に応じて，解釈は変わるのである。

問2＜文章内容＞b.「新幹線に乗り遅れた」という場合の「新幹線」は，自分が乗る予定だった，ある時刻に発車する特定の列車を指す。　c.「新幹線は世界にほこる鉄道である」という場合の「新幹線」は，新幹線を形づくるシステム全体を指す。

問3(1)＜文章内容＞「デートの前日というのはいつもわくわくするものだ」という場合の「デート」は，ある特定の日に行う実際のデートではなく，一般的にイメージされる，抽象的概念としてのデートを指す(…イ)。「日本は高校への進学率がほぼ一〇〇パーセントだ」という場合の「高校」は，ある特定の学校ではなく，一般的にイメージされる，抽象的概念としての高校を指す(…ウ)。

(2)＜表現＞「ある概念を他の概念から明確に区別」し，分類するために「名前をつける」ことが，「ラベルを貼る」ことにたとえられている。

問4＜表現＞「ご飯をいただきましょう」と言うときの「ご飯」が，「私はパンにします」とつけ加えられるときには「お米の炊いたもの」を指し，「もう一時だものね」とつけ加えられるときには「食事」を指すように，言葉は，実際に使われる個々の場面によって，解釈が規定されるのである。

問5(1)＜表現＞「ポチ」という犬の「内包的定義」を行う場合，「まずは犬というものと他の動物の区別を説明」したうえで，「犬のなかでもこれがポチだという固有の特徴を述べる」必要がある。

(2)＜文章内容＞「内包的定義」を行うには，表面的特徴の変化に影響されない「本質的特徴」を知ることが大切だが，「本質的特徴とは何か」ということになると，「明確な答えがない」のである。

問6＜文章内容＞「新しい概念」に「うまく名前をつける」ことは，「その概念の流布に大きな影響をおよぼす」ことになる。「うまく名前をつける」ことができれば，その概念は社会に広く「浸透」して，日常生活の「さまざまな場所で気軽に使える」ようになるのである。

四〔小説の読解〕出典；伊集院静『受け月』。

問1＜心情＞「蚤の心臓」の選手に度胸をつけさせるのは，引退する鐵次郎ではなく，「新しい監督さんがやればいい」はずである。にもかかわらず，鐵次郎が，「そうもいかん」と頑固に選手の育成に関わろうとすることに，沙やは，あきれながらも鐵次郎らしさを感じていた。

問2＜文章内容＞鐵次郎は，「身体の具合が悪い」夫を心配して心を痛めているさやかの気持ちを思いやり，「死ぬ」という不吉な言葉を聞かせることを避けたのである。

問3＜心情＞鐵次郎が，ジンクスやお守りのような，根拠のないものに頼るのを嫌っていることは，江島もよくわかっていた。それでも江島には，鐵次郎の「引退を飾りたい」という強い思いがあり，古いジンクスのひもまで出してくるほど，なりふりかまわず必死になっていたのである。

問4＜心情＞鐵次郎は，ジンクスに頼ることを嫌い，鉄拳制裁をも辞さない方針をとってきた。一方，助監督の内村は，江島のジンクスのひもを許可して，鐵次郎が，江島の手から引きちぎったひもを江島に投げつけようとするのを止めた。鐵次郎は，自分の考え方と異なる内村や江島の行動や態度に接し，自分の野球は終わったのかと，むなしさを感じたのである。

問５⑴＜表現＞鐵次郎の厳しい指導の原動力であり，胸の内にあり続けた自信が，「歯車のようなもの」と，また，自信を失って寒々しい「寂寥」を感じている様子が，「背中が雨に濡れたように」と，直喩で表現されている。　⑵**＜文章内容＞**今まで鐵次郎は，自分の厳しい指導に自信を持っていた。だが，鐵次郎の嫌いなジンクスに頼ろうとする江島や，それを許し，鐵次郎の厳しい指導を止める内村の姿勢を見て，自分の方針がもはや受け入れられていないことを実感して，それまでの自信が，「どこかへ落ちてしまった気がした」のである。

問６＜表現＞本文では，引退試合前日の夜の，鐵次郎と孫娘のさやかとの交流や，江島の指導をする鐵次郎の様子が描かれ，さらに，「引退試合の朝」に，鐵次郎が，沙やから渡されたお守りを胸のポケットに入れて，家を出る様子が描かれている(ア…○)。物語は鐵次郎の視点で展開して，鐵次郎の心情は，「終ったのか，わしの野球は……」，「鐵次郎の寂寥」と直接描写される一方で，他の登場人物の心情については，「沙やの目が笑っている」，「孫の頬に涙が伝っていた」，「うつむいている江島」などと，表情や動作を描くことで，間接的に表現されている(イ…○)。本文の前半で，鐵次郎夫婦とさやかの，温かな夕食の様子や会話が描かれることで，後半の，雨天練習場での江島の指導の場面や外に出た場面での，鐵次郎の感じる冷たい孤独感が強調されている(ウ…○)。夕食の場面での鐵次郎と家族の会話や，合宿所に出かける途中での鐵次郎とさやかの会話，練習場での江島や内村と鐵次郎の会話など，多くの会話によって物語が進み，その合間に，さやかとの関係，病気の夫を気遣うさやかの様子，江島と内村の態度から自分の方針との食い違いを実感する鐵次郎の心情などが描かれている(エ…○)。「背中が冷たくなるような夜のグラウンド」で鐵次郎が見上げる，「寂寥など知らぬ顔」で空にかかる月は，鐵次郎の孤独や寂しさを強調しており，この後の，鐵次郎が救われるという「展開の伏線」になっているとはいえない(オ…×)。

五　〔古文の読解―説話〕出典；『今昔物語集』巻第十六ノ第六。

≪現代語訳≫今となってはもう昔のことだが，陸奥の国に住んでいた男が，長年たかのひなを巣から下ろして，必要とする人に与えて，その代金を受け取って生活をしていた。(男は，)たかが巣をつくっている場所を見ておいて，長年(ひなを巣から)下ろしていたのだが，母のたかは，このことを嘆き悲しんだのであろうか。(母のたかは，)もとの場所に巣をつくらずに，人が通ることもできそうにない場所を探して，巣をつくって卵を産んだ。(その場所は，)ごつごつとした岩の屏風を立てたような崖で，下は大海の果てもわからない荒磯であった。

問１＜古典の知識＞「陸奥の国」は，現在の青森県，岩手県，宮城県，福島県の辺りを指す。

問２＜現代語訳＞「世を渡る」は，生計を立てる，生活をする，という意味。男は，「鷹の子」を売って，その対価で生計を立てていた。

問３＜古文の内容理解＞ｃ．「陸奥の国に住みける男」は，たかが巣をつくっている場所を見ておいて，たかの子を巣から下ろした。　ｅ．男にひなをとられ続けた「母の鷹」は，「もとの所」に巣をつくるのをやめた。

問４＜古文の内容理解＞母のたかは，巣に産んだたかの子を，男にとられ続けていたことを嘆き悲しんだのか，巣をつくる場所を変えた。

問５＜古文の内容理解＞母のたかは，自分の産んだひなを，これ以上男に奪われないようにするため，「巌の屏風」を立てたような険しい断崖絶壁で，下に「荒磯」があるという，人が容易に近づけない場所に，巣をつくったのである。

Memo

Memo

当社発行物の無断使用は固くお断りいたします。御使用の前はまずご相談ください。

当社発行物には500点余の首都圏中・高過去問をはじめ、6点の学校案内、そのほかいくつかの情報誌などがございます。その多くが年度版で、限られたスタッフが来るべき受験シーズン前に余裕を持って受験生へ届けられるよう、日夜作業にあたり出版を重ねております。

最近、通塾生ご父母や塾内部からの告発によって、いくつかの塾が許諾なしに当社過去問を複写（コピー）し生徒に配布、授業等にも使用していることが発覚し、その一部が紛争、係争に至っております。過去問には原著作者や管理団体、代行出版等のほか、当社に著作権がございます。当社としましては、著作権侵害の発覚に対しては著作権を有するこれらの著作権関係者にその事実を開示して、マスコミにリリースする場合や法的な措置を取る場合がございます。その事例としましては、毎年当社過去問の発行を待って自由にシステム化使用していたＡ塾、個別教室でコピーを生徒に解かせ指導していたＢ塾、冊子化していたＣ社、生徒の希望によって書籍の過去問代わりにコピーを配布していたＤ塾などがあります。

当社発行物の全部もしくは一部を無断使用することは固くお断りいたします。

当社コンテンツの中にはリーズナブルな設定で紙面の利用を許諾している塾もたくさんございますので、ご希望の方は、お気軽にご相談くださいますようお願いします。同時に、当社発行物を無断で使用している会社などにつきましての情報もお寄せいただければ幸いです。

株式会社 声の教育社

2025年度用

高校スーパー過去問

■編集人 声の教育社・編集部

■発行所 株式会社 声の教育社

〒162-0814 東京都新宿区新小川町8-15

☎03-5261-5061㈹ FAX03-5261-5062

https://www.koenokyoikusha.co.jp

流通経済大学付属柏高等学校

別冊 解答用紙

別冊解答用紙
丁寧に抜きとって、別冊としてご使用ください。

★合格者最低点

※—は非公表。***は合格者なし。

		2024年度	2023年度	2022年度	2021年度
前期①	総合進学	単願 — 併願 212	単願 — 併願 208	単願 202 併願 213	単願 — 併願 188
	特別進学	単願 — 併願 226	単願 *** 併願 224	単願 *** 併願 222	単願 *** 併願 217
前期②	総合進学	単願 180 併願 194	単願 177 併願 190	単願 175 併願 191	単願 170 併願 192
	特別進学	単願 213 併願 225	単願 212 併願 222	単願 211 併願 220	単願 209 併願 220

注意

- ○ 解答用紙は、収録の都合により縮小したものや、小社独自に作成したものもあります。
- ○ 学校配点は学校発表のもの、推定配点は小社で作成したものです。
- ○ 無断転載を禁じます。
- ○ 解答用紙を拡大コピーする場合、表示した拡大率に対応する用紙サイズは以下のとおりです。
  101%～102%＝B5　103%～118%＝A4　119%～144%＝B4　145%～167%＝A3
  （タイトルと配点表は含みません）

2024年度 流通経済大学付属柏高等学校・前期①

英語解答用紙

評点
/100

受験番号			
0	0	0	0
1	1	1	1
2	2	2	2
3	3	3	3
4	4	4	4
5	5	5	5
6	6	6	6
7	7	7	7
8	8	8	8
9	9	9	9

フリガナ	
氏名	

設問	問		解答
1	1		1 2 3 4 5 6 7 8 9 10
	2		1 2 3 4 5 6 7 8 9 10
	3		1 2 3 4 5 6 7 8 9 10
	4		1 2 3 4 5 6 7 8 9 10
	5		1 2 3 4 5 6 7 8 9 10
2	問1	(1)	1 2 3 4 5 6 7 8 9 10
		(2)	1 2 3 4 5 6 7 8 9 10
		(3)	1 2 3 4 5 6 7 8 9 10
		(4)	1 2 3 4 5 6 7 8 9 10
		(5)	1 2 3 4 5 6 7 8 9 10
	問2		1 2 3 4 5 6 7 8 9 10
	問3		1 2 3 4 5 6 7 8 9 10
	問4		1 2 3 4 5 6 7 8 9 10
	問5		1 2 3 4 5 6 7 8 9 10
	問6		1 2 3 4 5 6 7 8 9 10
	問7		1 2 3 4 5 6 7 8 9 10
	問8	1	1 2 3 4 5 6 7 8 9 10
		2	1 2 3 4 5 6 7 8 9 10
		3	1 2 3 4 5 6 7 8 9 10

設問	問	解答
3	1	1 2 3 4 5 6 7 8 9 10
	2	1 2 3 4 5 6 7 8 9 10
	3	1 2 3 4 5 6 7 8 9 10
	4	1 2 3 4 5 6 7 8 9 10
	5	1 2 3 4 5 6 7 8 9 10
	6	1 2 3 4 5 6 7 8 9 10
	7	1 2 3 4 5 6 7 8 9 10
	8	1 2 3 4 5 6 7 8 9 10
4	1	1 2 3 4 5 6 7 8 9 10
	2	1 2 3 4 5 6 7 8 9 10
	3	1 2 3 4 5 6 7 8 9 10
	4	1 2 3 4 5 6 7 8 9 10
	5	1 2 3 4 5 6 7 8 9 10
	6	1 2 3 4 5 6 7 8 9 10

設問	問		解答
5	1	3番目	1 2 3 4 5 6 7 8 9 10
		6番目	1 2 3 4 5 6 7 8 9 10
	2	3番目	1 2 3 4 5 6 7 8 9 10
		6番目	1 2 3 4 5 6 7 8 9 10
	3	3番目	1 2 3 4 5 6 7 8 9 10
		6番目	1 2 3 4 5 6 7 8 9 10
	4	3番目	1 2 3 4 5 6 7 8 9 10
		6番目	1 2 3 4 5 6 7 8 9 10
	5	3番目	1 2 3 4 5 6 7 8 9 10
		6番目	1 2 3 4 5 6 7 8 9 10
	6	3番目	1 2 3 4 5 6 7 8 9 10
		6番目	1 2 3 4 5 6 7 8 9 10
6	1		1 2 3 4 5 6 7 8 9 10
	2		1 2 3 4 5 6 7 8 9 10
	3		1 2 3 4 5 6 7 8 9 10
	4		1 2 3 4 5 6 7 8 9 10
	5		1 2 3 4 5 6 7 8 9 10

記入上の注意

(1) この解答カードは、折ったり汚したりしないこと。
(2) 黒鉛筆を使用し、マークすること。
(3) 氏名とフリガナを記入すること。
(4) 受験番号を算用数字で記入すること。
(5) 受験番号欄に番号を正確にマークすること。
(6) 記入すべきこと以外は、絶対に書かないこと。
(7) マークを訂正するときは、プラスチック消しゴムを使用し、きれいに消すこと。
(8) 消しくずは、きれいに取り除くこと。

マークのしかた	
よい例	わるい例

(注) この解答用紙は実物を縮小してあります。A３用紙に149%拡大コピーすると、ほぼ実物大で使用できます。(タイトルと配点表は含みません)

推定配点

1 各2点×5
2 問1、問2 各2点×6 問3 1点 問4～問8 各2点×7
3 各3点×8
4、5 各2点×12
6 各3点×5

計	100点

2024年度　流通経済大学付属柏高等学校・前期①

数学解答用紙

評点　/100

受験番号			
0 1 2 3 4 5 6 7 8 9	0 1 2 3 4 5 6 7 8 9	0 1 2 3 4 5 6 7 8 9	0 1 2 3 4 5 6 7 8 9

フリガナ	
氏名	

設問	問		解答
1	(1)	ア	0 1 2 3 4 5 6 7 8 9
		イ	0 1 2 3 4 5 6 7 8 9
		ウ	0 1 2 3 4 5 6 7 8 9
	(2)	エ	0 1 2 3 4 5 6 7 8 9
		オ	0 1 2 3 4 5 6 7 8 9
		カ	0 1 2 3 4 5 6 7 8 9
	(3)	キ	0 1 2 3 4 5 6 7 8 9
		ク	0 1 2 3 4 5 6 7 8 9
	(4)	ケ	0 1 2 3 4 5 6 7 8 9
		コ	0 1 2 3 4 5 6 7 8 9
		サ	0 1 2 3 4 5 6 7 8 9
	(5)	シ	0 1 2 3 4 5 6 7 8 9
		ス	0 1 2 3 4 5 6 7 8 9
	(6)	セ	0 1 2 3 4 5 6 7 8 9
		ソ	0 1 2 3 4 5 6 7 8 9
		タ	0 1 2 3 4 5 6 7 8 9
		チ	0 1 2 3 4 5 6 7 8 9
		ツ	0 1 2 3 4 5 6 7 8 9
	(7)	テ	0 1 2 3 4 5 6 7 8 9
		ト	0 1 2 3 4 5 6 7 8 9
		ナ	0 1 2 3 4 5 6 7 8 9
		ニ	0 1 2 3 4 5 6 7 8 9
	(8)	ヌ	0 1 2 3 4 5 6 7 8 9
		ネ	0 1 2 3 4 5 6 7 8 9

設問	問		解答
1	(9)	ノ	0 1 2 3 4 5 6 7 8 9
		ハ	0 1 2 3 4 5 6 7 8 9
		ヒ	0 1 2 3 4 5 6 7 8 9
2	(1)	ア	0 1 2 3 4 5 6 7 8 9
		イ	0 1 2 3 4 5 6 7 8 9
		ウ	0 1 2 3 4 5 6 7 8 9
		エ	0 1 2 3 4 5 6 7 8 9
		オ	0 1 2 3 4 5 6 7 8 9
		カ	0 1 2 3 4 5 6 7 8 9
		キ	0 1 2 3 4 5 6 7 8 9
	(2)	ク	0 1 2 3 4 5 6 7 8 9
		ケ	0 1 2 3 4 5 6 7 8 9
3	(1)	ア	0 1 2 3 4 5 6 7 8 9
		イ	0 1 2 3 4 5 6 7 8 9
	(2)	ウ	0 1 2 3 4 5 6 7 8 9
		エ	0 1 2 3 4 5 6 7 8 9
		オ	0 1 2 3 4 5 6 7 8 9
		カ	0 1 2 3 4 5 6 7 8 9
		キ	0 1 2 3 4 5 6 7 8 9
		ク	0 1 2 3 4 5 6 7 8 9

設問	問		解答
4	(1)	ア	0 1 2 3 4 5 6 7 8 9
		イ	0 1 2 3 4 5 6 7 8 9
	(2)	ウ	0 1 2 3 4 5 6 7 8 9
		エ	0 1 2 3 4 5 6 7 8 9
		オ	0 1 2 3 4 5 6 7 8 9
		カ	0 1 2 3 4 5 6 7 8 9
		キ	0 1 2 3 4 5 6 7 8 9
		ク	0 1 2 3 4 5 6 7 8 9
		ケ	0 1 2 3 4 5 6 7 8 9
		コ	0 1 2 3 4 5 6 7 8 9
	(3)	サ	0 1 2 3 4 5 6 7 8 9
		シ	0 1 2 3 4 5 6 7 8 9
		ス	0 1 2 3 4 5 6 7 8 9
5	(1)	ア	0 1 2 3 4 5 6 7 8 9
		イ	0 1 2 3 4 5 6 7 8 9
		ウ	0 1 2 3 4 5 6 7 8 9
	(2)	エ	0 1 2 3 4 5 6 7 8 9
		オ	0 1 2 3 4 5 6 7 8 9
		カ	0 1 2 3 4 5 6 7 8 9
		キ	0 1 2 3 4 5 6 7 8 9

設問	問		解答
5	(3)	ク	0 1 2 3 4 5 6 7 8 9
		ケ	0 1 2 3 4 5 6 7 8 9
		コ	0 1 2 3 4 5 6 7 8 9
		サ	0 1 2 3 4 5 6 7 8 9
		シ	0 1 2 3 4 5 6 7 8 9
		ス	0 1 2 3 4 5 6 7 8 9
		セ	0 1 2 3 4 5 6 7 8 9
		ソ	0 1 2 3 4 5 6 7 8 9
6	(1)	ア	0 1 2 3 4 5 6 7 8 9
		イ	0 1 2 3 4 5 6 7 8 9
	(2)	ウ	0 1 2 3 4 5 6 7 8 9
		エ	0 1 2 3 4 5 6 7 8 9
		オ	0 1 2 3 4 5 6 7 8 9
		カ	0 1 2 3 4 5 6 7 8 9
		キ	0 1 2 3 4 5 6 7 8 9
		ク	0 1 2 3 4 5 6 7 8 9
	(3)	ケ	0 1 2 3 4 5 6 7 8 9
		コ	0 1 2 3 4 5 6 7 8 9
		サ	0 1 2 3 4 5 6 7 8 9
		シ	0 1 2 3 4 5 6 7 8 9
		ス	0 1 2 3 4 5 6 7 8 9
		セ	0 1 2 3 4 5 6 7 8 9

記入上の注意

(1) この解答カードは、折ったり汚したりしないこと。
(2) 黒鉛筆を使用し、マークすること。
(3) 氏名とフリガナを記入すること。
(4) 受験番号を算用数字で記入すること。
(5) 受験番号欄に番号を正確にマークすること。
(6) 記入すべきこと以外は、絶対に書かないこと。
(7) マークを訂正するときは、プラスチック消しゴムを使用し、きれいに消すこと。
(8) 消しくずは、きれいに取り除くこと。

マークのしかた	
よい例	わるい例

(注) この解答用紙は実物を縮小してあります。A３用紙に149%拡大コピーすると、ほぼ実物大で使用できます。(タイトルと配点表は含みません)

推定配点	
1 各3点×9　2 (1) 各2点×6　(2) 3点 3 各3点×3　4 (1) 3点　(2) 各2点×3　(3) 3点 5 (1)、(2) 各2点×4　(3) ク 2点　ケ～ソ 各3点×3 6 各3点×6	
100点	計

二〇二四年度　流通経済大学付属柏高等学校・前期①

国語解答用紙

評点
/100

受験番号			
0	0	0	0
1	1	1	1
2	2	2	2
3	3	3	3
4	4	4	4
5	5	5	5
6	6	6	6
7	7	7	7
8	8	8	8
9	9	9	9

フリガナ	
氏名	

設問	解答番号	解答
一	1	ア イ ウ エ オ カ キ ク ケ コ
	2	ア イ ウ エ オ カ キ ク ケ コ
	3	ア イ ウ エ オ カ キ ク ケ コ
	4	ア イ ウ エ オ カ キ ク ケ コ
	5	ア イ ウ エ オ カ キ ク ケ コ
二	1	ア イ ウ エ オ カ キ ク ケ コ
	2	ア イ ウ エ オ カ キ ク ケ コ
	3	ア イ ウ エ オ カ キ ク ケ コ
	4	ア イ ウ エ オ カ キ ク ケ コ
	5	ア イ ウ エ オ カ キ ク ケ コ
	6	ア イ ウ エ オ カ キ ク ケ コ
	7	ア イ ウ エ オ カ キ ク ケ コ

設問	解答番号	解答
三	1	ア イ ウ エ オ カ キ ク ケ コ
	2	ア イ ウ エ オ カ キ ク ケ コ
	3	ア イ ウ エ オ カ キ ク ケ コ
	4	ア イ ウ エ オ カ キ ク ケ コ
	5	ア イ ウ エ オ カ キ ク ケ コ
	6	ア イ ウ エ オ カ キ ク ケ コ
	7	ア イ ウ エ オ カ キ ク ケ コ
	8	ア イ ウ エ オ カ キ ク ケ コ
四	1	ア イ ウ エ オ カ キ ク ケ コ
	2	ア イ ウ エ オ カ キ ク ケ コ
	3	ア イ ウ エ オ カ キ ク ケ コ
	4	ア イ ウ エ オ カ キ ク ケ コ
	5	ア イ ウ エ オ カ キ ク ケ コ
	6	ア イ ウ エ オ カ キ ク ケ コ
	7	ア イ ウ エ オ カ キ ク ケ コ
	8	ア イ ウ エ オ カ キ ク ケ コ

設問	解答番号	解答
五	1	ア イ ウ エ オ カ キ ク ケ コ
	2	ア イ ウ エ オ カ キ ク ケ コ
	3	ア イ ウ エ オ カ キ ク ケ コ
	4	ア イ ウ エ オ カ キ ク ケ コ
	5	ア イ ウ エ オ カ キ ク ケ コ
	6	ア イ ウ エ オ カ キ ク ケ コ

記入上の注意

(1) この解答カードは、折ったり汚したりしないこと。
(2) 黒鉛筆を使用し、マークすること。
(3) 氏名とフリガナを記入すること。
(4) 受験番号を算用数字で記入すること。
(5) 受験番号欄に番号を正確にマークすること。
(6) 記入すべきこと以外は、絶対に書かないこと。
(7) マークを訂正するときは、プラスチック消しゴムを使用し、きれいに消すこと。
(8) 消しくずは、きれいに取り除くこと。

マークのしかた	
よい例	わるい例
▮	◊ ⁄ ✕ ○ ⌶

(注) この解答用紙は実物を縮小してあります。Ａ３用紙に149%拡大コピーすると、ほぼ実物大で使用できます。（タイトルと配点表は含みません）

推定配点	
一、二 各2点×12 三、四 各4点×16 五 各2点×6	
100点	計

２０２４年度　流通経済大学付属柏高等学校・前期②

英語解答用紙

評点　／100

受験番号

0	0	0	0
1	1	1	1
2	2	2	2
3	3	3	3
4	4	4	4
5	5	5	5
6	6	6	6
7	7	7	7
8	8	8	8
9	9	9	9

フリガナ	
氏名	

設問	問		解答
1	1		1 2 3 4 5 6 7 8 9 10
	2		1 2 3 4 5 6 7 8 9 10
	3		1 2 3 4 5 6 7 8 9 10
	4		1 2 3 4 5 6 7 8 9 10
	5		1 2 3 4 5 6 7 8 9 10
2	問1	(1)	1 2 3 4 5 6 7 8 9 10
		(2)	1 2 3 4 5 6 7 8 9 10
		(3)	1 2 3 4 5 6 7 8 9 10
		(4)	1 2 3 4 5 6 7 8 9 10
		(5)	1 2 3 4 5 6 7 8 9 10
	問2		1 2 3 4 5 6 7 8 9 10
	問3		1 2 3 4 5 6 7 8 9 10
	問4		1 2 3 4 5 6 7 8 9 10
	問5		1 2 3 4 5 6 7 8 9 10
	問6		1 2 3 4 5 6 7 8 9 10
	問7	1	1 2 3 4 5 6 7 8 9 10
		2	1 2 3 4 5 6 7 8 9 10
		3	1 2 3 4 5 6 7 8 9 10

設問	問		解答
3	問1	1	1 2 3 4 5 6 7 8 9 10
		2	1 2 3 4 5 6 7 8 9 10
		3	1 2 3 4 5 6 7 8 9 10
		4	1 2 3 4 5 6 7 8 9 10
		5	1 2 3 4 5 6 7 8 9 10
		6	1 2 3 4 5 6 7 8 9 10
		7	1 2 3 4 5 6 7 8 9 10
	問2	A	1 2 3 4 5 6 7 8 9 10
		B	1 2 3 4 5 6 7 8 9 10
		C	1 2 3 4 5 6 7 8 9 10
4	1		1 2 3 4 5 6 7 8 9 10
	2		1 2 3 4 5 6 7 8 9 10
	3		1 2 3 4 5 6 7 8 9 10
	4		1 2 3 4 5 6 7 8 9 10
	5		1 2 3 4 5 6 7 8 9 10
	6		1 2 3 4 5 6 7 8 9 10

設問	問		解答
5	1	3番目	1 2 3 4 5 6 7 8 9 10
		6番目	1 2 3 4 5 6 7 8 9 10
	2	3番目	1 2 3 4 5 6 7 8 9 10
		6番目	1 2 3 4 5 6 7 8 9 10
	3	3番目	1 2 3 4 5 6 7 8 9 10
		6番目	1 2 3 4 5 6 7 8 9 10
	4	3番目	1 2 3 4 5 6 7 8 9 10
		6番目	1 2 3 4 5 6 7 8 9 10
	5	3番目	1 2 3 4 5 6 7 8 9 10
		6番目	1 2 3 4 5 6 7 8 9 10
	6	3番目	1 2 3 4 5 6 7 8 9 10
		6番目	1 2 3 4 5 6 7 8 9 10
6	1		1 2 3 4 5 6 7 8 9 10
	2		1 2 3 4 5 6 7 8 9 10
	3		1 2 3 4 5 6 7 8 9 10
	4		1 2 3 4 5 6 7 8 9 10
	5		1 2 3 4 5 6 7 8 9 10

記入上の注意

(1) この解答カードは、折ったり汚したりしないこと。
(2) 黒鉛筆を使用し、マークすること。
(3) 氏名とフリガナを記入すること。
(4) 受験番号を算用数字で記入すること。
(5) 受験番号欄に番号を正確にマークすること。
(6) 記入すべきこと以外は、絶対に書かないこと。
(7) マークを訂正するときは、プラスチック消しゴムを使用し、きれいに消すこと。
(8) 消しくずは、きれいに取り除くこと。

マークのしかた	
よい例	わるい例
▮	◊ ⁄ X 0 ↑

(注)この解答用紙は実物を縮小してあります。Ａ３用紙に149%拡大コピーすると、ほぼ実物大で使用できます。(タイトルと配点表は含みません)

推定配点

1 各２点×５
2 問１～問５ 各２点×９ 問６ ３点 問７ 各２点×３
3 問１ 各３点×７ 問２ 各１点×３
4、5 各２点×12
6 各３点×５

計
100点

2024年度　流通経済大学付属柏高等学校・前期②

数学解答用紙

評点
/100

フリガナ	
氏　名	

受験番号			
0	0	0	0
1	1	1	1
2	2	2	2
3	3	3	3
4	4	4	4
5	5	5	5
6	6	6	6
7	7	7	7
8	8	8	8
9	9	9	9

設問	問		解　答
1	(1)	ア	0 1 2 3 4 5 6 7 8 9
	(2)	イ	0 1 2 3 4 5 6 7 8 9
		ウ	0 1 2 3 4 5 6 7 8 9
		エ	0 1 2 3 4 5 6 7 8 9
		オ	0 1 2 3 4 5 6 7 8 9
	(3)	カ	0 1 2 3 4 5 6 7 8 9
		キ	0 1 2 3 4 5 6 7 8 9
		ク	0 1 2 3 4 5 6 7 8 9
	(4)	ケ	0 1 2 3 4 5 6 7 8 9
		コ	0 1 2 3 4 5 6 7 8 9
	(5)	サ	0 1 2 3 4 5 6 7 8 9
		シ	0 1 2 3 4 5 6 7 8 9
		ス	0 1 2 3 4 5 6 7 8 9
	(6)	セ	0 1 2 3 4 5 6 7 8 9
		ソ	0 1 2 3 4 5 6 7 8 9
		タ	0 1 2 3 4 5 6 7 8 9
	(7)	チ	0 1 2 3 4 5 6 7 8 9
		ツ	0 1 2 3 4 5 6 7 8 9
		テ	0 1 2 3 4 5 6 7 8 9
		ト	0 1 2 3 4 5 6 7 8 9

設問	問		解　答
2	(1)	ア	0 1 2 3 4 5 6 7 8 9
		イ	0 1 2 3 4 5 6 7 8 9
		ウ	0 1 2 3 4 5 6 7 8 9
		エ	0 1 2 3 4 5 6 7 8 9
		オ	0 1 2 3 4 5 6 7 8 9
		カ	0 1 2 3 4 5 6 7 8 9
		キ	0 1 2 3 4 5 6 7 8 9
		ク	0 1 2 3 4 5 6 7 8 9
	(2)	ケ	0 1 2 3 4 5 6 7 8 9
		コ	0 1 2 3 4 5 6 7 8 9
	(3)	サ	0 1 2 3 4 5 6 7 8 9
		シ	0 1 2 3 4 5 6 7 8 9
		ス	0 1 2 3 4 5 6 7 8 9

記入上の注意

(1) この解答カードは、折ったり汚したりしないこと。
(2) 黒鉛筆を使用し、マークすること。
(3) 氏名とフリガナを記入すること。
(4) 受験番号を算用数字で記入すること。
(5) 受験番号欄に番号を正確にマークすること。
(6) 記入すべきこと以外は、絶対に書かないこと。
(7) マークを訂正するときは、プラスチック消しゴムを使用し、きれいに消すこと。
(8) 消しくずは、きれいに取り除くこと。

マークのしかた	
よい例	わるい例

設問	問		解　答
3	(1)	ア	0 1 2 3 4 5 6 7 8 9
		イ	0 1 2 3 4 5 6 7 8 9
		ウ	0 1 2 3 4 5 6 7 8 9
		エ	0 1 2 3 4 5 6 7 8 9
		オ	0 1 2 3 4 5 6 7 8 9
	(2)	カ	0 1 2 3 4 5 6 7 8 9
		キ	0 1 2 3 4 5 6 7 8 9
		ク	0 1 2 3 4 5 6 7 8 9
4	(1)	ア	0 1 2 3 4 5 6 7 8 9
		イ	0 1 2 3 4 5 6 7 8 9
		ウ	0 1 2 3 4 5 6 7 8 9
		エ	0 1 2 3 4 5 6 7 8 9
	(2)	オ	0 1 2 3 4 5 6 7 8 9
		カ	0 1 2 3 4 5 6 7 8 9
		キ	0 1 2 3 4 5 6 7 8 9
		ク	0 1 2 3 4 5 6 7 8 9
		ケ	0 1 2 3 4 5 6 7 8 9
		コ	0 1 2 3 4 5 6 7 8 9
		サ	0 1 2 3 4 5 6 7 8 9
		シ	0 1 2 3 4 5 6 7 8 9
		ス	0 1 2 3 4 5 6 7 8 9

設問	問		解　答
5	(1)	ア	0 1 2 3 4 5 6 7 8 9
		イ	0 1 2 3 4 5 6 7 8 9
	(2)	ウ	0 1 2 3 4 5 6 7 8 9
		エ	0 1 2 3 4 5 6 7 8 9
	(3)	オ	0 1 2 3 4 5 6 7 8 9
		カ	0 1 2 3 4 5 6 7 8 9
		キ	0 1 2 3 4 5 6 7 8 9
6	(1)	ア	0 1 2 3 4 5 6 7 8 9
		イ	0 1 2 3 4 5 6 7 8 9
		ウ	0 1 2 3 4 5 6 7 8 9
		エ	0 1 2 3 4 5 6 7 8 9
	(2)	オ	0 1 2 3 4 5 6 7 8 9
		カ	0 1 2 3 4 5 6 7 8 9
		キ	0 1 2 3 4 5 6 7 8 9
		ク	0 1 2 3 4 5 6 7 8 9
	(3)	ケ	0 1 2 3 4 5 6 7 8 9
		コ	0 1 2 3 4 5 6 7 8 9
		サ	0 1 2 3 4 5 6 7 8 9
		シ	0 1 2 3 4 5 6 7 8 9
	(4)	ス	0 1 2 3 4 5 6 7 8 9
		セ	0 1 2 3 4 5 6 7 8 9
	(5)	ソ	0 1 2 3 4 5 6 7 8 9

(注) この解答用紙は実物を縮小してあります。A３用紙に149%拡大コピーすると、ほぼ実物大で使用できます。(タイトルと配点表は含みません)

推定配点	
1 (1)～(4) 各3点×4　(5) 各2点×2　(6)、(7) 各3点×2 2～4 各3点×16 5 (1)、(2) 各3点×2　(3) 4点 6 各4点×5	
100点	計

二〇二四年度　流通経済大学付属柏高等学校・前期②

国語解答用紙

評点 /100

記入上の注意

(1) この解答カードは、折ったり汚したりしないこと。
(2) 黒鉛筆を使用し、マークすること。
(3) 氏名とフリガナを記入すること。
(4) 受験番号を算用数字で記入すること。
(5) 受験番号欄に番号を正確にマークすること。
(6) 記入すべきこと以外は、絶対に書かないこと。
(7) マークを訂正するときは、プラスチック消しゴムを使用し、きれいに消すこと。
(8) 消しくずは、きれいに取り除くこと。

マークのしかた	
よい例	わるい例
▮	⌀ ∕ Ｘ ⊙ ⓘ

(注) この解答用紙は実物を縮小してあります。Ａ３用紙に149％拡大コピーすると、ほぼ実物大で使用できます。(タイトルと配点表は含みません)

設問	解答番号	解　答
一	1	ア イ ウ エ オ カ キ ク ケ コ
	2	ア イ ウ エ オ カ キ ク ケ コ
	3	ア イ ウ エ オ カ キ ク ケ コ
	4	ア イ ウ エ オ カ キ ク ケ コ
	5	ア イ ウ エ オ カ キ ク ケ コ
二	1	ア イ ウ エ オ カ キ ク ケ コ
	2	ア イ ウ エ オ カ キ ク ケ コ
	3	ア イ ウ エ オ カ キ ク ケ コ
	4	ア イ ウ エ オ カ キ ク ケ コ
	5	ア イ ウ エ オ カ キ ク ケ コ
	6	ア イ ウ エ オ カ キ ク ケ コ
	7	ア イ ウ エ オ カ キ ク ケ コ
	8	ア イ ウ エ オ カ キ ク ケ コ

設問	解答番号	解　答
三	1	ア イ ウ エ オ カ キ ク ケ コ
	2	ア イ ウ エ オ カ キ ク ケ コ
	3	ア イ ウ エ オ カ キ ク ケ コ
	4	ア イ ウ エ オ カ キ ク ケ コ
	5	ア イ ウ エ オ カ キ ク ケ コ
	6	ア イ ウ エ オ カ キ ク ケ コ
	7	ア イ ウ エ オ カ キ ク ケ コ
	8	ア イ ウ エ オ カ キ ク ケ コ
四	1	ア イ ウ エ オ カ キ ク ケ コ
	2	ア イ ウ エ オ カ キ ク ケ コ
	3	ア イ ウ エ オ カ キ ク ケ コ
	4	ア イ ウ エ オ カ キ ク ケ コ
	5	ア イ ウ エ オ カ キ ク ケ コ
	6	ア イ ウ エ オ カ キ ク ケ コ
	7	ア イ ウ エ オ カ キ ク ケ コ
	8	ア イ ウ エ オ カ キ ク ケ コ
	9	ア イ ウ エ オ カ キ ク ケ コ

設問	解答番号	解　答
五	1	ア イ ウ エ オ カ キ ク ケ コ
	2	ア イ ウ エ オ カ キ ク ケ コ
	3	ア イ ウ エ オ カ キ ク ケ コ
	4	ア イ ウ エ オ カ キ ク ケ コ
	5	ア イ ウ エ オ カ キ ク ケ コ
	6	ア イ ウ エ オ カ キ ク ケ コ

フリガナ	
氏　名	

受験番号			
0	0	0	0
1	1	1	1
2	2	2	2
3	3	3	3
4	4	4	4
5	5	5	5
6	6	6	6
7	7	7	7
8	8	8	8
9	9	9	9

推定配点

一、二　各２点×13
三　問１～問４　各４点×４　問５、問６　各３点×２　問７、問８　各４点×２
四　問１、問２　各３点×３　問３　４点　問４　３点　問５～問７　各４点×３　問８　各２点×２
五　各２点×６

計　100点

2023年度 流通経済大学付属柏高等学校・前期①

英語解答用紙

評点	/100

受験番号			
0	0	0	0
1	1	1	1
2	2	2	2
3	3	3	3
4	4	4	4
5	5	5	5
6	6	6	6
7	7	7	7
8	8	8	8
9	9	9	9

フリガナ	
氏名	

設問	問		解答
1	1		1 2 3 4 5 6 7 8 9 10
	2		1 2 3 4 5 6 7 8 9 10
	3		1 2 3 4 5 6 7 8 9 10
	4		1 2 3 4 5 6 7 8 9 10
	5		1 2 3 4 5 6 7 8 9 10
2	問1	(1)	1 2 3 4 5 6 7 8 9 10
		(2)	1 2 3 4 5 6 7 8 9 10
		(3)	1 2 3 4 5 6 7 8 9 10
		(4)	1 2 3 4 5 6 7 8 9 10
		(5)	1 2 3 4 5 6 7 8 9 10
	問2		1 2 3 4 5 6 7 8 9 10
	問3		1 2 3 4 5 6 7 8 9 10
	問4		1 2 3 4 5 6 7 8 9 10
	問5		1 2 3 4 5 6 7 8 9 10
	問6		1 2 3 4 5 6 7 8 9 10
	問7		1 2 3 4 5 6 7 8 9 10
	問8	1	1 2 3 4 5 6 7 8 9 10
		2	1 2 3 4 5 6 7 8 9 10
		3	1 2 3 4 5 6 7 8 9 10

設問	問	解答
3	1	1 2 3 4 5 6 7 8 9 10
	2	1 2 3 4 5 6 7 8 9 10
	3	1 2 3 4 5 6 7 8 9 10
	4	1 2 3 4 5 6 7 8 9 10
	5	1 2 3 4 5 6 7 8 9 10
	6	1 2 3 4 5 6 7 8 9 10
	7	1 2 3 4 5 6 7 8 9 10
	8	1 2 3 4 5 6 7 8 9 10
4	1	1 2 3 4 5 6 7 8 9 10
	2	1 2 3 4 5 6 7 8 9 10
	3	1 2 3 4 5 6 7 8 9 10
	4	1 2 3 4 5 6 7 8 9 10
	5	1 2 3 4 5 6 7 8 9 10
	6	1 2 3 4 5 6 7 8 9 10

設問	問		解答
5	1	3番目	1 2 3 4 5 6 7 8 9 10
		6番目	1 2 3 4 5 6 7 8 9 10
	2	3番目	1 2 3 4 5 6 7 8 9 10
		6番目	1 2 3 4 5 6 7 8 9 10
	3	3番目	1 2 3 4 5 6 7 8 9 10
		6番目	1 2 3 4 5 6 7 8 9 10
	4	3番目	1 2 3 4 5 6 7 8 9 10
		6番目	1 2 3 4 5 6 7 8 9 10
	5	3番目	1 2 3 4 5 6 7 8 9 10
		6番目	1 2 3 4 5 6 7 8 9 10
	6	3番目	1 2 3 4 5 6 7 8 9 10
		6番目	1 2 3 4 5 6 7 8 9 10
6	1		1 2 3 4 5 6 7 8 9 10
	2		1 2 3 4 5 6 7 8 9 10
	3		1 2 3 4 5 6 7 8 9 10
	4		1 2 3 4 5 6 7 8 9 10
	5		1 2 3 4 5 6 7 8 9 10

記入上の注意

(1) この解答カードは、折ったり汚したりしないこと。
(2) 黒鉛筆を使用し、マークすること。
(3) 氏名とフリガナを記入すること。
(4) 受験番号を算用数字で記入すること。
(5) 受験番号欄に番号を正確にマークすること。
(6) 記入すべきこと以外は、絶対に書かないこと。
(7) マークを訂正するときは、プラスチック消しゴムを使用し、きれいに消すこと。
(8) 消しくずは、きれいに取り除くこと。

マークのしかた	
よい例	わるい例

(注) この解答用紙は実物を縮小してあります。A３用紙に149%拡大コピーすると、ほぼ実物大で使用できます。(タイトルと配点表は含みません)

推定配点	
1 各2点×5 2 問1、問2 各2点×6 問3 1点 問4～問8 各2点×7 3 各3点×8 4、5 各2点×12 6 各3点×5	
100点	計

2023年度　流通経済大学付属柏高等学校・前期①

数学解答用紙

評点
/100

受験番号			
0	0	0	0
1	1	1	1
2	2	2	2
3	3	3	3
4	4	4	4
5	5	5	5
6	6	6	6
7	7	7	7
8	8	8	8
9	9	9	9

フリガナ	
氏名	

設問	問		解答
1	(1)	ア	0 1 2 3 4 5 6 7 8 9
		イ	0 1 2 3 4 5 6 7 8 9
		ウ	0 1 2 3 4 5 6 7 8 9
	(2)	エ	0 1 2 3 4 5 6 7 8 9
	(3)	オ	0 1 2 3 4 5 6 7 8 9
		カ	0 1 2 3 4 5 6 7 8 9
		キ	0 1 2 3 4 5 6 7 8 9
	(4)	ク	0 1 2 3 4 5 6 7 8 9
	(5)	ケ	0 1 2 3 4 5 6 7 8 9
	(6)	コ	0 1 2 3 4 5 6 7 8 9
		サ	0 1 2 3 4 5 6 7 8 9
		シ	0 1 2 3 4 5 6 7 8 9
	(7)	ス	0 1 2 3 4 5 6 7 8 9
		セ	0 1 2 3 4 5 6 7 8 9
	(8)	ソ	0 1 2 3 4 5 6 7 8 9
		タ	0 1 2 3 4 5 6 7 8 9

設問	問		解答
2	(1)	ア	0 1 2 3 4 5 6 7 8 9
		イ	0 1 2 3 4 5 6 7 8 9
		ウ	0 1 2 3 4 5 6 7 8 9
		エ	0 1 2 3 4 5 6 7 8 9
		オ	0 1 2 3 4 5 6 7 8 9
		カ	0 1 2 3 4 5 6 7 8 9
		キ	0 1 2 3 4 5 6 7 8 9
	(2)	ク	0 1 2 3 4 5 6 7 8 9
		ケ	0 1 2 3 4 5 6 7 8 9
		コ	0 1 2 3 4 5 6 7 8 9
		サ	0 1 2 3 4 5 6 7 8 9
		シ	0 1 2 3 4 5 6 7 8 9
		ス	0 1 2 3 4 5 6 7 8 9
		セ	0 1 2 3 4 5 6 7 8 9
		ソ	0 1 2 3 4 5 6 7 8 9
		タ	0 1 2 3 4 5 6 7 8 9
		チ	0 1 2 3 4 5 6 7 8 9
		ツ	0 1 2 3 4 5 6 7 8 9

設問	問		解答
3	(1)	ア	0 1 2 3 4 5 6 7 8 9
		イ	0 1 2 3 4 5 6 7 8 9
	(2)	ウ	0 1 2 3 4 5 6 7 8 9
		エ	0 1 2 3 4 5 6 7 8 9
		オ	0 1 2 3 4 5 6 7 8 9
	(3)	カ	0 1 2 3 4 5 6 7 8 9
		キ	0 1 2 3 4 5 6 7 8 9
4	(1)	ア	0 1 2 3 4 5 6 7 8 9
		イ	0 1 2 3 4 5 6 7 8 9
	(2)	ウ	0 1 2 3 4 5 6 7 8 9
		エ	0 1 2 3 4 5 6 7 8 9
		オ	0 1 2 3 4 5 6 7 8 9
		カ	0 1 2 3 4 5 6 7 8 9
	(3)	キ	0 1 2 3 4 5 6 7 8 9
		ク	0 1 2 3 4 5 6 7 8 9
		ケ	0 1 2 3 4 5 6 7 8 9

設問	問		解答
5	(1)	ア	0 1 2 3 4 5 6 7 8 9
		イ	0 1 2 3 4 5 6 7 8 9
	(2)	ウ	0 1 2 3 4 5 6 7 8 9
		エ	0 1 2 3 4 5 6 7 8 9
		オ	0 1 2 3 4 5 6 7 8 9
		カ	0 1 2 3 4 5 6 7 8 9
		キ	0 1 2 3 4 5 6 7 8 9
		ク	0 1 2 3 4 5 6 7 8 9
	(3)	ケ	0 1 2 3 4 5 6 7 8 9
		コ	0 1 2 3 4 5 6 7 8 9
6	(1)	ア	0 1 2 3 4 5 6 7 8 9
		イ	0 1 2 3 4 5 6 7 8 9
		ウ	0 1 2 3 4 5 6 7 8 9
	(2)	エ	0 1 2 3 4 5 6 7 8 9
	(3)	オ	0 1 2 3 4 5 6 7 8 9
		カ	0 1 2 3 4 5 6 7 8 9
		キ	0 1 2 3 4 5 6 7 8 9
		ク	0 1 2 3 4 5 6 7 8 9

記入上の注意

(1) この解答カードは、折ったり汚したりしないこと。
(2) 黒鉛筆を使用し、マークすること。
(3) 氏名とフリガナを記入すること。
(4) 受験番号を算用数字で記入すること。
(5) 受験番号欄に番号を正確にマークすること。
(6) 記入すべきこと以外は、絶対に書かないこと。
(7) マークを訂正するときは、プラスチック消しゴムを使用し、きれいに消すこと。
(8) 消しくずは、きれいに取り除くこと。

マークのしかた	
よい例	わるい例

（注）この解答用紙は実物を縮小してあります。A３用紙に149%拡大コピーすると、ほぼ実物大で使用できます。（タイトルと配点表は含みません）

推定配点

1 各3点×8

2 (1) (i) 各3点×2 (ii) 各2点×3 (2) 各3点×2

3 各3点×3 4 (1) 3点 (2)、(3) 各4点×3

5 (1) 各3点×2 (2)、(3) 各4点×4

6 (1) 各2点×3 (2)、(3) 各3点×2

計	100点

二〇二三年度　流通経済大学付属柏高等学校・前期①

国語解答用紙

評点
/100

(注) この解答用紙は実物を縮小してあります。Ａ３用紙に149%拡大コピーすると、ほぼ実物大で使用できます。(タイトルと配点表は含みません)

記入上の注意

(1) この解答カードは、折ったり汚したりしないこと。
(2) 黒鉛筆を使用し、マークすること。
(3) 氏名とフリガナを記入すること。
(4) 受験番号を算用数字で記入すること。
(5) 受験番号欄に番号を正確にマークすること。
(6) 記入すべきこと以外は、絶対に書かないこと。
(7) マークを訂正するときは、プラスチック消しゴムを使用し、きれいに消すこと。
(8) 消しくずは、きれいに取り除くこと。

マークのしかた	
よい例	わるい例
❙	⓪ ⓩ ⓧ ⓞ ⓘ

設問	解答番号	解答
五	1	ア イ ウ エ オ カ キ ク ケ コ
	2	ア イ ウ エ オ カ キ ク ケ コ
	3	ア イ ウ エ オ カ キ ク ケ コ
	4	ア イ ウ エ オ カ キ ク ケ コ
	5	ア イ ウ エ オ カ キ ク ケ コ
	6	ア イ ウ エ オ カ キ ク ケ コ

設問	解答番号	解答
三	1	ア イ ウ エ オ カ キ ク ケ コ
	2	ア イ ウ エ オ カ キ ク ケ コ
	3	ア イ ウ エ オ カ キ ク ケ コ
	4	ア イ ウ エ オ カ キ ク ケ コ
	5	ア イ ウ エ オ カ キ ク ケ コ
	6	ア イ ウ エ オ カ キ ク ケ コ
	7	ア イ ウ エ オ カ キ ク ケ コ
	8	ア イ ウ エ オ カ キ ク ケ コ
	9	ア イ ウ エ オ カ キ ク ケ コ
四	1	ア イ ウ エ オ カ キ ク ケ コ
	2	ア イ ウ エ オ カ キ ク ケ コ
	3	ア イ ウ エ オ カ キ ク ケ コ
	4	ア イ ウ エ オ カ キ ク ケ コ
	5	ア イ ウ エ オ カ キ ク ケ コ
	6	ア イ ウ エ オ カ キ ク ケ コ
	7	ア イ ウ エ オ カ キ ク ケ コ
	8	ア イ ウ エ オ カ キ ク ケ コ
	9	ア イ ウ エ オ カ キ ク ケ コ

設問	解答番号	解答
一	1	ア イ ウ エ オ カ キ ク ケ コ
	2	ア イ ウ エ オ カ キ ク ケ コ
	3	ア イ ウ エ オ カ キ ク ケ コ
	4	ア イ ウ エ オ カ キ ク ケ コ
	5	ア イ ウ エ オ カ キ ク ケ コ
二	1	ア イ ウ エ オ カ キ ク ケ コ
	2	ア イ ウ エ オ カ キ ク ケ コ
	3	ア イ ウ エ オ カ キ ク ケ コ
	4	ア イ ウ エ オ カ キ ク ケ コ
	5	ア イ ウ エ オ カ キ ク ケ コ
	6	ア イ ウ エ オ カ キ ク ケ コ
	7	ア イ ウ エ オ カ キ ク ケ コ

フリガナ	
氏名	

受験番号			
0	0	0	0
1	1	1	1
2	2	2	2
3	3	3	3
4	4	4	4
5	5	5	5
6	6	6	6
7	7	7	7
8	8	8	8
9	9	9	9

推定配点

一、二 各2点×12　三 問1 3点 問2 4点 問3 2点
問4、問5 各4点×2 問6 3点 問7～問9 各4点×3
四 問1 各3点×2 問2 4点 問3～問6 各3点×4
問7、問8 各4点×2
五 問1、問2 各2点×4 問3、問4 各3点×2

計	100点

２０２３年度　流通経済大学付属柏高等学校・前期②

英語解答用紙

評点	/100

フリガナ	
氏名	

受験番号			
0	0	0	0
1	1	1	1
2	2	2	2
3	3	3	3
4	4	4	4
5	5	5	5
6	6	6	6
7	7	7	7
8	8	8	8
9	9	9	9

設問	問		解答
1	1		1 2 3 4 5 6 7 8 9 10
	2		1 2 3 4 5 6 7 8 9 10
	3		1 2 3 4 5 6 7 8 9 10
	4		1 2 3 4 5 6 7 8 9 10
	5		1 2 3 4 5 6 7 8 9 10
2	問1	(1)	1 2 3 4 5 6 7 8 9 10
		(2)	1 2 3 4 5 6 7 8 9 10
		(3)	1 2 3 4 5 6 7 8 9 10
		(4)	1 2 3 4 5 6 7 8 9 10
		(5)	1 2 3 4 5 6 7 8 9 10
	問2	①	1 2 3 4 5 6 7 8 9 10
		③	1 2 3 4 5 6 7 8 9 10
	問3		1 2 3 4 5 6 7 8 9 10
	問4		1 2 3 4 5 6 7 8 9 10
	問5		1 2 3 4 5 6 7 8 9 10
	問6	1	1 2 3 4 5 6 7 8 9 10
		2	1 2 3 4 5 6 7 8 9 10
		3	1 2 3 4 5 6 7 8 9 10

設問	問		解答
3	問1	1	1 2 3 4 5 6 7 8 9 10
		2	1 2 3 4 5 6 7 8 9 10
		3	1 2 3 4 5 6 7 8 9 10
		4	1 2 3 4 5 6 7 8 9 10
		5	1 2 3 4 5 6 7 8 9 10
		6	1 2 3 4 5 6 7 8 9 10
		7	1 2 3 4 5 6 7 8 9 10
	問2	8	1 2 3 4 5 6 7 8 9 10
		9	1 2 3 4 5 6 7 8 9 10
		10	1 2 3 4 5 6 7 8 9 10
4	1		1 2 3 4 5 6 7 8 9 10
	2		1 2 3 4 5 6 7 8 9 10
	3		1 2 3 4 5 6 7 8 9 10
	4		1 2 3 4 5 6 7 8 9 10
	5		1 2 3 4 5 6 7 8 9 10
	6		1 2 3 4 5 6 7 8 9 10

設問	問		解答
5	1	3番目	1 2 3 4 5 6 7 8 9 10
		6番目	1 2 3 4 5 6 7 8 9 10
	2	3番目	1 2 3 4 5 6 7 8 9 10
		6番目	1 2 3 4 5 6 7 8 9 10
	3	3番目	1 2 3 4 5 6 7 8 9 10
		6番目	1 2 3 4 5 6 7 8 9 10
	4	3番目	1 2 3 4 5 6 7 8 9 10
		6番目	1 2 3 4 5 6 7 8 9 10
	5	3番目	1 2 3 4 5 6 7 8 9 10
		6番目	1 2 3 4 5 6 7 8 9 10
	6	3番目	1 2 3 4 5 6 7 8 9 10
		6番目	1 2 3 4 5 6 7 8 9 10
6	1		1 2 3 4 5 6 7 8 9 10
	2		1 2 3 4 5 6 7 8 9 10
	3		1 2 3 4 5 6 7 8 9 10
	4		1 2 3 4 5 6 7 8 9 10
	5		1 2 3 4 5 6 7 8 9 10

記入上の注意

(1) この解答カードは、折ったり汚したりしないこと。
(2) 黒鉛筆を使用し、マークすること。
(3) 氏名とフリガナを記入すること。
(4) 受験番号を算用数字で記入すること。
(5) 受験番号欄に番号を正確にマークすること。
(6) 記入すべきこと以外は、絶対に書かないこと。
(7) マークを訂正するときは、プラスチック消しゴムを使用し、きれいに消すこと。
(8) 消しくずは、きれいに取り除くこと。

マークのしかた	
よい例	わるい例

（注）この解答用紙は実物を縮小してあります。Ａ３用紙に149％拡大コピーすると、ほぼ実物大で使用できます。（タイトルと配点表は含みません）

推定配点

1 各２点×５
2 問１～問４ 各２点×９　問５ ３点　問６ 各２点×３
3 各３点×８
4、5 各２点×12
6 各３点×５

計	100点

2023年度　流通経済大学付属柏高等学校・前期②

数学解答用紙

評点
/100

受験番号			
0	0	0	0
1	1	1	1
2	2	2	2
3	3	3	3
4	4	4	4
5	5	5	5
6	6	6	6
7	7	7	7
8	8	8	8
9	9	9	9

フリガナ	
氏名	

設問	問		解答
1	(1)	ア	0 1 2 3 4 5 6 7 8 9
		イ	0 1 2 3 4 5 6 7 8 9
		ウ	0 1 2 3 4 5 6 7 8 9
		エ	0 1 2 3 4 5 6 7 8 9
	(2)	オ	0 1 2 3 4 5 6 7 8 9
		カ	0 1 2 3 4 5 6 7 8 9
		キ	0 1 2 3 4 5 6 7 8 9
	(3)	ク	0 1 2 3 4 5 6 7 8 9
		ケ	0 1 2 3 4 5 6 7 8 9
	(4)	コ	0 1 2 3 4 5 6 7 8 9
		サ	0 1 2 3 4 5 6 7 8 9
		シ	0 1 2 3 4 5 6 7 8 9
		ス	0 1 2 3 4 5 6 7 8 9
	(5)	セ	0 1 2 3 4 5 6 7 8 9
		ソ	0 1 2 3 4 5 6 7 8 9
	(6)	タ	0 1 2 3 4 5 6 7 8 9
		チ	0 1 2 3 4 5 6 7 8 9
	(7)	ツ	0 1 2 3 4 5 6 7 8 9
		テ	0 1 2 3 4 5 6 7 8 9
		ト	0 1 2 3 4 5 6 7 8 9
	(8)	ナ	0 1 2 3 4 5 6 7 8 9
		ニ	0 1 2 3 4 5 6 7 8 9

設問	問		解答
2	(1)	ア	0 1 2 3 4 5 6 7 8 9
		イ	0 1 2 3 4 5 6 7 8 9
		ウ	0 1 2 3 4 5 6 7 8 9
		エ	0 1 2 3 4 5 6 7 8 9
		オ	0 1 2 3 4 5 6 7 8 9
		カ	0 1 2 3 4 5 6 7 8 9
	(2)	キ	0 1 2 3 4 5 6 7 8 9
		ク	0 1 2 3 4 5 6 7 8 9
		ケ	0 1 2 3 4 5 6 7 8 9
3	(1)	ア	0 1 2 3 4 5 6 7 8 9
		イ	0 1 2 3 4 5 6 7 8 9
	(2)	ウ	0 1 2 3 4 5 6 7 8 9
		エ	0 1 2 3 4 5 6 7 8 9
	(3)	オ	0 1 2 3 4 5 6 7 8 9
		カ	0 1 2 3 4 5 6 7 8 9
		キ	0 1 2 3 4 5 6 7 8 9

設問	問		解答
4	(1)	ア	0 1 2 3 4 5 6 7 8 9
		イ	0 1 2 3 4 5 6 7 8 9
	(2)	ウ	0 1 2 3 4 5 6 7 8 9
		エ	0 1 2 3 4 5 6 7 8 9
		オ	0 1 2 3 4 5 6 7 8 9
		カ	0 1 2 3 4 5 6 7 8 9
		キ	0 1 2 3 4 5 6 7 8 9
		ク	0 1 2 3 4 5 6 7 8 9
		ケ	0 1 2 3 4 5 6 7 8 9
5	(1)	ア	0 1 2 3 4 5 6 7 8 9
		イ	0 1 2 3 4 5 6 7 8 9
		ウ	0 1 2 3 4 5 6 7 8 9
		エ	0 1 2 3 4 5 6 7 8 9
		オ	0 1 2 3 4 5 6 7 8 9
	(2)	カ	0 1 2 3 4 5 6 7 8 9
		キ	0 1 2 3 4 5 6 7 8 9
		ク	0 1 2 3 4 5 6 7 8 9
		ケ	0 1 2 3 4 5 6 7 8 9
	(3)	コ	0 1 2 3 4 5 6 7 8 9
		サ	0 1 2 3 4 5 6 7 8 9
		シ	0 1 2 3 4 5 6 7 8 9
		ス	0 1 2 3 4 5 6 7 8 9
		セ	0 1 2 3 4 5 6 7 8 9
		ソ	0 1 2 3 4 5 6 7 8 9
		タ	0 1 2 3 4 5 6 7 8 9

設問	問		解答
5	(3)	チ	0 1 2 3 4 5 6 7 8 9
		ツ	0 1 2 3 4 5 6 7 8 9
		テ	0 1 2 3 4 5 6 7 8 9
		ト	0 1 2 3 4 5 6 7 8 9
		ナ	0 1 2 3 4 5 6 7 8 9
	(4)	ニ	0 1 2 3 4 5 6 7 8 9
		ヌ	0 1 2 3 4 5 6 7 8 9
		ネ	0 1 2 3 4 5 6 7 8 9
		ノ	0 1 2 3 4 5 6 7 8 9
6	(1)	ア	0 1 2 3 4 5 6 7 8 9
		イ	0 1 2 3 4 5 6 7 8 9
		ウ	0 1 2 3 4 5 6 7 8 9
		エ	0 1 2 3 4 5 6 7 8 9
		オ	0 1 2 3 4 5 6 7 8 9
		カ	0 1 2 3 4 5 6 7 8 9
	(2)	キ	0 1 2 3 4 5 6 7 8 9
		ク	0 1 2 3 4 5 6 7 8 9
		ケ	0 1 2 3 4 5 6 7 8 9

記入上の注意

(1) この解答カードは、折ったり汚したりしないこと。
(2) 黒鉛筆を使用し、マークすること。
(3) 氏名とフリガナを記入すること。
(4) 受験番号を算用数字で記入すること。
(5) 受験番号欄に番号を正確にマークすること。
(6) 記入すべきこと以外は、絶対に書かないこと。
(7) マークを訂正するときは、プラスチック消しゴムを使用し、きれいに消すこと。
(8) 消しくずは、きれいに取り除くこと。

マークのしかた	
よい例	わるい例
❙	⦸ ⧸ ⨉ ⦵ ⦶

(注)　この解答用紙は実物を縮小してあります。A３用紙に149%拡大コピーすると、ほぼ実物大で使用できます。（タイトルと配点表は含みません）

推定配点	
1 各3点×8　2 (1) 各2点×6　(2) 3点　3、4 各3点×7　5 (1) 各2点×2　(2)～(4) 各3点×7　6 (1) 各2点×6　(2) 3点	
100点	計

二〇二三年度　流通経済大学付属柏高等学校・前期②

国語解答用紙

評点　／100

(注)　この解答用紙は実物を縮小してあります。A３用紙に149%拡大コピーすると、ほぼ実物大で使用できます。(タイトルと配点表は含みません)

記入上の注意

(1) この解答カードは、折ったり汚したりしないこと。
(2) 黒鉛筆を使用し、マークすること。
(3) 氏名とフリガナを記入すること。
(4) 受験番号を算用数字で記入すること。
(5) 受験番号欄に番号を正確にマークすること。
(6) 記入すべきこと以外は、絶対に書かないこと。
(7) マークを訂正するときは、プラスチック消しゴムを使用し、きれいに消すこと。
(8) 消しくずは、きれいに取り除くこと。

マークのしかた	
よい例	わるい例
❚	⊘ ⦸ ⊗ ⊙ ⦶

設問	解答番号	解答
三	1	ア イ ウ エ オ カ キ ク ケ コ
	2	ア イ ウ エ オ カ キ ク ケ コ
	3	ア イ ウ エ オ カ キ ク ケ コ
	4	ア イ ウ エ オ カ キ ク ケ コ
	5	ア イ ウ エ オ カ キ ク ケ コ
	6	ア イ ウ エ オ カ キ ク ケ コ
	7	ア イ ウ エ オ カ キ ク ケ コ
	8	ア イ ウ エ オ カ キ ク ケ コ
四	1	ア イ ウ エ オ カ キ ク ケ コ
	2	ア イ ウ エ オ カ キ ク ケ コ
	3	ア イ ウ エ オ カ キ ク ケ コ
	4	ア イ ウ エ オ カ キ ク ケ コ
	5	ア イ ウ エ オ カ キ ク ケ コ
	6	ア イ ウ エ オ カ キ ク ケ コ
	7	ア イ ウ エ オ カ キ ク ケ コ
	8	ア イ ウ エ オ カ キ ク ケ コ
五	1	ア イ ウ エ オ カ キ ク ケ コ
	2	ア イ ウ エ オ カ キ ク ケ コ
	3	ア イ ウ エ オ カ キ ク ケ コ
	4	ア イ ウ エ オ カ キ ク ケ コ
	5	ア イ ウ エ オ カ キ ク ケ コ

設問	解答番号	解答
一	1	ア イ ウ エ オ カ キ ク ケ コ
	2	ア イ ウ エ オ カ キ ク ケ コ
	3	ア イ ウ エ オ カ キ ク ケ コ
	4	ア イ ウ エ オ カ キ ク ケ コ
	5	ア イ ウ エ オ カ キ ク ケ コ
二	1	ア イ ウ エ オ カ キ ク ケ コ
	2	ア イ ウ エ オ カ キ ク ケ コ
	3	ア イ ウ エ オ カ キ ク ケ コ
	4	ア イ ウ エ オ カ キ ク ケ コ
	5	ア イ ウ エ オ カ キ ク ケ コ
	6	ア イ ウ エ オ カ キ ク ケ コ

フリガナ	
氏名	

受験番号			
0	0	0	0
1	1	1	1
2	2	2	2
3	3	3	3
4	4	4	4
5	5	5	5
6	6	6	6
7	7	7	7
8	8	8	8
9	9	9	9

推定配点

一、二　各2点×11
三　問1、問2　各4点×2　問3　3点　問4～問6　各4点×3
問7　3点　問8　4点
四　問1～問6　各4点×6　問7　3点　問8　4点
五　問1、問2　各3点×3　問3、問4　各4点×2

100点	計

2022年度 流通経済大学付属柏高等学校・前期①

英語解答用紙

評点 /100

受験番号

フリガナ

氏名

設問	問	解答
1	1	① ② ③ ④ ⑤ ⑥ ⑦ ⑧ ⑨ ⑩
	2	① ② ③ ④ ⑤ ⑥ ⑦ ⑧ ⑨ ⑩
	3	① ② ③ ④ ⑤ ⑥ ⑦ ⑧ ⑨ ⑩
	4	① ② ③ ④ ⑤ ⑥ ⑦ ⑧ ⑨ ⑩
	5	① ② ③ ④ ⑤ ⑥ ⑦ ⑧ ⑨ ⑩
2	問1 (1)	① ② ③ ④ ⑤ ⑥ ⑦ ⑧ ⑨ ⑩
	問1 (2)	① ② ③ ④ ⑤ ⑥ ⑦ ⑧ ⑨ ⑩
	問1 (3)	① ② ③ ④ ⑤ ⑥ ⑦ ⑧ ⑨ ⑩
	問1 (4)	① ② ③ ④ ⑤ ⑥ ⑦ ⑧ ⑨ ⑩
	問1 (5)	① ② ③ ④ ⑤ ⑥ ⑦ ⑧ ⑨ ⑩
	問2	① ② ③ ④ ⑤ ⑥ ⑦ ⑧ ⑨ ⑩
	問3	① ② ③ ④ ⑤ ⑥ ⑦ ⑧ ⑨ ⑩
	問4	① ② ③ ④ ⑤ ⑥ ⑦ ⑧ ⑨ ⑩
	問5	① ② ③ ④ ⑤ ⑥ ⑦ ⑧ ⑨ ⑩
	問6	① ② ③ ④ ⑤ ⑥ ⑦ ⑧ ⑨ ⑩
	問7	① ② ③ ④ ⑤ ⑥ ⑦ ⑧ ⑨ ⑩
	問8 1	① ② ③ ④ ⑤ ⑥ ⑦ ⑧ ⑨ ⑩
	問8 2	① ② ③ ④ ⑤ ⑥ ⑦ ⑧ ⑨ ⑩
	問8 3	① ② ③ ④ ⑤ ⑥ ⑦ ⑧ ⑨ ⑩

設問	問	解答
3	1	① ② ③ ④ ⑤ ⑥ ⑦ ⑧ ⑨ ⑩
	2	① ② ③ ④ ⑤ ⑥ ⑦ ⑧ ⑨ ⑩
	3	① ② ③ ④ ⑤ ⑥ ⑦ ⑧ ⑨ ⑩
	4	① ② ③ ④ ⑤ ⑥ ⑦ ⑧ ⑨ ⑩
	5	① ② ③ ④ ⑤ ⑥ ⑦ ⑧ ⑨ ⑩
	6	① ② ③ ④ ⑤ ⑥ ⑦ ⑧ ⑨ ⑩
	7	① ② ③ ④ ⑤ ⑥ ⑦ ⑧ ⑨ ⑩
	8	① ② ③ ④ ⑤ ⑥ ⑦ ⑧ ⑨ ⑩
4	1	① ② ③ ④ ⑤ ⑥ ⑦ ⑧ ⑨ ⑩
	2	① ② ③ ④ ⑤ ⑥ ⑦ ⑧ ⑨ ⑩
	3	① ② ③ ④ ⑤ ⑥ ⑦ ⑧ ⑨ ⑩
	4	① ② ③ ④ ⑤ ⑥ ⑦ ⑧ ⑨ ⑩
	5	① ② ③ ④ ⑤ ⑥ ⑦ ⑧ ⑨ ⑩
	6	① ② ③ ④ ⑤ ⑥ ⑦ ⑧ ⑨ ⑩

設問	問		解答
5	1	3番目	① ② ③ ④ ⑤ ⑥ ⑦ ⑧ ⑨ ⑩
		6番目	① ② ③ ④ ⑤ ⑥ ⑦ ⑧ ⑨ ⑩
	2	3番目	① ② ③ ④ ⑤ ⑥ ⑦ ⑧ ⑨ ⑩
		6番目	① ② ③ ④ ⑤ ⑥ ⑦ ⑧ ⑨ ⑩
	3	3番目	① ② ③ ④ ⑤ ⑥ ⑦ ⑧ ⑨ ⑩
		6番目	① ② ③ ④ ⑤ ⑥ ⑦ ⑧ ⑨ ⑩
	4	3番目	① ② ③ ④ ⑤ ⑥ ⑦ ⑧ ⑨ ⑩
		6番目	① ② ③ ④ ⑤ ⑥ ⑦ ⑧ ⑨ ⑩
	5	3番目	① ② ③ ④ ⑤ ⑥ ⑦ ⑧ ⑨ ⑩
		6番目	① ② ③ ④ ⑤ ⑥ ⑦ ⑧ ⑨ ⑩
	6	3番目	① ② ③ ④ ⑤ ⑥ ⑦ ⑧ ⑨ ⑩
		6番目	① ② ③ ④ ⑤ ⑥ ⑦ ⑧ ⑨ ⑩
6	1		① ② ③ ④ ⑤ ⑥ ⑦ ⑧ ⑨ ⑩
	2		① ② ③ ④ ⑤ ⑥ ⑦ ⑧ ⑨ ⑩
	3		① ② ③ ④ ⑤ ⑥ ⑦ ⑧ ⑨ ⑩
	4		① ② ③ ④ ⑤ ⑥ ⑦ ⑧ ⑨ ⑩
	5		① ② ③ ④ ⑤ ⑥ ⑦ ⑧ ⑨ ⑩

記入上の注意

(1) この解答カードは、折ったり汚したりしないこと。
(2) 黒鉛筆を使用し、マークすること。
(3) 氏名とフリガナを記入すること。
(4) 受験番号を算用数字で記入すること。
(5) 受験番号欄に番号を正確にマークすること。
(6) 記入すべきこと以外は、絶対に書かないこと。
(7) マークを訂正するときは、プラスチック消しゴムを使用し、きれいに消すこと。
(8) 消しくずは、きれいに取り除くこと。

マークのしかた	
よい例	わるい例

(注) この解答用紙は実物を縮小してあります。A3用紙に152%拡大コピーすると、ほぼ実物大で使用できます。(タイトルと配点表は含みません)

推定配点

1 各2点×5
2 問1、問2 各2点×6 問3 1点 問4～問8 各2点×7
3、4 各3点×8
5 各2点×12
6 各3点×5

計 100点

2022年度 流通経済大学付属柏高等学校・前期①

数学解答用紙

評点
/100

受験番号			
0	0	0	0
1	1	1	1
2	2	2	2
3	3	3	3
4	4	4	4
5	5	5	5
6	6	6	6
7	7	7	7
8	8	8	8
9	9	9	9

フリガナ	
氏名	

設問	問		解答
1	(1)	ア	0 1 2 3 4 5 6 7 8 9
		イ	0 1 2 3 4 5 6 7 8 9
		ウ	0 1 2 3 4 5 6 7 8 9
	(2)	エ	0 1 2 3 4 5 6 7 8 9
		オ	0 1 2 3 4 5 6 7 8 9
	(3)	カ	0 1 2 3 4 5 6 7 8 9
		キ	0 1 2 3 4 5 6 7 8 9
	(4)	ク	0 1 2 3 4 5 6 7 8 9
		ケ	0 1 2 3 4 5 6 7 8 9
		コ	0 1 2 3 4 5 6 7 8 9

設問	問		解答
1	(5)	サ	0 1 2 3 4 5 6 7 8 9
		シ	0 1 2 3 4 5 6 7 8 9
		ス	0 1 2 3 4 5 6 7 8 9
		セ	0 1 2 3 4 5 6 7 8 9
		ソ	0 1 2 3 4 5 6 7 8 9
		タ	0 1 2 3 4 5 6 7 8 9
		チ	0 1 2 3 4 5 6 7 8 9
		ツ	0 1 2 3 4 5 6 7 8 9
		テ	0 1 2 3 4 5 6 7 8 9
	(6)	ト	0 1 2 3 4 5 6 7 8 9
		ナ	0 1 2 3 4 5 6 7 8 9
		ニ	0 1 2 3 4 5 6 7 8 9
	(7)	ヌ	0 1 2 3 4 5 6 7 8 9
		ネ	0 1 2 3 4 5 6 7 8 9
	(8)	ノ	0 1 2 3 4 5 6 7 8 9
		ハ	0 1 2 3 4 5 6 7 8 9
		ヒ	0 1 2 3 4 5 6 7 8 9

設問	問		解答
2	(1)	ア	0 1 2 3 4 5 6 7 8 9
		イ	0 1 2 3 4 5 6 7 8 9
		ウ	0 1 2 3 4 5 6 7 8 9
	(2)	エ	0 1 2 3 4 5 6 7 8 9
		オ	0 1 2 3 4 5 6 7 8 9
		カ	0 1 2 3 4 5 6 7 8 9
		キ	0 1 2 3 4 5 6 7 8 9
		ク	0 1 2 3 4 5 6 7 8 9
	(3)	ケ	0 1 2 3 4 5 6 7 8 9
		コ	0 1 2 3 4 5 6 7 8 9
	(4)	サ	0 1 2 3 4 5 6 7 8 9
		シ	0 1 2 3 4 5 6 7 8 9
		ス	0 1 2 3 4 5 6 7 8 9
		セ	0 1 2 3 4 5 6 7 8 9
		ソ	0 1 2 3 4 5 6 7 8 9
		タ	0 1 2 3 4 5 6 7 8 9
		チ	0 1 2 3 4 5 6 7 8 9
		ツ	0 1 2 3 4 5 6 7 8 9
		テ	0 1 2 3 4 5 6 7 8 9
		ト	0 1 2 3 4 5 6 7 8 9
		ナ	0 1 2 3 4 5 6 7 8 9
		ニ	0 1 2 3 4 5 6 7 8 9
		ヌ	0 1 2 3 4 5 6 7 8 9

設問	問		解答
3	(1)	ア	0 1 2 3 4 5 6 7 8 9
		イ	0 1 2 3 4 5 6 7 8 9
	(2)	ウ	0 1 2 3 4 5 6 7 8 9
		エ	0 1 2 3 4 5 6 7 8 9
		オ	0 1 2 3 4 5 6 7 8 9
		カ	0 1 2 3 4 5 6 7 8 9
4	(1)	ア	0 1 2 3 4 5 6 7 8 9
		イ	0 1 2 3 4 5 6 7 8 9
	(2)	ウ	0 1 2 3 4 5 6 7 8 9
		エ	0 1 2 3 4 5 6 7 8 9
	(3)	オ	0 1 2 3 4 5 6 7 8 9
		カ	0 1 2 3 4 5 6 7 8 9
5	(1)	ア	0 1 2 3 4 5 6 7 8 9
		イ	0 1 2 3 4 5 6 7 8 9
	(2)	ウ	0 1 2 3 4 5 6 7 8 9
		エ	0 1 2 3 4 5 6 7 8 9
		オ	0 1 2 3 4 5 6 7 8 9
	(3)	カ	0 1 2 3 4 5 6 7 8 9
6		ア	0 1 2 3 4 5 6 7 8 9
		イ	0 1 2 3 4 5 6 7 8 9
		ウ	0 1 2 3 4 5 6 7 8 9
		エ	0 1 2 3 4 5 6 7 8 9
		オ	0 1 2 3 4 5 6 7 8 9

記入上の注意

(1) この解答カードは、折ったり汚したりしないこと。
(2) 黒鉛筆を使用し、マークすること。
(3) 氏名とフリガナを記入すること。
(4) 受験番号を算用数字で記入すること。
(5) 受験番号欄に番号を正確にマークすること。
(6) 記入すべきこと以外は、絶対に書かないこと。
(7) マークを訂正するときは、プラスチック消しゴムを使用し、きれいに消すこと。
(8) 消しくずは、きれいに取り除くこと。

マークのしかた	
よい例	わるい例
●	[illegible]

(注) この解答用紙は実物を縮小してあります。A３用紙に149%拡大コピーすると、ほぼ実物大で使用できます。(タイトルと配点表は含みません)

推定配点

1 (1)～(5) 各4点×5 (6) 各3点×2 (7)、(8) 各4点×2

2 (1) 4点 (2) 各3点×2 (3) 4点 (4) サ～タ 各1点×3 チ～ヌ 各2点×4

3 (1) 4点 (2) 各3点×2 4 各4点×3

5 (1) 4点 (2) 各3点×2 (3) 4点 6 各1点×5

計	100点

二〇二二年度　流通経済大学付属柏高等学校・前期①

国語解答用紙

評点 /100

受験番号			
0	0	0	0
1	1	1	1
2	2	2	2
3	3	3	3
4	4	4	4
5	5	5	5
6	6	6	6
7	7	7	7
8	8	8	8
9	9	9	9

フリガナ	
氏名	

設問	解答番号	解答
一	1	ア イ ウ エ オ カ キ ク ケ コ
	2	ア イ ウ エ オ カ キ ク ケ コ
	3	ア イ ウ エ オ カ キ ク ケ コ
	4	ア イ ウ エ オ カ キ ク ケ コ
	5	ア イ ウ エ オ カ キ ク ケ コ
二	1	ア イ ウ エ オ カ キ ク ケ コ
	2	ア イ ウ エ オ カ キ ク ケ コ
	3	ア イ ウ エ オ カ キ ク ケ コ
	4	ア イ ウ エ オ カ キ ク ケ コ
	5	ア イ ウ エ オ カ キ ク ケ コ
	6	ア イ ウ エ オ カ キ ク ケ コ
	7	ア イ ウ エ オ カ キ ク ケ コ
	8	ア イ ウ エ オ カ キ ク ケ コ
	9	ア イ ウ エ オ カ キ ク ケ コ
	10	ア イ ウ エ オ カ キ ク ケ コ

設問	解答番号	解答
三	1	ア イ ウ エ オ カ キ ク ケ コ
	2	ア イ ウ エ オ カ キ ク ケ コ
	3	ア イ ウ エ オ カ キ ク ケ コ
	4	ア イ ウ エ オ カ キ ク ケ コ
	5	ア イ ウ エ オ カ キ ク ケ コ
	6	ア イ ウ エ オ カ キ ク ケ コ
	7	ア イ ウ エ オ カ キ ク ケ コ
	8	ア イ ウ エ オ カ キ ク ケ コ
四	1	ア イ ウ エ オ カ キ ク ケ コ
	2	ア イ ウ エ オ カ キ ク ケ コ
	3	ア イ ウ エ オ カ キ ク ケ コ
	4	ア イ ウ エ オ カ キ ク ケ コ
	5	ア イ ウ エ オ カ キ ク ケ コ
	6	ア イ ウ エ オ カ キ ク ケ コ
	7	ア イ ウ エ オ カ キ ク ケ コ
	8	ア イ ウ エ オ カ キ ク ケ コ
五	1	ア イ ウ エ オ カ キ ク ケ コ
	2	ア イ ウ エ オ カ キ ク ケ コ
	3	ア イ ウ エ オ カ キ ク ケ コ
	4	ア イ ウ エ オ カ キ ク ケ コ
	5	ア イ ウ エ オ カ キ ク ケ コ

記入上の注意

(1) この解答カードは、折ったり汚したりしないこと。
(2) 黒鉛筆を使用し、マークすること。
(3) 氏名とフリガナを記入すること。
(4) 受験番号を算用数字で記入すること。
(5) 受験番号欄に番号を正確にマークすること。
(6) 記入すべきこと以外は、絶対に書かないこと。
(7) マークを訂正するときは、プラスチック消しゴムを使用し、きれいに消すこと。
(8) 消しくずは、きれいに取り除くこと。

マークのしかた	
よい例	わるい例

(注) この解答用紙は実物を縮小してあります。Ａ３用紙に149%拡大コピーすると、ほぼ実物大で使用できます。(タイトルと配点表は含みません)

推定配点

一、二 各2点×15
三 問1 4点 問2～問4 各3点×3 問5 4点
問6 3点 問7、問8 各4点×2
四 問1～問4 各3点×4 問5～問8 各4点×4
五 問1 2点 問2～問5 各3点×4

100点　計

2022年度　流通経済大学付属柏高等学校・前期②

英語解答用紙

評点
/100

記入上の注意

(1) この解答カードは、折ったり汚したりしないこと。
(2) 黒鉛筆を使用し、マークすること。
(3) 氏名とフリガナを記入すること。
(4) 受験番号を算用数字で記入すること。
(5) 受験番号欄に番号を正確にマークすること。
(6) 記入すべきこと以外は、絶対に書かないこと。
(7) マークを訂正するときは、プラスチック消しゴムを使用し、きれいに消すこと。
(8) 消しくずは、きれいに取り除くこと。

マークのしかた	
よい例	わるい例
▮	◊ ⁄ X ○ ⦶

(注) この解答用紙は実物を縮小してあります。Ａ３用紙に149%拡大コピーすると、ほぼ実物大で使用できます。（タイトルと配点表は含みません）

フリガナ	
氏名	

受験番号			
0	0	0	0
1	1	1	1
2	2	2	2
3	3	3	3
4	4	4	4
5	5	5	5
6	6	6	6
7	7	7	7
8	8	8	8
9	9	9	9

設問	問		解答
1	1		1 2 3 4 5 6 7 8 9 10
	2		1 2 3 4 5 6 7 8 9 10
	3		1 2 3 4 5 6 7 8 9 10
	4		1 2 3 4 5 6 7 8 9 10
	5		1 2 3 4 5 6 7 8 9 10
2	問1	(1)	1 2 3 4 5 6 7 8 9 10
		(2)	1 2 3 4 5 6 7 8 9 10
		(3)	1 2 3 4 5 6 7 8 9 10
		(4)	1 2 3 4 5 6 7 8 9 10
		(5)	1 2 3 4 5 6 7 8 9 10
	問2		1 2 3 4 5 6 7 8 9 10
	問3		1 2 3 4 5 6 7 8 9 10
	問4		1 2 3 4 5 6 7 8 9 10
	問5		1 2 3 4 5 6 7 8 9 10
	問6		1 2 3 4 5 6 7 8 9 10
	問7	1	1 2 3 4 5 6 7 8 9 10
		2	1 2 3 4 5 6 7 8 9 10
		3	1 2 3 4 5 6 7 8 9 10

設問	問	解答
3	1	1 2 3 4 5 6 7 8 9 10
	2	1 2 3 4 5 6 7 8 9 10
	3	1 2 3 4 5 6 7 8 9 10
	4	1 2 3 4 5 6 7 8 9 10
	5	1 2 3 4 5 6 7 8 9 10
	6	1 2 3 4 5 6 7 8 9 10
	7	1 2 3 4 5 6 7 8 9 10
	8	1 2 3 4 5 6 7 8 9 10
4	1	1 2 3 4 5 6 7 8 9 10
	2	1 2 3 4 5 6 7 8 9 10
	3	1 2 3 4 5 6 7 8 9 10
	4	1 2 3 4 5 6 7 8 9 10
	5	1 2 3 4 5 6 7 8 9 10
	6	1 2 3 4 5 6 7 8 9 10

設問	問		解答
5	1	3番目	1 2 3 4 5 6 7 8 9 10
		6番目	1 2 3 4 5 6 7 8 9 10
	2	3番目	1 2 3 4 5 6 7 8 9 10
		6番目	1 2 3 4 5 6 7 8 9 10
	3	3番目	1 2 3 4 5 6 7 8 9 10
		6番目	1 2 3 4 5 6 7 8 9 10
	4	3番目	1 2 3 4 5 6 7 8 9 10
		6番目	1 2 3 4 5 6 7 8 9 10
	5	3番目	1 2 3 4 5 6 7 8 9 10
		6番目	1 2 3 4 5 6 7 8 9 10
	6	3番目	1 2 3 4 5 6 7 8 9 10
		6番目	1 2 3 4 5 6 7 8 9 10
6	1		1 2 3 4 5 6 7 8 9 10
	2		1 2 3 4 5 6 7 8 9 10
	3		1 2 3 4 5 6 7 8 9 10
	4		1 2 3 4 5 6 7 8 9 10
	5		1 2 3 4 5 6 7 8 9 10

推定配点

1 各2点×5
2 問1、問2　各2点×6　問3　3点　問4～問7　各2点×6
3 各3点×8
4、5 各2点×12
6 各3点×5

計	100点

2022年度 流通経済大学付属柏高等学校・前期②

数学解答用紙

評点
/100

受験番号			
0	0	0	0
1	1	1	1
2	2	2	2
3	3	3	3
4	4	4	4
5	5	5	5
6	6	6	6
7	7	7	7
8	8	8	8
9	9	9	9

フリガナ	
氏名	

設問	問		解答
1	(1)	ア	0 1 2 3 4 5 6 7 8 9
		イ	0 1 2 3 4 5 6 7 8 9
		ウ	0 1 2 3 4 5 6 7 8 9
	(2)	エ	0 1 2 3 4 5 6 7 8 9
	(3)	オ	0 1 2 3 4 5 6 7 8 9
		カ	0 1 2 3 4 5 6 7 8 9
	(4)	キ	0 1 2 3 4 5 6 7 8 9
		ク	0 1 2 3 4 5 6 7 8 9
		ケ	0 1 2 3 4 5 6 7 8 9
	(5)	コ	0 1 2 3 4 5 6 7 8 9
		サ	0 1 2 3 4 5 6 7 8 9
		シ	0 1 2 3 4 5 6 7 8 9
		ス	0 1 2 3 4 5 6 7 8 9
	(6)	セ	0 1 2 3 4 5 6 7 8 9
		ソ	0 1 2 3 4 5 6 7 8 9
		タ	0 1 2 3 4 5 6 7 8 9
	(7)	チ	0 1 2 3 4 5 6 7 8 9
		ツ	0 1 2 3 4 5 6 7 8 9
	(8)	テ	0 1 2 3 4 5 6 7 8 9
		ト	0 1 2 3 4 5 6 7 8 9

設問	問		解答
2	(1)	ア	0 1 2 3 4 5 6 7 8 9
		イ	0 1 2 3 4 5 6 7 8 9
		ウ	0 1 2 3 4 5 6 7 8 9
		エ	0 1 2 3 4 5 6 7 8 9
	(2)	オ	0 1 2 3 4 5 6 7 8 9
	(3)	カ	0 1 2 3 4 5 6 7 8 9
		キ	0 1 2 3 4 5 6 7 8 9
		ク	0 1 2 3 4 5 6 7 8 9
3	(1)	ア	0 1 2 3 4 5 6 7 8 9
		イ	0 1 2 3 4 5 6 7 8 9
	(2)	ウ	0 1 2 3 4 5 6 7 8 9
		エ	0 1 2 3 4 5 6 7 8 9
		オ	0 1 2 3 4 5 6 7 8 9
	(3)	カ	0 1 2 3 4 5 6 7 8 9
		キ	0 1 2 3 4 5 6 7 8 9
		ク	0 1 2 3 4 5 6 7 8 9
		ケ	0 1 2 3 4 5 6 7 8 9

設問	問		解答
4	(1)	ア	0 1 2 3 4 5 6 7 8 9
		イ	0 1 2 3 4 5 6 7 8 9
	(2)	ウ	0 1 2 3 4 5 6 7 8 9
		エ	0 1 2 3 4 5 6 7 8 9
		オ	0 1 2 3 4 5 6 7 8 9
	(3)	カ	0 1 2 3 4 5 6 7 8 9
		キ	0 1 2 3 4 5 6 7 8 9
		ク	0 1 2 3 4 5 6 7 8 9
		ケ	0 1 2 3 4 5 6 7 8 9

設問	問		解答
5	(1)	ア	0 1 2 3 4 5 6 7 8 9
		イ	0 1 2 3 4 5 6 7 8 9
		ウ	0 1 2 3 4 5 6 7 8 9
	(2)	エ	0 1 2 3 4 5 6 7 8 9
		オ	0 1 2 3 4 5 6 7 8 9
		カ	0 1 2 3 4 5 6 7 8 9
	(3)	キ	0 1 2 3 4 5 6 7 8 9
		ク	0 1 2 3 4 5 6 7 8 9
		ケ	0 1 2 3 4 5 6 7 8 9
		コ	0 1 2 3 4 5 6 7 8 9
		サ	0 1 2 3 4 5 6 7 8 9
		シ	0 1 2 3 4 5 6 7 8 9
		ス	0 1 2 3 4 5 6 7 8 9
		セ	0 1 2 3 4 5 6 7 8 9
		ソ	0 1 2 3 4 5 6 7 8 9
		タ	0 1 2 3 4 5 6 7 8 9
6	(1)	ア	0 1 2 3 4 5 6 7 8 9
		イ	0 1 2 3 4 5 6 7 8 9
	(2)	ウ	0 1 2 3 4 5 6 7 8 9
		エ	0 1 2 3 4 5 6 7 8 9
		オ	0 1 2 3 4 5 6 7 8 9
		カ	0 1 2 3 4 5 6 7 8 9
	(3)	キ	0 1 2 3 4 5 6 7 8 9
		ク	0 1 2 3 4 5 6 7 8 9

記入上の注意

(1) この解答カードは、折ったり汚したりしないこと。
(2) 黒鉛筆を使用し、マークすること。
(3) 氏名とフリガナを記入すること。
(4) 受験番号を算用数字で記入すること。
(5) 受験番号欄に番号を正確にマークすること。
(6) 記入すべきこと以外は、絶対に書かないこと。
(7) マークを訂正するときは、プラスチック消しゴムを使用し、きれいに消すこと。
(8) 消しくずは、きれいに取り除くこと。

マークのしかた	
よい例	わるい例

(注) この解答用紙は実物を縮小してあります。A３用紙に149%拡大コピーすると、ほぼ実物大で使用できます。(タイトルと配点表は含みません)

推定配点

1 (1)～(7) 各4点×7 (8) 各2点×2
2 (1)、(2) 各4点×2 (3) 各2点×3
3 (1) 4点 (2) 各3点×2 (3) 4点
4 (1)、(2) 各4点×2 (3) 各3点×2
5 (1) 各2点×2 (2) 4点 (3) 各3点×2
6 各4点×3

100点	計

二〇二三年度　流通経済大学付属柏高等学校・前期②

国語解答用紙

評点
/100

記入上の注意

(1) この解答カードは、折ったり汚したりしないこと。
(2) 黒鉛筆を使用し、マークすること。
(3) 氏名とフリガナを記入すること。
(4) 受験番号を算用数字で記入すること。
(5) 受験番号欄に番号を正確にマークすること。
(6) 記入すべきこと以外は、絶対に書かないこと。
(7) マークを訂正するときは、プラスチック消しゴムを使用し、きれいに消すこと。
(8) 消しくずは、きれいに取り除くこと。

マークのしかた	
よい例	わるい例
❙	⓪ ⊘ ⊗ ◯ ⓘ

（注）この解答用紙は実物を縮小してあります。A３用紙に149%拡大コピーすると、ほぼ実物大で使用できます。（タイトルと配点表は含みません）

設問	解答番号	解答
一	1	ア イ ウ エ オ カ キ ク ケ コ
	2	ア イ ウ エ オ カ キ ク ケ コ
	3	ア イ ウ エ オ カ キ ク ケ コ
	4	ア イ ウ エ オ カ キ ク ケ コ
	5	ア イ ウ エ オ カ キ ク ケ コ
二	1	ア イ ウ エ オ カ キ ク ケ コ
	2	ア イ ウ エ オ カ キ ク ケ コ
	3	ア イ ウ エ オ カ キ ク ケ コ
	4	ア イ ウ エ オ カ キ ク ケ コ
	5	ア イ ウ エ オ カ キ ク ケ コ
	6	ア イ ウ エ オ カ キ ク ケ コ
	7	ア イ ウ エ オ カ キ ク ケ コ
	8	ア イ ウ エ オ カ キ ク ケ コ
	9	ア イ ウ エ オ カ キ ク ケ コ
三	1	ア イ ウ エ オ カ キ ク ケ コ
	2	ア イ ウ エ オ カ キ ク ケ コ
	3	ア イ ウ エ オ カ キ ク ケ コ
	4	ア イ ウ エ オ カ キ ク ケ コ
	5	ア イ ウ エ オ カ キ ク ケ コ
	6	ア イ ウ エ オ カ キ ク ケ コ
	7	ア イ ウ エ オ カ キ ク ケ コ
	8	ア イ ウ エ オ カ キ ク ケ コ
四	1	ア イ ウ エ オ カ キ ク ケ コ
	2	ア イ ウ エ オ カ キ ク ケ コ
	3	ア イ ウ エ オ カ キ ク ケ コ
	4	ア イ ウ エ オ カ キ ク ケ コ
	5	ア イ ウ エ オ カ キ ク ケ コ
	6	ア イ ウ エ オ カ キ ク ケ コ
	7	ア イ ウ エ オ カ キ ク ケ コ
	8	ア イ ウ エ オ カ キ ク ケ コ
	9	ア イ ウ エ オ カ キ ク ケ コ
五	1	ア イ ウ エ オ カ キ ク ケ コ
	2	ア イ ウ エ オ カ キ ク ケ コ
	3	ア イ ウ エ オ カ キ ク ケ コ
	4	ア イ ウ エ オ カ キ ク ケ コ
	5	ア イ ウ エ オ カ キ ク ケ コ

フリガナ	
氏　名	

受験番号			
0	0	0	0
1	1	1	1
2	2	2	2
3	3	3	3
4	4	4	4
5	5	5	5
6	6	6	6
7	7	7	7
8	8	8	8
9	9	9	9

推定配点

一、二　各２点×14
三　問１　２点　問２、問３　各３点×２　問４～問８　各４点×５
四　問１～問４　各３点×４　問５　４点　問６　３点
問７～問９　各４点×３
五　問１、問２　各２点×２　問３～問５　各３点×３

100点	計

2021年度 流通経済大学付属柏高等学校・前期①

英語解答用紙

評点	/100

受験番号			
0	0	0	0
1	1	1	1
2	2	2	2
3	3	3	3
4	4	4	4
5	5	5	5
6	6	6	6
7	7	7	7
8	8	8	8
9	9	9	9

フリガナ	
氏名	

設問	問		解答
1	1		1 2 3 4 5 6 7 8 9 10
	2		1 2 3 4 5 6 7 8 9 10
	3		1 2 3 4 5 6 7 8 9 10
	4		1 2 3 4 5 6 7 8 9 10
	5		1 2 3 4 5 6 7 8 9 10
2	問1	(1)	1 2 3 4 5 6 7 8 9 10
		(2)	1 2 3 4 5 6 7 8 9 10
		(3)	1 2 3 4 5 6 7 8 9 10
		(4)	1 2 3 4 5 6 7 8 9 10
		(5)	1 2 3 4 5 6 7 8 9 10
	問2		1 2 3 4 5 6 7 8 9 10
	問3	②	1 2 3 4 5 6 7 8 9 10
		③	1 2 3 4 5 6 7 8 9 10
	問4		1 2 3 4 5 6 7 8 9 10
	問5	A	1 2 3 4 5 6 7 8 9 10
		B	1 2 3 4 5 6 7 8 9 10
	問6		1 2 3 4 5 6 7 8 9 10
	問7	1	1 2 3 4 5 6 7 8 9 10
		2	1 2 3 4 5 6 7 8 9 10
		3	1 2 3 4 5 6 7 8 9 10

設問	問	解答
3	1	1 2 3 4 5 6 7 8 9 10
	2	1 2 3 4 5 6 7 8 9 10
	3	1 2 3 4 5 6 7 8 9 10
	4	1 2 3 4 5 6 7 8 9 10
	5	1 2 3 4 5 6 7 8 9 10
	6	1 2 3 4 5 6 7 8 9 10
	7	1 2 3 4 5 6 7 8 9 10
	8	1 2 3 4 5 6 7 8 9 10
4	1	1 2 3 4 5 6 7 8 9 10
	2	1 2 3 4 5 6 7 8 9 10
	3	1 2 3 4 5 6 7 8 9 10
	4	1 2 3 4 5 6 7 8 9 10
	5	1 2 3 4 5 6 7 8 9 10
	6	1 2 3 4 5 6 7 8 9 10
	7	1 2 3 4 5 6 7 8 9 10
	8	1 2 3 4 5 6 7 8 9 10
	9	1 2 3 4 5 6 7 8 9 10
	10	1 2 3 4 5 6 7 8 9 10

設問	問		解答
5	1	3番目	1 2 3 4 5 6 7 8 9 10
		6番目	1 2 3 4 5 6 7 8 9 10
	2	3番目	1 2 3 4 5 6 7 8 9 10
		6番目	1 2 3 4 5 6 7 8 9 10
	3	3番目	1 2 3 4 5 6 7 8 9 10
		6番目	1 2 3 4 5 6 7 8 9 10
	4	3番目	1 2 3 4 5 6 7 8 9 10
		6番目	1 2 3 4 5 6 7 8 9 10
	5	3番目	1 2 3 4 5 6 7 8 9 10
		6番目	1 2 3 4 5 6 7 8 9 10
6	1		1 2 3 4 5 6 7 8 9 10
	2		1 2 3 4 5 6 7 8 9 10
	3		1 2 3 4 5 6 7 8 9 10
	4		1 2 3 4 5 6 7 8 9 10
	5		1 2 3 4 5 6 7 8 9 10

記入上の注意

(1) この解答カードは、折ったり汚したりしないこと。
(2) 黒鉛筆を使用し、マークすること。
(3) 氏名とフリガナを記入すること。
(4) 受験番号を算用数字で記入すること。
(5) 受験番号欄に番号を正確にマークすること。
(6) 記入すべきこと以外は、絶対に書かないこと。
(7) マークを訂正するときは、プラスチック消しゴムを使用し、きれいに消すこと。
(8) 消しくずは、きれいに取り除くこと。

マークのしかた	
よい例	わるい例

(注) この解答用紙は実物を縮小してあります。A３用紙に149%拡大コピーすると、ほぼ実物大で使用できます。(タイトルと配点表は含みません)

推定配点

1 各2点×5
2 問1、問2 各2点×6 問3 各1点×2 問4 2点 問5 各1点×2 問6、問7 各2点×4
3 各3点×8
4～6 各2点×20

100点	計

2021年度　流通経済大学付属柏高等学校・前期①

数学解答用紙

評点 ／100

受験番号			
0 1 2 3 4 5 6 7 8 9	0 1 2 3 4 5 6 7 8 9	0 1 2 3 4 5 6 7 8 9	0 1 2 3 4 5 6 7 8 9

フリガナ	
氏名	

設問	問		解答
1	(1)	ア	0 1 2 3 4 5 6 7 8 9
		イ	0 1 2 3 4 5 6 7 8 9
	(2)	ウ	0 1 2 3 4 5 6 7 8 9
		エ	0 1 2 3 4 5 6 7 8 9
	(3)	オ	0 1 2 3 4 5 6 7 8 9
		カ	0 1 2 3 4 5 6 7 8 9
		キ	0 1 2 3 4 5 6 7 8 9
	(4)	ク	0 1 2 3 4 5 6 7 8 9
		ケ	0 1 2 3 4 5 6 7 8 9
	(5)	コ	0 1 2 3 4 5 6 7 8 9
		サ	0 1 2 3 4 5 6 7 8 9
		シ	0 1 2 3 4 5 6 7 8 9
	(6)	ス	0 1 2 3 4 5 6 7 8 9
		セ	0 1 2 3 4 5 6 7 8 9
		ソ	0 1 2 3 4 5 6 7 8 9
	(7)	タ	0 1 2 3 4 5 6 7 8 9
		チ	0 1 2 3 4 5 6 7 8 9
		ツ	0 1 2 3 4 5 6 7 8 9
	(8)	テ	0 1 2 3 4 5 6 7 8 9
		ト	0 1 2 3 4 5 6 7 8 9

設問	問		解答
2	(1)	ア	0 1 2 3 4 5 6 7 8 9
		イ	0 1 2 3 4 5 6 7 8 9
	(2)	ウ	0 1 2 3 4 5 6 7 8 9
		エ	0 1 2 3 4 5 6 7 8 9
		オ	0 1 2 3 4 5 6 7 8 9
		カ	0 1 2 3 4 5 6 7 8 9
		キ	0 1 2 3 4 5 6 7 8 9
		ク	0 1 2 3 4 5 6 7 8 9
	(3)	ケ	0 1 2 3 4 5 6 7 8 9
3	(1)	ア	0 1 2 3 4 5 6 7 8 9
	(2)	イ	0 1 2 3 4 5 6 7 8 9
		ウ	0 1 2 3 4 5 6 7 8 9
		エ	0 1 2 3 4 5 6 7 8 9
		オ	0 1 2 3 4 5 6 7 8 9
	(3)	カ	0 1 2 3 4 5 6 7 8 9
		キ	0 1 2 3 4 5 6 7 8 9

設問	問		解答
4	(1)	ア	0 1 2 3 4 5 6 7 8 9
		イ	0 1 2 3 4 5 6 7 8 9
	(2)	ウ	0 1 2 3 4 5 6 7 8 9
		エ	0 1 2 3 4 5 6 7 8 9
		オ	0 1 2 3 4 5 6 7 8 9
		カ	0 1 2 3 4 5 6 7 8 9
		キ	0 1 2 3 4 5 6 7 8 9
		ク	0 1 2 3 4 5 6 7 8 9
		ケ	0 1 2 3 4 5 6 7 8 9
		コ	0 1 2 3 4 5 6 7 8 9
		サ	0 1 2 3 4 5 6 7 8 9
		シ	0 1 2 3 4 5 6 7 8 9
		ス	0 1 2 3 4 5 6 7 8 9
	(3)	セ	0 1 2 3 4 5 6 7 8 9
		ソ	0 1 2 3 4 5 6 7 8 9
		タ	0 1 2 3 4 5 6 7 8 9

設問	問		解答
5	(1)	ア	0 1 2 3 4 5 6 7 8 9
		イ	0 1 2 3 4 5 6 7 8 9
		ウ	0 1 2 3 4 5 6 7 8 9
		エ	0 1 2 3 4 5 6 7 8 9
		オ	0 1 2 3 4 5 6 7 8 9
	(2)	カ	0 1 2 3 4 5 6 7 8 9
		キ	0 1 2 3 4 5 6 7 8 9
		ク	0 1 2 3 4 5 6 7 8 9
	(3)	ケ	0 1 2 3 4 5 6 7 8 9
		コ	0 1 2 3 4 5 6 7 8 9
		サ	0 1 2 3 4 5 6 7 8 9
		シ	0 1 2 3 4 5 6 7 8 9
6	(1)	ア	0 1 2 3 4 5 6 7 8 9
		イ	0 1 2 3 4 5 6 7 8 9
		ウ	0 1 2 3 4 5 6 7 8 9
		エ	0 1 2 3 4 5 6 7 8 9
	(2)	オ	0 1 2 3 4 5 6 7 8 9
		カ	0 1 2 3 4 5 6 7 8 9
	(3)	キ	0 1 2 3 4 5 6 7 8 9
		ク	0 1 2 3 4 5 6 7 8 9
		ケ	0 1 2 3 4 5 6 7 8 9
	(4)	コ	0 1 2 3 4 5 6 7 8 9
		サ	0 1 2 3 4 5 6 7 8 9
		シ	0 1 2 3 4 5 6 7 8 9

記入上の注意

(1) この解答カードは、折ったり汚したりしないこと。
(2) 黒鉛筆を使用し、マークすること。
(3) 氏名とフリガナを記入すること。
(4) 受験番号を算用数字で記入すること。
(5) 受験番号欄に番号を正確にマークすること。
(6) 記入すべきこと以外は、絶対に書かないこと。
(7) マークを訂正するときは、プラスチック消しゴムを使用し、きれいに消すこと。
(8) 消しくずは、きれいに取り除くこと。

マークのしかた	
よい例	わるい例
▮	[illegible]

(注) この解答用紙は実物を縮小してあります。Ａ３用紙に149%拡大コピーすると、ほぼ実物大で使用できます。(タイトルと配点表は含みません)

推定配点

1 各3点×9〔(5)は各3点×2〕　2 (1) 3点　(2) 各2点×2
(3) 3点　3 (1) 3点　(2) 各2点×2　(3) 3点
4 (1) 3点　(2) 各2点×4　(3) 各3点×2
5 (1) ア、イ　各2点×2　ウ～オ　3点　(2) (i) 3点　(ii) 4点
(3) 各3点×2　6 (1) アイ、ウエ　各2点×2　(2)～(4) 各4点×3

計
100点

二〇二二年度　流通経済大学付属柏高等学校・前期①

国語解答用紙

評点 ／100

受験番号

0	0	0	0
1	1	1	1
2	2	2	2
3	3	3	3
4	4	4	4
5	5	5	5
6	6	6	6
7	7	7	7
8	8	8	8
9	9	9	9

フリガナ	
氏名	

設問	解答番号	解答
一	1	ア イ ウ エ オ カ キ ク ケ コ
	2	ア イ ウ エ オ カ キ ク ケ コ
	3	ア イ ウ エ オ カ キ ク ケ コ
	4	ア イ ウ エ オ カ キ ク ケ コ
	5	ア イ ウ エ オ カ キ ク ケ コ
二	1	ア イ ウ エ オ カ キ ク ケ コ
	2	ア イ ウ エ オ カ キ ク ケ コ
	3	ア イ ウ エ オ カ キ ク ケ コ
	4	ア イ ウ エ オ カ キ ク ケ コ
	5	ア イ ウ エ オ カ キ ク ケ コ
	6	ア イ ウ エ オ カ キ ク ケ コ
	7	ア イ ウ エ オ カ キ ク ケ コ
	8	ア イ ウ エ オ カ キ ク ケ コ

設問	解答番号	解答
三	1	ア イ ウ エ オ カ キ ク ケ コ
	2	ア イ ウ エ オ カ キ ク ケ コ
	3	ア イ ウ エ オ カ キ ク ケ コ
	4	ア イ ウ エ オ カ キ ク ケ コ
	5	ア イ ウ エ オ カ キ ク ケ コ
	6	ア イ ウ エ オ カ キ ク ケ コ
	7	ア イ ウ エ オ カ キ ク ケ コ
四	1	ア イ ウ エ オ カ キ ク ケ コ
	2	ア イ ウ エ オ カ キ ク ケ コ
	3	ア イ ウ エ オ カ キ ク ケ コ
	4	ア イ ウ エ オ カ キ ク ケ コ
	5	ア イ ウ エ オ カ キ ク ケ コ
	6	ア イ ウ エ オ カ キ ク ケ コ
	7	ア イ ウ エ オ カ キ ク ケ コ
五	1	ア イ ウ エ オ カ キ ク ケ コ
	2	ア イ ウ エ オ カ キ ク ケ コ
	3	ア イ ウ エ オ カ キ ク ケ コ
	4	ア イ ウ エ オ カ キ ク ケ コ
	5	ア イ ウ エ オ カ キ ク ケ コ
	6	ア イ ウ エ オ カ キ ク ケ コ

記入上の注意

(1) この解答カードは、折ったり汚したりしないこと。
(2) 黒鉛筆を使用し、マークすること。
(3) 氏名とフリガナを記入すること。
(4) 受験番号を算用数字で記入すること。
(5) 受験番号欄に番号を正確にマークすること。
(6) 記入すべきこと以外は、絶対に書かないこと。
(7) マークを訂正するときは、プラスチック消しゴムを使用し、きれいに消すこと。
(8) 消しくずは、きれいに取り除くこと。

マークのしかた	
よい例	わるい例

(注) この解答用紙は実物を縮小してあります。A３用紙に149%拡大コピーすると、ほぼ実物大で使用できます。(タイトルと配点表は含みません)

推定配点

一、二 各２点×15
三、四 各４点×14
五 問１～問３ 各２点×４　問４、問５ 各３点×２

100点　計

２０２１年度　流通経済大学付属柏高等学校・前期②

英語解答用紙

評点 /100

記入上の注意
(1) この解答カードは、折ったり汚したりしないこと。
(2) 黒鉛筆を使用し、マークすること。
(3) 氏名とフリガナを記入すること。
(4) 受験番号を算用数字で記入すること。
(5) 受験番号欄に番号を正確にマークすること。
(6) 記入すべきこと以外は、絶対に書かないこと。
(7) マークを訂正するときは、プラスチック消しゴムを使用し、きれいに消すこと。
(8) 消しくずは、きれいに取り除くこと。

マークのしかた	
よい例	わるい例

設問	問		解答
1	1		1 2 3 4 5 6 7 8 9 10
	2		1 2 3 4 5 6 7 8 9 10
	3		1 2 3 4 5 6 7 8 9 10
	4		1 2 3 4 5 6 7 8 9 10
	5		1 2 3 4 5 6 7 8 9 10
2	問1	(1)	1 2 3 4 5 6 7 8 9 10
		(2)	1 2 3 4 5 6 7 8 9 10
		(3)	1 2 3 4 5 6 7 8 9 10
		(4)	1 2 3 4 5 6 7 8 9 10
		(5)	1 2 3 4 5 6 7 8 9 10
	問2		1 2 3 4 5 6 7 8 9 10
	問3		1 2 3 4 5 6 7 8 9 10
	問4		1 2 3 4 5 6 7 8 9 10
	問5		1 2 3 4 5 6 7 8 9 10
	問6		1 2 3 4 5 6 7 8 9 10
	問7	(1)	1 2 3 4 5 6 7 8 9 10
		(2)	1 2 3 4 5 6 7 8 9 10
		(3)	1 2 3 4 5 6 7 8 9 10

設問	問	解答
3	1	1 2 3 4 5 6 7 8 9 10
	2	1 2 3 4 5 6 7 8 9 10
	3	1 2 3 4 5 6 7 8 9 10
	4	1 2 3 4 5 6 7 8 9 10
	5	1 2 3 4 5 6 7 8 9 10
	6	1 2 3 4 5 6 7 8 9 10
	7	1 2 3 4 5 6 7 8 9 10
	8	1 2 3 4 5 6 7 8 9 10
4	1	1 2 3 4 5 6 7 8 9 10
	2	1 2 3 4 5 6 7 8 9 10
	3	1 2 3 4 5 6 7 8 9 10
	4	1 2 3 4 5 6 7 8 9 10
	5	1 2 3 4 5 6 7 8 9 10
	6	1 2 3 4 5 6 7 8 9 10
	7	1 2 3 4 5 6 7 8 9 10
	8	1 2 3 4 5 6 7 8 9 10
	9	1 2 3 4 5 6 7 8 9 10
	10	1 2 3 4 5 6 7 8 9 10

設問	問		解答
5	1	3番目	1 2 3 4 5 6 7 8 9 10
		6番目	1 2 3 4 5 6 7 8 9 10
	2	3番目	1 2 3 4 5 6 7 8 9 10
		6番目	1 2 3 4 5 6 7 8 9 10
	3	3番目	1 2 3 4 5 6 7 8 9 10
		6番目	1 2 3 4 5 6 7 8 9 10
	4	3番目	1 2 3 4 5 6 7 8 9 10
		6番目	1 2 3 4 5 6 7 8 9 10
	5	3番目	1 2 3 4 5 6 7 8 9 10
		6番目	1 2 3 4 5 6 7 8 9 10
6	1		1 2 3 4 5 6 7 8 9 10
	2		1 2 3 4 5 6 7 8 9 10
	3		1 2 3 4 5 6 7 8 9 10
	4		1 2 3 4 5 6 7 8 9 10
	5		1 2 3 4 5 6 7 8 9 10

フリガナ	
氏名	

受験番号			
0	0	0	0
1	1	1	1
2	2	2	2
3	3	3	3
4	4	4	4
5	5	5	5
6	6	6	6
7	7	7	7
8	8	8	8
9	9	9	9

（注）この解答用紙は実物を縮小してあります。Ａ３用紙に149%拡大コピーすると、ほぼ実物大で使用できます。（タイトルと配点表は含みません）

推定配点	
1、2 各2点×18 3 各3点×8 4～6 各2点×20	
計	100点

2021年度 流通経済大学付属柏高等学校・前期②

数学解答用紙

評点 /100

推定配点

1 (1)～(6) 各3点×6 (7) 各2点×2

2 (1)、(2) 各2点×4 (3) 3点

3 各3点×3

4 各4点×5

5 (1) 各2点×4 (2) 4点 (3) 各3点×2

6 各4点×5

100点 計

受験番号

フリガナ

氏名

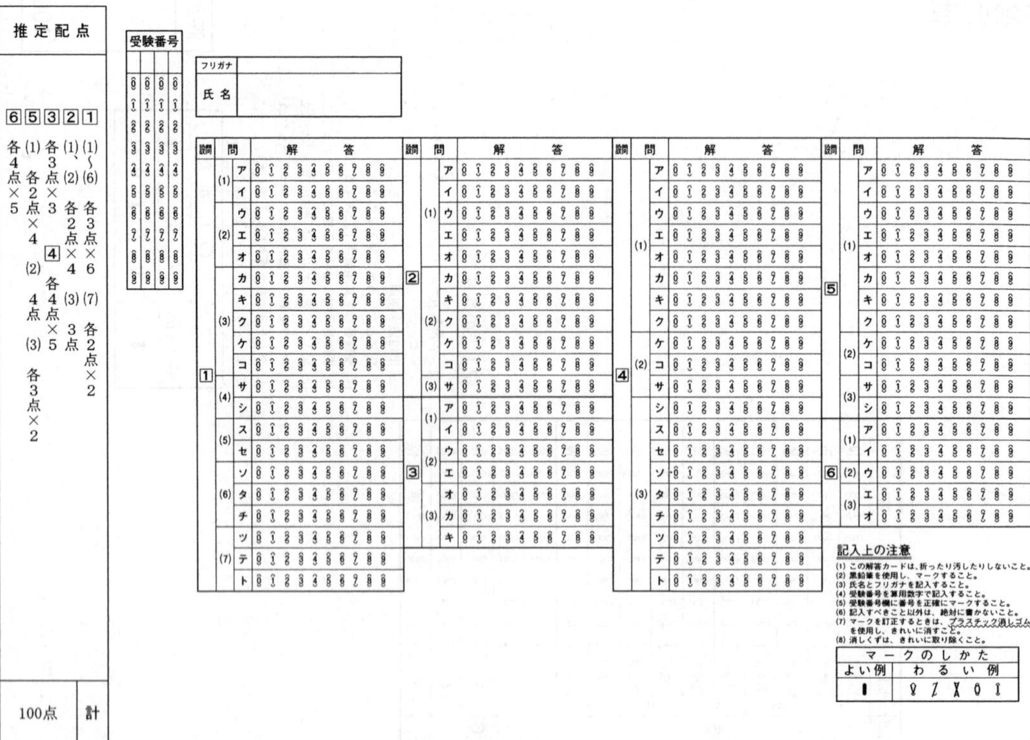

記入上の注意

(1) この解答カードは、折ったり汚したりしないこと。
(2) 黒鉛筆を使用し、マークすること。
(3) 氏名とフリガナを記入すること。
(4) 受験番号を算用数字で記入すること。
(5) 受験番号欄に番号を正確にマークすること。
(6) 記入すべきこと以外は、絶対に書かないこと。
(7) マークを訂正するときは、プラスチック消しゴムを使用し、きれいに消すこと。
(8) 消しくずは、きれいに取り除くこと。

マークのしかた	
よい例	わるい例

二〇二一年度 流通経済大学付属柏高等学校・前期②

国語解答用紙

評点 /100

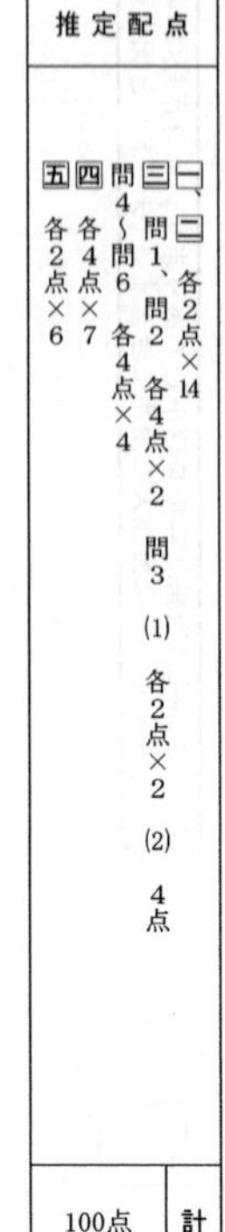

推定配点

一、二 各2点×14

三 問1、問2 各4点×2 問3 (1) 各2点×2 (2) 4点 問4～問6 各4点×4

四 各4点×7

五 各2点×6

100点 計

受験番号

フリガナ

氏名

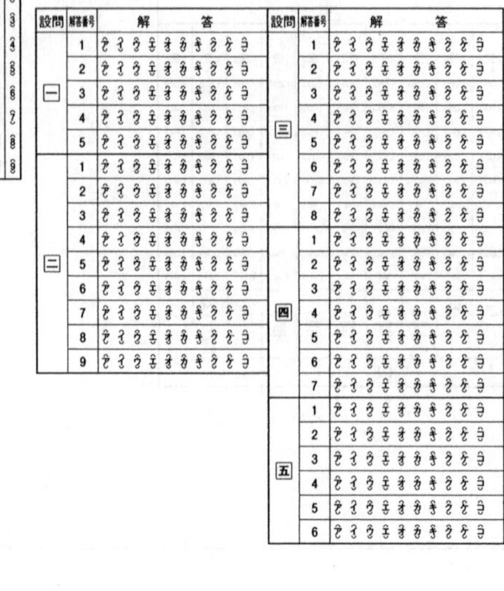

記入上の注意

(1) この解答カードは、折ったり汚したりしないこと。
(2) 黒鉛筆を使用し、マークすること。
(3) 氏名とフリガナを記入すること。
(4) 受験番号を算用数字で記入すること。
(5) 受験番号欄に番号を正確にマークすること。
(6) 記入すべきこと以外は、絶対に書かないこと。
(7) マークを訂正するときは、プラスチック消しゴムを使用し、きれいに消すこと。
(8) 消しくずは、きれいに取り除くこと。

マークのしかた	
よい例	わるい例